# 논어,
## 철인은 시들고 마는가?

##### 일러두기

1. 인명(人名), 시호(諡号), 국명(国名) 등의 고유명사를 한글로 표기할 때는 한자 원음을 그대로 썼다.
2. 인물 표기는 성명 혹은 자(字: 성인이 되면 붙인 이름) 등에서 흔히 불리는 것으로 사용했다.
3. 연도가 불확실한 경우는 '?'를 표기했다.
4. 대화가 아닌 서술의 경우는 경어(敬語)를 생략했다.
5. 원전 본문 중 숙어, 명언, 고사성어가 나오는 경우 문장 아래에 음훈(音訓)을 제시했다. 이 경우 훈(訓)은 음(音)과 구별하기 위해 띄어쓰기를 하지 않았다.
 예) 悱: 말하고싶을 비
6. 이 책에 사용된 문장부호는 다음과 같다.
 『』: 책명
 「」: 작품명, 편명
 [ ]: 음(音)이 다른 한자, 한자의 음훈(音訓) 해설
 " ": 인용
 ' ': 재인용, 강조, 소제목
 /: 통용 혹은 병용되는 글자. 예) 반궁(頖宮/泮宮)

## 머리말

 우리는 나 자신을 성찰하거나 세상을 경륜하려 할 때, 고전을 자주 찾는다. 그것은 고전 속에 보편적으로 지향해야 할 인류의 가치들이 제시되어 있고 삶의 지혜가 있기 때문이다.
 고전 중에서도 『논어』는 인류의 스승인 공자의 정치, 교육, 경제 등의 모든 사상이 망라되어 있다. 그런데 『논어』는 문장이 간략하고 함축적이며, 또한 중의적인 한자의 사용으로 인하여 그 본래의 의미를 파악하기가 쉽지 않다. 그래서 후학들에 의하여 해설된 『논어』는 보는 시각에 따라 진보와 보수를 넘나들고 있다.
 또한 『논어』의 편명 구성은 일정한 논리나 시대순으로 배열된 것이 아니어서 『논어』를 흥미를 갖고 읽거나, 체계적으로 이해하기가 쉽지가 않다. 그러다 보니 많은 사람이 『논어』 읽기를 시도했다가 도중에 포기하는 경우가 종종 있다.
 이 책은 공자의 사상을 명확한 고증과 『논어』 전편에 흐르는 맥락에 근거하여 『논어』의 본래의 의미를 구현하고자 했다. 또 『논어』의 체계적 이해와 흥미를 제고하기 위해 시대와 주제에 따라 서술하되 역사적 상황과 결부하여 서술하는 스토리 텔링 기법을 도입했다.
 저자는 수년 전에 『공자면, 논어는 이것이다』를 출간했다. 이 책은 『논어』 입문서의 성격을 띠는 것으로서 인용된 『논어』 원문도 소략하여 미진한 바가 있었다. 그래서 『논어』 전체의 내용을 아우르면서 정치, 교육, 경제 등에 관한 공자의 사유를 흥미 있고, 심도 있게 다룰 해설서를 출간하기를 줄곧 소망하며 틈틈이 연구를 진행했다. 수년의 연구와 탈고를 거듭하다가 급기야 이번에 『논어, 철인은 시들고 마는가?』를 출간하게 되었다.

이 책은 『논어』 대부분 원문이 망라되어 있다. 그러다 보니 분량도 만만찮다. 이것은 『논어』의 내용을 빠짐없이 독자들에게 제대로 전달해야 한다는 고민에서 비롯된 것이다. 이 책은 다음과 같은 특징이 있다.

첫째, 유학 사상의 시원과 관련 사상까지 포괄하여 논의했다. 이럼으로써 독자들은 『논어』의 시대적 배경과 사유 체계를 자연스럽게 이해할 수 있을 것이다.

둘째, 여러 역사서와 고전들을 면밀히 검토해 공자의 행적과 사상을 씨실과 날실처럼 엮은 스토리 텔링 기법을 도입했다. 따라서 독자들에겐 소설책 읽듯이 재미있는 고전 읽기가 될 것이다.

셋째, 공자 사상은 학자의 관점에 따라 서로 상충하는 부분이 많다. 여기서는 『논어』를 해설할 때 철저한 고증(考證)과 전체적 맥락에 의거하여 정확한 의미를 전달하고자 했다.

넷째, 『논어』에는 숱한 숙어, 고사성어, 명언이 나온다. 이러한 숙어, 고사성어, 명언은 음훈을 그대로 제시하여 고전 읽기의 생동감을 부여하려 했다.

다섯째, 정확한 의미 전달을 위하여 본문에 원문을 그대로 제시하기도 했으며, 그렇지 않은 것은 각주에 수록해 연구자들이 참고할 수 있도록 했다.

오늘날 우리 사회는 사람마다 가치관과 주장이 서로 달라 극심한 혼란과 갈등이 노정되고 있다. 이러한 혼란과 갈등은 기본적 덕성보다는 경쟁과 결과를 중시하는 교육 환경과 보편적 가치가 아닌 학연, 지연, 종교에 따른 이익과 편향적 가치를 추구하는 정치, 사회적 환경에서 비롯한다고 볼 수 있다.

『논어』는 자신에 대한 기본적 성찰을 바탕으로 우리 가정과 사회, 직장, 그리고 교육과 정치 등에 관한 혜안과 방향이 다양하게 제시되어 있다.

지은이는 이 책을 통하여 독자들이 『논어』에 제시된 공자와 선인들의 사유를 흥미롭게 살펴보고, 나아가 더불어 잘 살고, 편안한 우리 사회를 만드는데 고민하는 계기가 되길 진심으로 바랄 뿐이다.

나름 의욕을 가지고 작업을 했으나 저자의 불민한 역량으로 부족한 점도 많을 것이다. 내용 중에 혹여 오류가 있거나 부족한 점이 있으면 추후 보완할 것을 약속드린다.

이 책이 나온 것은 두 은사님의 은혜 덕분이다. 대학 시절부터 늘 격려해 주며 지켜봐 주신 김태영 교수님, 그리고 청유서당에서 동양고전에 눈을 뜨게 한 이종락 훈장님, 두 분은 고인(故人)이 되셨지만 두 은사님의 가르침과 사랑은 오래도록 잊지 못할 것이다.

끝으로 저세상에 계신 그리운 어머님과 재순에게 삼가 이 책을 바친다.

2025년 6월
도우(禱雨) 유문상

# 목 차

머리말 · · · · · · · · · 3

## 제1장 성왕의 시대, 백성은 나라의 근본이다

**1절 유학의 계보 · 14**

**2절 공자의 이상향, 대동사회 · 16**
    황제(皇帝)의 시대 …………………………………… 16
    요순의 정치 ………………………………………… 22
    성씨의 유래 ………………………………………… 33
    대동사회의 모습 …………………………………… 36

**3절 소강사회의 개막 · 39**
    소강사회의 모습 …………………………………… 39
    하를 건국한 우 ……………………………………… 41
    하의 마지막 왕, 걸(桀) …………………………… 47
    상을 건국한 탕 ……………………………………… 50
    상의 마지막 왕, 주(紂) …………………………… 61

**4절 봉건국가 주나라 시대 · 66**
    주의 기초를 확립한 문왕 ………………………… 66
    천자의 나라, 주의 시대를 연 무왕 ……………… 71
    봉건제를 확립한 주공 …………………………… 78
    봉건제 제대로 이해하기 ………………………… 82
    주의 동천과 춘추시대 개막 ……………………… 87

## 제2장 공자의 생애와 제자

1절 공자의 성장기 · 92

2절 공자의 제자 · 106

3절 벼슬과 좌절 · 132

4절 공자의 천하 방랑기 · 138

5절 『논어』라는 책 · 164

## 제3장 공자의 일상, 나에게 무엇인들 있겠는가?

1절 향당에서의 공자 · 170

2절 조정에서의 공자 · 173

3절 공자의 의식주 생활 · 178

## 제4장 하늘을 속일 수 있는가?

1절 주재자로서의 하늘 · 186
  하늘을 보는 관점 ………………………………… 186
  제사는 선조나 신이 앞에 있다고 여겨라 ……………………… 194

2절 인간의 본성과 의지 · 199
  인간의 본성은 비슷하다 ………………………………… 199
  나아가고 그치는 것은 나에게 달려있다 …………………… 203

## 제5장 공자의 교육철학, 누가 스승이 되는가?

1절 온고지신(溫故知新)해야 스승이 될 수 있다 · 212

세 사람 중에 나의 스승이 있다 ································· 212
　　　내가 아는 것이 있는가? ····································· 215

2절 교육철학과 교수-학습론, 교육의 진보를 말하다 · 219
　　　교육의 평등, 유교무류 ······································ 219
　　　교수-학습론 ················································ 221
　　　자식은 바꾸어 가르친다! ···································· 231

3절 참된 학문은 위기이다 · 235
　　　학문의 목적 ················································ 235
　　　공자의 제자들이 배운 것은? ································ 239
　　　학문하는 자세 ·············································· 243
　　　참다운 지식은 모르는 것을 모른다고 하는 것이다 ·········· 250
　　　배움에는 때가 있다 ········································ 254

4절 시에서 흥기하고, 예에서 서고, 악에서 완성된다 · 256
　　　시(詩)는 정서를 흥기한다 ··································· 256
　　　시(詩) 공부를 안 하면 담장을 마주 본다 ···················· 257
　　　예의 근본은 무엇일까? ····································· 260
　　　거경행간(居敬行簡) ·········································· 265
　　　박문약례(博文約禮) 하면 어긋남이 없다 ···················· 267
　　　음악은 연결하여 완성한다 ··································· 270
　　　음악은 종과 북만 말하는 것이 아니다 ······················ 271

# 제6장 공자의 덕론, 극기복례가 인(仁)을 이룬다

1절 덕은 외롭지 않다 · 274
　　　중용의 덕 됨이 지극하다 ···································· 274
　　　권 도 ······················································· 278

2절 불인(不仁)하면 예와 음악을 어찌할 수 있겠는가? · 280
　　사람을 사랑하는 인(仁), 알아보는 지(知) ················· 280
　　인(仁)은 인간이 갖추어야 할 기본 덕목이다 ············· 284
　　교언영색(巧言令色)에 인(仁)은 드물다 ···················· 293
　　인자(仁者), 지자(知者) ··············································· 296

3절 인(仁)의 출발인 효제, 교우 · 307
　　효제 하는 자는 분란을 일으키지 않는다 ················ 307
　　봉양만 하는 것은 개나 말을 기르는 것과 같다 ········ 309
　　무우불여기 ································································· 321

4절 나의 도는 하나로 통한다 · 327
　　충 서 ·········································································· 327
　　남의 마음이 내 마음이다 ········································· 329
　　원수를 덕으로 갚을 수는 없을 것이다 ···················· 331

5절 도덕을 갖춘 인간의 모습 · 334
　　선인(善人), 선비[士] ················································· 334
　　군자(君子) ································································· 338
　　성인(聖人) ································································· 350
　　성인(聖人)으로서의 공자 ········································ 355

# 제7장 공자의 정치관, 백성을 편안하게 하라!

1절 벼슬을 원하는가? 과우(寡尤), 과회(寡悔) 하라! · 366
　　견문을 넓히고 언행에 신중하라! ····························· 366
　　천하에 도가 행해지는 세상을 꿈꾸다 ····················· 368
　　군자가 벼슬하는 것은 의를 행하기 위함이다 ········ 372

2절 정치 지도자의 모습, 수기이안백성(修己以安百姓) · 375

덕이 없으면 큰 그릇이 되지 못한다 ················································ 375
　　　멀리 생각하라! ················································································ 382
　　　공경하고 백성을 편안하게 한다 ···················································· 389
　　　정명(正名)하다 ···················································································· 393
　　　군주 되기도 어렵고 신하 되기도 쉽지 않다 ······························· 398
　　　군자는 넓고 큰 모습이다 ································································ 402
　　　천명을 두려워한다 ············································································ 404

3절 정치는 그 방법이 있다 · 406
　　　민생을 챙겨야 한다 ·········································································· 406
　　　부유하게 한 후 교육해야 한다 ······················································ 411
　　　백성을 덕으로 인도하고, 예로 다스린다 ······································ 413
　　　언로를 막지 마라 ·············································································· 417
　　　백성의 신뢰를 얻어야 한다 ···························································· 418
　　　현명하고 유능한 자, 곧은 자를 등용한다 ···································· 421
　　　각자의 본분에 충실하자 ·································································· 426
　　　다섯 개의 아름다움과 네 개의 악 ················································ 430

4절 최고의 경지는 즐기는 것이다 · 434
　　　즐기는 것이 최고의 경지이다 ························································ 434
　　　부귀는 나에게 뜬구름과 같다 ························································ 438

# 제8장 공자와 노자, 묵자 사상 비교

1절 노자와 공자가 추구한 도의 모습 · 442
　　　도의 의미는 다양하다 ······································································ 442
　　　노자의 도는 천지에 앞서 존재한다 ·············································· 444
　　　공자의 도는 실천 규범을 말한다 ·················································· 447

2절 묵자와 공자의 대동사회 · 451
　　　묵자 사상의 연원 ·············································································· 451

묵자의 주요사상 …………………………………………… 454
대동 사상과 묵자 ………………………………………… 463

### 3절 유가, 묵가, 도가의 핵심 가치는 어떻게 다른가? · 465

유가의 인(仁)은 분별하는 사랑이다 …………………… 465
묵자의 겸상애(兼相愛)는 무차별적 사랑이다………… 466
도가는 사적인 감정을 경계한다 ………………………… 468

# 제9장 철인(哲人)은 시들고 마는가!

### 1절 후세의 공자에 대한 평가 · 470

맹자는 집대성이라 표현한다 …………………………… 470
순자는 존경한다 ………………………………………… 474
한비자는 성토한다 ……………………………………… 476
강유위는 개혁론자로 본다……………………………… 477

### 2절 로(魯)와 제(齊)의 전쟁과 제자들의 활약 · 479

로(魯)와 제(齊)의 전쟁과 자공 ………………………… 479
염구의 활약과 공자의 귀국 ……………………………… 485

### 3절 군자는 바람이다 · 487

성문사과(聖門四科)……………………………………… 487
군자의 덕 ………………………………………………… 505
춘추로 정명을 말하다 …………………………………… 512

### 4절 제자와 함께 가다 · 519

하늘이 나를 버렸다 ……………………………………… 519
문선왕(文宣王), 공자 …………………………………… 524

참고 문헌 · 530

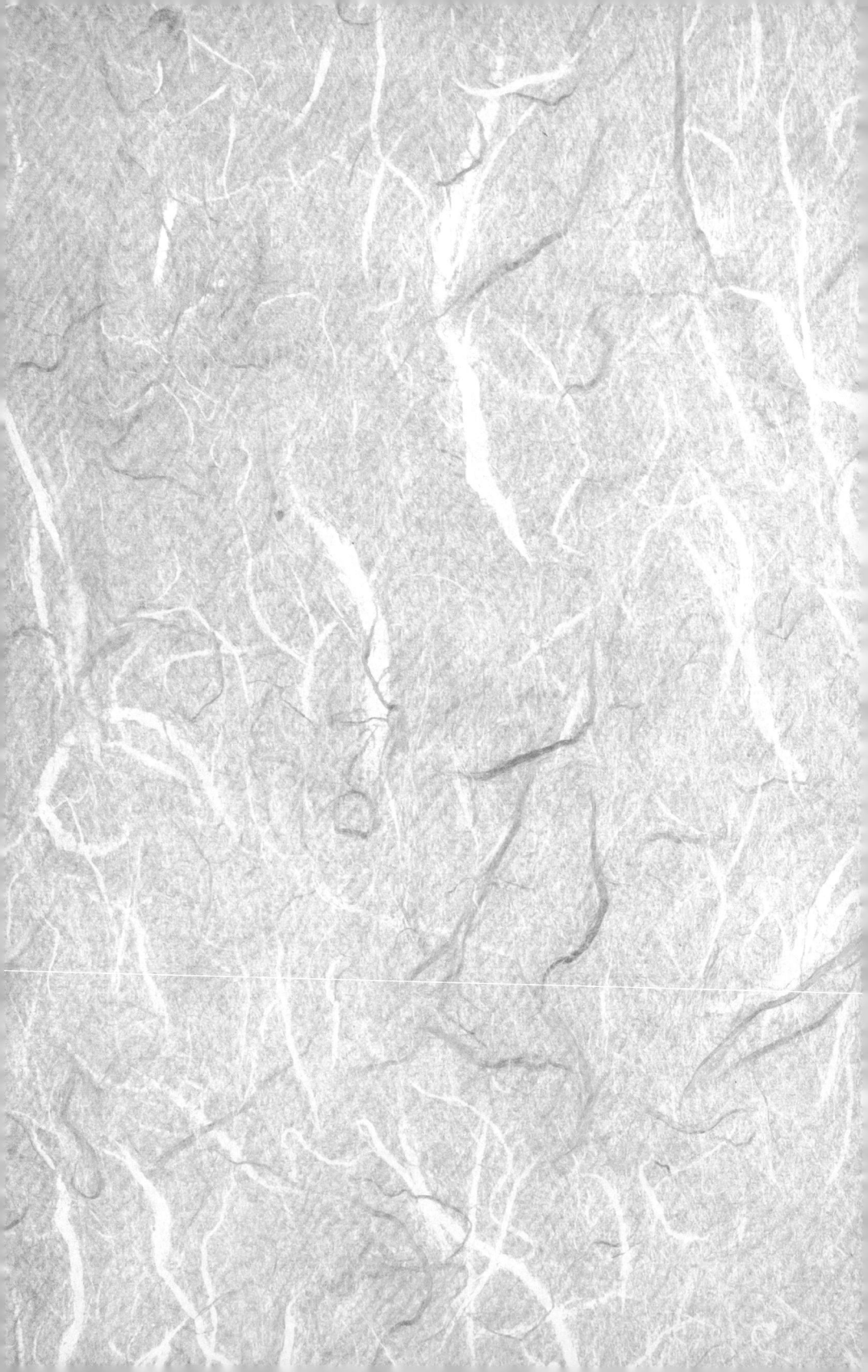

# 제1장

# 성왕의 시대,
# 백성은 나라의 근본이다

**1절** 유학의 계보
**2절** 공자의 이상향, 대동사회
**3절** 소강사회의 개막
**4절** 봉건국가 주나라 시대

# 1절 유학의 계보

　유학(儒学)이란 인(仁)과 예(礼)와 같은 실천적 도덕을 바탕으로 개인을 수양하고, 가정을 평온하게 하며, 국가와 천하를 편안하게 하는 것을 목적으로 하는 학문 체계를 말한다. 유학은 달리 유교(儒教)라고도 불린다. 유교는 말 그대로 유학의 가르침이란 의미로서 유학에서 구현하고자 하는 실천 이념을 의미한다. 유학이 학문적·이론적 영역으로 접근한 것이라면, 유교는 교화적·실천적 영역으로 접근한 것이다. 유학 사상은 중국 고대의 성인(聖人)들에게서 부분적으로 전승되어오다가 춘추시대(春秋時代)[1]의 공자에 의해서 체계화되었다.

　당나라 시대 한유(韓愈, 768년~824년)는 유학의 법통(法統: 정통성의 계승)이 요→순→우→탕왕→문왕→무왕→주공→공자→맹자로 이어진다고 주장했다.[2] 따라서 공자를 비롯한 유학자의 사상을 이해하려면 유학의 사상적 고향인 '요·순·우·탕·문왕·무왕·주공'의 삶과 사유를 이해하는 것이 필요하다. 이들의 삶을 단원별로 고찰하기에 앞서 간략히 소개하면 다음과 같다.

　요(尭)와 순(舜)은 공자가 성인의 전형으로 예시한 인물이다. 『서경(書

---

1) 춘추시대는 주나라가 낙양(洛陽, 낙읍)으로 천도한 후부터 제후국인 진(晉)나라가 삼분하여 한(韓), 위(魏), 조(趙)로 독립할 때까지의 약 370여 년 동안의 시대를 말한다.
2) 송대의 주희는 한유의 법통을 도통(道統)으로 바꿔 부르고 한유가 제시한 공자 이후를 수정했다. 주희에 따르면 유학의 도통 구조는 요→순→우→탕왕→문왕→무왕→주공→공자→증자(曾子)→자사(子思)→맹자(孟子)→정호(程顥)·정이(程頤)로 이어진다고 했다.

經)』³)을 비롯한 경서에 행적이 등장하지만, 그 실존 여부에 대해서는 논란이 있다.

우(禹)는 하(夏)나라를 건국한 인물이다. 우는 천성이 부지런했으며, 백성이 나라의 근본임을 선언했다. 우와 하나라도 문헌에 존재할 뿐 실존 여부가 유적이나 유물로써 고증되지는 않았다.

탕왕(湯王)은 하나라를 무너뜨리고 상나라('은나라'라고도 한다)⁴)를 세운 인물이다. 탕왕은 그 성품이 자비롭고 호탕하며 백성을 지극히 사랑한 것으로 유명하다.

문왕(文王)은 주나라의 기초를 확립한 인물이다. 상나라 마지막 임금 주왕(紂王)의 신하였으나, 성품이 어질어서 사람들이 그를 위대한 군주가 될 재목으로 생각했다. 생전에는 상나라를 무너뜨리고 천하를 통일하지 못했고, 그 아들 무왕 때 꿈이 이루어졌다.

무왕(武王)은 문왕의 아들로서 상나라를 멸망시키고 봉건제국 주(周)나라를 건국했다. 어진 덕이 있었으며 의로운 일을 세상에 밝히려 했고, 공로가 있는 자에게는 반드시 보답하려 했다.

주공(周公)은 무왕의 동생으로 무왕을 도와 상나라를 멸망시켰으며, 주나라의 각종 제도를 정비한 인물이다. 공자는 주공을 대단히 숭배한 것으로 전해진다.

---

3) 유교의 사서삼경(四書三經) 중 하나. 상서(尙書)라고도 한다. 공자가 요임금과 순임금 때부터 주(周)나라에 이르기까지의 정사에 관한 문서를 수집해 편찬했다.
4) 상나라는 탕왕이 박에 도읍한 때부터 19대 때 왕인 반경(盤庚)에 이르기까지 다섯 번 수도를 옮겼다. 반경은 수도를 은(殷)으로 옮기었는데, 이때부터 상나라는 달리 은(銀)나라로 불리기도 한다.

## 2절 공자의 이상향, 대동사회

### 황제(皇帝)의 시대

공자 이전의 중국 왕조를 보면 삼황오제(三皇五帝) 시대를 거쳐 하나라 그리고 상(은)나라를 거쳐 주나라로 변천했다. 삼황오제란 중국의 고대 신화에 등장하는 8명의 제왕을 의미한다. 삼황오제에 대해서는 아직은 전설상의 제왕들이라는 견해가 지배적이다. 역사적으로는 실존 여부가 규명되지 않았지만 철학 사상적 입장에서는 삼황오제를 허구의 인물이라 하여 논의에서 배제할 수 없다. 그 이유는 삼황오제의 시대를 공자는 이상적 사회인 '대동(大同)'의 사회라고 표현하고 있으며, 이로써 대동사회는 유가(儒家: 유학자 집단)에서 지향하는 이상적 사회의 모습으로 자리매김했기 때문이다. 공자는 삼황오제 중 특히 요와 순을 이상 정치의 모범으로 삼는다. 따라서 우리가 유학을 이해하려면 유학의 뿌리가 되는 삼황오제, 특히 요순의 삶과 사상에 관한 고찰이 선행되어야 한다. 삼황이 누구인지에 대하여는 문헌에 다양하게 나와 있어서 누구를 특정할 수가 없다. 다만 삼황에 대해 유의할 것은 삼황에 열거되는 제왕들이 시대적으로 연속하여 재위했다는 의미가 아니라 중국 역사에 중요한 위치를 차지하는 인물들을 조합한 것이라는 점이다. 여러 문헌을 종합할 때 일반적으로 삼황은 태호복희(太昊伏羲), 염제신농(炎帝神農), 황제헌원(黃帝軒轅)으로 정리할 수 있다.[5]

삼황의 첫째인 태호복희는 그 호칭을 풀어쓰면 '크게 밝은 복희'라는 의

---

5) 『십팔사략(十八史略)』, 『제왕세기(帝王世紀)』와 손씨주(孫氏注) 『세본(世本)』에는 삼황을 태호복희, 염제신농, 황제헌원으로 주장하고 있다.

미이다. 복희는 뱀의 몸에 사람 머리를 하고 있으며, 역경(易経)의 팔괘(八卦)를 창안했고 부호로 된 문자를 만들었다고 전한다. 복희는 사람들에게 사냥과 물고기 잡는 법도 가르쳤으며 희생(犧牲: 제물로 쓰이는 가축)을 양육하고 요리해서 하늘과 조상에 바쳤다. 여기에서 복희를 달리 포희(庖犧)라고도 하는데, 이것은 희생을 요리하는 사람이란 의미이다.

복희의 뒤를 이어 몇 명의 왕들이 자리를 잇다가 두 번째 삼황인 염제신농의 시대가 왔다. 염제(炎帝)는 불꽃 임금이란 의미이므로 태양과 정열을 상징한다. 염제신농은 사람 몸에 소의 머리를 가졌다. 그는 나무를 깎아서 쟁기를 만들어 농경을 처음으로 가르쳤으며, 모든 풀의 맛을 보고 의약품을 만들었다. 또한, 태양이 높이 떠 있는 시간에는 시장을 열어 사람들에게 물건의 교역을 가르쳤다. 농경의 시조를 얘기할 때 흔히 염제신농을 거론하기도 한다.

### 벽화 속의 신농

한(漢)나라 시대 예서(隷書)로 음각(陰刻)된 벽화에 염제신농이 등장한다. 명문(銘文: 새겨 놓은 글)의 내용은 이러하다.

==========================
神農氏因宜敎田辟土種穀以振萬民
==========================

신농 씨는 제대로 밭갈이하는 법을 가르쳤고, 땅을 개간하여 곡식을 심었다. 이렇게 만민을 구제했다.

염제신농의 자리를 이은 자가 바로 황제헌원이다. 황제헌원은 염제신농이 다스리던 시대가 쇠퇴하고 제후들이 서로 싸우자 이들을 무력으로 토벌하여 왕이 된 인물이다. 황제헌원은 삶과 죽음에 관해 이야기하고, 존재하고 쇠망하는 이치에 대해 고민했다. 이것은 자연의 법칙을 발견하고 사물의 이치에 따랐다는 의미가 있다. 이러한 황제헌원의 활동을 두고 전국시대 법가(法家)[6]인 상앙은 『상군서(商君書)』[7]에서 "황제헌원은 군주·신하 및 윗사람·아랫사람 사이의 의리, 아버지와 아들 및 형과 아우 사이의 예절, 남편과 아내 및 배우자 사이의 지켜야 할 일을 제정하고, 대내적으로는 형벌을 사용하며, 대외적으로는 무력을 사용했다."[8]라고 기술했다. 여기서 '형벌[刀鋸]'은 법가들의 주요한 통치 수단이다. 이러한 표현은 상앙이 황제헌원을 법가의 시조로 삼으려는 시도로 판단된다. 또 황제헌원은 오행(五行)의 기운을 나스렸다고 힌디. 여기서 오행은 목(木)·화(火)·토(土)·금(金)·수(水)를 말하며 동양 사상과 의학에서 중요한 바탕을 이루고 있다. 중국 최고(最古)의 의학서로 기원전 300년 무렵 전국시대에 편찬된 『황제내경(黃帝内經)』이 있다. 이 명칭은 황제헌원에서 그 이름을 취한 것이다. 황제헌원은 배와 수레도 만들었으며 간지[9]를 만들고 달력을 제작했다. 황제헌원의 업적은 땅과도 관련이 있었다. 그는 때에 맞추어 온갖 곡식과 풀과 나무를 심고, 새와 짐승과 벌레와 나방을 키웠으며, 물과 불, 목재 등을 절제하여 쓰게 했다. 이렇게 땅의 덕[土德]이 있다 하여 땅의 색을 상징하는 누런색[黃]을 붙여서 누런 제후, 즉 황제(黃帝)라고 부르게 되었다.

---

6) 유가의 예(禮)나 도덕이 아닌 법률과 형벌로 국가를 운영하는 법치주의를 내세우는 학파
7) 전국시대에 진나라 상앙의 언행과 사상이 수록된 책
8) 『商君書』, 畫策第十八, "黃帝作爲君臣上下之義. 父子兄弟之禮. 夫婦妃匹之合. 內行刀鋸. 外用甲兵."
9) 천간(天干)과 지지(地支), 즉 십간(十干)과 십이지(十二支)를 지칭하며, 또한 그것을 짝지은 것을 말하기도 한다. 십간은 갑(甲), 을(乙), 병(丙), 정(丁), 무(戊), 기(己), 경(庚), 신(辛), 임(壬), 계(癸) 등의 10가지이며, 십이지는 자(子), 축(丑), 인(寅), 묘(卯), 진(辰), 사(巳), 오(午), 미(未), 신(申), 유(酉), 술(戌), 해(亥)의 12가지이다. 이 두 가지를 짝 맞추어 나가면 60가지의 간지(干支)가 이루어진다.

> ### 벽화 속의 황제
>
>
>
> 한(漢)나라 시대 벽화에 황제헌원이 등장한다. 명문(銘文)의 내용은 이러하다
>
> ===========================
> 黃帝多所改作造兵井田制衣裳立宮宅
> ===========================
>
> 황제는 새로 만든 것이 많았다. 갑옷과 창검, 우물과 밭을 만들었고, 의상을 제작했으며, 궁궐과 집을 세웠다.

오제(五帝) 역시 문헌에 따라 서로 다르게 표기하고 있다. 어떤 문헌은 오제에 삼황을 포함하기도 하고, 어떤 문헌은 삼황과 오제를 분리하기도 한다. 이 중 삼황과 오제를 분리하는 문헌은 『상서서』[10], 『제왕세기』[11], 『십팔사략』[12]이 있는데, 이들에 따르면 오제는 소호(少昊), 전욱(顓頊), 제곡고신(帝嚳高辛), 요(堯), 순(舜)이 해당한다.[13] 오제 중에서 유학의 계보에 들어가는 요와 순이 드디어 등장한다. 소호, 전욱, 제곡고신은 이 책의 서술 맥락상 크게 관련이 없기 때문에 자세한 고찰을 배제하고자 한다. 요와 순은 단원을 달리하여 논의한다.

여러 문헌이 삼황오제에 대하여 언급하고 있지만, 앞에서 말한 바와 같이 역사적 실존 여부는 불분명하다. 전국시대를 통일한 진(秦)나라 시황제

---

10) 『상서서(尙書序)』는 중국 전한(前漢)의 유학자인 공안국(孔安國)이 저술했다.
11) 『제왕세기(帝王世紀)』는 진(晉)나라 황보밀(皇甫謐)이 편찬한 것으로 알려져 있는데, 원전이 이미 오래전에 망실되고, 다른 책에 산발적으로 인용되어 전할 뿐이다.
12) 『십팔사략(十八史略)』은 중국 남송(南宋) 말기에서 원나라 초기에 걸쳐 활약하였던 증선지(曾先之)가 편찬한 중국의 역사서로 태고(太古) 때부터 송나라 말기까지의 사실(史實)을 압축했다.
13) 송(宋) 호굉(胡宏. 1106년~1161년)이 저술한 역사서인 『황왕대기(皇王大紀)』에는 오제를 복희(伏羲), 신농(神農), 황제(黃帝), 요(堯), 순(舜)으로 열거하여 오제 안에 삼황을 포함하고 있다. 또, 『세본(世本)』이나 『대대례(大戴禮)』와 『사기』의 「오제본기」에서는 오제를 황제(黃帝), 전욱(顓頊), 제곡(帝嚳), 요(堯), 순(舜)이라 하고 있는데, 삼황 중 황제를 오제에 포함시키고 있다.

(始皇帝)¹⁴)는 왕이란 말 대신에 자신을 황제(皇帝)라고 일컬었다. 황제(皇帝)란 말은 바로 삼황오제(三皇五帝)의 두 번째와 네 번째 글자를 취합하여 만든 것이다. 시황제의 '황제(皇帝)'는 삼황 중의 한 명인 황제헌원(黃帝軒轅)의 '황제(黃帝)'와 서로 구별되는 명칭이다.

삼황오제 이전에도 인류는 존재했다. 그렇지만 인류의 기록으로 존재를 이해하거나 추정할 수 있는 중국의 왕조는 삼황오제로부터 비롯된다.

공자는 『논어(論語)』에서 삼황오제 중 요와 순을 성인(聖人)의 모범으로 제시했다. 그리고 중국에서 가장 오래된 경전인 『서경』은 많은 전설의 임금들을 다 빼버리고 제일 첫머리에 요를 두었다. 다른 임금에 관한 전설적인 이야기는 전혀 비추지 않았다. 요(堯)임금이 순(舜)임금에게 천하를 전하고 순(舜)임금이 우(禹)에게 천하를 전해준 것만을 크게 취급했다. 『서경』의 이런 편찬 방법은 요순을 제외한 다른 임금들에 관한 고증이 별로 없었기 때문일 수도 있으나, 그만큼 정치의 근본을 요순에게서 구하고 있다는 의미가 되기도 한다. 요와 순에 관한 기록은 『서경』외에 『사기』¹⁵), 『맹자』¹⁶), 『십팔사략』, 『세본』¹⁷) 등에서 발견된다.

사마천이 지은 『사기』는 복희에 대하여는 아예 언급하지 않았다. 그리고 신농과 황제헌원의 관계에 대하여는 한 때 지배자인 신농을 대신하여 황제헌원이 등장하여 제후들을 정벌하고 천하를 지배했다고 기록했다. 사마천은 중국 왕조의 계보를 삼황 중에서 복희와 신농을 제외하고 황제헌

---

14) 성명은 영정(嬴政)이고, 시호가 시황제(始皇帝)이다. 시호(諡號)는 임금이나 정승, 유현(儒賢)들이 죽은 뒤에 그들의 공덕을 칭송하여 주던 이름이다.
15) 『사기(史記)』는 중국 전한(前漢)의 역사가 사마천(司馬遷, 기원전 145년경~기원전 85년경)이 저술한 역사서
16) 전국시대의 맹자(孟子)가 말년에 제자들과 더불어 만든 책으로 추정되며, 그의 이름을 따서 『孟子』라고 이름이 붙여졌다.
17) 『세본(世本)』은 전국시대 역사서인데 전하여지지 않고 다만 여러 문헌에 산발적으로 그 내용이 인용되어 있다.

원으로부터 시작해 황제헌원의 손자인 전욱을 거치는 것으로 묘사하고 있다. 사마천이 복희와 신농을 중국 역사의 지배적인 계층 구조에서 배제한 이유는 스스로 밝히진 않았지만 아마도 복희와 신농에 대한 전설이 너무 신화적이어서 실존의 조상으로 삼기에 적합하지 않았던 것으로 판단된다.

황제헌원의 본래 성(姓)은 공손(公孫)이며 그 외에 희(姬)라는 성도 있었다. 헌원은 그의 이름이다. 『사기』에 따르면 황제헌원에게는 아들이 스물다섯 명 있었다. 이 중 맏아들은 현효이고, 둘째 아들은 창의이다. 황제로부터 시작되어 요와 순에 이르는 계보를 그려보면 아래와 같다.

```
           ┌ 현효 - 교극 - 제곡 - 요
황제 ──────┤
           └ 창의 - 전욱 - 궁선 - 경강 - 구망 - 교우 - 고수 - 순
```

봉건시대에는 천자를 왕(王)이라 했고, 제후를 군주(君主)라고 불렀다. 우리말로 임금이라는 칭호는 왕과 제후 혹은 여타의 통치자를 포괄하여 쓰인다. 요순시대는 국가 명칭이나 정치 체제가 확립된 시기가 아니다. 따라서 요순을 통치자로 지칭할 때 이 글에서는 임금이라 칭하기로 한다.

## 요순의 정치

『사기』에 따르면 요(尭)는 황제와 그의 맏아들 현효를 조상으로 하고, 아버지는 제곡이다. 요의 성(姓)은 이기(伊耆)이고, 씨(氏)는 도당(陶唐)이다. 요는 그의 이름이다.[18] 요의 성씨를 성과 씨로 나눈 것을 이해하기 위해서는 성씨에 관한 역사적 고찰이 필요하다. 이것은 다음 단원에서 다룬다.

요의 아버지 제곡(帝嚳)은 전설상 부계 씨족사회 후기의 염황연맹(炎黃聯盟)의 부족장이었다. 여기서 염황연맹이란 염제신농과 황제헌원의 후손들이 만든 연맹체를 의미한다. 요의 어머니는 진봉씨(陳鋒氏)의 딸 경도(慶都)이다. 요의 사람됨은 어떠하였나? 『십팔사략』의 『제요』편과 『사기』의 『오제본기』편에는 요의 성품과 삶의 모습이 이렇게 전해진다.

"요는 그 인자함이 하늘과 같았으며 그 지혜는 신(神)과 같았다. 또, 그에게 다가서면 해와 같이 따뜻하고, 바라보면 구름같이 부드러웠다."[19]

위의 내용에 따르면 요는 어진 덕이 있고 지혜가 있으면서 따뜻한 감성의 소유자인 것 같다. 부락 연맹의 장이었지만 평소 검소한 생활을 몸소 실천했다. 그는 도읍지인 평양에 궁전을 지었는데, 궁전도 움막 같은 그런 집을 지었다.

요는 자신이 독단적인 정치를 할 것을 염려하여 궁전 입구에 감간고(敢諫鼓: 감히 간언 드리는 북)를 달아 누구나 간언(諫言: 윗사람에게 잘못된 일을 고치도록 하는 말)할 수 있도록 했다.

---

18) 학자에 따라서는 요의 이름을 방훈(放勳)이라고 지칭하기도 하지만 이것은 옳지 않은 것 같다. 『서경』이나 『사기』에서 요의 호칭을 방훈이라고 했지만 이름이라고 적시되어 있지는 않다. 남송(南宋) 시대의 주희는 방훈이 요를 찬미하여 붙여진 말이라고 했다.
19) 『史記』, 五帝本紀. "帝堯者, 放勳. 其仁如天, 其知如神. 就之如日, 望之如雲."

요는 해와 달과 별의 운행 법칙을 파악해 계절의 구분에 따라 백성에게 농사의 적기를 가르쳐주도록 했다. 그리고 중춘(음력 2월), 중하(음력 5월), 중추(음력 8월)를 정하여 백성이 농업에 활용하고 계절에 따른 대비를 하게 했다.

요임금은 자신의 덕망과 신하들의 도움으로 점차 나라를 안정시키게 된다. 요임금이 천하를 통치한 지 50년이 지난 어느 날 자신의 통치에 대한 백성의 반응을 알아보기 위해 미행(微行: 신분이 드러나지 않게 주변을 몰래 살피며 다님)을 나섰다. 그가 어느 사거리를 지날 때였다. 어린아이들이 서로 손을 잡고 이런 노래를 부르고 있었다.

"우리 백성이 이처럼 살아가는 것은, 당신의 지극함이 아니면 할 수 없네. 우리는 아무것도 알지 못하지만, 임금님의 규칙으로 살아가네."[20]

순진한 어린이들이지만 자신들이 아무 탈 없이 사는 것은 임금님의 덕이라는 것을 자연스럽게 느끼고 임금의 공적을 칭송하는 장면이다. 다음에는 요임금이 어느 마을 끝까지 걸어갔다. 그곳에는 머리가 하얀 노인이 무언가를 먹으면서 손으로 배를 두드리고, 발로 땅을 구르며 흥겹게 노래를 부르고 있었다.

"해가 뜨면 일어나고 해가 지면 쉬네. 밭을 갈아먹고 우물을 파서 마시네. 내가 배불리 먹고 배를 두드리며, 배 두드리고 땅을 구르고 있는데 [鼓腹擊壤], 임금님의 힘이 나에게 무슨 소용인가!"[21]

[鼓: 두드릴 고, 腹: 배 복, 擊: 칠 격, 壤: 땅 양]

20) 『十八史略』, 五帝, 帝堯 陶唐氏. "立我烝民. 莫匪爾極. 不識不知. 順帝之則."
21) 『樂府詩集』, 擊壤歌. "日出而作. 日入而息. 耕田而食. 鑿井而飲. 含哺鼓腹. 鼓腹擊壤. 帝力何有于我哉!"

우리는 태평성대를 표현할 때 배를 두드리고 땅을 차며 노는 모습인 '고복격양(鼓腹擊壤)'[22)]이라는 말을 흔히 사용한다. 이 말은 바로 요임금의 치세에서 유래된 것이다.

요의 정치력에 의하여 천하는 태평성대가 전개되었으나 요도 이미 늙어 갔다. 요임금이 대신들에게 나랏일을 할 수 있는 믿고 쓸 만한 인물을 추천하라고 하자 방제란 신하가 요의 맏아들 주(朱)를 천거했다. 주는 달리 '단주'라고도 불리는데, 그것은 주(朱)가 단연(丹淵)이란 곳에 제후로 임명받은 적이 있기 때문이다. 하지만 요임금은 단주의 말에 충성과 믿음이 없으며 말다툼을 잘한다는 이유로 등용하지 않았다.

그런데 그즈음 큰비가 내리면서 황하엔 큰 홍수가 넘쳐흘러서 산과 들을 집어삼켰다. 그러자 신하들이 요에게 곤(鯀)이란 자를 추천했다. 곤은 9년이나 치수 공사를 했으나 아무것도 이룬 것이 없었고 나라에는 큰 피해를 안겼다. 자기 아들 단주뿐만이 아니라 곤도 나랏일을 맡길 만한 인재가 되지 못했다.

어느덧 요가 임금의 자리에 오른 지 70여 년이 되었을 때 요는 여러 제후 중의 으뜸이며 자신의 명을 잘 받드는 사악(四岳)에게 임금의 자리를 물려주려 했다. 그러자 사악은 자신에게 덕이 없다고 사양했다. 요는 신하들에게 말하여 천명에 따라 자신의 자리를 이어받을 사람을 물색하도록 했다. 그러자 많은 사람이 당시 효행과 덕행으로 소문이 난 순(舜)을 천거했다. 요에게는 두 딸 '아황(娥皇)'과 '여영(女英)'이 있었다. 요는 효행과 덕망을 갖춘 순(舜)에게 두 딸을 시집보내고, 자신의 9명의 아들을 순의 거처에 머물게 했다. 그런 다음에 집 안과 밖에서의 순의 행동을 면밀히 관찰하니 순이 공주인 부인들에게 한 가정의 부인으로서 예절을 지키도록 법도를

---

22) 한편 '격양'을 나무로 말굽 모양으로 만든 양(壤)을 땅에 세워 두고 떨어진 곳에서 다른 양을 던져서 맞히는 놀이라는 설이 있다.

확립해 나가는 것이었다.

다음에는 백관(百官: 여러 벼슬아치)의 일을 총괄하는 정사를 맡겨보니 백관의 질서가 잡혀 나갔다. 요는 마침내 순에게 임금의 정사를 섭정(攝政: 대신 정치를 함)하도록 했다. 순에게 섭정을 하게 한 뒤 28년이 지나도록 후사를 결정짓지 못하고 요는 세상을 떠나고 만다. 이때 요의 나이는 대략 117세로 추정된다.『서경』에 따르면 요는 16세에 즉위하여 101년을 재위한 것으로 되어있는데, 이것으로 보면 117세까지 산 것으로 추산된다.

### 벽화 속의 요

한(漢)나라 시대 벽화에 등장하는 요에 관한 명문(銘文)이다.

==========================
帝堯放勳 其仁如天 其知如神就之如日望之如雲
==========================

요임금 방훈은 그 인자함이 하늘과 같고, 그 지혜가 신과 같다. 그에게 다가서면 해와 같이 따뜻하고, 바라보면 구름 같이 부드러웠다.

『사기』에 따르면 순은 요임금과 마찬가지로 삼황 중의 하나인 황제헌원에서 시작하여 그의 둘째 아들 창의를 조상으로 하고, 아버지는 고수이다. 순의 성(姓)은 '요(姚)'이며 씨(氏)는 '유우(有虞)'이고 이름은 '중화(重華)'23)이다. 순으로 부르게 된 연유는 전하여지는 바가 없다.

순은 어려서 어머니를 잃고 계모 밑에서 자랐다. 부친인 고수(瞽叟)는 장님으로, 순의 모친이 사망한 후 후처를 들여 아들 상(象)을 낳았다. 고수와

---

23) 『십팔사략』「오제」편에 나온다.

계모 그리고 상은 늘 순을 괴롭히고 구박했으나 순은 역산(歷山)에서 농사 일하고 아울러 고기잡이, 도자기 굽는 일, 날품팔이, 장사 등 닥치는 대로 일을 해 한결같이 부모를 봉양하고 동생을 보살폈다. 그리하여 순은 20세 때 효자로 이름이 널리 알려졌으며, 이러한 순의 효행을 신하들로부터 전해 듣게 된 요는 순이 30세 때 두 딸을 그에게 부인으로 맞아들이게 한다.

순은 요의 사위가 된 뒤에도 생업으로 농업과 고기잡이, 도자기 굽는 일을 계속했다. 그런데 많은 사람이 덕이 있는 순에게는 토지의 경계를 다투지 않았고 그물을 내릴 자리를 양보했다. 그리고 순이 만든 도자기는 거칠지만 흠이 없어 사람들이 순이 만든 도자기를 믿고 사용했다. 순의 인품과 성실한 생업 활동으로 순이 거주하는 지역에는 점차 사람들이 모여들어 1년이 지나 취락을 이루더니, 2년이 지나 읍을 이루고, 3년이 지나 도성을 이루었다. 이를 본 요임금은 그에게 거문고와 옷, 소와 양을 하사했으며 창고까지 지어줬다. 이때 순을 사람들은 도군(都君)이라 불렀다. 그렇지만 고수와 계모 그리고 이복동생 상은 집요하게 순을 괴롭혔다. 하루는 고수가 순에게 사다리를 타고 흙으로 만든 식량 창고 지붕에 오르게 하고는 그 밑에서 불을 놓아 순을 불태워 죽이려 했다. 순은 햇빛을 가리는 데 쓰는 두 개의 삿갓을 펼치고 내려와서 간신히 죽음을 면했다. 그러자 그들은 또 순에게 우물을 파라고 일렀다. 깊이 파고들어 가면 위에서 흙을 덮어 순을 생매장하려는 속셈이었다. 순은 우물을 파면서 옆으로 빠져나갈 구멍을 만들어놓았는데, 순이 깊이 들어가자 고수는 상과 함께 흙을 덮어 우물을 메웠다. 그러자 순은 미리 만들어놓은 구멍을 따라 겨우 밖으로 탈출하여 자신의 집으로 돌아갔다.

이윽고 요임금이 사위인 순에게 백관을 통솔하는 관직을 3년간 맡겼는

데, 이때 그의 나이 아직 30대인 것으로 추측된다.[24]

　순은 백관을 통솔하는 직책을 맡자 가장 먼저 널리 인재를 등용하고 악인을 몰아내는 일부터 시작했다. 순은 3년 동안 백관을 통솔하는 직책을 수행 후 모든 정사를 맡게 된다. 이른바 순의 섭정(攝政)의 시대가 열린 것이다. 요가 순에게 이런 당부의 말을 남겼다.

　　요가 말했다. 아! 그대 순이여! 하늘의 역수(曆數: 천체와 사계절 순환)가 그대의 몸에 있으니, 진실로 그 중심을 잡아라[允執其中]! 사해가 곤궁하면 하늘의 복록이 영원히 끝날 것이다![25]

　　[曆: 책력 력, 數: 셀 수, 允: 진실로 윤, 執: 잡을 집, 其: 그 기, 中: 가운데 중]

　요는 하늘의 역수, 즉 천체와 사계절이 신후의 순서가 있는 것처럼 그 덕으로 볼 때 순에게 천자의 자리가 돌아가는 것이 순리라고 보았다. 그리고 매사에 중심을 잡고, 세상의 백성을 풍요롭게 할 것을 당부하고 있다. 그렇지 않으면 하늘로부터 받은 천자의 자리를 잃게 된다고 했다.
　섭정을 시작한 순은 인재의 등용에서 그 자격과 능력을 분명하게 검증하고 결정했다. 그는 제후들의 신분을 증명하는 홀(笏)을 모두 거두어들였다. 홀을 거두어들였다는 것은 그 직책에서 해임했음을 의미한다. 순은 그들의 업적을 살핀 후 자격이 있다고 판단되는 제후들에게는 홀을 다시 내어주었다.

---

24) 『서경』에는 순이 3년간 시험 기간을 거친 후 섭정을 28년 하다가 요가 세상을 뜨자 임금의 자리를 정식으로 물려받은 것으로 되어있다. 『사기』에는 순이 30세에 요에게 20년 동안 등용되었다가 50세에 8년간 섭정을 하고, 58세에 요가 세상을 떠나자 삼년상을 마친 후 61세에 천자의 자리에 오른 것으로 되어있다. 또, 『사기』의 다른 부분에서는 순이 30세에 요의 사위가 되고 3년 동안의 시험 기간을 거친 후 섭정했다고 되어있어서 같은 책에서도 서로 다른 기술이 보인다. 본고에서는 30세에 요의 사위가 되고 나서 일정한 기간이 흐른 후, 3년간 시험 기간을 거친 다음에 28년간 섭정을 하다가 임금의 자리를 정식으로 물려받은 것으로 정리했다.

25) 『論語』, 堯曰第二十. "堯曰, 咨, 爾舜, 天之曆數在爾躬. 允執其中. 四海困窮, 天祿永終."

특히 순의 정치에서 눈에 띄는 것은 법치(法治)를 제도화했다는 점이다. 그렇지만 순의 법치는 어디까지나 덕치를 보완하는 역할에 머물렀다. 함부로 사람에게 형벌을 가하는 것을 막기 위하여 표준화된 법전을 제시했고 형벌을 적용하는 데 있어서 가급적 관대하게 처리하려고 했다. 그렇지만 알면서도 저지른 범죄를 뉘우치지 않거나 백성에게 피해를 준 경우는 엄벌로 다스렸다. 음란하고 멋대로 행동한 공공(共工)이란 자를 유배 보냈고, 무능한 환두(驩兜)라는 신하를 숭산(崇山)으로 추방했다. 또, 여러 번 난을 일으킨 삼묘(三苗)를 삼위(三危)로 쫓아내었다. 아울러 요임금 때 치수(治水)에 실패한 곤(鯀)을 처형했다. 곤은 훗날 순의 뒤를 이어 임금에 오르는 우(禹)의 아버지이다.

순이 요를 대신해 섭정하기 시작한 지 28년째 되던 해에 요가 사망했다. 요가 후사를 결정하지 못하고 세상을 뜨자, 단주와 순 사이에 묘한 긴장감이 맴돌았다. 그러자 순은 요의 삼년상을 마치자 단주를 피하여 남쪽으로 내려가 은거했다. 하지만 천하의 제후와 조정의 신하들이 너나없이 순에게로 갔으며, 송사(訟事)를 다투는 자들마저 순에게로 가서 판결을 구하려 했다. 천하의 인심이 이러하자 결국 임금의 자리는 순에게로 돌아갔다. 이처럼 요가 자기 아들인 단주에게 임금의 자리를 물려주지 않고 순에게 임금의 자리를 물려준 것을 역사에서는 선양(禪讓)이라고 한다.[26] 선양이란 임금이 그 자리를 자손이나 친척이 아닌 다른 사람에게 넘겨주는 형태를 말한다. 이때 순의 나이 대략 60세 전후로 추정된다.

왕위에 오른 순은 수레에 천자의 깃발을 꽂고 아버지 고수에게 인사하

---

26) 요가 순에게 선양했다는 것은 『서경』, 『맹자』, 『사기』의 기록이다. 그러나 이와 다른 주장도 있다. 『산해경(山海經)』『해내남경(海內南經)』에서는 요가 만년에 이르러 영명함을 잃고 사사로이 아들 단주에게 왕위를 물려주자 순이 그에 불복하며 반대했다고 하였고, 『한비자(韓非子)』와 『고본죽서기년(古本竹書紀年)』에 따르면 요와 순의 선양은 허구였으며 순이 요를, 우는 순을 무력으로 몰아내거나 감금하고 자신들이 제왕이 되었다고 한다.

러 갔는데, 고수를 대하는 태도가 매우 온화하면서도 공손했다. 이복동생 상에게는 유비(有庳)라는 고을을 봉토(封土: 왕이나 군주가 신하에게 주는 땅)로 주어 제후로 삼았다. 그렇지만 덕이 부족한 상은 유비 땅을 제대로 다스리지 못하게 되어 결국 순이 관리를 시켜 그 땅을 다스리게 하고 공물과 세금을 상에게 바치도록 했다.

순이 섭정할 당시 악행을 한 네 사람은 엄하게 벌했지만, 자신을 죽이려고 한 이복동생인 상에게는 관대하게 대했고, 급기야 봉지(封地)까지 하사한 처사를 두고 훗날 맹자와 그의 제자 만장 사이에 논쟁이 붙었다. 만장은 똑같이 어질지 못한 사람들인데 다른 사람들은 죽이고 이복동생에게는 봉지까지 주었으며, 이로 인하여 죄 없는 유비 땅의 백성이 상의 포악한 정치를 만나게 되었으니 이것은 어진 사람이 할 수 있는 일 처리는 아니라고 주장했다. 반면 맹자는 어진 사람이 동생을 대함에는 노여움이나 원한을 마음속에 감추어 두지 않고 단지 가깝게 사랑할 뿐이라고 하며 순을 두둔했다. 그리고 덕이 부족한 상을 대신하여 관리를 시켜 유비를 다스리게 하였으므로 유비의 백성도 피해를 본 것은 아니라고 주장했다. 만장이 공적인 업무의 공정성을 강조하며 순을 비난한 것이라면, 맹자는 순이 육친의 정과 공적 업무의 조화를 이룬 것이라며 순을 두둔한다.

조정으로 돌아온 순은 제후들에게 다음과 같은 자신의 정치철학을 선포한다.

"먹는 것은 오직 때를 놓쳐서는 아니 되오. 먼 곳은 달래고 가까운 곳은 할 수 있게 도와주어야 합니다[柔遠能邇]. 덕(德)을 두터이 하고 임금을 믿게 하며 간악한 자들을 막아내면 오랑캐들도 복종하게 될 것이오."27)

[柔: 부드러울 유, 遠: 멀 원, 能: 능할 능, 邇: 가까울 이, 德: 덕 덕]

순이 제후들에게 선포한 자신의 정치철학은 세 가지로 정리할 수 있다. 먼저 농업에 있어서 씨를 뿌리고 수확하는 시기의 적절성을 강조했다. 이것은 농업에 기반을 둔 민생의 중요성을 말하고 있다. '유원능이(柔遠能邇)', 먼 곳은 달래고 가까운 곳은 할 수 있게 도와주어야 한다는 것은 상생을 지향하는 외교정책을 말한다. 덕을 두터이 하고 임금을 믿게 하며 간악한 자들을 막아낸다는 것은 국내 정치에서 도덕정치를 지향한다는 말이다.

순은 요임금 때부터 어진 신하였지만 전문적 지분이 없던 우(禹), 고요(皋陶), 설(契), 후직(后稷), 백이(伯夷), 익(益), 기(夔) 등에게 일정한 직책을 부여하여 정사를 분담하도록 했다.

순이 천자의 자리에 있는 동안에도 자주 홍수가 범람하자 순은 처형당한 곤의 아들 우를 물과 흙을 다스리는 책임을 지는 사공(司空)에 임명했다. 우는 아버지 곤과 달리 8년 동안 치수와 토목사업에 헌신하여 마침내 홍수를 막아내고 산천에 길을 뚫었다.

고요는 일 처리가 공평하여 법률을 관장했다. 순은 섭정하는 동안 표준화된 법전을 만들어서 법치를 표방한 바 있다. 법률을 관장하는 고요에게 순은 말했다.

"오형을 분명하게 하여 오교를 보필하라. 나의 다스림에 기약할 것이 있느니, 형벌은 형벌이 없어지는 것을 기약해야 한다."28)

27) 『書經』, 舜典16, "食哉惟時 柔遠能邇 惇德允元 而難任人 蠻夷 率服."
28) 『書經』, 大禹謨11, "明于五刑, 以弼五教 期于予治, 刑期于無刑."

오형(五刑)은 다섯 가지 형벌을 말하는데 구체적으로 그 종류가 적시되어 있지는 않다. 오교(五敎) 역시 내용이 제시되지 않았는데, 전국시대 맹자는 오교(五敎)를 오륜(五倫)으로 해석했다. 순은 법치를 표방했으나 법보다 우위에 있는 것이 도덕과 인륜을 전파하는 일이라고 말했다.

고요는 순의 덕을 칭송하여 말하길, "벌을 주되 자손에게는 미치지 아니하시고, 상을 주시면 후손에게 미치게 하십니다."라고 했다. 이처럼 순은 법치를 존중하되 법률 만능주의를 경계하고 법치는 어디까지나 인정(仁政)의 보조 수단이 되어야 한다는 신념을 갖고 있었다.

다음으로 설은 사도(司徒)라는 직책을 가지고 인륜(人倫)을 가르치는 교육을 담당했다. 당시 설이 가르친 인륜의 내용은 위에서 말한 오교(五敎)로 전해지는데, 훗날 맹자가 설이 교육한 이 오교의 내용을 부자유친(父子有親), 군신유의(君臣有義), 부부유별(夫婦有別), 장유유서(長幼有序), 붕우유신(朋友有信)으로 설명하면서 후학들에게 오륜(五倫)으로 자리매김하게 한다. 설은 상(商)을 봉토로 받았는데, 후일 그 후손들이 상(은)나라를 건국했다.

다음으로 후직은 농업을 관장했으며, 백이는 제사를 관장했다. 익(혹은 백익)은 산과 들의 조수(鳥獸)를 관장했고 기는 음악을 맡았다. 이 중 후직29)은 태(邰)를 봉토로 받았는데 그 후손들이 주나라를 건국한다. 후직과 관련된 문화재가 우리나라에 있다. 서울 동대문구 제기동에 가면 선농단(先農壇)이 있는데, 선농단은 농사짓는 법을 인간에게 가르쳤다고 일컬어지는 고대 중국의 제왕인 '신농'과 바로 '후직'을 모시고 제사를 지내던 곳이다.

---

29) 본래 후직은 농업을 관장하는 관직의 명칭이고 그 관직을 맡았던 인물의 이름은 '기(棄)'였으나, 당시 '기'라는 이름보다 후직을 사람들이 통칭하여 사용함으로써 이름을 대체하게 된 것이다.

서울 선농단

　선농의 기원은 신라 시대까지 올라간다. 고려 시대에 이어 조선 시대에도 역대 임금들은 이곳에서 풍년이 들기를 기원하며 선농제를 올렸고 제사가 끝나면 왕이 직접 밭을 갈아 농사의 소중함을 알렸다. 선농제 행사 때 모여든 많은 사람에게 쇠뼈를 고아낸 국물에 밥을 말아 대접한 것이 오늘날의 설렁탕이라고 한다. 선농탕이 설렁탕으로 음(音)이 변한 것이다.
　순임금의 악무는 '소(韶)'라고 한다. 훗날 공자가 제나라에 있을 때 '소'에 심취하여 3개월간을 고기 맛을 몰랐다는 일종의 종교 음악이다.
　순은 3년마다 그들의 공과에 대해 평가하니 모두 공정하고 사심 없이 열심히 정사를 보게 되었으며, 백성은 명령을 거역하는 사람이 없었으므로 천하가 태평성대였다. 또 순은 궁궐 앞에 나무를 세워 백성에게 그릇된 정치를 지적하거나 고충을 글로 적을 수 있도록 했다.
　요순시대는 농경사회이기 때문에 물을 관리하는 치수(治水)가 국가의 중요한 사업이 되었다. 그래서 순의 신하 중에서도 치수와 토목사업을 맡은 우의 공로가 단연 돋보였다. 더구나 우는 덕성 면에서도 모자람이 없었다. 물론 순에게는 상균이라는 아들이 있었지만 이렇다 할 공적이나 덕성이 없었던 것 같다. 순은 요가 아들인 단주가 있었음에도 자신에게 섭정하게 한 것을 거울삼아 불초(不肖: 부모를 닮지 않아 미련함)한 아들 상균이 아닌 우를 후계자로 지목하게 된다. 순은 우를 하늘에 추천 후 17년, 재위 39년에 남쪽을 순수(巡狩: 임금이 나라 안을 두루 살피며 돌아다님)하던 도중 사망했는데, 이때 그의 나이 대략 100세 전후일 것으로 추정된다.

**벽화 속의 순**

한(漢)나라 시대 벽화에 등장하는 순에 관한 명문(銘文)이다.

===========================
帝舜名重華耕於歷山外養三年
===========================

순임금은 이름이 중화이고 역산에서 농사지었다. 바깥일로 삼 년간 부양했다.

## 성씨의 유래

성씨(姓氏)는 오늘날 혈족(血族) 관계를 나타내기 위해 이름 앞에 붙이는 것으로, '성(姓)'은 혈족(血族)을 나타내며, '씨(氏)'는 그 '성'의 계통을 표시하는 말이다. 오늘날에는 '성'과 '씨'의 구분이 없어져 성씨가 '성'을 나타내는 말로 쓰인다. 하지만 초기 발생 단계에서 '성'과 '씨'는 엄격히 구분된 개념이었다. '성(姓)'은 여자[女]가 낳은[生] 자녀들이라는 글자의 의미처럼 모계 씨족사회에서 같은 모계(母系) 혈족을 구분하기 위해 나타났다. 요와 순의 조상은 공통적으로 황제헌원이고, 헌원의 '성'은 공손(公孫)이며 그 후에 희(姬)라는 '성'을 갖고 있었다. 그런데 요의 '성'은 앞의 단원에서 살펴본 바와 같이 이기(伊耆)이고, 순의 '성'은 요(姚)이다. 요와 순은 헌원을 공통의 조상을 하고 있지만 서로 '성'이 다르다. 황제헌원을 공통의 조상으로 하면서도 요와 순이 서로 다른 '성'을 갖게 된 이유는 각각 자신들의 어머니 계통에서 '성'을 따온 것이기 때문이다. 즉 황제헌원은 어머니가 살던 희수(姬水)에서 자란 까닭에 희(姬)가 '성'이 되었고, 요의 '성'이 이기(伊耆)인 것은 요가 어린 시절 어머니와 함께 살던 이(伊)와 기(耆)라는 지역에서 '성'을 따온 것이다. 한편 순의 '성'이 요(姚)인 것은 순의 어머니가 요허(姚虛)에 있었으므로 '성'을 요(姚)로 한 것이다. 헌원이나 요와 순이 어머니가 살던 지역을 '성'으로 삼은 것은 각기 그들 지역에서 어머니의 혈족이 형성되었음을 의미한다. 순의 뒤를 이어 제위에 오른 우(禹)도 요와 순처럼 황제헌원을 같은 조상으로 하고 있지만 '성'은 사(姒)이다. 그러나 아쉽게도 그 '성'의 내력에 대해서는 전해지는 정설은 없다.[30] 사회 문화적으로 요임금 이후는 이미 부계 씨족사회 후기로 진입한 단계이다. 그렇지만 '성'은 아직도 모계 씨족사회의 형식을 따르고 있었기 때문에 공통의 조상인 황제헌원의 희(姬)가 아닌 서로 다른 '성'을 갖고 있었다. 후에 '성'은 부계 사회(父系社會)로 바뀌면서 부계혈통을 나타내는 것으로 쓰이게 되었으며, 종족에 따라서는 자신들의 거주지나 숭배물 등을 '성'으로 삼기도 했다.

사회가 발달하면서 종족의 인구가 늘고 거주 지역이 넓어지자, 하나의 '성'에서 갈라진 지파(支派)는 새로운 거주지나 조상의 이름, 관직 등을 따서 자신들을 구별할 새로운 칭호를 사용하기 시작했다. 이처럼 하나의 '성'에서 갈라진 계통의 구별을 나타내는 칭호를 '씨'라고 한다. 앞에서 요임금

---

30) 일설에는 우(禹)임금은 "어머니가 율무(薏苡)를 삼키고 낳은 까닭에 성을 사(姒)라고 했다."라고 하고 있다.

과 순임금은 각기 자신들의 어머니와 관련된 '성'이 있었지만 각자 자기들이 살던 지역과 관련하여 '씨'를 삼게 된다. 즉, 요의 '씨'는 도당씨(陶唐氏)인데, 이것은 요가 처음 다스리던 것이 도(陶)라는 땅이고 뒤에 봉토로 받은 땅이 당(唐)이어서 이렇게 만들어졌다. 순의 '씨'가 유우씨(有虞氏)인 것은 순이 유우(有虞)라는 부락을 통치했기 때문이다. 순의 뒤를 이은 우의 '씨'는 하후씨인데 이것은 우가 건국한 나라 이름인 하후(夏后)를 우의 '씨'로 삼은 것이다.

이러한 '성'과 '씨'의 구별은 하(夏), 상(商), 주(周) 3대(三代)와 춘추시대(기원전 770년~기원전 403년)에 이르기까지 뚜렷하게 나타났다.

그러다가 전국시대(기원전 403년~기원전 221년)에 이르러 종법(宗法) 제도가 무너지면서 성씨(姓氏) 제도에도 근본적인 변화가 나타났다. 종족의 유대와 연결 관계가 약해지면서 '씨'가 '성'처럼 변화하기 시작했으며, 전국시대 이후에는 평민의 지위가 상승해 그들도 '성'을 지니기 시작했다. 결국 진(秦), 한(漢) 시대 이후에는 '성'과 '씨'의 구별이 점차 사라져 하나의 의미로 쓰이게 되었다. 성씨에서 파생된 말로 우리가 흔히 쓰는 백성이 있다. 백성(百姓)이란 표현은 곧 백 가지 성(姓)을 포괄하므로 모든 민중을 통칭하는 개념으로 쓰이게 되었다.

우리나라에서는 중국의 '성씨(姓氏)' 대신 '성(혹은 성씨)'과 '본(本)'이 사용되었다. '성'은 앞에서 살펴본 바와 같이 모계 사회에서는 모계혈통을 의미하다가 부계 사회로 바뀌면서 부계 혈통을 지칭하는 것이 되었다. 우리나라는 중국에서 건너온 '성'이 많고, 고려 시대 이후부터 새로이 생겨나기도 했다. '본'은 달리 '본관'으로도 불리는데, 그 시조의 고향이나 거주지를 말한다.

## 대동사회의 모습

요순으로 대표되는 삼황오제의 시대는 왕조가 출현하지 않은 씨족공동체, 혹은 부족연맹체 사회이다. 삼황오제가 역사적으로 실존하였던 인물인가에 대하여는 고증이 없어서 논란이 있다. 비록 그 실존 여부는 문제가 있지만, 유가에서는 이상적 정치 체제를 요순시대로 보고 있다. 문헌에 기록된 삼황오제, 특히 요순시대의 사회 모습은 일반적으로 다음과 같다.

정치 지도자들은 요와 순의 정치에서 보여주는 바와 같이 부족의 수장이 되었다고 하여 특별한 개인적 이익도 없었으며, 오히려 백성을 위하여 밤낮으로 노심초사하며 봉사하는 자리였다. 또 부족의 수장이 되기 위하여 치열한 쟁탈전을 벌이는 것이 아니라 모두에 의해 추천된 사람에게 수장의 자리가 돌아가는 사회였다. 이러한 사회를 『예기(禮記)』에서는 대동사회로 묘사하고 있다. 본래 『예기』는 공자와 그 후학들에 의해 지었다고 전해지는데, 시대가 변천하면서 여러 사람의 손에 의해 원문에 가감이 이루어졌다. 『예기』에는 공자가 당시의 세상을 한탄하며 과거의 정치를 회상하는 다음과 같은 표현이 있다.

"옛날에 큰 도(道)가 행해진 일과 하(夏)·은(殷)·주(周) 삼대(三代)의 영명한 일을 내가 보지는 못했지만, 그 행한 일에 대한 기록이 있다. 큰 도가 행해지자 천하가 공정했다[天下爲公]. 현명하고 유능한 인물을 선택했고 성실함을 강습하고 화목함을 수행했다. 그러므로 사람들은 홀로 자기의 아버지만을 친애하지 않았으며 홀로 자기의 아들만을 사랑하지 않았다. 노인들이 그 생을 편안히 마칠 수 있게 하고, 장년이 쓰일 곳이 있게 하며, 어린이가 의지하여 성장할 곳이 있게 하고, 홀아비·과부·고아·홀로 사는 사람·병든 사람이 부양을 받을 수 있게 하며, 남자는 직분이 있고 여자는 돌아갈 집이 있었다. 재화라는 것은 헛되게 땅에 버려지는 것을 미워하지만, 반드시 자기에게만 감춰두지 않았으며, 힘이란 것은 사람의 몸에서 나오지 않아서는 안 되는 것이지만 반드시 자기 자신을 위해서만 힘쓰지는 않았다. 그런 까닭에 간사한 죄는 폐색되어 일어나지 않았으며, 절도나 난적이 일어나지 않았다. 그래서 바깥문을 열어둔 채 닫지 않았으니 이것을 대동(大同)의 세상이라고 하는 것이다."31)

공자는 큰 도가 행하여진 시대와 하·은·주 삼대를 일단 구별하여 우가 세운 하나라 이전, 즉 삼황오제의 시대를 큰 도가 행해지는 대동사회라고 표현하고 있다. 이런 대동사회에서는 벼슬에 나아가는 것이 세습이나 특혜가 아닌 능력과 덕을 존중하여 선발하는 사회였다. 사회 구성원들은 자기의 가족 중심주의에서 벗어나 다른 부모와 자식들을 자기 가족처럼 대하고, 장년에게는 일자리를 제공하고 과부·고아 등의 사회적 약자에게는 부양을 받을 수 있게 하는 사회이며, 혈족은 구분하되 재산이 자기의 이익만을 위해 사용되지 않는 이른바 씨족 공동체 사회이다. 이런 대동사회에서는 간사한 죄가 용납되지 않고 절도나 난적(亂賊: 세상을 어지럽게 하는 악인)도 일어나지 않게 된다. 사실 사료에 기록된 삼황오제에 관한 기록은 신화적 내용이 얽혀 있어서 당시 사회에 대한 체계적 이해가 어렵다. 그런데 『예기』의 대동사회에 관한 언급은 비록 실제의 모습을 그린 것으로 믿기는 어렵지만, 삼황오제의 시대를 본보기로 설정하여 공자를 비롯한 유가

---

31) 『禮記』, 禮運第九. "大道之行也, 與三代之英丘未之逮也, 而有志焉. 大道之行也, 天下爲公, 選賢與能, 講信, 修睦. 故人不獨親其親, 不獨子其子, 使老有所終, 壯有所用, 幼有所長, 矜寡孤獨廢疾者皆有所養. 男有分. 女有歸. 貨惡其棄於地也不必藏於己, 力惡其不出於身也, 不必爲己. 是故謀閉而不興, 盜竊亂賊而不作, 故外戶而不閉, 是謂大同."

들이 지향하는 사회의 모습을 보여준다는 맥락에서 그 의의가 있다고 할 것이다.

대동의 세상을 한 단어로 요약하면 '천하위공(天下爲公)'일 것이다. 이 말은 '천하가 공정했다'는 의미인데, '천하는 여러 사람의 것'이라는 의미도 된다. 대동사회는 직책이 있으나 신분적 계급은 존재하지 않는다. 또 고을이나 나라가 군주의 소유물이 아니고, 재물도 나를 위해서만 사용되지 않으므로 천하위공이 진실로 구현된 사회이다.

후진(後晋) 고조 때 유구 등이 임금의 명령을 받들어 편찬한 『구당서(旧唐書)』에는 "요임금은 북을 두드려 간언하도록 했고, 순임금은 나무를 세워 경계할 말을 구했다[堯鼓納諫, 舜木求箴].”라는 내용이 있다. 여기서 비롯된 고사성어가 '요고순목(堯鼓舜木)'이다. 요고순목이란 글자 그대로 요임금의 북과 순임금의 나무라는 뜻이다. 요임금은 자신이 독단적인 정치를 할 것을 염려하여 조정에다 '감간고(敢諫鼓)'란 북을 걸어두고 누구든지 간언할 수 있게 하여 늘 자신을 경계했다. 그리고 순임금은 마루를 세워서 여기에 경계하는 말을 쓰도록 했다. 요순시대란 말이 오늘날에도 태평성대를 비유하는 말로 사용될 정도로, 요임금과 순임금은 백성의 고충에 귀를 기울였고 선정을 베풀었다.

## 3절 소강사회의 개막

### 소강사회의 모습

 소강(小康)이란 표현은 『예기』「예운」편에 보인다. 소강사회의 모습은 어떠한가? 대동사회에서 그려진 사람과 정치의 모습은 현실적으로 존재하기 어려운 사회일 수가 있다. 그러나 소강사회는 현실을 반영한 사회이고, 그러한 사회에서 지향할 수 있는 달성 가능한 가장 이상적 사회를 말한다. 다음은 소강사회에 대한 공자의 설명이다. 문장에 표시된 번호는 해설의 편의를 위해 붙인 것이다.

 "① 지금 시대엔 큰 도가 없어지고 사람들은 천하를 자신의 집안 소유물로 삼았다. 그래서 각기 그 어버이만을 어버이로 여기고, 각기 그 자식만을 자식으로 여기며, 재물과 힘을 자기를 위하여 감추고 사용한다. 천자와 제후 같은 대인(大人)은 세습(世襲)하는 것을 예(禮)로 하며, 성곽을 짓고 성곽 주위의 도랑을 파 스스로를 굳게 지킨다. ② 예의를 기강(紀綱)으로 삼아 군주와 신하의 분수를 바로 잡으며, 아버지와 아들의 사이를 돈독하게 하며, 형제간을 화목하게 하며, 남편과 아내의 사이를 화합하게 했다. ③ 제도(制度)를 만들며, 농경지와 주택을 세우며, 용맹함과 지혜로움을 존중하며, 자기를 위하여 공을 세운다. 그러므로 간사한 꾀가 여기서 생겨나 쓰이고 전쟁도 이것으로 말미암아 일어나게 된다. ④ 우왕(禹王)·탕왕(湯王)·문왕(文王)·무왕(武王)·성왕(成王)·주공(周公)은 이 예도(禮道)를 써서 뛰어난 업적을 이루었다. 이 6명의 왕은 예를 삼가지 않은 이가 없었다. 예로써 의(義)를 드러냈으며, 신(信)을 고려했고, 허물 있는 것을 드러내 밝히고, 인(仁)을 법칙으로 하며, 겸양(謙讓)의 도를 강설(講說)하여 백성에게 떳떳함이 있는 것을 보여주었다. 만약 이 법에 따르지 않는 자가 있으면 권세 있는 사람이라도 배척당하여 백성으로부터 재앙으로 여겨졌다. 이런 세상을 소강(小康)이라 부른다."[32]

『예기』에 나타난 소강사회에 대한 서술은 논리가 서로 얽혀 있어서 다소 혼동을 줄 수가 있다. 이것은 아마도 시대가 흐르면서 편집상 착오가 있었거나 유실된 부분이 있었던 것으로 보인다. 즉 ①과 ②, ③과 ④는 서로 논리상 부합하지 않는데, 이것은 ①과 ③, ②와 ④로 서로 연결하게 해야 어울린다. 그리고 그 사이에 일부 내용도 유실된 것 같다.

삼황오제가 다스렸던 대동사회에서는 큰 도가 행해져서 천하가 공적(公的)인 것이기 때문에 세습되는 것이 아니라 선양되었다. 하지만 소강사회에서는 천자·제후들이 천하를 사적인 집처럼 여겨 덕과 능력 있는 자에게 선양하지 않고 대대로 자식에게 물려준다. 또한, 자신의 부모, 자식만을 친애하며 내 재산을 챙기는 사회이다. 그러다 보니 나쁜 꾀가 여기서부터 나와 무기를 만들어 서로 빼앗고, 그것을 막기 위해 군사가 필요하게 되며 이로 인해 싸움은 날로 심해지고 사회는 더욱 어지러워진다. 이러한 때에 우(禹)·탕(湯)·문(文)·무(武)·성왕(成王)·주공(周公) 등이 등장하여 인(仁)·예(禮)·의(義)·신(信)·양(讓)의 다섯 가지 덕목으로 백성을 규제하고 다스렸다. 이것이 소강사회의 모습이다. 간략히 말하면 대동사회가 세속

---

32) 『禮記』, 禮運第九. "今大道旣隱, 天下爲家, 各親其親, 各子其子, 貨力爲己, 大人世及以爲禮, 城郭溝池以爲固. 禮義以爲紀, 以正君臣, 以篤父子, 以睦兄弟, 以和夫婦, 以設制度, 以立田里, 以賢勇知, 以功爲己. 故謀用是作而兵由此起, 禹湯文武成王周公由此其選也. 此六君子者未有不謹於禮者也. 以著其義, 以考其信, 著有過, 刑仁, 講讓, 示民有常. 如有不由此者, 在執者去, 衆以爲殃. 是謂小康."

적으로 전락해 어지러워지자 세상에 6명의 성왕(聖王)이 등장하여 덕치가 구현된 사회를 지향하는 것이 소강사회이다.

## 하를 건국한 우

공자가 말한 소강사회에서 첫 번째로 등장하는 지도자가 우(禹)이다. 『사기』에 따르면 우의 조상 계보는 황제헌원-창의(헌원의 둘째 아들)-전욱(창의의 아들)-곤(전욱의 아들)-우이다. 따라서 우는 황제헌원의 현손자가 된다. 순임금과 우는 황제헌원-창의-전욱을 공통 조상으로 하고 전욱의 아들 대에서 갈라진 것이 된다. 우(禹)의 성(姓)은 사(姒)이고 씨(氏)는 하후(夏后)이며 이름은 문명(文命)이다. 문명이란 이름 대신에 우란 호칭으로 널리 알려져 있다.

우의 아버지 곤(鯀)은 요임금 때 9년 동안 애를 썼지만, 황하를 다스리지 못했고, 오히려 수해가 더 커지기만 했다. 곤은 제방을 쌓아 홍수를 막는 방법만 알았지 물길을 터서 큰물을 소통시키는 방법을 몰랐다. 그다음 후계자인 순임금은 물을 다스리지 못한 책임을 물어 곤을 죽이고 그의 아들인 우를 물과 흙을 다스리는 책임을 사공(司空)에 임명했다. 우는 황하를 비롯한 하천과 땅을 다스리는 8년 동안[33] 세 번이나 자신의 집 앞을 지나갔지만 한 번도 집에 들르지 않았다. 우는 공무를 수행하면서 옷과 식사를 보잘것없는 것으로 했으며 궁실 꾸미는 비용을 줄였다. 그는 왼손에는 수준기(수평을 재는 기구)와 먹줄을 들고 오른손에는 그림쇠(지름이나 선의 거

---

33) 『사기』에는 13년으로 기록되어 있다. 여기서는 『맹자』의 내용에 따른 것이다.

리를 재는 도구)와 곱자('ㄱ' 자 모양의 직각자)를 들고 다니며 아홉 개의 주(州)를 개통하고 아홉 개의 길을 뚫었으며, 제방을 쌓아 아홉 개의 저수지를 만들고, 아홉 개의 산을 건널 수 있게 했다. 우의 이러한 노력으로 홍수는 바다로 소통되었으며 백성의 생활은 안정되었다. 순임금도 연로해지자 요임금과 마찬가지로 수령 자리를 계승할 사람을 물색했는데, 물을 다스리는 데 공이 컸던 우를 하늘에 추천하여 후계자로 정했다. 당시 순이 우를 후계자로 지목하면서 우에게 다음과 같은 말을 남긴다.

"인심은 오직 위태하고[人心惟危] 도심은 오직 미묘하고[道心惟微], 오직 순수하고, 오직 한결같다. 진실로 그 중심을 잡아라."34)

[心: 마음 심, 惟: 오직 유, 危: 위태할 위, 道: 길/도 도, 微: 정묘할 미]

순이 우에게 남긴 이 유훈에서 인심, 도심이 언급된다. 여기서 말하는 인심과 도심에 대하여 송나라 이후 중국과 한국의 성리학자들 사이에 그 의미와 관계에 대하여 많은 논쟁이 발생했다. 학자들 간의 주장을 정리하면 인심은 우리 신체의 욕구에서 비롯되는 마음을 말하며, 도심이란 본래 타고난 올바른 마음 혹은 천리(天理)에서 비롯된 마음을 말한다. 순은 우에게 도심에 근거하여 올바른 것을 잡도록 부탁하고 있다.

우가 후계자로 지목된 후 17년이 지나자 순임금이 세상을 떠났다. 그러자 우는 순임금의 삼년상을 마치고 임금의 자리를 순의 아들 상균(商均)에게 양보하고는 양성(陽城)으로 은거했다. 그러나 천하 모든 제후가 상균을 떠나 우에게 와서 조회하며, 천하의 백성이 우를 따르며 상균을 임금으로 인정하지 않았다. 결국, 우는 천자의 자리에 오르게 되고, 나라의 이름을

---

34) 『書經』, 大禹謨第三, "人心惟危, 道心惟微惟精惟一, 允執厥中."

하(夏)35)로 지었다.

우의 사람됨은 어떠했을까? 우는 평소 사람됨이 영민하고 부지런했다. 어진 덕이 있어서 사람들과 친밀하게 지냈고 그 말에는 믿음이 있었다. 목소리는 음률을 타는 듯했고, 행동에는 법도가 있어서 상황에 적절한 처신을 했다. 죄지은 사람을 보면 자신이 덕이 부족하여 백성이 죄를 짓게 된 것이라고 여겨 자신을 꾸짖었다. 더구나 우는 사람들에게 선한 말을 들으면 절을 했다.

우의 정치는 덕치를 근본으로 했다. 우는 제후들에게 토지와 성씨를 하사하면서 천자의 덕치를 먼저 베풀 것을 당부했다. 그리하여 우의 하나라는 크게 번성하기 시작했고, 중국 안에서는 물론 밖에서까지도 조공을 바치게 되었다. 그는 한 번 식사하는 동안에도 열 번이나 일어나서 백성의 어려움을 풀어주려고 했다. 『제감도설』36)에는 이런 일화도 전해진다. 우왕 때에 의적(儀狄)이란 자가 술을 잘 빚었는데, 그는 우에게 이 술을 진상했다. 우는 그 술을 마시고는 매우 훌륭한 맛이라 여겼다. 그러나 우는 이렇게 말했다.

"후세 사람으로서 틀림없이 이러한 술에 방종하다가 나라를 망치는 지경에 이를 자가 있게 될 것이다."37)

이에 의적을 멀리하고 다시는 술을 바치는 일로 자신을 찾아오지 못하도록 했다. 여기서 나온 말이 계주방미(戒酒防微)이다. '계주방미'란 술을

---

35) 우가 세운 나라 이름이 『서경』에는 하(夏), 『사기』에는 하후(夏后)라고 기록되어 있다.
36) 『제감도설(帝鑑圖說)』은 명나라 때 장거정(張居正, 1525년~1582년)이 당시 황태자였던 제13대 황제 신종 주익균을 가르치기 위해 역대 중국 황제들의 언행을 예화로 모은 교재이다.
37) 『帝鑑圖說』, 戒酒防微, "後世必有以酒亡國者."

경계하고 미세한 조짐을 미리 방비한다는 뜻이다. 우는 술을 먹어보고는 자칫 술로 인해 몸에 질병이 생기거나 정사를 그르칠 수 있다는 것을 통찰하고 술의 유혹에 빠져 잘못된 길로 가지 않도록 스스로 경계한 것이다.

우는 지리와 행정 체계를 정비했는데, 이른바 구주(九州: 아홉 개의 주)와 오복(五服)의 설치이다. 구주를 개척하면서 구주에서 가져온 쇠붙이로 평화를 상징하는 구정(九鼎: 아홉 개의 솥)을 만들게 했다. 이것은 천하의 평화를 위해 상제(上帝: 하늘의 신)와 귀신을 위로한다는 의미가 들어있다.

오복이란 순이 재위하고 있을 때도 존재했던 행정 체계를 말하는데, 왕궁을 중심으로 각 오백 리씩 다섯 등급으로 땅을 나누어 과세 및 통치 그리고 군대의 운영을 달리한 것이다. 우는 조세 제도도 정비했다. 그는 여러 종류의 토지를 세 등급으로 분류하여 적정하게 세금을 매겼으며, 여타 세금을 징수할 때는 법률에 따라 신중하게 했다.

우는 왕에 등극하면서 고요를 천거하여 정치를 맡겼다. 그러나 고요는 얼마 안 가서 세상을 뜨고 말았다. 우는 이번에는 익을 천거하여 정치를 위임했다. 익은 우와 마찬가지로 요임금의 신하였다가 순이 임금이 되자 산과 들의 조수(鳥獸)를 관장하는 벼슬에 있던 인물이다.

우가 익을 천거하여 정치를 맡긴 지 7년 후에 우는 세상을 뜬다. 우는 세상을 뜨기 전에 유훈(遺訓)으로 다음과 같은 말을 남긴다.

"백성을 가까이해야 하며 밑으로 여겨서는 아니 된다. 백성은 나라의 근본이다[民惟邦本]. 근본이 굳건해야 나라가 평안하다."[38]

[民: 백성 민, 惟: 오직 유, 邦: 나라 방, 本: 밑 본]

---

38) 『書經』, 五子之歌. "民可近不可下. 民惟邦本, 本固邦寧."

'민유방본(民惟邦本)', 즉 백성이 나라의 근본이란 말은 바로 민본주의를 지칭하는 것이다. 우가 유훈으로 민본주의를 천명한 이후 민본주의는 통치자들이 지향해야 할 정치 체제며, 통치자의 권력이 창출되는 근거가 되는 동양의 핵심 정치사상이 되기에 이른다.

우왕이 승하할 때 그에게는 계(啓)라는 아들이 있었다. 익은 비록 우임금으로부터 천거를 받은 상태이지만 계로 인해 마음이 편치 않았다. 마치 전에 우와 순임금의 아들 상균(商均)이 처했던 상황과 똑같은 사태가 온 것이다. 마침내 익은 우의 삼년상을 마친 후 우의 아들 계(啓)를 피하여 기산(箕山)이란 지역의 후미진 곳에 은거하게 된다. 그러나 결과는 순임금 때와는 사뭇 달랐다. 순이 세상을 떠날 때는 천하의 제후와 백성이 양성(陽城)에 은거한 우에게 갔으나 이번에는 익에게 가지 않고 우의 아들 계에게 몰려갔다. 결국, 왕의 자리는 계에게 돌아갔다.

계의 품성에 관하여는 전해 내려오는 기록이 거의 없다. 다만 여러 신하와 백성이 오랫동안 조정에 몸담아온 익을 거부하고 계를 옹립한 것으로 보면 나름대로 통치자의 자질은 갖춘 것으로 추정된다. 이때부터 요-순-우로 이어지던 선양의 전통은 사라지고 자손이 그 임금의 자리를 이어받는 세습의 전통이 생겨났다.

계는 즉위하면서 하나라에 복종하지 않는 유호씨(有扈氏)를 정벌하기 위해 감(甘)이라는 지역에서 신하들을 모아놓고 유호씨 정벌에 대한 당위성을 천하에 고(告: 알림)했다. 역사에서는 이것을 감(甘)에서 맹세했다고 하여 '감서(甘誓)'라고 지칭한다. 이 감서의 내용은 유호씨가 위세를 믿고 하늘의 질서를 어지럽혔다는 내용인데, 그 말미에 이런 표현이 있다. "명을 받드는 자에게는 종묘(宗廟)[39]에서 상을 주고, 명을 따르지 않는 자는

---

39) 역대 통치자의 신주(神主)를 모신 사당

사직40)에서 목을 베고 처와 자손까지 죽일 것이다."41)라고 했다. 순은 죄가 자손까지 미치지 않게 하는 것을 법의 원칙으로 했는데, 우의 아들 계는 그러지 않았다. 무릇 그릇의 차이가 이러했다.

하나라는 이후 계의 아들인 태강(太康)이 3대 왕이 된다. 태강은 업무 보기를 싫어했고 놀기를 좋아했으며 덕이 없었다. 특히 사냥을 좋아해서 한참을 사냥을 나가 돌아오지 않았다. 결국, 활을 잘 쏘는 궁(窮)의 제후인 예(羿)가 반란을 일으켜 돌아오지 못했고, 동생인 중강(仲康)이 왕위를 이어 하(夏)의 4대 왕이 되었고, 중강의 아들 상(相)이 5대 왕이 되었다.

그림 속의 우

송대(宋代) 마린(馬麟)이 그린 우임금의 초상화이다. 그림 속 글자는 이러하다.

========================
克勤于邦 烝民乃粒
歷數在躬 厥中允執
惡酒好言 九功由立
不伐不矜 振古莫及
========================

나랏일에 심히 하니, 여러 백성이 쌀밥 먹게 되었네. (하늘의) 역수(曆數: 천체와 사계절 순환)가 (우임금) 몸에 있으니, 진실로 그 중도를 잡은 것이구나! 술을 싫어하고 착한 말을 좋아하니, 구주(九州: 중국)의 공이 이로 말미암아 세워졌네. 공적을 자랑하지 않고 자만하지 않으니 그 공명이 옛날에 떨쳤지만 지금 미치는 이가 없도다!

---

40) 사직(社稷)은 토지의 신(神)과 오곡(五穀)의 신(神)을 말하며, 국가 자체를 의미하기도 한다.
41) 『書經』, 甘誓, "命 賞于祖. 不用命 戮于社. 予則孥戮汝."

## 하의 마지막 왕, 걸(桀)

하의 마지막 왕, 걸은 중국 역사상 유명한 폭군 중의 한 사람으로 기록되어 있다.42) 걸왕은 힘이 장사였고 백성을 이유 없이 괴롭혔으며 주변의 작은 나라들을 약탈했다. 아첨하는 신하들을 중용하고 충신은 배척했다. 그는 즉위한 지 33년째 되던 해에 병력을 동원하여 유시씨(有施氏)를 정벌했다. 유시씨는 화의를 청하는 뜻에서 그에게 말희(末嬉 혹은 妹喜)라는 미녀를 바쳤다. 걸왕은 말희를 총애하여 옥(玉)으로 장식한 집, 상아로 장식한 회랑(回廊: 지붕이 달린 복도), 옥으로 장식한 정자, 옥 침대 등을 만들어 주고는 그녀와 향락에 빠졌다. 걸왕은 유희에 드는 재원을 백성으로부터 거두어들였으며 함부로 사람을 학살했다.

만년에 이르러 걸왕은 더욱 황음무도(荒淫無道: 술과 여자에 빠져 도리를 모름)해졌다. 그는 고기를 산더미처럼 쌓아놓고 육포를 숲처럼 걸어놓고 진탕 먹고 마시며 놀았다. 술을 가득 채운 연못은 배를 띄울 수 있었고 술지게미로 쌓은 제방은 십 리 밖에서도 바라볼 수 있었다. 한 번 북을 치면 삼천 명의 사람들이 마치 소가 물을 마시듯이 일제히 달려들어 술을 마셨다. 그걸 보고 말희는 즐거워했다.

조량(趙梁)이라는 신하는 걸왕이 좋아하는 것이면 무엇이든 제공해주고, 걸왕에게 향락의 방법과 백성을 약탈하고 학살하는 방법을 가르쳐 주었다. 걸왕은 이런 조량을 크게 신임했다.

걸왕이 즉위한지 37년째 되던 해에 동쪽 박(亳) 부락의 지도자 탕(湯)의 신하였던 이윤(伊尹)이란 자가 걸왕에게 오게 된다. 이윤은 걸왕의 요리를 담당하는 관리로 있었는데, 어느 날 연희석상에서 걸왕에게 백성과 이웃

---

42) 걸의 이름은 계(癸) 또는 이계(履癸)라고 한다. 걸왕에 대한 기록은 『史記』, 『帝王世紀』, 『十八史略』 등에 보인다.

나라를 위해 인정(仁政)을 베풀 것을 충언했다. 하지만 걸왕이 그의 말을 들으려고 하지 않자 이윤은 걸왕을 떠나 박 부락의 수장인 탕(湯)으로 다시 돌아갔다. 당시 걸왕의 학정을 견디다 못해 백성은 "아! 이 태양은 언제나 없어지려나? 부디 너와 함께 망하고 말았으면 좋겠다."라고 탄식했다.

 태사령(太史令) 종고(終古)가 울면서 선정을 베풀 것을 간언했지만, 걸왕은 종고를 쓸데없이 남의 일에 참견한다고 질책했다. 결국, 종고는 걸왕을 구제할 수 없다는 것을 알고 박 부락으로 가서 탕에 의탁했다. 대신(大臣) 관룡봉(関竜逢)은 걸왕에게 사치와 살육을 자제하라고 간언했다가 죽임을 당했다. 이때 박 부락의 수장인 탕은 부하를 시켜 관룡봉의 가족을 위로했다. 이 소식을 들은 걸왕은 역정을 내며 탕을 하대(夏台)에 가두었으나, 박의 부락민들이 주는 선물을 받고 탕을 석방했다. 시간이 지나면서 걸왕은 날로 민심과 지지 기반을 잃고 고립에 빠졌다. 그러나 박 부락은 탕의 통치하에서 나날이 번성해졌다. 드디어 탕은 이윤의 보좌를 받으면서 군대를 일으켜 걸왕을 정벌하게 된다.

 걸왕을 치기 위하여 출정한 탕의 군대는 하(夏)의 요충지 명조(鳴条)에서 걸왕의 군대와 접전을 벌였다. 걸왕은 결국 생포되어 남소(南巣)로 추방당했다. 이때 말희는 어떻게 되었는지 별다른 기록이 없다. 폭군 걸왕은 53년간 재위했다. 앞에서 살펴본 바와 같이 하나라의 창시자이며 걸왕의 선조인 우임금은 의적(儀狄)이란 자가 진상한 술을 처음으로 맛보고는, "후세 사람으로서 틀림없이 이러한 술에 방종하다가 나라를 망치는 지경에 이를 자가 있게 될 것이다."란 말을 남겼다. 걸왕은 결국 술과 여자로 자신과 나라를 망치게 되었다. 그러나 후세 학자 중에는 걸왕이 과연 폭군이었는지에 대하여 의문을 제기하기도 한다. 그중에서 송대(宋代)의 나필(羅泌)은 『걸주사다실실론(桀紂事多失実論)』에서, 걸왕의 많은 죄악은 실제로 그가 저지른 것이 아니고, 후세 사람들이 후대 제왕의 죄악을 걸왕에게 둘러씌워 그를 폭군의 전형적인 인물로 만들었다고 주장하기도 했다. 『죽서기년(竹書紀年)』[43]에 따르면 하나라는 우임금으로부터 시작하여 걸왕까지 17대에 걸쳐 472년 동안 존속한 것으로 되어있다.

하나라의 사회 모습은 어떠했을까? 하나라는 검은색을 숭상하여 하늘에 제사 지낼 때 검은 황소를 제물(祭物)로 썼다. 역법(曆法)[44]이 제대로 제정된 것은 하나라에서 시작했다. 중국 최초의 정비된 역법인 하력(夏曆)은 1년을 12개월로 정했고, 동지 후의 두 번째 달을 정월이자 1년의 시작으로 했다. 하력은 농사의 법칙을 정확히 반영했기 때문에 『좌전』[45]에서도 "하나라의 역법을 만드는 방법이 하늘의 이치를 제대로 얻은 것(夏数得天)"이라 했다. 또 『논어』에는 안연(顔淵)[46]이 나라를 다스리는 방법에 관해 묻자 공자가 말했다.

"하나라 역법으로 시행하고 은나라 수레를 타고 주나라 면류관을 쓰며 음악은 소무(韶舞: 순임금의 음악과 무용)를 따라야 할 것이다. 정성(鄭聲: 정나라 음악)을 추방하고, 아첨하는 자를 멀리해야 한다. 정성은 음란하고, 아첨하는 자는 위태롭다."[47]

---

43) 『紀年(기년)』, 『汲塚紀年(급총기년)』이라고도 한다. 죽간(竹簡)에 씌어졌기 때문에 이와 같은 이름이 붙었다. 전국시대 위(魏)나라의 사관(史官)이 썼다. 280년 무렵(晉의 太康初) 급군(汲郡)에 있는 전국시대 위나라 양왕(襄王)의 묘에서 발견되었다. 삼황오제부터 전국시대 위나라 양왕 20년(기원전 299년)까지의 역사를 서술하고 있다. 원본은 북송 때 유실되었다. 명대에 죽서기년이 다시 등장했으나, 이는 위작으로 드러났다. 1917년 왕국유(王國維)가 각종 고대 문헌에 인용된 내용들을 모아서 죽서기년을 복원하는 작업을 했다. 명대 위작본을 금본 죽서기년(今本竹書紀年)이라고 부르고 왕국유가 편집한 죽서기년을 고본 죽서기년(古本竹書紀年)이라고 부르고 있다.
44) 천체의 운행 등을 바탕으로 달, 날짜, 시간 따위를 구획하는 방법. 역법을 기록한 것이 달력이다.
45) 좌구명(左丘明)이 지은 『춘추좌씨전』의 약칭이다. 『좌전』은 『춘추』의 주해서이다.
46) 안회(顔回, 기원전 521?~기원전 491?)는 중국 춘추시대 노나라 사람으로, 공자의 제자이다. 자(字)는 자연(子淵)이다. 성(姓)과 자(字)를 혼용해 안연이라고도 부른다.
47) 『論語』, 衛靈公第十五. "行夏之時, 乘殷之輅, 服周之冕, 樂則韶舞. 放鄭聲, 遠佞人. 鄭聲淫, 佞人殆."

공자는 각 나라에서 전해지던 우수한 문화를 본받아 시행함이 옳다고 말하고 있다. 이처럼 하나라 역법은 그 우수성이 공자에 의해서도 인정되었으며, 오늘날 우리가 쓰는 음력이 바로 하나라에서 쓰던 역법이다. 정성(鄭声)은 『시경(詩経)』48)에 수록된 정나라 음악 21편을 말한다. 주희에 따르면 편수 5/7가 여인이 남자를 유혹하는 내용으로 되어있다. 공자는 하은주 3대의 우수한 문화를 채용하되, 정성은 물리치고, 아첨하는 자를 멀리할 것을 주문했다.

『사기』나 『서경』 등 문헌에 등장하는 하나라가 실존하였는가에 대하여는 논란이 있다. 그렇지만 중국은 문헌 자료와 발견된 유적 등에 근거하여 하나라를 실재했던 왕조라고 주장한다. 중국은 고대사 복원 작업인 '하상주단대공정(夏商周斷代工程)'을 통하여 하나라는 기원전 2070년 무렵에 건국되었다가 기원전 1600년 무렵에 멸망한 것으로 보고 있다.

## 상을 건국한 탕

상(商)을 세운 탕왕(湯王)의 선조는 순임금 때의 명신 설(契)이다. 설은 우(禹)를 도와 치수 사업에 공이 커서 당시 순임금에게 사도(司徒)의 벼슬을 하사받고 백성의 교화를 담당했다. 또 설은 순임금으로부터 상(商)을 봉토로 받았고 '자(子)'란 성(姓)을 하사받았다. 설로부터 시작하여 13대 후손 '리(履)'가 바로 '성탕(成湯)'이다. 성탕은 '리'의 시호(諡号: 죽은 뒤에 붙인 이름)

---

48) 중국 최초의 시가(詩歌) 총집이다. 공자(기원전 551년~기원전 479년)가 편집했다고 전한다. 주(周)나라 초기(기원전 11세기)부터 춘추시대 중기(기원전 6세기)까지의 시가 305편을 모았다.

로서 역사는 보통 탕왕이라 부른다.49) 탕왕은 자신이 통치하던 고을 박(亳)을 수도로 정했는데, 탕왕이 세운 나라 이름은 그 조상인 설이 받은 봉토를 따서 상(商)으로 부르게 되었다.

탕이 하나라를 무너뜨려 상나라를 건국하고, 또 상나라가 초기에 국가의 기반을 다지게 된 것은 명신 이윤(伊尹)의 도움이 컸다. 이윤은 낮은 신분으로서 벼슬을 멀리하고 숨어 사는 사람[隱者]이었는데, 탕이 그의 능력을 알아보고 다섯 번이나 사람을 보내 간절히 초빙하여 국정을 맡겼다고 한다.50) 『묵자(墨子)』에는 탕이 친히 그를 찾아간 것으로 기록되어 있다.

어느 날 탕이 현인인 이윤을 찾아가려 할 때, 팽씨 성을 가진 사람이 수레를 몰았다. 도중에 이 수레꾼이 탕에게 여쭈었다. "군주께서는 어디로 가십니까?" 그러자 탕은 말했다. "이윤을 만나러 가려 하네." "이윤은 지체가 낮은 사람입니다. 군주께서 그를 보고자 하신다면, 와서 문안하라고 명령을 내리더라도 그는 큰 은덕을 입는 것이 될 것입니다." "그것은 잘 몰라서 하는 말이야. 만약 여기에 좋은 약이 있는데, 그것을 먹어서 귀와 눈이 밝아진다면 나는 기분 좋게 그것을 먹을 걸세. 지금 이윤은 우리나라에서 명의나 양약과 같은 분일세. 그런데 그대는 내가 그를 찾아가지 않기를 바란다니, 이것은 과인이 좋은 일 하는 것을 바라지 않는 것일세."51)

49) 탕왕의 성씨는 자씨(子氏)이며 아버지는 주계(主癸)이고 어머니는 부도(扶都)이다. 탕은 천간이 을(乙)인 날에 태어나서 달리 '천을(天乙)'이라 하고, 한 걸음씩 착실하게 하라는 뜻으로 이름을 '이(履)'라 했다. '탕'은 폭정을 제거한 분에게 올리는 시호이다.
50) 『사기』의 기록이다. 그런데 『사기』에는 또 다른 전설도 수록되어 있다. 즉 이윤은 탕을 만나려고 했지만, 방법이 없어서 이에 유신씨(有莘氏) 종족의 시집가는 여성에 딸려 보내는 신하가 되어 상나라로 갔다. 그는 솥과 도마 등 요리 도구를 짊어지고 가서 음식의 맛으로 비유하여 탕에게 정치하는 방법을 유세했으며, 왕도를 실행하게 했다.
51) 『墨子』, 貴義第四十七. "昔者湯將往見伊尹. 令彭氏之子御. 彭氏之子. 半道而問曰. 君將何之. 湯曰. 將往見伊尹. 彭氏之子曰. 伊尹天下之賤人也. 若君欲見之. 亦令召問焉. 彼受賜矣. 湯曰. 非女所知也. 今有藥此. 食之. 則耳加聰. 目加明. 則吾必說而强食之. 今夫伊尹之于我國也.

탕이 이윤을 얻기 위하여 다섯 번이나 찾아간 것에서 '오청이윤(五請伊尹)'이란 고사성어가 유래했다. 오청이윤은 인재를 얻기 위하여 지도자가 백방의 노력을 기울여야 한다는 것을 의미하는 말이다. 훗날 삼국 시대에 촉나라를 세운 유비가 제갈공명을 얻기 위해 공명의 초가집을 세 번 찾아갔다는 '삼고초려(三顧草廬)'에 관한 고사도 그 원형이 '오청이윤'에 있다.

탕은 이윤을 등용하여 국정을 맡겼는데, 어느 날 갑자기 이윤이 하나라의 걸왕에게 가서 요리를 담당하는 신하가 된다. 이윤이 갑자기 탕을 떠나서 걸왕의 신하가 된 자세한 내막은 전해지지 않아서 역사의 미스터리로 남아있다. 그런데 『여씨춘추(呂氏春秋)』52)와 『역사(繹史)』53)에는 그 연유를 추측할 수 있는 단서가 보인다.

『여씨춘추』에 따르면, 걸왕의 폭정으로 천하가 평안하지 못한 것을 걱정한 탕은 이윤에게 하나라에 들어가서 실정을 염탐하라고 지시했다. 그러나 걸왕이 이윤을 믿지 않을 것 같으므로 탕은 일부러 이윤에게 활을 쏘아대며 걸왕에게 도망가도록 했다.

『역사』는 『죽서기년』을 인용하여 이렇게 말한다. "즉, 어느 날 하나라 걸왕이 민산국(岷山国)을 공격했을 때, 민산국은 완(琬)과 염(琰)이라는 미녀를 걸왕에게 바쳤다." 걸왕은 그동안 총애하던 말희(혹은 매희)를 멀리하고 두 미녀에게 홀딱 빠지고 만다. 그러자 말희가 이윤과 내통을 하여 마침내 하나라를 망하게 했다.54)

이러한 『여씨춘추』와 『역사』의 기록으로 볼 때 이윤이 걸왕에게 간 것은

---

譬之良醫善藥也. 而子不欲我見伊尹. 是子不欲吾善也."
52) 『呂氏春秋』는 중국 진(秦)나라의 재상 여불위(呂不韋, ?~기원전 235년)가 선진(先秦)시대의 여러 학설과 사실(史實)·설화를 모아 편찬한 책이다. 일종의 백과전서라 할 수 있다.
53) 『繹史』는 중국 청나라 때 마숙(馬驌)이 지은 역사책이다. 총 160권으로 구성되어 있으며 태고로부터 진(秦)나라 말기까지의 고서를 섭렵하여 뽑아낸 사료를 유형별로 모아 논단(論斷)을 붙인 것이다.
54) 진순신, 『이야기 중국사』, 살림, 2013년, 123쪽 참조

탕과 사전에 치밀히 계획된 일이고, 이윤은 말희를 포섭해 하나라에 관한 여러 정보를 수집하여 탕에게 전달하는 임무를 맡은 것으로 추측된다. 결국, 이윤은 걸왕의 실정(失政)이 정점에 이르렀을 때 걸왕을 떠나 탕을 보필하게 된다. 이윤의 보필을 받은 탕은 점차 세력이 강성해졌으며, 그의 인품을 보고 주위에 사람들이 모이기 시작했다. 탕의 사람됨이 어떠하였는지를 보여주는 일화가 있다. 탕이 이윤의 도움을 받아 걸왕을 치기 전의 일이다.

어느 날 탕이 교외에 나갔다가 사방에 그물을 쳐놓고 신(神)에게 이렇게 기원하는 사람을 만났다. "천하 사방의 모든 것이 내 그물로 들어오게 하소서." 탕은 그 장면을 보고 웃으면서 말했다. "이렇게 그물을 펴놓으면 숲 속의 짐승들이 모두 잡히고 말 것이니 너무도 잔혹하다." 그리고 삼면(三面)의 그물을 걷고 이렇게 기원하게 했다. "왼쪽으로 가려고 하면 왼쪽으로 가도록 하고, 오른쪽으로 가려고 하면 오른쪽으로 가게 하소서! 천명을 어기는 놈만 내 그물에 잡히게 하소서." 이 이야기를 들은 제후들은 이구동성으로 말했다. "탕의 덕망이 금수에까지 미치는구나."[55]

천명을 어겼다는 말은 정치적으로 사용될 경우 보통 민심을 거슬러 폭정을 행하는 통치자에게 사용하는 표현이다. 여기서 탕이 짐승 중에서 천명을 어기는 놈이라 말한 것은 성질이 못된 포악한 짐승을 지칭한다. 바로 탕은 그런 짐승만 그물에 걸리기를 소망했다. 이처럼 탕은 사냥을 할 때도 무차별적인 포획을 할 것이 아니라 꼭 필요한 수량과 적절한 대상을 선택

---

55) 『史記』, 史記卷三, 殷本紀第三, "湯出, 見野張網四面, 祝曰, 自天下四方皆入吾網. 湯曰, 嘻, 盡之矣! 乃去其三面, 祝曰, 欲左, 左. 欲右, 右. 不用命, 乃入吾網. 諸侯聞之, 曰, 湯德至矣, 及禽獸."

해야 한다고 생각했다. 탕이 삼면의 그물을 열어두게 하여 짐승들이 도망갈 수 있게 했다는 일화에서 '망개삼면(網開三面)'이란 말이 유래했다. '망개삼면(網開三面)', 그물의 삼면을 열게 했다는 뜻으로 엄격함보다는 관대(寬大)함, 법치보다는 덕치와 생명 존중을 지향하는 통치자의 자세를 표현하는 말이다. 중국 항저우[杭州] 서호(西湖)에 '개망정(開網亭)'이란 정자가 있다. 이 정자의 이름이 '망개삼면(網開三面)'의 앞 두 글자의 순서를 바꾸어 만들어진 것이다.

걸왕의 학정과 황음무도함은 점차 극에 이르렀다. 탕은 제후들을 모아놓고 다음과 같이 정벌의 명분을 말한다.

"여러분에게 고하겠으니, 모두 내 말을 잘 들으시오. 나 같은 작은 사람이 감히 난을 일으키려는 것은 아니오. 하(夏)가 지은 죄가 많아 하늘이 그를 죽이라고 명하시었소[天命殛之]. …바라건대, 나를 도와 하늘의 법이 이루어지도록 하시오. 나는 여러분에게 큰 상을 내릴 것이니, 여러분들은 믿지 않는 일이 없도록 하시오. 나는 식언(食言)하지 않을 것이오."[56]

[天: 하늘 천, 命: 명할 명, 殛: 죽일 극, 之: 그것(걸왕) 지]

사서(史書)에서 이것을 탕의 맹세문이라 하여 '탕서(湯誓)'라고 기록되어 있다. 탕서의 핵심 내용은 민본주의를 무시한 걸왕을 천명(天命: 하늘의 명령)을 받아 정벌한다는 것이다. 선진유학(先秦儒學)에서 천은 인간사를 주재하는 존재를 지칭하기도 한다. 주재자로서의 천은 구체적으로 인간의

---

[56] 『史記』, 史記卷三, 殷本紀第三, "格女衆庶, 來, 女悉聽朕言. 匪台小子敢行擧亂, 有夏多罪, 予維聞女衆言, 夏氏有罪, 予畏上帝, 不敢不正. 今夏多罪, 天命殛之……爾尙及予一人致天之罰, 予其大理女. 女毋不信, 朕不食言."

영역에 개입될 때 하늘의 명령이라는 소위 천명(天命)이라는 형태로서 표현된다. 천명은 인간 행위의 평가 기준이 되고 도덕적 정당성을 확보하는 근거가 되기도 한다.

여기서 고전에 종종 등장하는 '之'의 문법을 간략히 설명하고자 한다. '天命殛之(천명극지)'의 '之'는 대명사로 '하(夏)'를 가리킨다. '之'는 동사, 조사, 관형사, 대명사 등의 용법이 있는데, 여기서는 대명사로 쓰였다. '之'가 대명사로 쓰일 경우, 문장 전후에 명사나 지칭하는 부분이 나올 수도 있고, 제시되지 않을 수도 있다. 이럴 경우는 문맥으로 파악해야 한다.

탕서의 모델은 하나라 시절에 우임금의 뒤를 이은 계가 유호씨 정벌에 대한 당위성을 천하에 고했다는 '감서(甘誓)'인 것으로 추측된다. 훗날 삼국시대에 제갈공명이 어린 황제 유선에게 북벌을 감행할 때 올린 '출사표(出師表)'도 그 기원을 따진다면 감서와 탕서에서 비롯된 것이라 할 수 있겠다.

탕서에 우리가 즐겨 쓰는 '식언(食言)'이란 표현이 나온다. 식언은 직역하면 '말을 씹는다'의 뜻인데, 보통 '약속을 지키지 않는다'의 의미로 사용되고 있다. 이 식언의 유래가 탕서에서 비롯된 것이며, '불식언(不食言)'은 당연히 '약속을 지키다'라는 의미로 사용된다. 탕의 연설을 들은 제후들은 탕에게 동조하게 되고, 탕의 군대는 하(夏)의 요충지 명조(鳴條)에서 걸왕의 군대를 격파했다. 결국, 걸왕은 생포되어 남소(南巢)라는 곳으로 추방되었다.

탕이 걸왕을 무너뜨린 것은 중국 최초의 역성혁명(易姓革命)이었다. 역성혁명이란 무력과 같은 인위적 방법으로 혈통을 달리하는 정권을 수립하는 것을 말한다. 요임금부터 시작하여 순임금, 우임금까지는 백성의 추앙을 받는 신하에게 평화적으로 선양(禪讓)하는 형식이었고, 우임금부터는 자손이나 혈족에게 왕위가 계승되는 세습 체제였다. 그러나 탕에 이르러 우임금의 '사씨(姒氏)' 성씨가 아닌 '자씨(子氏)' 성씨가 무력에 의하여 임금의 자리에 오른 것이다. 탕이 걸왕을 물리치고 돌아오는 길에 탕은 무력혁명으로 천하를 얻게 된 것을 부끄러워하며, "나는 후세 사람들이 내가 한 일을 가지고 구실을 삼을까 두렵다." 말했다. 이때 신하 중훼(仲虺)가 왕의 생각을 알고 대경(大坰) 땅에서 탕에게 다음과 같이 고했다.

"하나라 임금이 덕을 잃어 백성은 도탄(塗炭)에 빠졌습니다. 그래서 하늘이 탕왕에게 용기와 슬기를 내려 천하를 바로잡고 하나라 왕조를 세운 우왕의 본래 영토를 이어받게 했으므로 그 가르침을 따라 천명대로 한 것입니다.…왕께서는 큰 덕을 밝히시고 백성에게 중도를 세우소서! 의로써 사불을 제어하시고[以義制事], 예로써 마음을 세어하시면[以禮制心], 넉넉함이 후대에 드리울 것입니다."57)

[塗: 진흙 도, 炭: 숯불 탄, 塗炭: 진흙과 숯불, 몹시 곤란한 경우 표현,
以: 써(~로써) 이, 義: 의로울 의, 制: 부릴 제, 事: 일 사, 禮: 예 례]

중훼는 하나라에서 상나라로 귀순한 인물 가운데 한 명으로, 원로인 이윤과 더불어 하나라를 정벌하고 상나라를 흥하게 한 충신이다. 중훼는 탕의 역성혁명이 덕을 잃은 군주를 몰아내고 도탄(塗炭)에 빠진 백성을 구한 것이므로 천명에 어긋나지 않는다는 말로 왕을 위로하면서 의(義)와 예(禮)에 의한 덕치를 할 것을 간청하고 있다. '도탄(塗炭)'이란 말에서 '도탄지고(塗炭之苦)'란 고사성어가 유래했다. '도탄지고(塗炭之苦)'는 많은 대중이 극도로 곤궁한 상태에 빠져 있음을 의미한다.

중훼의 말에 힘을 얻은 탕은 하나라 멸망의 정당성을 천하에 밝히고 새로운 왕조의 비전을 제시하게 되는 데 그 연설문이 바로「탕고(湯誥)」이다.

---

57)『書經』, 仲虺之誥, "有夏昏德, 民墜塗炭. 天乃錫王勇智, 表正萬邦, 纘禹舊服, 玆率厥典, 奉若天命.… 懋昭大德, 建中于民. 以義制事, 以禮制心, 垂裕後昆."

탕고는 전체가 3개의 내용으로 구성되어 있다. 이 중 후반부를 그대로 옮겨보면 다음과 같다.

"백성이 선할 일을 하면 나는 덮어두지 않을 것이며, 죄가 내게 있으면 스스로 용서하지 않을 것입니다. 제대로 살피어 상제(하느님)의 마음에 들도록 하겠소이다. 온 백성이 죄가 있다면 그 책임은 나에게 있고, 나 자신이 죄가 있다면 백성의 탓이 아니외다."[58]

이처럼 탕고에 나타난 내용은 백성을 사랑하고 자신을 경계하는 지도자의 위민정신과 도덕성 그리고 호탕함을 물씬 풍기는 명문으로 구성되어 있다. 진실로 한 나라 통치자의 모습이 어떠해야 하는가를 생각해 보게 한다. 여기서 잠시 지금까지 우리나라 통치자들의 모습을 떠올린다면 독자들은 어떤 심정이겠는가?

드디어 탕은 박(毫)에 도읍을 정하고 상나라의 시대를 열었는데, 때는 약 기원전 1600여 년 무렵의 일이다. 탕은 임금의 자리에 올랐지만, 걸왕을 죽이지 않고 남소로 추방했다. 그리고 우임금의 사씨(姒氏) 성씨인 하나라의 후손들을 핍박하지 않고 여러 지역의 제후로 분봉(分封)했다. 분봉이란 천하의 땅을 나누어 주고 신하로 삼는 것을 말하는데, 그 제후들은 자신들이 분봉된 나라 이름을 성씨로 삼았다. 『사기』에는 상(殷)나라의 시조 탕왕이 즉위 후 역법(曆法)을 개정하고 복색을 바꾸어 흰색을 숭상했다고 기록되어 있다. 또 다음과 같은 일화도 전해진다.

탕왕이 천자가 되고 나서 7년 동안 가뭄이 계속되었다. 태사(천문을 보고 점치는 사람)에게 그 까닭을 점쳐보게 했다. 그러자 태사는 사람을 희생(犧

---

58) 『書經』, 湯誥8. "爾有善, 朕弗敢蔽. 罪當朕躬, 弗敢自赦. 惟簡在上帝之心. 其爾萬方有罪, 在予一人, 予一人有罪, 無以爾萬方."

牲)으로 바치고 하늘에 빌어야 한다고 얘기했다. 희생이란 제사에 바치는 제물을 말한다. 그러자 탕왕은 머리를 가로저으며, "내가 비 오기를 바라는 것은 백성을 위한 것이다. 기어코 사람의 몸을 희생으로 써야 한다면 내가 희생이 되겠다."라고 했다. 탕왕은 흰 말이 끄는 흰 수레에 타고, 흰 띠를 두르고 스스로 희생이 되어 상림(桑林)의 들에 나가 여섯 조항의 말을 하늘을 향하여 아뢰었다. 이제 이 말이 끝나면 자신을 죽여 제물로 바쳐야 했다.

"제가 한 정치에 절제가 없기 때문입니까? 백성이 직업을 잃었기 때문입니까? 제 궁정이 너무 화려하기 때문입니까? 여자에 빠진 것이 많기 때문입니까? 뇌물이 성행하기 때문입니까? 참소하는 말이 성행하기 때문입니까?"[59]

탕왕의 이 말이 끝나기도 전에 큰비가 내려서 이 비는 수천 리의 땅을 적시었다. 탕왕의 이런 예화에서 '상림도우(桑林祷雨)'란 말이 생겨났다. '상림도우'란 뽕나무 숲에서 비 내리기를 기도한다는 의미로 통치자가 백성을 위해 자신의 몸을 희생하는 것을 감수하면서도 노력하는 모습을 표현하는 말이다.

탕왕은 평소 쟁반에 "진실로 날로 새롭고 나날이 새로워지자. 재차 날로 새로워지자(苟日新 日日新 又日新)."라는 글귀를 써놓고 자신이 게을러지거나 타성에 빠지는 것을 경계했다고 한다.

탕왕! 그는 백성의 죄를 자신의 책임으로 돌리는 도덕성과 호탕함, 백성이 고통스러워할 때는 자신의 몸을 희생하여 구제하려는 위민 정신, 그리

---

59) 「十八史略」, 殷王成湯. "政不節歟, 民失職歟, 宮室崇歟, 女謁盛歟, 苞苴行歟, 讒夫昌歟?"

고 끊임없이 자신을 수양하고 혁신하려는 진취성을 갖춘 지도자였다. 이것이 진정한 지도자의 모습이 아니겠는가?

세월은 흘러 역성혁명으로 새 왕조를 건국한 시대의 리더 탕왕은 세상을 떴다. 탕왕이 서거한 후 장자 태정(太丁)이 왕위를 잇지 못하고 일찍 죽자, 태정의 동생 외병(外丙)과 중임(中壬)이 차례로 형제간에 세습하여 왕위에 올라 조금씩 있다가 역시 죽고 말았다. 중임 다음으로는 맏아들 태정의 아들인 태갑(太甲)이 왕위에 올랐다. 상나라는 초기부터 형제 상속이 주류를 이루었는데 부자 상속은 후기인 26대 경정(庚丁)부터 시작되었다. 태갑은 즉위한 지 3년이 지나자 어리석고 포악해져 탕왕의 법을 따르지 않고 사치가 심했다. 그러자 이윤은 태갑을 탕왕의 묘소가 바라보이는 동궁(桐宮)에 가두어버리고는 가까이서 탕왕의 묘소를 바라보며 영명한 탕왕의 가르침을 되새기게 했다. 이윤은 태갑 대신에 3년간 나랏일을 섭정하면서 제후들의 조회를 대신 받았다. 그동안 태갑은 3년간 동궁에 머무르면서 잘못을 뉘우치고 마음을 바로잡았다. 이에 이윤은 태갑을 맞아들여 왕권을 돌려주었고 태갑은 더욱 덕을 닦아서 상나라는 안정을 찾았다. 그 후 태갑이 세상을 뜨자 그 아들 옥정이 즉위했는데, 얼마 안 되어 이윤마저 죽었다. 이윤은 탕왕부터 옥정에 이르기까지 상나라 초기에 다섯 왕을 모셨으며, 상나라가 약 560여 년간 존속하는데 결정적으로 기여했다.

### 그림 속의 탕

송대(宋代) 마린(馬麟)이 그린 탕왕의 초상화이다. 그림 속 글자는 이러하다.

========================
順天應人, 本乎仁義.
以質繼忠, 匪曰求異.
盤銘一德, 桑林六事.
人紀肇修, 垂千萬世.
========================

천명을 따랐고 사람을 응접했으며, 근본을 인의(仁義)에 두었다.
이를 바탕으로 삼아 참된 마음을 이어 나갔으며, 괴이한 것을 구하지 아니했다. 쟁반에 하나의 덕을 새기고60), 상림에서는 여섯 가지로 아뢰었다. 인륜이 비로소 닦여지기 시작했고, 그 덕이 만세에 드리운다.

---

60) 쟁반에 새긴 "苟日新 日日新 又日新"을 지칭

## 상의 마지막 왕, 주(紂)

 상나라가 멸망한 것은 30대 주왕(紂王)에 이르러서이다. 주왕은 신체가 장대하고 외모가 준수했으며 맨손으로 맹수를 사로잡을 수 있을 정도로 힘이 장사였다. 또 총명하고 재치가 있으며 말솜씨도 뛰어났다. 그는 여러 차례 동방의 반란을 평정하고 동남 지역 일대를 정벌하기도 하여 통일 중국의 면모를 갖추는데도 어느 정도 기여했다.

 그러나 본래 술을 좋아하고 음악에 빠졌으며 여색을 탐했다. 특히 달기(妲己)라는 여인을 얻고 나서부터는 연일 달기와 함께 술을 마시며 유희를 즐겼다. 달기는 오랑캐국 소(蘇)나라 유소씨(有蘇氏)의 딸이며, 주왕이 유소씨를 토벌했을 때 그로부터 전리품으로 받은 미녀였다.[61] 주왕은 달기를 총애하여 몇 층으로 쌓아 올린 녹대(鹿台: 호화로운 망루)를 만들어서 백성에게 거두어들인 돈으로 가득 채우게 하고, 거교(鉅橋)라는 창고를 만들어서 곡식을 가득 채웠다. 그뿐 아니라 개와 말, 기이한 물건들로 궁실을 채웠다. 그는 궁중에 연못을 파서 연못 안에 술을 가득 부어 놓았는데, 이것을 주지(酒池)라고 불렀다. 또 연못 사방에는 비단을 감은 나뭇가지에 고기를 매달아두고 육림(肉林)이라 했다. 호사스럽고 방탕한 술잔치를 비유하는 말로 쓰는 '주지육림(酒池肉林)'이란 단어가 바로 주왕에게서 나왔다. 주왕과 달기는 주지(酒池)에서 배를 타고 놀다가 손 가는 대로 술을 퍼마시고 육림(肉林)에서 고기를 마음껏 따 먹었다. 주왕의 술잔치는 밤늦도록 계속되었는데, 이를 '장야지음(長夜之飮)'이라고 표현한다. '장야지음(長夜之飮)'이란 밤새 방탕하게 마시고 노는 행위를 의미한다. 하물며 주왕은 벌거벗은 남녀가 서로 쫓아다니게 하여 뒤엉켜 음란한 행위를 하는 것을 보

---

61) 한편 십팔사략(十八史略)에서는 주공단(周公旦, 주나라 무왕의 아우)이 달기를 정략적으로 육성한 것으로 나온다.

고 즐기기도 했다.

이러한 황음무도한 유희를 즐기다 보니 막대한 국가 재정이 유흥에 사용되었고, 여기에 드는 재원은 백성의 부담이었다. 이러자 백성은 원망하고 제후들은 등을 돌리기 시작했다. 그러자 주왕은 달기의 말에 현혹되어 청동으로 속이 빈 기둥을 만든 다음 그 안에 벌겋게 달아오른 숯불을 집어넣는 '포락(炮烙)'이라는 형구(刑具)를 만들었다. 주왕은 그의 폭정에 불만을 품은 신하와 백성을 발가벗겨서 청동 기둥에 묶어 놓고 무참하게 태워 죽였다. 우리가 잔혹한 형벌을 지칭할 때 '포락지형(炮烙之刑)'이란 표현을 쓰는데, 그 용어의 출처가 여기에서 비롯된 것이다.

한편 주왕은 신하 창(昌)과 구후(九侯), 악후(鄂侯)를 삼공(三公)[62]으로 삼았다. 구후에게는 예쁜 딸이 있었는데 구후는 그 딸을 주왕에게 바쳤다. 그러나 구후의 딸이 음란한 행위를 싫어하자 주왕은 그녀를 죽이고 아버지 구후마저 소금에 절여 죽였다. 이를 본 악후가 완강하게 따지자 주왕은 악후를 포(脯)를 떠서 죽였다. 이에 혼자 남은 창이 홀로 한탄했는데, 이 모습을 보고 주왕에게 고자질하는 자가 있어서 창은 유리(羑里)라는 곳에 갇히게 된다. 창은 인근 기산(岐山) 아래를 근거지로 하는 제후였다. 창의 신하들이 미녀와 진기한 보물과 준마를 구하여 주왕에게 바친 덕분에 창은 풀려나게 된다. 창은 풀려나면서 낙서(洛西) 땅을 바치며 끔찍한 포락지형을 없애줄 것을 간청했다. 마침내 주왕이 이를 허락하니 창으로 인하여 포락지형이 사라지게 되었다. 한편 주왕은 창에게 서방을 정벌하게 하여 그 우두머리로 삼았는데, 이때부터 창을 서백창(西伯昌)이라 부르게 되었다. 서백창이 서방 정벌에서 돌아와 덕을 닦고 선정을 베풀게 되자 점점 주왕을 버리고 서백창에게 귀의하는 제후들이 많아졌다. 그러나 서백창

---

62) 삼공(三公)은 태사(太師), 태부(太傅), 태보(太保)를 말하는데, 천자의 나라에서 제후에게 수여한 최고위 관직(官職)이다.

은 새나라 창업을 하지 못하고 이내 세상을 뜨고 말았다. 그 뒤를 이어 둘째 아들 희발이 제후로 즉위했다.

주왕의 폭정과 음란한 행위는 그칠 줄 몰랐다. 주왕에게는 충직한 신하 겸 친족도 있었으니 미자계(微子啓), 비간(比干), 기자(箕子) 삼 인이 그들이었다. 이들은 자주 만나 국가의 앞날에 대해 걱정을 하곤 했다. 미자계(微子啓)의 성명은 자계(子啓)인데, 미(微) 땅에 봉해져 미자계, 혹은 미자(微子)라고도 부른다. 그는 주왕의 이복형으로 주왕에게 여러 차례 선정을 베풀 것을 충고했으나 주왕은 듣지 않았다. 결국, 미자계는 상심하여 도성을 떠나 숨고 말았다. 비간(比干)은 주왕의 숙부(叔父)이다. 비간이 주왕에게 음란한 행위를 멈추고 덕에 의한 정치를 베풀 것을 충고하자 주왕은 태연하게, "성인의 심장은 구멍이 일곱 개라던데 당신의 심장은 구멍이 몇 개인지 내가 한 번 봐야겠소!"라고 하면서 부하에게 명하여 비간을 죽이고 그의 심장을 꺼내보았다. 기자는 상나라 왕속의 한 사람이었다.[63] 당시 기자는 상나라의 태사(太師)란 관직에 있었는데, 역시 주왕에게 폭정을 그칠 것을 간언했다. 그러나 주왕이 노발대발하자 기자는 비간처럼 죽임을 당할까 우려하여 미친 척했다. 그러자 주왕은 기자를 노비로 삼아 버리더니 그래도 분이 풀리지 않아 그를 감옥에 가두어버렸다.

드디어 서백창의 아들인 희발, 즉 무왕(武王)은 서쪽에서 때를 기다렸다가 주왕의 주력군이 동남에 있을 때를 노려 대군을 거느리고 출병했다. 양군은 목야(牧野)에서 마주쳤다. 무왕의 군대가 용감하게 돌격하자 주왕의 군대는 무기를 버리고 뿔뿔이 흩어졌다. 주왕은 급히 수도인 조가성(朝歌城)으로 도망갔으나 명이 다한 것을 알고 자살을 결심했다. 그는 죽은 후에 백성이 자기의 시체를 꺼내 분풀이할 것을 두려워하여 궁중의 모든 패

---

63) 기자(箕子)가 주(紂)의 백부(伯父)란 의견도 있다.

옥을 온몸에 걸치고 녹대로 올라가서 녹대 아래에 불을 지르게 했다. 잠시 후 불길이 하늘로 치솟자 주왕은 불에 타 죽었고 달기는 자결했으며 기자는 석방되었다. 이에 이르러 상나라는 멸망을 고하게 되었으니 기원전 11세기 무렵의 일이다. 공자는 미자계, 비간, 기자를 이렇게 평가했다.

> 미자는 떠나고, 기자는 노비가 되고, 비간은 간하다가 죽었다. 공자가 말했다. "은나라는 세 명의 어진 사람이 있었다."[64]

공자는 주왕(紂王)의 친척이자 신하였던 세 사람이 선정을 베풀 것을 간했다가 겪은 희생과 고초를 기리어 그들을 세 명의 어신 사람이었다고 말했다. 공자의 제자 자공은 주왕(紂王)을 거울삼아 경계할 것을 말했다.

> 자공이 말했다. "주(紂)의 불선(不善)이 이토록 심하지는 않았으니, 이런 까닭에 군자는 하류(下流)에 거처함을 싫어한다. 천하의 악이 모두 거기로 귀결된다."[65]
> [紂: 주임금 주, 不: 아니 불, 善: 착할 선, 下: 아래 하, 流: 흐를 류]

주왕의 불선(不善)이 이토록 심하지 않았다는 말은 두 가지로 해석할 수 있다. 하나는 주왕이 본래 그리 나쁜 사람은 아닌데, 주변의 인적 혹은 물적 환경으로 그리 변했다는 것이고, 다른 하나는 주왕이 불선을 행하긴 했으나 그를 폭군의 전형으로 삼아 악행이 부풀리거나 덧씌워질 수도 있었다는 것이다. 자공은 주왕의 일화에서 경계 삼아야 할 것으로 하류(下流)에 거처해서는 안 된다고 했다. 지표면에 흐르는 오수(汚水)가 낮은 하류

---

64) 『論語』, 微子第十八, "微子去之, 箕子爲之奴, 比干諫而死. 孔子曰, 殷有三仁焉."
65) 『論語』, 子張第十九, "子貢曰, 紂之不善, 不如是之甚也. 是以君子惡居下流, 天下之惡皆歸焉."

로 흐르듯이, 우리의 처신이 도덕적으로 밑바닥에 있으면 세간을 떠도는 악한 자들이 모여들 수도 있고, 혹은 부풀리거나 덧씌워진 악행들이 자신에게 모일 수 있기 때문이다.

주왕의 폭정이 정말 이토록 심했을까에 대하여 후세 사람들은 반신반의하여 의견이 분분했다. 송대(宋代)의 나필(羅泌)은 걸왕과 마찬가지로 주왕이 폭군인가에 대하여 의문을 제기하고 있지만, 대체로 걸왕과 주왕은 유학에서 인의를 저버린 폭군으로 일반적으로 묘사되고 있다.[66]

상나라는 탕왕으로부터 시작하여 30대[67] 주왕을 마지막으로 560여 년간 존속하다가 멸망했다. 시기적으로는 대략 기원전 1600년부터 기원전 1046년 동안이다. 무왕은 상나라가 망하자 주왕의 후손들을 내치지 않고 그들을 여러 땅의 제후로 삼아 포용하는 정책을 취했다. 그리고 주왕의 후손들은 자기들이 받은 땅 이름을 성(姓)으로 삼았는데, 여기에서 은씨(殷氏)·송씨(宋氏)를 비롯하여 여러 성씨가 생겼다. 그렇지만 일반 백성 중에는 무왕과 주왕의 전쟁 중에 집과 땅을 잃거나, 멸망한 상나라를 그리워하는 사람들이 있었다. 이들은 중국 여러 나라를 떠돌아다니며 먹고살기 위해 물건 파는 일에 종사하는 사람들이 되었는데, 이 사람들을 상나라 사람, 즉 '상인(商人)'으로 호칭하게 되었다. 오늘날 물품 거래에 종사하는 사람들을 지칭하는 상인(商人)이란 말이 여기서 유래되었다.

상나라는 1928년 중국 하남성(河南省) 안양(安陽)에서 은허(殷墟)가 발견됨으로써 그 존재가 확실해졌다. 은허 유적에서는 건축물과 무덤뿐만 아니라 갑골문 등의 문헌 자료까지 발견되었다. 은허와 사서(史書)의 기록으로 본 상나라의 사회와 문화는 문화사적으로 청동기 시대에 해당한다.

---

[66] 송대(宋代)의 나필(羅泌)은 『걸주사다실실론(桀紂事多失實論)』에서, 송대(宋代)의 이자명(李慈銘)은 『도화성해암일기(桃花聖解庵日記)』에서 주왕의 학정에 대하여 의문을 제기한다.

[67] 상나라를 31대 왕으로 보는 견해도 있지만 30대가 맞다. 탕 임금의 장자 태정은 왕위에 오르지 않기 때문이다.

# 4절 봉건국가 주나라 시대

## 주의 기초를 확립한 문왕

문왕(기원전 1152년?~기원전 1056년?)은 순임금의 신하로서 희씨(姬氏) 성을 갖고 농업을 관장하던 후직(后稷)의 후손이다. 후직은 순임금으로부터 태(邰)를 봉토로 받았다. 그 후손들은 그곳에서 살다가 4세 공유(公劉)에 이르러 빈(邠)으로, 13세 고공단보(古公亶父)에 이르러 기산(岐山) 아래 주원(周原)으로 도읍지를 옮겼다. 이때 비로소 나라 이름을 주(周)라 부르게 되었다. 고공단보에게는 세 아들이 있었는데, 첫째 태백(泰伯), 둘째 중옹(仲雍)[68], 셋째 계력(季曆)이다. 고공단보는 자신의 세력이 점차 커지자 상나라를 치고 새 왕조를 창업하려는 야심이 있었다. 그런데 고공단보에게는 근심이 있었다. 바로 장자인 태백은 덕이 지극하여 흠잡을 데 없는 사람이었지만, 무력으로 상나라를 치는 것에 동조하지 않는다는 점이었다. 그래도 장자이고 인품이 훌륭하여 태백을 후계자로 책봉하려고 했지만, 태백은 세 번이나 부족의 장이 되는 것을 사양했다. 그런데 셋째 계력이 태임(太任)이라는 부인을 얻었는데 그 성품이 매우 어질었다. 태임이 아들 희창(姬昌)을 낳았는데 어머니의 어진 성품을 이어받아 성인(聖人)이 될 상서로운 조짐이 있었다. 바로 희창이 훗날 문왕이 된다. 조선 시대 율곡[69]의 어머니는 사임당(師任堂)이란 호(号)로 우리에게 많이 알려져 있다.[70] 여기서

---

68) 중옹(仲雍)은 달리 우중(虞仲)이라고도 불린다.
69) 조선 중기의 학자로서 본명은 이이(李珥), 율곡은 그의 호(号). 저서로는 『격몽요결』, 『성학집요』 등이 있다.
70) 성은 '신(申)' 씨이나 본명은 명확치 않다. 혹자는 '인선(仁善)'이라고 주장하기도 한다.

'사임(思任)'이란 성왕인 문왕을 길러낸 '어진 태임을 본받겠다'란 의미이다.

고공단보는 태백이 거듭 부족장의 지위를 사양하자 희창(姬昌)⁷¹⁾의 비범함을 간파하고는 계력에게 부족장의 지위를 물려주려 했다. 태백은 둘째 동생 중옹에게 자신들이 멀리 떠날 것을 설득한다. 결국, 동생 중옹도 형의 말을 받아들여 이들 형제는 형만(荊蠻)으로 몸을 숨기게 된다. 이렇게 되자 고공단보는 계력에게 부족장의 지위를 물려주니 이때부터 계력을 공계(公季)라고 부르기 시작했으며, 공계는 다시 아들 희창에게 지위를 물려주게 된다. 태백이 세 번이나 부족장의 지위를 사양하고 조카인 희창에게 그 지위를 물려준 것을 보고 이후 춘추시대의 공자는 이렇게 평가했다.

> "태백은 지극한 덕을 가진 사람이라고 할 수 있도다. 세 번이나 천하를 양보하니 사람들이 칭송하지 않는 사람이 없구나!"⁷²⁾

희창은 어진 정치에 힘쓰고 노인을 공경하며 젊은이를 아꼈다. 어진 사람에게는 자신을 낮추고 예로써 대했으며, 자신은 밥 먹을 겨를도 없이 선비를 대접하니 희창의 주변에는 많은 선비가 귀의했다. 희창이 주왕에게 낙서 땅을 바치고 포락지형을 없애자 제후들은 희창의 사람됨을 보고 다툼이 있을 때 희창에게 와서 판결을 구했다. 한번은 우(虞)와 예(芮)의 사람들이 송사가 발생하여 희창을 찾아왔다. 그들이 희창의 주(周) 땅에 들어와서 보니 밭을 가는 사람들은 모두 밭의 경계를 상대방에게 서로 양보하고, 백성은 나이 많은 사람에게 양보하는 풍속을 갖고 있었다. 이렇게 자기 것을 상대방과 나이 많은 사람에게 양보하는 주나라 사람들을 보고,

---

71) 성(姓)이 희(姬), 이름이 창(昌)이다.
72) 『論語』, 泰伯第八, "子曰, 泰伯, 其可謂至德也已矣! 三以天下讓, 民無得而稱焉."

그들은 싸우는 자신들을 부끄럽게 여겨 되돌아가서 서로 양보하게 되었다. 이 소문을 전해 들은 제후들은 희창이 천명(天命)을 받은 군주가 될 재목이라고 생각했고, 이때부터 희창을 왕으로 부르는 사람들이 생겨나기 시작했다.

희창이 어느 날 사냥을 나갈 채비를 하고 있었다. 그때 점치는 직책인 사관이 점을 치고는 희창에게 위수(胃水)의 양지(陽地)에서 사냥하면 큰 인물을 얻을 징조가 있다고 말했다. 희창은 그날 사냥을 포기하고 사흘간 목욕재계를 한 다음 나흘째 되는 날 위수의 양지로 사냥을 나갔다. 그때 마침 황하(黃河)의 물줄기를 따라 이어진 위수(胃水)라는 강가에서 띠풀을 깔고 앉아 백발의 수염을 휘날리며 낚시질을 하는 노인이 있었다. 그의 이름은 강상(姜尙)이었다.

강상의 선조는 우임금을 보좌하여 치수 사업에 큰 공을 세웠다. 이후 그의 선조가 여(呂) 땅에 봉해졌으므로 본성은 강(姜)이지만 봉지(封地) 명칭을 성씨로 삼는 관례에 따라 여상(呂尙)이라고도 불린다. 희창은 정중하게 강상에게 인사를 하고 여러 대화를 나누게 된다.『육도삼략』과『사기』에 기재한 대화의 내용을 정리하면 다음과 같다.

희창이 강상에게 물었다. "어떻게 민심을 배양하고 나라를 다스리면, 천하 만민이 귀속할 수 있겠습니까?" 강상이 대답했다. "천하는 군주 한 사람의 천하가 아니라 천하에 삶을 이어받은 만민의 천하입니다. 그런 천하의 이득을 천하 만민과 함께 나누려는 마음을 가진 군주는 천하를 얻을 수가 있습니다."[73]

---

73) 『六韜三略』, 第1篇文韜 第1章文師, "文王曰, 立斂若何而天下帰之? 太公曰, 天下非一人之天下, 乃天下之天下也."『육도삼략』은 강태공이 지었을 것으로 전해져 왔으나, 청대 고증학의 연구로는 문장형식과 사용된 문체를 봐서는 후한에서 위진 남북조 시대 즈음에 만들어진 위서(僞書)라고 한다.

희창이 두 번 절을 하고 말한다. "제가 어찌 감히 하늘이 내리신 명을 받지 않겠습니까."[74]

이어서 말했다. "선군(先君)이신 태공(太公)께서 자주 나타나 '성인이 주나라로 올 것이다. 주나라는 그로 인하여 흥성케 될 것이다'라고 하셨는데, 선생이 바로 그분이십니다. 우리 태공께서 오랫동안 선생을 기다렸습니다."[75]

희창은 강상을 수레로 모셔서 스승으로 삼았다. 이후부터 강상은 태공이 기다리던 사람이라는 의미인 태공망(太公望)이라 부르게 되었는데, 이 명칭이 변형되어 후세에 강태공(姜太公)이라고도 불리어지며, 강태공은 낚시하는 사람을 지칭하는 말로써도 사용되었다.

희창이 태공망을 만난 것은 주왕 15년(기원전 1140년)에 태공망의 나이 72세 때의 일이다. 그 후 태공망은 재상(宰相)에 임명되어 정치와 군사를 통괄했다. 태공망의 노력으로 주족(周族)은 안정 속에 발전을 거듭하여 막강한 군사력을 갖추게 되었다. 서백의 위치에 있는 희창은 태공망의 도움을 받아 인근 제후국을 차례로 정벌해나가며 세력을 확장했다. 그러자 주왕(紂王)의 신하 중에 조이(祖伊)라는 자가 장차 희창이 상나라에 큰 위협이 될 것이란 것을 직감하고, 주왕에게 희창을 경계할 것을 주청(奏請: 임금에게 아뢰어 청함)했다. 그러나 주왕은 "나에게 천명이 있는데 그가 무엇을 할 수 있겠는가?" 하며 대수롭지 않게 여겼다. 희창은 수도를 기산 아래에서 풍(豊)으로 옮겼다. 이때 이르러 희창의 영토는 주왕이 다스리는 땅 3분의 2를 분할해 차지하고 있었다. 이미 주왕이 상대하기엔 너무나 벅찬

---

74) 『六韜三略』, 第1篇文韜 第1章文師, "文王再拜曰, 允哉! 敢不受天之詔命乎!"
75) 『史記』, 齊太公世家第二, "自吾先君太公曰, 当有聖人適周, 周以興. 子真是邪? 吾太公望子久矣."

세력으로 성장하고 있었다. 공자는 당시 희창을 이렇게 묘사했다.

"천하를 3분 하여 2를 소유했으면서도 은[殷: 상(商)의 별칭]나라를 따라 섬겼으니 주(周)나라의 덕이 지극하다고 일컬을 수 있도다."[76]

희창이 주왕을 능가하는 세력을 가지고 있으면서도 천자의 나라인 상나라를 무력으로 무너뜨리지 않고 섬긴 것을 공자가 이렇게 칭송했다.

희창이 병이 들어 죽자 그 아들 희발(姬発)[77]이 뒤를 이었으니, 바로 무왕(武王)이다. 희창은 주나라의 기초를 확립했으며, 50년간 주족(周族)의 장을 지낸 후 97세에 병으로 죽었다. 희창은 복희가 만든 '역(易)'의 8괘를 중첩하여(8×8) 64괘를 만들었다고 전해진다.

희창은 죽었지만, 그 이후에 주나라로 건너온 사람 중에 백이(伯夷)와 숙제(叔斉)가 있었다. 백이(伯夷)와 숙제(叔斉)는 원래 서쪽 변방에 살던 형제로서 변방의 작은 영지인 고죽군의 아들들이었다. 고죽군의 영주인 아버지는 마음속으로 셋째인 숙제에게 후계자를 물려주려 하다가 결정하지 못하고 죽고 만다. 그러자 숙제는 장자인 백이에게 후계자 자리에 앉을 것을 권했지만 백이는 부친의 뜻을 저버릴 수 없다 하여 숙제에게 양보하려 했다. 두 형제는 서로 양보하다가 마침내 백이가 궁궐을 떠나 멀리 가버렸다. 그러자 숙제도 후계자 자리를 팽개치고 백이를 따라가 버렸다. 이렇게 되자 후계자 자리는 둘째(성명 미상)에게 돌아가고 만다. 백이와 숙제는 수년간 외국을 떠돌다가 주나라의 희창이 노인들을 잘 봉양한다는 소문을 듣고 주나라로 건너가게 된다. 그러나 백이와 숙제가 주나라에 도착했을 때 이미 희창은 죽고 없었다.

76) 『論語』, 泰伯第八, "三分天下有其二, 以服事殷. 周之德, 其可謂至德也已矣."
77) 성이 희(姬)씨이고 이름이 발(発)이다.

희창이 실질적으로 주왕을 능가하는 세력을 갖추고 있었고, 일부에서는 그를 왕으로 부르는 사람들도 있었으나 명목상으로는 여전히 제후국 수장의 하나였고, 각 제후국은 천자의 나라인 상(商)나라의 신하국이었다. 그래서 희창은 살아생전에 왕의 칭호를 쓸 수가 없었다. 그러다가 희창이 병으로 죽고 나서 그의 아들 희발이 상나라로부터 독립하여 아버지 희창을 왕으로 모셨으니, 그 시호가 문왕(文王)이다.

### 천자의 나라, 주의 시대를 연 무왕

문왕의 정비인 태사(太姒)는 모두 10명의 아들을 낳았다. 장자는 백읍고(佰邑考)이며, 둘째 아들은 무왕인 발(発)이다. 그다음으로 관숙선(管叔鮮), 주공단(周公旦), 채숙도(蔡叔度), 조숙진탁(曹叔振鐸), 성숙무(成叔武), 곽숙처(霍叔処), 강숙봉(康叔封), 염계재(冉季載)이다.[78] 백읍고에 관하여는 사서(史書)에서 자세한 기록이 전하지 않는다. 다만 백읍고에 관한 내용이 전하는 것은 소설 『봉신연의(封神演義)』[79]가 유일하다.

『봉신연의』에 따르면 백읍고는 음악과 예술에 능하고 준수한 외모를 보유했으며 효성이 깊었다. 주왕의 애첩인 달기가 백읍고를 유혹했으나 백읍고는 그런 달기를 오히려 크게 꾸짖었다. 그러자 분노한 달기는 주왕에게 백읍고가 자신을 해치려 한다고 말했다. 이에 백읍고는 주왕에

---

78) 『사기』「관채세가」의 내용이다. 다만 주공과 관숙선은 책에 따라 서열을 달리 보기도 한다.
79) 『봉신연의(封神演義)』는 중국의 고전 소설이다. 그러나 중국 4대 기서에는 들지 못하며 문학적으로는 그다지 높은 평가를 받지 못한다. 저자는 육서성(陸西星)이라는 설도 있고 허중림(許仲琳)이라는 설도 있어 분분하나 명(明)나라 때의 작품임은 확실하다. 중국 고대에 은(殷)나라에서 주(周)나라로 바뀌는 왕조 교체기를 다루고 있다.

게 죽임을 당한다. 장자인 백읍고가 죽었으므로 문왕의 뒤는 둘째인 희발이 이었다.

희발은 즉위하자 태공망을 군사(軍師: 군사 전략가), 동생 주공단을 보좌관, 그리고 소공(召公)과 필공(畢公)을 왕의 정사를 보좌하는 참모로 삼았다.[80] 그는 도읍을 호경(鎬京)으로 옮겼으며 붉은색을 숭상했다.

희발은 상왕조의 법령과 제도를 버리고 독자적으로 법령과 제도를 만들었는데, 비로소 상나라의 제후국 주(周)는 상나라로부터 완전히 독립한 국가로 우뚝 서게 되었다. 그리고 증조부 고공단보를 태왕(太王)으로, 조부 공계를 왕계(王季)로, 그리고 희창을 문왕(文王)으로 추존(追尊: 죽은 후 왕으로 모심)했다. 결국, 희발에 이르러 자신의 선조들에게 왕의 직함을 사용하고 법령과 제도 면에서 독립한 나라로 서게 된 것이다. 그리고 희발은 후에 시호(諡号)가 무왕이 되었다.

상황이 이렇게 되니 하늘에 두 개의 태양이 뜬 형상이 되었다. 그런데 다음 해에 상나라 주왕(紂王)은 더욱 포악해져서 급기야 자기의 숙부 비간(比干)을 죽이고 기자(箕子)를 가두어버렸다. 이 소식을 들은 희발, 즉 무왕은 중죄를 지은 주왕을 토벌한다는 뜻을 널리 제후들에게 선포하고 즉위 후 13년 봄에 드디어 주왕을 치기 위해 군사를 출정시킨다. 무왕은 아버지 문왕의 위패를 수레에 모시고 자신을 태자 발(発)이라고 부르면서 주왕을 정벌하는 것은 문왕의 뜻을 받드는 것이라 했다. 무왕이 문왕을 앞에 내세운 것은 문왕이 그만큼 생존한 때나 사후에도 사람들로부터 존경을 받은 인물이었기 때문이다. 무왕은 아버지 문왕의 이름을 빌리어 주왕의 정벌에 대한 여러 제후의 지지를 이끌어내려 했다.

---

80) 소공은 무왕의 배다른 동생으로 추정된다. 성은 희(姬), 명(名)은 석(奭)이다. 채읍(采邑)이 소(召)였기 때문에 소공(召公), 소공석(召公奭)으로 불린다. 필공의 명(名)은 고(高)이다. 무왕의 배다른 동생이거나 종친으로 추정된다.

무왕이 자신의 군대에 동원령을 내린 집결지는 맹진(盟津)이었다. 이미 맹진에는 사전에 기약하지도 않았는데 그곳에 모인 제후의 수가 팔백 명이나 되었다. 무왕이 제후와 장병을 모아놓고 주왕을 정벌하는 대의명분을 밝힌다. 역사에서는 이것을 '태서(太誓)'라고 부른다.

"상나라의 죄는 세상에 가득 차서 하늘이 그를 베라고 명하셨소[天命誅之]. 내가 하늘을 따르지 않으면 그 죄가 같아질 것이오. 이 소인은 새벽부터 밤늦도록 공경하고 두려워하며 돌아가신 문왕의 명령을 받았소이다."[81]

[天: 하늘 천, 命: 명할 명, 誅: 벨 주, 之: 그것(주왕) 지]

앞서 상나라의 시조 탕왕은 하나라의 마지막 왕 걸을 정벌할 때 "하늘이 그를 죽이라고 명하셨소[天命殛之]."라고 하며 그 정당성을 하늘의 명, 즉 천명에서 구했다. 무왕도 "하늘이 그를 베라고 명하셨소[天命誅之]."라고 하며 탕왕과 마찬가지로 천명을 대의명분으로 삼았다. 무왕은 한 걸음 더 나아가 선왕인 문왕께서도 명하신 것이라고 힘주어 말했다. 무왕의 연설에 고무받은 제후와 장병들이 함성을 지르며 강을 건너려 했다. 이때 백이와 숙제가 나타나서는 무왕에게 다가와 말고삐를 잡고는 간언했다.

"아버님이 돌아가셨는데 장례도 치르지 않고 바로 전쟁을 일으키는 것은 효라고 할 수 있습니까? 신하 신분으로 군주를 죽이는 것을 인(仁)이라고 할 수 있습니까?"[82]

---

81) 『書経』, 泰誓上9. "商罪 貫盈 天命誅之. 予弗順天 厥罪惟鈞. 予小子 夙夜祗懼 受命文考."
82) 『史記』, 伯夷列伝第一, "父死不葬, 爰及干戈, 可謂孝乎? 以臣弑君, 可謂仁乎?"

그러자 무왕 곁에 있던 신하들이 그들의 목을 베려고 했으나 강태공이 "이들은 의로운 사람이다!"라고 하며 두둔했다. 백이와 숙제는 간신히 죽음을 면했다.

드디어 무왕의 군대가 황하를 건너기 시작했다. 무왕이 황하를 건너다가 중간 지점에 도착했을 때 흰 물고기가 배 안으로 뛰어들었다. 무왕은 몸을 굽혀 고기를 잡아 제사를 지냈다. 이것은 길조였다. 고대의 왕조는 자신들이 숭상하는 색을 정하여 두었다. 하나라는 검은색을 숭상했으며, 상나라는 흰색, 그리고 주나라는 붉은색을 숭상했다. 상나라를 상징하는 흰색을 띤 물고기가 배 안으로 뛰어든 것이다. 마치 마음대로 처분하라는 계시와 같았다. 또 강 상류에서는 불덩이가 하늘에서 떨어지더니 무왕이 머무는 지붕에서 붉은 새가 되었다. 붉은색은 주나라를 상징하였으므로 이 힘찬 모습을 보고 사람들은 이것도 길조라고 여겼다. 무왕이 맹진을 건너가 황하 가에서 그를 따르는 여러 제후와 장병들에게 다시 연설했다.

"옛사람이 말하길 '우리를 돌보아주면 임금이지만, 우리를 학대하면 원수다.'라고 했소. 외로운 남자 수(주왕의 본명)는 널리 오직 억누르려고만 하고 있으니 바로 그대들의 대대손손 원수요. 덕을 심는 것은 자라도록 힘써야 하지만, 악을 제거하는 경우에는 그 근본부터 도려내야 하오."[83]

무왕은 매우 감성을 자극하는 표현을 썼는데, 이것은 제후와 장병들에게 주왕에 대한 증오심을 크게 일으키기에 충분했다. 드디어 무왕은 왼손에 누런빛의 커다란 도끼를 들고 오른손에는 쇠꼬리로 장식한 흰 깃발을 들고 군사들이 용맹하게 싸울 것을 독려했다. 그리고 무왕은 달아나는 상

---

83) 『書経』, 泰誓下4. "古人 有言曰, 撫我則后 虐我則讎. 独夫受 洪惟作威 乃汝世讎. 樹徳務滋, 除悪務本肆予."

나라 군사들은 막지 말 것을 명령했다. 주왕은 무왕이 쳐들어왔다는 소식을 접하고 황급히 병사 70만을 편성하여 전선으로 달려갔다. 양군은 목야(牧野)에서 마주쳤다. 무왕은 군사(軍師) 태공망에게 용사 일백 명을 데리고 앞서게 하고 자신은 대부대를 이끌고 주왕의 군대를 공격했다. 결국, 주왕의 군대는 패퇴하여 주왕은 스스로 불에 타 죽었고 달기는 자결했다. 이에 이르러 상나라는 멸망을 고하게 되었으니 기원전 11세기 무렵의 일이다.[84]

한편 무왕은 상(商)의 민심을 달래고 유민(遺民)들을 통제하기 위해 주왕의 아들 무경(武庚)을 상(商)의 제후로 봉(封: 땅을 주고 신하로 삼음)했다. 그리고 동생 관숙선, 채숙도, 곽숙처를 파견하여 무경이 상(商)을 통치하는 것을 감시하고 보좌하도록 했는데, 세상에서는 이 세 명을 삼감(三監: 세 명의 감시자)이라고 불렀다.

무왕은 주왕이 옥에 가두었던 기자(箕子)를 석방하여 신하로 삼고자 했으나 기자는 이를 거부하고 은둔했다. 무왕은 기자의 충직함을 높이 평가하여 기자를 찾아가 인간 윤리의 근원이 되는 천도(天道)를 묻자 기자는 홍범구주(洪範九疇)를 진술했다고 한다. 홍범구주는 백성을 통치하는 원리를 9개의 범주로 나누어 설명한 것이었다. 후에 기자는 주나라 왕실을 찾아가 왕을 알현했고, 그 이후의 행적에 대하여는 불분명하다.[85]

무왕은 주왕을 정벌한 후 신하들을 위로하고 정치 체제를 정비했다. 무

---

84) 무왕이 주왕을 정벌하는 과정은 누락된 부분이 많고 역사서 내용도 서로 달라서 당시의 상황을 짜 맞추기가 매우 어렵다. 『사기』에서는 무왕이 맹진에서 바로 무왕을 공격한 것이 아니라 군사를 물렸다가 2년 후에 무왕을 정벌한 것으로 되어있다. 본 장은 『서경』의 기록을 기본으로 하되 사건의 순서가 뒤바뀌거나 누락된 부분이 있다고 판단되는 부분은 『사기』와 『십팔사략』기타의 역사서를 참고하여 보정했다.

85) 『상서대전(尙書大伝)』과 『한서지리지(漢書地理誌)』에 따르면 상나라가 멸망하자 기자는 주나라의 신하가 되는 것을 거부하고 조선으로 망명했으며 이에 주나라 무왕은 기자를 조선에 봉했다고 한다. 기자는 5천여 명의 무리와 함께 조선으로 와서 조선의 백성에게 문명을 가르쳤다고 한다. 일부 기록에서는 기자가 건너오자 원래 조선의 군주였던 단군이 기자를 피해 장당경으로 옮겨갔다고 되어있다.

왕은 삼황오제의 후손들을 분봉했다. 그리고 상왕조를 무너뜨리고 새 왕조를 여는 데 공을 세운 신하와 아우들에게도 분봉을 했다. 태공망은 영구(營丘)에 봉하고 봉국의 이름을 제(齊)라 했다. 동생 숙단(叔旦-주공단)은 곡부에 분봉하고 봉국의 이름을 노(魯)라 하였으니 훗날 공자의 고향이 되는 나라이기도 하다.86) 무왕이 신하들에게 땅을 나누어주고 제후로 삼은 것을 정치 체제로는 봉건제라고 부른다. 무왕은 제후의 작위를 다섯 개로 나누었는데, 공(公)→후(侯)→백(伯)→자(子)·남(男) 순이었다. 제후는 등급에 따라 그 봉토도 차등을 두어 지급했다.

상왕조를 무너뜨린 무왕은 무기를 거두고 군대를 해산하여 다시는 무력을 쓰지 않을 것을 천하에 선포했다. 한편 무왕의 말고삐를 잡으며 신하의 나라로써 상나라를 치는 것을 만류했던 백이와 숙제는 상나라가 망한 뒤에도 상나라에 대한 충성을 버릴 수 없고, 고죽군 영주로 받는 녹봉 역시 받을 수 없다며 수양산(首陽山)으로 들어가 고사리를 캐 먹다가 굶어 죽었다. 이후 백이와 숙제의 이야기는 끝까지 두 임금을 섬기지 않고 충절을 지킨 의인들을 가리키는 표현으로 사용되게 된다. 이처럼 백이와 숙제는 그 기개가 고상하여 불의라고 생각되는 것을 용납하지 않았으나 옹졸하지는 않았다.

　　공자가 말했다. "백이와 숙제는 지난 나쁜 감정을 생각하지 않았고 원
　　망함도 드물었다."87)

---

86) 그 외 동생 숙선(管叔鮮)은 관(管)에 봉했고, 동생 숙도(蔡叔度)는 채(蔡)에, 동생 숙처(叔処)를 곽(霍)에 그리고 왕실의 일족(一族)인 소공석(召公奭)은 연(燕)에 봉했다. 무왕의 형제들은 이후 자신들의 봉지를 따서 관숙선, 채숙도, 곽숙처로 불려진다. 숙단이 주공단으로 부르게 된 연유는 정확지 않다. 일설은 숙단이 주(周)의 옛 땅이었던 기산(岐山)에 봉진된 데에서 유래했다고 한다.

87) 『論語』, 公冶長第五, "子曰, 伯夷叔齊不念旧悪, 怨是用希."

비록 그 기개가 대쪽 같은 백이와 숙제였지만 사람에 대한 나쁜 감정이나 원망이 오래가지 않았고, 악한 사람이 과오를 고치면 선뜻 포용하려 했다.

무왕은 인재를 등용할 때는 과거의 성왕들이 그리했던 것처럼 어진 덕과 능력을 보았다. 무왕은 행동이 믿음직했고 의로운 일을 천하에 밝히려고 했다. 백성에게는 오교(五敎: 오륜)를 중히 여기게 하여 인륜이 살아있는 사회를 만들고자 했다. 민생을 중요하다고 생각하여 백성의 먹는 것에 관심을 기울였고, 백성의 아픔이 있는 상례와 제사를 챙기었다. 이렇게 하자 무왕이 다스리던 시대는 옷을 늘어뜨리고 팔짱을 끼고 있어도 천하가 잘 다스려졌다고 한다. 무왕은 새로운 나라의 도읍지로서 호경(鎬京: 현재의 시안시 부근)보다 동쪽의 낙읍(洛邑: 현재의 뤄양 시)이 적합한 것으로 판단하고 진영을 축조했으나 생전에 수도를 옮기지는 못했다.

무왕은 상나라를 무너뜨린 후 2년 만에 병이 나서 위태하다가 고비를 넘기더니 이윽고 얼마 안 되어 죽고 말았다. 무왕의 뒤를 이어 어린 태자 송(誦)이 왕위에 오르니 그가 바로 성왕(成王)이다.

## 봉건제를 확립한 주공

무왕이 천하를 통일하는데 지대한 공을 세운 신하는 태공망과 동생 주공단이다. 이후 두 사람은 통일 왕조 주나라에서도 주 왕실의 기반을 확립하기 위하여 온 힘을 다했다. 무왕이 상(殷)나라를 멸망시킨 지 2년 만에 병들어 눕게 되었을 때 아직 국가의 기반은 취약했고, 왕위 계승자인 태자 송(誦)은 나이가 어렸다. 병중에 있는 무왕을 비롯하여 동생인 주공 그리고 문무 대신들의 근심은 이루 말할 수 없었다. 소공(소공석)을 비롯한 대신들은 '목복(穆卜)'을 하려고 했다. 목복이란 국가 차원에서 점을 쳐서 모든 대신이 함께 하늘의 뜻을 경청하는 것을 말한다.

주공은 요란스러운 행사로 인하여 선왕들을 근심케 하고 인심을 동요하는 것에 반대하여 이들의 주장을 물리친다. 대신 주공은 홀로 3단으로 된 제단을 쌓고 나서 자신의 증조부인 고공단보와 할아버지인 왕계 그리고 아버지인 문왕에게 글을 지어 무왕을 대신하여 자신이 죽게 해 달라고 빌었다. 그리고 나서 점을 쳐보니 한 번 두 번 모두 점괘가 길하다고 나왔다.

주공의 정성 때문이었는지 그다음 날 무왕은 병이 나았다. 그렇지만 무왕은 얼마 안 가 세상을 뜨고 13세인 어린 태자 송(誦)이 왕위에 오르니 그가 바로 성왕(成王)이다.

성왕이 나이가 어렸으므로 주공이 섭정(攝政)을 했다. 그러자 당시 상(殷)나라 옛 영토의 제후 무경을 감시하는 역할을 맡고 있던 주공의 형 관숙선과 동생 채숙도·곽숙처가 주공이 섭정을 핑계로 왕위를 노린다는 유언비어를 나라 안에 퍼뜨렸다. 성왕 또한 삼촌인 주공에 대한 의심을 풀지 못했다. 이에 주공은 참담한 심정을 어이할 수 없었다. 결국, 주공은 소공과 태공망에게만 자신의 심정을 고백하고 동쪽으로 가서 2년을 거주하게 된다. 그리고 자신의 결백과 억울한 마음을 표현해 성왕에게 바쳤는데, 그것이 바로 『시경』 「빈풍」장에 실려 있는 '치효(鴟鴞: 올빼미)'이다.

"올빼미여! 올빼미여! 이미 내 새끼 잡아먹었으니 우리 집안 허물지 말라. 나는 그를 사랑했고, 그를 위하여 일하였나니, 어린 자식 불쌍하도다."[88]

이 시는 유언비어를 퍼뜨린 관숙선과 채숙도, 곽숙처를 다른 새의 새끼를 잡아먹고 사는 올빼미로 비유하여 자신과 어린 성왕 사이를 이간질하고 해치려는 것을 표현했다. 또한, 어린 조카 성왕에 대한 충성심과 애틋한 마음이 잘 드러나 있다.

이윽고 가을이 되어 들판에 알찬 곡식들이 수확을 기다리고 있었다. 그런데 갑자기 하늘에서 크게 천둥 번개가 치며 바람이 불어 벼가 모두 쓰러지고 큰 나무가 모두 뽑히는 이변이 일어났다. 이에 왕을 비롯한 조정의 대신들과 백성이 크게 두려움에 떨고 있었다. 조정에서는 그 연유를 알고자 '목복'을 하려고 했다. 그런데 몇 년 전에 무왕이 병이 들었을 때 주공이 목복을 물리치고 홀로 제단을 쌓고 선왕께 제를 올리고 점을 친 일이 있어서 왕과 대신들은 주공이 그리 한 이유와 점괘가 궁금했다. 그리하여 왕과 대부들이 모두 고깔을 쓰고서 금등(金縢: 금으로 봉인한 것)을 찾아 그 내용을 보기에 이른다. 그런데 그 내용에는 주공이 자신을 희생해서라도 무왕의 병을 낫게 해달라는 기도문이 들어있었다. 성왕은 지금 하늘이 이런 위엄을 보인 것은 주공의 덕을 밝히려 한 것이라고 말하면서, 국가의 예에 따라 동쪽에 머무르고 있는 주공을 맞이할 것을 지시했다. 드디어 왕이

---

[88] 『詩經』, 国風, 第十五豳風, "鴟鴞鴟鴞, 既取我子, 無毀我室. 恩斯勤斯, 鬻子之閔斯."

채비를 갖추고 주공을 맞이하러 교외로 나가자 하늘이 비를 내리고 벼가 쓰러진 반대편에서 바람이 불어 벼들이 모두 일어났다.

주공이 왕의 영접을 받으며 도성에 입성하자 상황은 반전되었다. 왕도 대신들도 진심으로 주공의 충심을 이해했고 관숙선, 채숙도, 곽숙처에 대한 비난의 여론이 일었다. 그러자 관숙선, 채숙도, 곽숙처는 불안을 느껴 주왕(紂王)의 아들인 무경을 부추겨 반란을 일으키게 되니 이를 '삼감(三監)의 난'이라고 부른다. 이에 성왕은 주공에게 삼감의 토벌을 명한다. 주공은 제후들을 단속하며 반란의 진압에 나섰지만, 상(商)나라 유민들의 저항이 거세서 반란을 진압하는 데에는 3년이 걸렸다. 주공은 무경과 관숙을 처형하고 채숙은 유배를 보내고, 곽숙은 벼슬에서 쫓아냈다.[89]

주공은 상(은)족을 회유하기 위하여 상(商)의 옛 땅에 주왕(紂王)의 형 미자계(微子啓)를 봉하여 송(宋)나라라 칭하고, 무왕의 동생 봉(封)을 강숙[康叔: 후에 위(衛)나라]에 봉했으며[90], 자기 아들 백금(伯禽)을 로(魯)나라에 봉했다. 이처럼 주공은 주 왕실의 일족과 공신들을 중원(中原)의 요지에 배치하여 다스리게 하는 봉건제를 시행하여 주 왕실의 수비를 공고히 했다.

주공은 무왕 때부터 수도로 삼고자 했던 낙읍을 소공을 시켜 면밀히 조사한 다음 왕궁을 축조하여 동도(東都)라고 했으며, 기존 수도인 호경은 서도(西都)라고 했다. 이것은 기존 수도인 호경을 떠나 낙읍으로 옮긴 것은 아니었지만 이른바 수도가 2개가 된 셈이다. 주나라가 무왕 때부터 수도

---

89) 「서경」「금등」편에는 주공이 동쪽으로 가서 2년 동안 거주하고 있었을 때 삼감의 난이 일어나서 조정에 의해 진압되는 것으로 나와 있고 그 후 주공이 '치효'라는 시를 지은 후 조정에 복귀한 것으로 되어있다. 그런데 같은 책 「대고」편은 주공이 천하에 삼감들을 토벌해야 하는 이유를 선포하는 내용인데, 이것은 주공이 주도적으로 삼감들을 토벌했다는 것을 입증하는 기록이다. 그러므로 본서에서는 「대고」편의 내용에 의거 삼감의 난을 주공이 주도적으로 진압한 것으로 기술했다.

90) 이로부터 봉(封)을 강숙봉(康叔封)이라 부르게 되었다.

를 동쪽의 낙읍으로 옮기려 한 이유는 호경이 너무 서쪽에 치우쳐 있어서 천자의 통치력이 여러 제후국에 미치는 데 한계가 있었기 때문이었다. 한편, 주공은 『주례(周礼)』를 지어 예악(禮樂)과 법도(法度)를 제정했다고 전해진다. 그렇지만 주공이 지었다는 『주례』의 원전은 전해지지 않는다. 현재 전해지는 『주례』는 한대(漢代)에 복원한 것이며, 원전과의 일치 여부는 알 수 없다. 이처럼 주공은 중국 고대의 정치·사상·문화 등 다방면에 공헌하여 유학자에 의해 성인(聖人)으로 숭배되고 있다. 주공은 성왕이 장성하자 섭정한 지 7년째에 정권을 성왕에게 물려주고 북면(北面)[91]하는 신하의 자리로 돌아갔다. 주공이 섭정한 7년 동안에 주의 정치·사회 제도가 중국 북부 전역에 걸쳐 확고히 수립되었다. 그가 확립한 행정 조직은 후대 중국 왕조들의 모범이 되었다.

주(周)나라는 13대 평왕이 기원전 770년에 수도를 호경에서 낙읍으로 완전히 옮기면서 이른바 동주(東周)의 시대가 시작된다. 이를 기준으로 이전을 서주(기원전 11세기~기원전 771년), 이후를 동주(기원전 770년~기원전 256년)라고 구분한다. 주나라는 건국 후 기원전 256년에 진(秦)에게 멸망하기까지 약 790여 년을 존속했다.

---

91) 제왕과 신하가 대면할 때 제왕은 남쪽의 신하를 바라보는데 이를 남면(南面)이라 하고, 신하는 북쪽의 제왕을 바라보는데, 이를 북면(北面)이라 한다.

## 봉건제 제대로 이해하기

주나라로 대표되는 봉건 국가의 정치 제도는 어떠했을까? 봉건제는 종법 제도를 기본적 관념으로 한다. 종법제는 같은 성씨 내에서의 위계를 말하는 것과 다른 성씨와의 위계를 말하는 것으로 구별된다.

같은 성씨 내에서의 위계는 장자 중심이었다. 주나라는 상나라의 부자 상속과 형제 상속이 혼재된 사회에서 부자 상속으로 전환된 사회였으며 부자 상속은 장자 상속이 우선이었다. 여기서 장자를 대종(大宗)이라 하였고 다른 자손을 소종(小宗)이라 했다. 바로 장자 즉 대종 중심의 의식 체계를 종법제라고 한다. 종법제는 장자 상속과 같은 왕위 계승 문제뿐만 아니라 가부장적이며 신분에 따른 체계적 사회 체제의 확립과도 관련이 있다. 『춘추공양전(春秋公羊傳)』「은공(殷公)」편과 『예기(禮記)』「대전(大傳)」편 등에 의하면 주나라 천자는 적장자가 계승하고, 시조에 대한 제사를 받들었다.

가부장적 사회에서 대종과 소종이 같은 부계 혈통의 위계질서를 나타낸 것이라면, 왕과 다른 성씨의 여자를 구별하기 위하여 내종(內宗)과 외종(外宗)으로 구별하기도 한다. 내종은 궁궐에서 왕과 같은 성씨의 여인을 말하며, 외종은 왕과 다른 성씨로서 벼슬이 있는 여자를 말한다. 『주례』 「춘관종백」에 의하면 내종은 종묘의 제사에서 남자들과 같이 참여하지만, 외종은 종묘 제사에서 왕후를 보좌하는 임무를 수행한다.

봉건제(封建制)는 가정과 조정에서의 종법제가 확대되어 국가 간 주종 관계로 발전된 정치 체제다. 왕의 적장자가 통치하는 주 왕실은 대종이 되고, 공신이나 그 동생을 비롯한 친족들에게 토지를 주어 봉한 제후국들은 소종이 된 것이다.

본래 봉건제는 순임금 때도 있었다. 순임금 때 백성의 교화를 담당한 설

(契)은 순임금으로부터 상(商)을 봉토로 받았고 자(子)란 성(姓)을 하사받았다. 또, 순임금의 신하로서 농업을 관장하던 후직은 순임금으로부터 태(邰)를 봉토로 받았고 희(姬)란 성을 하사받았다. 후직의 후손 13세 고공단보(古公亶父)는 기산(岐山) 아래 주원(周原)으로 도읍지를 옮겨 비로소 나라 이름을 주(周)라 불렀다. 또 상나라 시조 탕은 하나라 우임금의 후손들을 여러 지역의 제후로 삼았으며 그 제후들은 자신들이 분봉된 나라 이름을 성씨로 삼았다. 이처럼 봉건제는 주나라 이전에도 시행되었으나 공신과 혈족들에게 광범위하게 봉건제가 시행된 것은 주나라에서 비롯되었다.

봉건국가의 지배 체계는 명확하게 밝혀지지 않고 있으나, 『맹자』, 『순자』, 『주례』, 『예기』에서 드러난 내용을 보면 다음과 같다.

『맹자』「만장」장에 따르면 봉건국가의 지도자는 '천자(天子)' 혹은 '왕(王)'으로 불리며, 각 제후는 '군(君)'으로 불린다. 우리가 근대 이전의 국가 지도자를 부르는 호칭으로 군주(君主)란 표현을 자주 쓴다. 사실 군주는 본래 천자의 나라 통치자에게 붙이는 칭호인 왕을 중심에 두고 지방 제후국에 붙이는 호칭이다. 왕과 군주를 우리말로 통칭하여 임금이라 부른다.

군(君)으로 불리는 제후들은 천자로부터 작위(爵位)를 받았는데, 그 등급에는 차등이 있었다. 천자로부터 제후에 이르는 등급을 살펴보면 천자(天子)→공(公)→후(侯)→백(伯)→자(子)인데, 자(子)는 달리 남(男)으로도 대체하여 통용되었다. 다시 말하면 주나라에는 천자가 있고 주변 제후국들에는 군(君)으로 불리는 제후들이 있는데, 그 제후들의 등급이 '공작(公爵)→후작(侯爵)→백작(伯爵)→자작(子爵)·남작(男爵)'으로 나뉘어 있다는 말이다.

| 천자와 제후 | | 천자와 제후의 나라 계급 |
|---|---|---|
| 천자 | | 천자(天子) |
| | | 삼공 |
| | | 경 |
| | | 대부 |
| | | 원사 |
| 군(君) | 공작 | 군(君) |
| | | 경 |
| | | 대부 |
| | | 사 |
| | 후작 | 위와 같음 |
| | 백작 | 위와 같음 |
| | 자작·남작 | 위와 같음 |

봉건국가 등급 및 계급

    천자가 직접 다스리는 주나라 왕실에서는 그 계급 체제가 천자(天子)-삼공(三公)-경(卿)-대부(大夫)-원사(元士)로 분류된다.92) 제후국은 군(君: 공·후·백·자·남)-경(卿)-대부(大夫)-상사(上士)-중사(中士)-하사(下士)로 편제되었다.93)

    제후들의 등급은 죽은 뒤에 붙이는 이름인 시호(諡号)에도 따라오거나 승격되어 붙여졌다. 위(衛)나라는 무왕이 동생 강숙에게 준 봉토에 건국되었다. 위나라 군주의 시호를 보면, 2대 강백(康伯)… 8대 경후(傾候)… 11대 무공(武公)이다. 2대 강백은 강백작(康伯爵)의 줄인 말이다. 그러므로 강백

---

92) 『예기』「왕제」편에 천자의 나라는 天子-三公-九卿-二十七大夫-八十一元士 의 등급 편제로 구성되었다고 하고 있다. 공(公)은 태사(太師), 태부(太傅), 태보(太保)라는 최고위 관직(官職)으로 나누어지는데 이를 삼공(三公)이라 했다. 삼공 밑에 육경과 삼소(三少)가 있다. 육경은 집행기관으로 총재(冢宰)·사도(司徒)·종백(宗伯)·사마(司馬)·사구(司寇)·사공(司空)이 있으며 이 중 총재가 육경을 총괄한다. 삼소(三少)는 자문기구에 해당하는데 육경(六卿)과 삼소(三少)를 합하여 광의로 구경(九卿)이라고도 한다.

93) 하나라는 공(公), 후(侯), 백(伯), 자(子), 남(男)의 5등 작이 있었고, 은나라는 공, 후, 백의 3등 작이 되었다가 주나라 때는 다시 5등 작이 되었다고 한다.

은 군주의 등급인 '공작(公爵)→후작(侯爵)→백작(伯爵)→자작(子爵)·남작(男爵)' 중에서 3번째 등급인 백작의 작위를 가진 군주이다. 8대 경후는 작위가 한 등급 올라간 후작에 해당하는 군주이고, 11대 무공은 군주의 등급 중 가장 상위 등급인 공작에 해당하는 작위를 가진 군주이다.

작위나 계급은 사후에 승격되어 시호에 붙여지기도 했다. 전국시대 맹자는 군주의 신분이 아니었지만, 원(元)의 인종(仁宗) 때 아성추국공(亞聖鄒国公)이란 시호가 붙여졌다. '아성추국공'이란 '성인 다음가는 추나라의 공작'이란 의미이다. 이렇게 맹자가 죽은 후에 그를 추모하여 공작의 등급인 군주로 승격하여 대우했다.

그렇지만 후대에 가면서 이러한 제후들의 작위는 비록 살아생전에 벼슬을 하지는 못했지만 죽은 사람을 일반적으로 예우하는 차원에서 붙여지기도 했다. 우리 주위에 있는 묘비 등을 보면 성씨 뒤에 '~公(공)'이라고 표기된 것을 흔히 본다. 비록 살아서는 평민이었지만 죽어서는 군주로 예우하고 싶은 후손들의 마음이 녹아든 표현이라 할 것이다.

같은 명칭의 벼슬이라고 하여도 천자의 나라와 제후국에서의 벼슬은 그 등급이 달랐고 봉토를 받는 기준도 달랐다. 즉, 천자는 사방 천 리의 땅을 받았고, 공작·후작은 모두 사방 백 리요, 백작은 사방 칠십 리요, 자작·남작은 사방 오십 리의 땅을 받았다.

천자의 나라에서의 삼공은 제후들의 등급 중 상위 등급인 공작(公爵)과 후작(侯爵)과 같이 사방 백 리의 땅을 봉토로 받았다. 천자의 나라에서의 경(卿)은 제후의 등급 중 중간 등급인 백작(伯爵)과 같은 사방 칠십 리의 땅을 받았고, 천자의 나라에서의 대부(大夫)는 제후의 등급 중 하위 등급인 자작(子爵)과 남작(男爵)과 같은 사방 오십 리의 땅을 받았다. 또, 천자의 나라에서의 원사(元士)는 부용(附庸)에 해당하는 땅을 받았는데, 부용이란

사방 오십 리 이하의 땅으로서 제후국들이 직접 관할하는 소규모 땅을 말한다.94)

직위에 따라 정실(正室)인 배우자의 호칭도 달랐다. 천자의 비(妃)는 후(后)라 불렀고, 제후는 부인(夫人), 대부는 유인(孺人), 사(士)는 부인(婦人), 서인(庶人)은 처(妻)로 각각 호칭했다. 우리가 오늘날 흔히 쓰는 부인(婦人)과 처(妻)는 당시 사(士)와 서인(庶人) 계급의 배우자를 지칭한다.95)

봉건제에서 제후국은 일정한 조공을 천자에게 바치고 천자가 요청할 경우 군대를 동원하는 것이 의무였다. 이것은 천하의 중심에 주나라를 두고 제후국을 주변에 배치하여 주 왕실의 천년 대업을 도모한 정치 체제였다. 그렇지만 주의 봉건제는 각 제후국이 정치, 군사적인 면에서 사실상 독립국이었기 때문에 주나라가 중국 전역을 실질적으로 통일한 것이라고 할 수 없다. 제후국을 없애고 중국을 단일 국가로서 통일한 것은 전국시대 진(秦)의 시황제가 최초였다.

봉건제에서는 신분에 따라 죽음에 대한 호칭도 달랐다. 천자가 죽으면 붕(崩)이라 하고, 제후가 죽으면 훙(薨)이라 하고, 대부가 죽으면 졸(卒), 사가 죽으면 불록(不禄), 서인이 죽으면 사(死)라고 했다.

봉건제가 왕과 제후 간에 봉토를 매개로 설정된 것이라면, 토지의 실질적 활용은 정전제(井田制)에 의하여 이루어졌다고 전해진다. 주나라가 실질적으로 정전제를 실시했는지는 불명확하나 전국시대의 맹자가 주나라의 정전제를 소개하고 있다. 맹자에 따르면 정전제란 일정 규모의 땅을 '정(井)' 자 형태로 9개로 나누어 중앙은 공전으로 하여 조세에 충당하고, 나

---

94) 『예기』 「왕제」편의 내용에 따른 것이다. 『맹자』에 소개된 내용은 조금 다르다. 『맹자』 「만장」장에는 천자의 나라에서의 경(卿)은 후작, 대부(大夫)는 백작, 원사는 자작·남작과 같은 규모의 땅을 받는다고 하고 있다. 『맹자』는 천자의 나라에서의 직제 등급이 제시되지 않았고, 『예기』에는 天子-三公-九卿-二十七大夫-八十一元士에 이르는 등급을 제시하며 부여되는 땅의 규모를 말하고 있기 때문에 그 정확성을 고려하여 『예기』의 내용을 따랐다.

95) 『禮記』, 曲禮下第二, "天子之妃曰后, 諸侯曰夫人, 大夫曰孺人, 士曰婦人, 庶人曰妻."

머지 8개는 사전(私田)으로서 균등하게 농민들이 경작하는 토지 제도를 말한다. 정전제는 토지의 균등 분배 원칙에 따라 평등이라는 사회적 정의를 구현한 경제 제도였다.

## 주의 동천과 춘추시대 개막

주(周)는 10대 주려왕(周厲王: 주의 려왕)과 12대 주유왕(周幽王: 주의 유왕) 때 위기가 있었다. 주려왕은 성정이 포악하고 사치가 심했으며 거만했다. 정치를 하면서 백성을 위하지 않고 자신의 이익을 취하고자 골몰했다. 나라 사람들이 왕을 비방하자 위(衛)에서 무당을 들여와 사람들을 감시하게 하였고 만일 왕을 비난하는 자를 발견하면 죽이는 일도 서슴지 않았다. 그러자 왕을 비방하는 자가 줄어들고 도로에서는 사람들이 감히 말을 하지 않고 눈을 끔적거리며 의견을 주고받았다. 이른바 언론의 자유를 철저히 봉쇄한 역사적 사례가 되겠다. 이때 신하 소공(召公)이 이렇게 간언했다.

"백성의 입을 막는 것은 흐르는 물을 막는 것보다 심합니다. 물이 막혔다가 제방이 무너져 쏟아지면 사람을 다치게 하는 것이 필연코 많습니다. 백성도 마찬가지입니다. 그런 까닭에 물을 다스리는 자는 물을 터서 인도해야 하며 백성을 다스리는 자는 베풀어 말을 할 수 있게 해야 합니다."[96]

---

96) 『事記』, 周本紀第四, "防民之口, 甚於防水. 水壅而潰, 傷人必多, 民亦如之. 是故爲水者決之使導, 爲民者宣之使言."

그러나 주려왕은 듣지 않았다. 결국, 백성들이 반란을 일으키자 체(彘)로 도망가서 죽었다. 주려왕의 태자는 이름이 정(靜)인데 그는 소공의 집에 숨어있었다. 나라 사람들이 알고는 소공의 집을 포위했다. 소공은 "무릇 군주를 섬기는 자는 험한 일이 닥쳐도 군주를 원망해서도 안 되고, 원망한다 해도 분노해서는 안 된다. 하물며 왕을 섬기는 일인 것을!"이라고 하며 태자 대신 자기 아들을 태자라고 하며 내주었다. 폭군에게 이런 신하도 있었다. 소공의 아들이 어찌 되었는지는 기록이 없다. 후에 태자 정은 11대 주선왕(周宣王)이 된다.

12대 주유왕은 주선왕의 아들이다. 후궁인 포사(褒姒)를 총애하여 정실인 황후 신후(申后)를 폐하고 포사를 황후로 삼았으며 태자인 의구(宜臼)를 폐하고 그녀의 아들 백복을 태자로 세웠다. 포사는 잘 웃지 않아서 유왕은 다양한 방법으로 포사를 웃기려고 했다. 유왕은 봉수대에 불을 지폈다. 본래 봉화는 외적의 침입이 있을 때 올리는 통신 수단이다. 봉화를 본 제후들이 긴급하게 주(周)에 군대를 이끌고 이르렀으나 외적은 없었다. 이러한 광경을 본 포사가 자지러지게 웃었다. 이에 유왕은 크게 기뻐하여 자주 봉화를 올리게 되고 제후들은 점차 오지 않게 되었다. 드디어 전 황후의 부친인 신후(申侯)가 서쪽의 견융을 이끌고 유왕을 공격했다. 유왕은 봉화를 올렸으나 제후들의 군대는 오지 않았고 결국 유왕은 살해되고 포사는 포로가 되었다. 이에 제후들과 신후가 태자였던 의구를 왕으로 옹립하니 이가 13대 평왕(平王)이다. 평왕은 기원전 770년에 주(周)의 수도를 서쪽의 호경에서 동쪽의 낙읍으로 천도했고 이로써 동주(東周)의 시대가 열렸다. 천자의 나라인 주나라가 동쪽의 낙읍으로 천도한 동주의 시대부터 춘추시대가 개막되었다.

춘추시대(春秋時代)는 주나라가 낙읍(洛邑)으로 천도한 후부터 제후국인 진(晉)나라가 삼분되어 한(韓), 위(魏), 조(趙)로 독립할 때까지의 약 360년 동안의 시대(기원전 770년~기원전 403년)를 말한다. '춘추'라는 명칭은 공자가 지은 『춘추』에서 비롯되었다. 『춘추』는 노(魯)의 은공(隱公) 원년(元年, 기원전 722년)부터 애공(哀公) 14년(기원전 481년)까지 12제후의 242년간 사적(事跡)을 연대순으로 기록했다. 춘추시대 이후에 전국시대가 등장한다. 전국시대(戰国時代)는 진(晉)나라가 한(韓), 위(魏), 조(趙)로 분리된 후 진(秦)이 기원전 221년에 전국을 통일하기까지의 약 180여 년 동안의 시대(기원전 403년~기원전 221년)를 말한다. '전국'이라는 이름은 이 시기의 역사를 다룬 중국 전한(前漢) 때의 유향(劉向)이 편찬한 고대의 역사서 『전국책(戰国策)』에서 유래되었다.

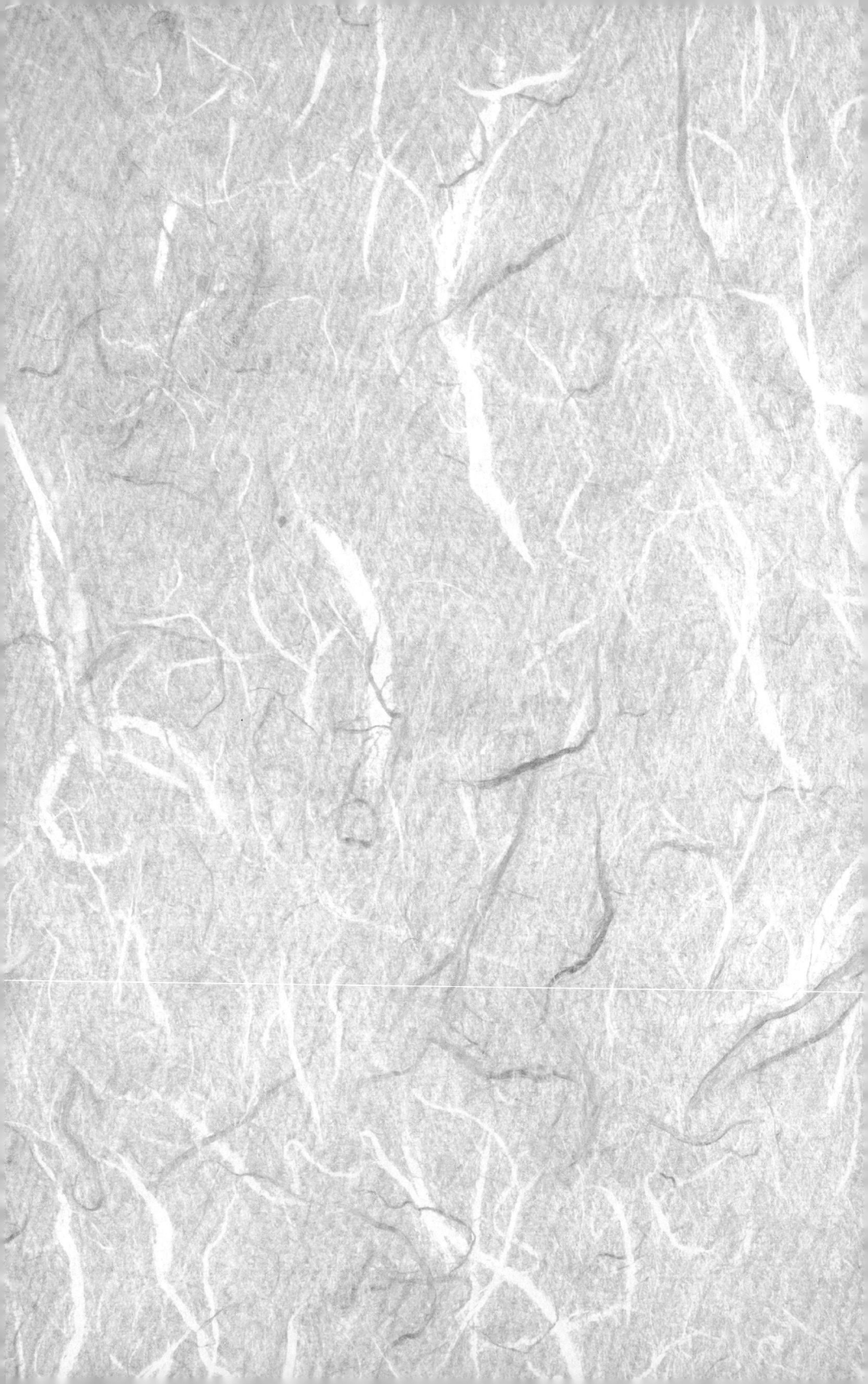

# 제2장

# 공자의 생애와 제자

**1절** 공자의 성장기
**2절** 공자의 제자
**3절** 벼슬과 좌절
**4절** 공자의 천하 방랑기
**5절** 『논어』라는 책

# 1절 공자의 성장기

춘추시대에는 주나라 초기에 1천여 개나 되던 제후국들이 마침내 제(齊)·진(晉)·진(秦)·로(魯)·위(衛)·초(楚)·오(吳)·월(越) 등을 비롯한 수십 개 정도의 제후국으로 정리되어 서로 패권을 다투는 국면으로 접어들게 된다. 이 시대에 제후들을 회동시켜 패권을 잡았던 다섯 명의 제후가 있었는데 이를 '춘추오패(春秋五霸)'라 한다. 여기서 '霸(패)'는 '두목', '으뜸'이라는 뜻이다. 그런데 이 춘추오패로 꼽히는 인물은 기록한 사람에 따라 약간씩 다르다. 순자(荀子)[97]는 그의 저서 『순자(荀子)』에서 오패를 오백(五伯)으로 바꿔 불렀다. 순자에 따르면 오패는 제환공(齊桓公, 재위: 기원전 685년~기원전 643년), 진문공(晉文公, 재위: 기원전 636년~기원전 628년), 초장왕(楚莊王, 재위: 기원전 613년~기원전 591년), 오왕(吳王) 합려(闔閭, 재위: 기원전 514년~기원전 496년), 월왕(越王) 구천(勾踐, 재위: 기원전 496년~기원전 464년)이다. 제환공, 진문공, 초장왕은 공자 출생 이전에 재위했고, 합려와 구천은 공자와 같은 시대에 재위했다.

후한(後漢)의 조기(趙岐)는 그의 해설서 『맹자장구(孟子章句)』에서 오패를 제환공(齊桓公)·진목공(秦穆公)·송양공(宋襄公)·진문공(晉文公)·초장공(楚莊公)이라고 지목했다.

공자(孔子, 기원전 551년~기원전 479년)는 로나라 출신이다. 로나라는 주나라 무왕이 아우인 주공에게 내린 봉토였으나, 주공이 아들인 백금에게 다

---

97) 이름이 황(況)이고 자(字)가 경(卿)이다. 조(趙)나라 출신이며 생존 연대는 맹자 이후이다. 저서에 『荀子』가 있다.

스리게 했던 제후국으로 주나라의 혈족 국가이다. 로나라는 약소국으로 강태공을 시조로 하는 전통적으로 강국인 제나라에 인접해 있었다. 공자는 로(魯)나라와 제(齊)나라를 이렇게 말했다.

> 공자가 말했다. "제(齊)가 한번 변하면 로(魯)에 이르고, 로(魯)가 한번 변하면 도(道)에 이를 것이다."[98]

도(道)는 요순과 같은 선왕(先王)의 도덕정치를 말한다. 공자의 말에 의하면 강태공을 시조로 하는 제(齊)는 춘추시대 패자(霸者)였던 제환공 시대의 문화가 아직 남아 있어서 간략함과 공명을 숭상하는 분위기가 있고, 주공을 시조로 하는 로(魯)는 그래도 주공의 법제가 남아 있어서 예교(禮敎)를 중시하고 신의(信義)를 숭상함이 남아 있었다. 그래서 제(齊)가 제대로 정치를 하면 로(魯)처럼 변할 수 있고, 로(魯)가 제대로 정치를 하면 선왕의 도덕정치에 이를 수 있다고 보았다. 공자가 이 말을 한 시기는 공자가 로(魯)의 조정에 출사하기 전으로 추측된다. 공자는 51세부터 벼슬을 했는데, 이후 노나라 대부들이 천자의 예법을 참절(僭竊: 분수에 넘치는 행위를 함)하는 상황이 벌어져 주공의 법제가 남아 있다고 말하기 어려운 형국이 되었다.

공자의 본명은 공구(孔丘)이며, 자(字)는 중니(仲尼)이다. 여기서 '자(字)'는 성인이 되었을 때 본명 외에 지어주는 이름을 말한다. '공자(孔子)'는 공구(孔丘)의 존칭이다. '子(자)'는 아들이나 자식이란 뜻 외에 선생님이란 뜻도 있다. 따라서 '공자(孔子)'는 '공 선생님'이란 뜻이다. 공자는 태어나면서 머리 정수리 부분이 낮고 사방이 높아 언덕 모양을 닮았다고 하여 언덕이라

---

98) 『論語』, 雍也第六. "子曰, 齊一變, 至於魯. 魯一變, 至於道."

는 의미인 구(丘)로 이름 붙여졌다고 한다. 공자는 로나라 곡부에서 떨어진 창평향 추읍에서 부친인 공흘[孔紇, 字는 숙량(叔梁)]과 모친 안징재(顔徵在) 사이에서 태어났다. 부친인 공흘은 자(字)와 이름을 혼용하여 숙량흘(叔梁紇)로 흔히 불린다. 아버지 숙량흘과 어머니 안징재는 결혼하지 않은 관계로, 그는 서자였다. 안징재는 숙량흘의 동료이자 무사인 안양의 셋째 딸이었다.

공자의 조상은 송나라의 귀족이었으나 공자의 3대조 때 로나라로 옮겨왔다. 아버지 숙량흘은 본부인 시씨(施氏) 사이에서 딸 아홉을 두었고, 첩과는 아들 하나를 두었는데, 안징재를 만나 공자를 낳았다. 몸이 불편했던 이복형 맹피(孟皮)는 딸 하나를 남기고 일찍 사망했다. 공자의 자(字)가 중니(仲尼)가 된 것은 장남인 맹피에 이은 둘째 아들이라는 뜻이다. 흔히 소개되는 공자의 가계는 보통 그의 아버지 숙량흘과 증조부 공방숙까지 언급되나, 후대에는 보통 공자를 시조로 간주하기도 한다.

공자 나이 3세(기원전 549년 무렵)에 아버지 숙량흘이 별세했다. 생업을 책임진 아버지가 돌아가셨기 때문에 어린 시절 공자의 집안은 몹시 가난했다. 『논어』 「자한」에는 공자 스스로 "나는 어려서 적은 급료를 받고 누추한 일에 다능(多能)했다."99)라고 말한 기록이 있다.

가난한 집안이었지만 어머니의 교육은 다소 기강이 있었던 것으로 추측된다. 『사기』 「공자세가」의 내용이다.

"공자는 아이 때 언제나 제기를 차려놓고 예를 갖추는 소꿉놀이로 장난을 했다."100)

---

99) 『論語』, 子罕第九, "吾少也賤, 故多能鄙事."
100) 『史記』, 孔子世家第十七, "孔子爲兒嬉戲, 常陳俎豆, 設禮容."

이것으로 보면 젊은 홀어머니 밑에서 자란 공자이지만 제기를 차려놓고 예를 갖추는 소꿉놀이를 한 것으로 보면 비교적 바르고 엄격한 가정 교육을 받은 것으로 볼 수 있다.

공자의 일생과 행적에서 의미 있는 사건을 뽑아 도해한 일종의 고사인물도(故事人物図)로서 공자성적도(孔子聖蹟図)가 있다. 공자성적도는 원대(元代)에서부터 청대(淸大)에 이르기까지 여러 사람에 의하여 그려졌다. 공자성적도 중 조두예용(俎豆禮容: 제기와 예의 있는 용모)은 공자가 어렸을 때 제사 그릇을 진설하며 노는 모습을 그린 명대(明代) 그림이다.

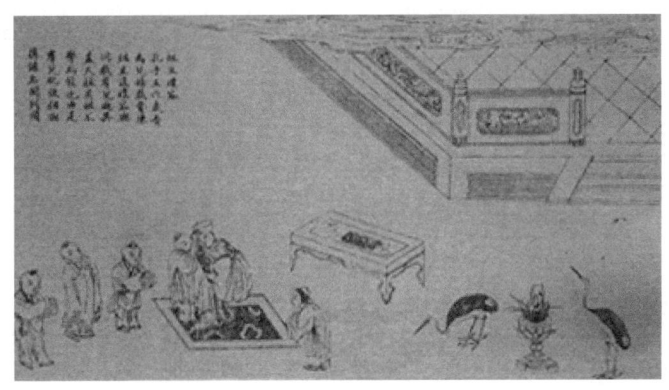

공자성적도-조두예용(俎豆禮容)

공자는 자신이 하늘로부터 재능을 부여받은 것이 아니라 스스로 열심히 노력하는 평범한 사람임을 강조한다. 『논어』「술이」편의 내용이다.

공자가 말했다. "나는 나면서부터 알았던 사람이 아니며, 옛것을 좋아하여 부지런히 그것을 배운 사람이다."[101]

---

101) 『論語』, 述而第七, "我非生而知之者, 好古敏以求之者也."

그렇다면 공자는 실제로 어떻게 공부를 하였을까? 이에 대한 해답은 분명치 않다. 다만 『논어』「자장」에서 자공이 공자의 학문 방법에 대해 이렇게 말했다.

"선생님께서 어디서인들 배우지 않겠습니까? 그리고 또 어느 정해진 스승이 있었겠습니까?"[102]

『논어』「팔일」에는 "공자가 태묘[103]에 들어가셔서는 매사에 대하여 물으셨다."[104]라는 기록이 있다. 이런 것들로 미루어보면 공자는 옛글을 공부하고, 모르는 것을 아는 사람에게 묻고, 눈에 띄는 모든 일을 스스로 연구하여 견식을 넓혀갔던 듯하다.

공자 나이 17세 무렵에 로나라 대부 맹리자(孟釐子)[105]가 병이 났다. 맹리자는 평소 공자의 인품과 학식을 눈여겨 본 사람이었다. 그는 아들 맹의자(孟懿子)에게 공자를 스승으로 모시고 공부할 것을 유언으로 남겼다. 그러자 맹의자는 형 맹도(孟䎹)와 더불어 공자를 스승으로 모시게 된다. 말하자면 이들이 공자의 최초 제자인 셈이다. 그렇지만 맹의자는 실질적으로 공자와 사제지간을 맺은 것은 아니다. 맹의자의 형 맹도는 이후 공자의 애제자가 된다. 맹도의 또 다른 이름은 괄(适)이다. 그는 남궁(南宮)에 거주했고 시호가 경숙(敬叔)이어서 흔히 남궁괄(南宮适), 남궁경숙(南宮敬叔)이라고 불린다. 또 자(字)가 자용(子容)이어서 달리 남용(南容)으로도 불린다. 그는 어떠한 인물인가? 그는 언행을 함부로 하지 않았다.

---

102) 『論語』, 子張第十九, "夫子焉不学? 而亦何常師之有?"
103) 왕실의 종묘(宗廟)
104) 『論語』, 八佾第三, "子入大廟, 每事問."
105) 『사기』는 맹리자(孟釐子), 『좌전』은 맹희자(孟僖子)로 표기되어 있다.

공자가 남용에 대해 말했다. "나라에 도(道)가 있으면 버려지지 않고 나라에 도가 없으면 형륙(刑戮: 형벌로 죽임을 당함)을 면할 사람이다." 그리하고는 형의 딸로 처를 삼게 했다.106)

남용이 세 번씩 백규(白圭: 흰 옥)를 반복하자 공자가 형의 딸로 처를 삼게 했다.107)

　　[刑: 형벌 형, 戮: 죽일 륙, 白: 흰 백, 圭: 옥 규]

남용은 언행에 조심하여 나라에 도가 없어도 큰 형벌을 면할 사람으로 공자의 신뢰를 받았다. '백규(白圭)'는 『시경(詩經)』「대아(大雅)」의 '억(抑)' 편에 나오는데, 그 내용은 "백규의 흠은 오히려 갈아낼 수 있지만, 말의 흠은 갈아낼 수 없다[白圭之玷, 尙可磨也. 斯言之玷, 不可爲也]."이다. 남용은 하루에 세 번씩 백규의 내용을 읊으면서 말을 삼가 조심했다. 그래서 공자는 형 맹피의 딸을 남용에게 시집보내어 조카사위로 삼았다. 어느 날 남용이 공자와 역사 속 인물들에 대한 소회를 말했다.

남궁괄(남용의 별칭)이 공자에게 물었다. "예(羿)는 활을 잘 쏘고, 오(奡)는 손으로 배를 끌었으나 다 제대로 죽지 못했습니다. 그러나 우(禹)와 후직(后稷)은 몸소 씨 뿌리면서 천하를 차지했습니다." 공자가 대응이 없자 남궁괄이 나갔다. 공자가 말했다. "군자로구나! 이 사람이여! 덕을 숭상하는구나! 이 사람이여!"108)

---

106) 『論語』, 公冶長第五, "子謂南容, 邦有道, 不廢, 邦無道, 免於刑戮. 以其兄之子妻之."
107) 『論語』, 先進第十一, "南容三復白圭, 孔子以其兄之子妻之."
108) 『論語』, 憲問第十四, "南宮适問於孔子曰, 羿善射, 奡盪舟, 俱不得其死. 然禹稷躬稼而有天下. 夫子不答, 南宮适出. 子曰, 君子哉若人! 尚德哉若人!"

우(禹)는 순임금의 신하로서 물과 흙을 다스렸다. 후직은 농업을 관장했다. 우는 순임금으로부터 천하를 물려받아 하(夏)나라를 건국했고, 후직은 태(邰)를 봉토로 받아 그 후손들이 주(周)나라를 건국했다. 우(禹)의 아들이 하(夏)의 2대 왕인 계(啓)이고, 계의 아들이 3대 왕인 태강(太康)이다. 사냥을 좋아한 태강은 사냥하기 위해 오랫동안 궁을 비우다가 활을 잘 쏘는 궁(窮)의 제후인 예(羿)가 반란을 일으켜 돌아오지 못했고, 동생인 중강(仲康)이 왕위를 이어 하(夏)의 4대 왕이 되었다. 중강의 뒤를 이어 그의 아들 상(相)이 5대 왕이 되었다. 그러자 예(羿)가 상(相)을 죽이고 왕위를 찬탈했다. 예는 태강처럼 사냥을 좋아했고, 한착(寒浞)이란 자를 신하로 기용했다. 예가 사냥에 빠진 사이 한착은 안으로는 사랑하는 여인을 두었고, 밖으로는 뇌물을 뿌렸으며, 예(羿)의 주변에 간신을 심어놓았다. 결국 예(羿)는 사냥에서 돌아오자 한착에게 포섭당한 식솔들에게 살해되고 몸은 솥에 넣어져 끓여졌다. 한착은 정권을 잡고 예(羿)의 처첩을 취하여 아들 오(奡)[109]와 희(豷)를 낳았다. 특히 오(奡)는 힘이 대단했다. 그러나 하나라 유신(遺臣)들이 한착을 죽이고 상(相)의 아들 소강(小康)을 옹립한다. 소강은 하나라 6대 왕으로 즉위 후 오(奡)를 죽이고, 소강의 아들은 희(豷)를 죽인다. 남용은 기예와 힘으로 권력을 잡은 예(羿)와 오(奡)는 수명을 다하지 못하고, 큰 기예와 힘은 없지만 유덕한 우와 후직은 결국 천하를 품었다는 말을 한 후 공자의 반응을 기다렸다. 바로 남용은 예(羿)와 오(奡)를 당시 권력자들에게 비유하고, 우와 후직을 공자에게 비유하여 아직은 벼슬이 없는 공자를 위로한 것이었다. 그러나 공자로서는 자신을 우와 후직에게 비유한 말을 받아 냉큼 동조하기도 그렇고 하여 올라오는 말을 꾹 참았다. 공자는 흐뭇하여 남용이 자리를 뜨자 그가 군자이고 덕을 숭상하

---

109) 『좌전』에는 '澆(요)'로 나온다.

는 자라고 칭찬을 아끼지 않았다.

공자는 장성하여 계씨(季氏) 집안에서 위리(委吏)라는 창고의 출납을 맡는 말단 관리가 되었는데,[110] 저울질하는 것이 공평했다고 한다. 그다음에는 사직리(司職吏)라는 직책을 맡아 가축을 관리했다. 공자가 그 직책에 있는 동안 가축은 살찌고 새끼를 많이 낳았다.

공자는 19세(기원전 536년 무렵)에 송(宋)나라 견관 씨의 딸과 결혼하여 20세에 아들 리(鯉)를 얻었다. 『논어』에는 공자가 딸도 있었으며, 그 딸은 제자 공야장에게 출가한 것으로 기록되어 있으나, 딸에 관한 자세한 인적 사항은 알 수 없다. 공자가 성년이 된 지 얼마 후 어머니가 사망했다. 공자는 삼년상을 마친 뒤 어머니를 아버지 숙량흘의 묘소 옆에 안장했다.

『사기』의 「공자세가」에 따르면 청년 시절의 공자는 키가 9척 6촌으로 장인(長人: 키가 큰 사람)이라 불렸다. 공자는 주나라의 정치 체제를 확립한 주공을 청년 시절부터 사모했고, 평생 마음의 스승으로 모신 것 같다. 『논어』 「술이」편에 보면 "내가 참으로 늙었구나. 오래도록 주공을 꿈에서 보지 못했구나."[111]라고 말하는 장면이 나온다. 드디어 공자는 제자 남용(남궁경숙)과 더불어 꿈에 그리던 주공의 고향인 주나라 서울 낙읍에 가서 문물을 견학하게 되었다. 이때 공자가 노자(老子)를 만나 예(禮)에 관하여 물었다는 기록이 있으나, 여기에서 노자가 『도덕경(道德經)』을 저술한 노자를 지칭하는지는 정확하지가 않다. 공자가 노자에게 질문한 예는 제례(祭禮)일 것으로 추정된다. 본래 '禮(예)'라는 글자는 제물을 제기에 쌓아놓고 제사를 드린다는 의미로 구성된 글자이다. 그리고 공자는 어려서부터 제사 놀이에 관심이 많았다. 주나라에서 문물을 견학한 공자는 주나라의 문화에 대해 더욱 신뢰가 깊어진 것 같다. 후에 공자는 주나라 문화를 아래와

---

110) 『사기』의 「공자세가」에는 '季氏史'로 되어 있으나 『맹자』에는 '委吏'로 표기되었다.
111) 『論語』, 述而第七, "子曰, 甚矣吾衰也. 久矣吾不復夢見周公."

같이 표현했다.

"주나라는 이대(二代: 하나라와 상나라)를 거울삼았으니 빛나는구나, 문화여! 나는 주나라를 따르겠다."112)

공자는 주나라의 문화가 하나라와 상나라의 문화를 거울삼아 형성되었기 때문에 선대의 문화가 주나라에 가감되어 집약된 것으로 보고, 예법과 같은 주나라의 문화를 믿고 따르겠다고 말하고 있다.

공자가 주나라에서 돌아오자 사방에서 제자들이 모여들기 시작했다. 당시 로나라는 대부(大夫) 가문인 맹손(孟孫), 숙손(叔孫), 계손(季孫)의 이른바 삼가(三家) 등이 실권을 잡고 있었다. 공자의 제자가 되고자 했던 맹의자는 바로 맹손 집안의 우두머리였다. 이들은 로나라 15대 군주인 환공(桓公)의 후손이었기에 삼환(三桓)으로도 불리었다.

공자 나이 35세 때 로나라 군주 소공(昭公)은 정권을 장악하고 있던 삼환(三桓)을 축출하고자 군대를 동원했다가 도리어 삼환에게 쫓겨 제(齊)나라로 도망갔다. 공자도 그 뒤를 따라 제나라에 갔다. 공자는 잠시 고소자(高昭子)의 가신(家臣: 경·대부의 집에 소속되어 주인을 섬기는 사람)이 되어 제경공(齊景公: 제나라 경공)과 교류를 하게 된다. 제경공은 당시 즉위 31년 되는 해였다. 제경공은 니계(尼谿)의 땅을 봉토로 주어 공자를 정치적 자문역으로 삼으려 했으나 공자보다 나이가 27세 위인 대부 안영(晏嬰)이 반대하여 뜻을 거두었다. 안영이 제경공에게 이렇게 진언했다.

"무릇 유자(儒者)는 말을 유창하게 하나 법을 준수하지 않으려 하며,

---

112) 『論語』, 八佾第三, "周監於二代, 郁郁乎文哉! 吾從周."

거만하고 자기 생각에 따르려 하니 밑에 둘 수 없습니다. 상례를 숭상하며 슬픔을 다하고, 후장(厚葬)으로 파산하기 때문에 백성들의 풍습으로 삼을 수 없습니다."113)

[儒: 유학 유, 者: 놈/것 자, 厚: 두터울 후, 葬: 장사지낼 장]

안영이 제경공에게 진언한 내용을 보면 안영이 공자를 온전히 알고 있다고 할 수는 없을 것 같다. 안영이 비록 공자를 배척했지만 안영은 당시 현신 중의 하나였다. 『사기』에 따르면 안영은 제나라 24대 영공(靈公), 25대 장공(莊公), 26대 경공(景公) 3대 군주를 모셨다. 그는 평소 절약하고 검소했으며 몸소 실천하여 제나라에 중용되었다. 제경공 때 제나라 재상이 되어서는 식사할 때 고기를 잘 들지 않고 첩들은 비단옷을 입지 않게 했다. 조정에서 군주가 말하면 대응하는 언어가 곧았고, 군주가 말이 없으면 행동이 곧아서 제환공 이후 제경공을 보좌하여 제나라의 부흥을 이끌었다.

공자는 제나라에서 순임금의 음악인 소(韶)를 들었다. 당시 공자의 모습이다.

공자가 제(齊)에 있을 때 소(韶)를 듣고는 3개월 동안 고기 맛을 몰랐다. 공자가 말했다. "음악이 이 정도까지 이른 것을 생각하지 못했다."114)

순임금의 음악인 소(韶)가 어떤 내용과 형식인지 오늘날 전해지지 않고 있다. 하지만 당시 제나라에는 소(韶)가 전승된 듯하다. 공자는 소(韶)의 아름다움에 심취하여 맛있는 음식을 먹어도 그 맛을 느끼지 못했다.

---

113) 『史記』, 孔子世家第十七. "夫儒者滑稽而不可軌法, 倨傲自順, 不可以爲下. 崇喪遂哀, 破産厚葬, 不可以爲俗."
114) 『論語』, 述而第七. "子在齊聞韶, 三月不知肉味. 曰, 不圖爲樂之至於斯也!"

제경공은 공자를 어느 정도 예우하고 등용할 생각도 있었으나 끝내 신하들의 반대에 부딪혀 뜻을 이루지 못했다.

제경공이 공자를 대우하는 것에 관해 말했다. "계씨와 같은 정도는 할 수 없지만 계맹의 중간 정도로 하겠노라." (얼마 후) 또 말했다. "내가 늙어서 등용할 수가 없도다." 그러자 공자가 떠났다.115)

당시 로나라 삼환 중 계씨가 가장 득세했고, 이어서 숙씨와 맹씨였다. 제경공은 공자를 계씨와 동등하게 예우하지 못하나 계씨와 맹씨의 중간인 숙씨 정도로 하려고 했다. 이후 공사를 등용하려 했으나 신하들이 반대했고, 신하들의 반대를 물리치기에는 자신이 너무 노쇠했다. 이에 공자는 제나라를 떠난다.

공자는 나이 42세에 로(魯)로 귀국한다. 공자 나이 43세에 로나라는 새 군주인 소공의 동생 정공(定公)이 즉위했다. 그렇지만 로나라는 삼가(三家)가 득세했고, 그중 세력이 강한 계씨(季氏) 가문이 가장 군주를 핍박했다.

공자 나이 30대 후반부터 50대 중반까지는 춘추오패 중의 하나인 오왕(吳王) 합려(闔閭)가 세력을 떨치던 시기였다. 합려에게는 손무(孫武)와 오자서(伍子胥)라는 두 참모가 있었다. 손무는 유명한 병법서인 『손자병법』의 저자이다. 오자서는 초(楚)나라 출신으로 그 아버지와 형이 둘 다 초의 평왕(平王)에게 죽임을 당했다. 오자서는 오나라로 망명하여 아버지와 형의 복수를 벼르고 있었다.

정공 4년(기원전 506년)에 공자 나이 46세 때, 합려는 손무(孫武)와 오자서(伍子胥)의 도움을 받아 초나라를 공격했다. 당시 초나라는 평왕이 죽고

---

115) 『論語』, 微子第十八, "齊景公待孔子, 曰, 若季氏則吾不能, 以季孟之間待之. 曰, 吾老矣, 不能用也. 孔子行."

그 아들 소왕(昭王)이 통치하고 있었는데, 오나라 군대는 초나라 수도 영(郢)까지 쳐들어갔다. 오자서는 평왕의 묘를 파헤치고는 평왕의 시신을 꺼내어 채찍으로 삼백 대를 내리쳤다. 이를 본 초나라 친구 신포서(申包胥)가 '너무 심한 복수가 아닌가?'를 사람을 시켜 묻자 자서는 말했다.

"나에게 해는 저무는데 갈 길은 멀다[吾日莫途遠]."
[吾: 나 오, 日: 해 일, 莫: 없을 막, 저물 모(暮와 통용), 途: 길 도, 遠: 멀 원]

우리가 할 일은 남아 있는데 시간이 별로 없음을 표현할 때 쓰는 표현인 '일모도원(日莫途遠)', 즉 해는 저무는데 갈 길은 멀다는 말이 여기서 연유했다. 그런데 월나라가 오나라 병력이 초나라 수도 영에 머무르고 있는 틈을 타서 오나라를 공격했다. 더구나 신포서가 진(秦)나라로 건너가 울면서 초나라를 구할 것을 간청하자 진나라는 군대를 보내 초나라를 돕는다. 오나라 군대는 결국 진나라 군대에 패하여 말머리를 되돌려 귀국해야만 했다.

정공 5년, 공자 나이 47세에 계씨 가문의 계평자가 죽고 대부의 직위를 아들 계환자가 물려받았다.116) 이때 계씨 집안의 가신인 양호(陽虎)가 공산불뉴(公山不狃)와 함께 난(亂)을 일으켜 일시적으로 계환자117)를 가두었다가 풀어주고는 정사를 농단했다. 양호는 달리 양화(陽貨)로도 불리는데, 그가 공자를 만나길 원했다.

양화가 공자를 보고 싶어 했으나, 공자가 만나주질 않았다. 그러자 (삶은) 돼지를 공자에게 보냈다. 공자가 양호가 없을 때 양호의 집에 가서

---

116) 계씨 가계는 …계문자–계무자(季武子)–계도자(季悼子, 단명했음)–계평자(季平子)–계환자(季桓子)–계강자(季康子)로 이어진다.
117) 성명은 계손사(季孫斯)이다. 시호(諡號)가 환(桓)이어서 계환자(季桓子)로 불리기도 한다.

배례(拜禮: 절을 하는 예)를 하고 돌아오다가 길에서 그를 만났다.[118]

당시 예는 대부가 사(士)에게 예물을 내릴 때 사(士)가 부재중에 예물이 도착하면 그 집에 찾아가 배례를 하는 것이었다. 양호는 대부의 신분이 아니었으나 스스로 대부로 자처했다. 양호는 공자가 없을 때 삶은 돼지를 보내어 공자가 자기 집으로 찾아오게 할 심산이었다. 그러나 공자는 양호가 없을 때를 엿보다가 그의 집에 가서 배례하고 돌아오는 길에 양호를 만난 것이다.

양호가 공자에게 말했다. "이리 오시게! 나는 그대와 말을 해야겠소. 보물을 품고 있으면서 나라를 헤매는 것이 인(仁)이라 할 수 있소이까?" 공자가 말했다. "할 수 없습니다." 양호가 말했다. "일에 종사하기를 좋아하면서 자주 때를 놓치는 것이 지(知)라 할 수 있소이까?" 공자가 말했다. "할 수 없습니다." 양호가 말했다. "해와 달은 빨리 갑니다. 세월은 나와 함께 하지 않소이다." 공자가 말했다. "맞습니다. 저도 장차 벼슬을 하려 합니다."[119]

양호는 덕성을 지닌 공자가 벼슬을 구하지 않고 시간만 보내는 것을 힐책했다. 양호는 공자를 자기편으로 삼아 벼슬을 주고 싶어 했다. 그러자 공자는 이치상으로는 틀리지 않은 양호의 말에 일단 동조를 했다. 그리고는 그의 속뜻을 읽지 못한 듯이 그에게 찾아가 벼슬을 구하겠다는 말 대신 장차 벼슬을 하겠다고 했다.

118) 『論語』, 陽貨第十七, "陽貨欲見孔子, 孔子不見, 歸孔子豚. 孔子時其亡也, 而往拜之. 遇諸塗."
119) 『論語』, 陽貨第十七, "謂孔子曰. 來! 予與爾言. 曰. 懷其寶而迷其邦, 可謂仁乎? 曰. 不可. 好從事而亟失時, 可謂知乎? 曰. 不可. 日月逝矣. 歲不我與. 孔子曰. 諾. 吾將仕矣."

공자는 벼슬을 구하지 않고 시(詩)·서(書)·예(禮)·악(樂)을 편수(編修)했는데, 바로 공자 제자들의 대부분이 이 시기에 공자 주변으로 모이게 된다. 공자의 제자들이 공자 주변에 모인 시기는 일정하지 않다. 남용(남궁경숙)은 공자 나이 17세 때 최초의 제자가 되었으며, 나머지 제자들은 공자가 주나라 유학을 하고 돌아온 뒤에 모여들기도 하고 제나라에서 40대 초반에 돌아온 뒤 모여들기도 했다. 『사기』의 「공자세가」에 따르면 공자의 제자는 3,000명이며, 육예(六藝)에 능통한 자가 72명으로 전해진다.

당시 공자가 벼슬을 하지 않고 있자 어떤 자가 궁금하여 공자에게 물었다.

> 어떤 자가 공자에게 물었다. "선생은 왜 벼슬을 하지 않고 있습니까?" 공자가 말했다. "『서경』에 말하길, '효이구나, 오직 효하고 형제에게 우애가 있어야 정치에 베풀어진다'고 했으니, 이것도 역시 정치를 하는 것이다. 어찌 정치에 참여해야만 정치를 한다고 하겠는가?"[120]

유학에서 군자가 할 일의 위계는 수신제가치국평천하(修身齊家治國平天下)이다. 비록 공자가 로나라의 국내 상황으로 현실 정치에 참여하고 있지 않았지만, 자신을 수양하고 가정을 다스리며 제자를 가르치는 일도 결국은 정치의 기본이며 일환이라고 공자는 생각했다.

---

120) 『論語』, 爲政第二, "或謂孔子曰, 子奚不爲政? 子曰, 書云, 孝乎惟孝 友于兄弟, 施於有政, 是亦爲政, 奚其爲爲政?"

## 2절 공자의 제자

공자의 제자 중 가장 나이가 많은 자가 자로(子路)였다. 자로는 성명이 중유(仲由)이고 자로는 그의 자(字)인데, 계로(季路)라고도 부른다. 일반적으로 중유보다 자(字)인 자로로 많이 알려져 있다. 자로(子路)는 로나라의 변(卞) 땅 사람이며 공자보다 아홉 살이 적었다. 자로는 성질이 거칠고 용맹을 좋아하며 평소 다니는 행색도 볼만했다. 그는 수탉의 꼬리로 관(冠: 머리에 쓰는 물건)을 만들어 쓰고 수퇘지의 가죽으로 주머니를 만들어 허리에 차고 다녔으며 공자에게 행패를 부리려고도 했다. 『공자가어』[121])에는 공자와 자로가 대면하여 논쟁하는 장면이 나온다. 먼저 공자가 말했다.

"군자는 학문을 아니 하면 안 되오." 자로가 말했다. "남산의 대나무는 바로잡지 않아도 스스로 곧아서, 베어서 사용하면 무소의 가죽을 꿰뚫는다는 말이 있소이다. 이를 두고 말하건대 무슨 배울 것이 있겠습니까?" 공자가 이에 말한다. "묶어서 깃털을 달고 촉을 박아서 숫돌에 갈면 그 들어가는 깊이가 또한 깊지 않겠소이까? 이 말에 자로는 두 번 절을 올리며 말했다. "삼가 가르침을 받겠습니다."[122])

---

121) 공자가어(孔子家語)는 공자의 언행 및 문인, 문하생들과의 문답과 논의를 수록한 책. 본래는 27권이었으나 실전(失伝)되고 현재 전하는 것은 위나라의 왕숙(王肅)이 공자에 관한 기록을 모아 주를 붙인 것으로 10권 44편이다.

122) 『孔子家語』, 子路初見第十九, "君子不可不學, 子路曰, 南山有竹, 不柔自直, 斬而用之, 達于犀革·以此言之, 何學之有? 孔子曰, 括而羽之, 鏃而礪之, 其入之不亦深乎·子路再拜曰, 敬而受敎."

이 부분은 바야흐로 공자와 자로가 스승과 제자의 인연을 맺는 극적인 장면이다. 자로는 자신이 다듬지 않아도 세상을 헤쳐나갈 능력이 있음을 말하고 있으나, 공자는 배움으로써 사람을 가다듬으면 그 쓰임이 보다 심원할 수 있음을 말하고 있다. 공자로부터 가르침을 받은 자로는 단순한 것 같으면서도 성격이 강직하여 어떤 때는 공자에게 직언도 서슴지 않는 제자였다. 그리고 용맹과 의리가 남달랐다.

공자가 말했다. "도가 행해지지 않고 있으니, 뗏목을 타고 바다 위를 떠다녀야겠다. 나를 따르는 자는 중유(자로의 성명)일 것이다." 자로가 그 말을 듣고 기뻐했다. 그러자 공자가 말했다. "중유는 용맹을 좋아함이 나보다 나으나 재목을 취할 바는 없다."[123]

뗏목을 타고 바다 위를 떠다닌다고 말한 것은 정처 없이 천하를 방랑하는 것을 의미하므로 공자가 이 말을 한 시기는 로나라에서 대부의 벼슬을 사임하고 주유천하(周遊天下: 천하를 두루 돌아다님)를 하기 직전의 상황으로 추정된다. 자로는 신의가 있는 제자였으므로 공자는 자신이 어느 곳으로 가더라도 자로가 자신을 따라올 것으로 믿었다. 자로는 공자가 자신을 신뢰한다는 내용의 말을 듣고 입이 귀에 걸렸다. 이 모습을 보고 공자가 한 번 지그시 눌러주었다. 자로는 너무 용맹함을 좋아하므로 그런 성격으로는 별로 쓸 데가 없다는 말이다. 이것은 자로의 장점을 은연중 부각하고, 단점을 자숙시켜 자로를 한 차원 더 높게 성숙시키고자 한 것이다. 다음도 같은 맥락이다.

---

123) 『論語』, 公冶長第五, "子曰, 道不行, 乘桴浮于海. 從我者其由與? 子路聞之喜. 子曰. 由也好勇過我, 無所取材."

자로가 말했다. "군자는 용맹을 숭상합니까?" 공자가 말했다. "군자는 의(義)를 위에 놓아야 한다. 군자가 용맹은 있으나 의가 없으면[君子有勇而無義] 난폭하게 되고[爲亂], 소인이 용맹은 있으나 의가 없으면[小人有勇而無義] 도적이 된다[爲盜]."[124]

[義: 의로울 의, 君: 스승 군, 子: 자식 자, 有: 있을 유, 勇: 날쌜 용, 而: 말이을 이, 無: 없을 무, 爲: 할/될 위, 亂: 어지러울 란, 小: 작을 소, 盜: 도적 도]

여기서 군자는 덕성으로 본 것이 아니라 직위가 있는 위정자를 지칭하고, 소인은 직위가 없는 서인을 지칭한다. 공자는 위정자에게 더 필요한 것은 용맹보다는 의(義)라 했다. 위정자가 용맹만 있고 의가 없으면 난폭하게 된다고 했다. 소인 같은 경우는 도적이 된다. 이것도 또한 자로의 과한 용맹을 자제하게 하고, 더 높은 가치를 지향하게 하려 한 것이었다. 자로는 옳은 말을 들으면 곧 행동으로 옮기려 했다.

자로는 들은 것을 행하지 못하면 들음이 있을까를 두려워했다.[125]

자로는 선한 말, 의로운 말을 들으면 그렇게 실천하려고 했다. 하지만 간혹 미처 실천하지 못할 때면 자책하여 선한 말, 의로운 말을 다시 듣는 것을 두려워했다. 자로는 또한 겉치레보다는 내실을 존중하는 제자였다. 자로의 사람됨을 공자는 이렇게 표현했다.

"해진 솜옷을 입고 여우와 오소리 가죽으로 만든 옷을 입고 있는 자

---

124) 『論語』, 陽貨第十七. "子路曰, 君子尚勇乎? 子曰, 君子義以爲上. 君子有勇而無義爲亂, 小人有勇而無義爲盜."
125) 『論語』, 公冶長第五. "子路有聞, 未之能行, 唯恐有聞."

와 같이 서있어도 부끄러움을 느끼지 않는 자는 자로이다. 남을 해치지 않고 욕심내지 않으니[不忮不求] 어찌 착하지 않겠는가!"126)

[忮: 해칠 기, 求: 구할 구]

자로는 진정한 인간의 도리를 배우고 실천하는 것이 무엇보다도 중요하다고 생각했다. 따라서 부자와 가난함은 그의 관심사가 아니므로 부유한 복장을 차린 사람 옆에 서 있어도 마음의 동요를 하지 않았다. '불기불구(不忮不求)', 즉 남을 해치지 않고 욕심내지 않는 자로에게 중요한 것은 신의와 같은 인간의 도덕이었다. 공자로부터 이 말을 들은 자로는 기분이 고양되었다.

자로가 늘 그 말을 외우고 다니자 공자가 말했다. "이 (유학의) 도가 어찌 착한 것으로 만족해야만 하겠는가?"127)

성격이 담백한 자로는 공자가 칭찬한 불기불구(不忮不求: 남을 해치지 않고 욕심내지 않음)란 말을 늘 외우고 다녔다. 공자는 현 단계에서 만족하는 자로로 보고는 한층 더 일신(日新: 날로 새로움)하라는 차원에서 경계의 말을 했다.

부락에서 건달처럼 지내던 자신을 제자로 받아준 공자에게 자로는 멋진 모습을 보여주고 싶었다. 어느 날 자로는 공자가 듣기를 바라며 공자 처소 앞에서 거문고를 탔다. 그러자 공자가 말했다.

---

126) 『論語』, 子罕第九, "衣敝縕袍, 与衣狐貉者立, 而不恥者, 其由也与!"
127) 『論語』, 子罕第九, "子路終身誦之. 子曰. 是道也. 何足以臧?"

"중유가 거문고를 하필 내 문 앞에서 탄단 말인가?" 그러자 문인들이 자로를 깔보았다. 이에 공자가 말했다. "중유는 본채 당(堂)까지는 올라 왔지만, 방안까지는 아직 들어오지 못했다."[128]

자로의 거문고 타는 소리가 부드럽지가 못하고 다소 소음처럼 들렸던 모양이다. 그러자 공자가 하필 처소 문 앞에서 거문고를 타는 자로에게 좀 더 가다듬어야 한다는 메시지를 전했다. 그런데 다른 제자들은 공자가 평소 자로의 품성이나 학문 등을 탐탁하지 않게 여기는 것으로 판단하고는 자로를 깔보기 시작했다. 그러자 공자는 자로는 이미 일정한 경지에 이르렀고, 다만 최종 한 난세만이 남아 있다고 하며 자로를 두둔힌 것이다.

공자가 천하를 방랑하다가 68세에 노나라로 돌아오자 대부 맹무백(孟武伯)이 자로에 대해 궁금했던 모양이다.

맹무백이 물었다. "자로는 어진 사람입니까?" 공자가 말했다. "알지 못하겠습니다." 다시 묻자 공자가 말했다. "중유는 천승지국(千乘之國)에서 세금 징수에 관한 일을 할 만한 사람이오. 그 어질음은 모르겠소이다."[129]

[千: 일천 천, 乘: 수레 승, 之: 어조사로서 소유(~의) 의미, 國: 나라 국]

맹무백은 대부 맹의자(孟懿子)의 아들이다. 맹의자는 공자 나이 17세에 그의 형 맹도(孟縚)와 함께 공자의 제자가 되고자 했던 인물이다. 봉건 시대는 국가의 등급을 말할 때, 운용하는 수레의 대수로 표현하기도 했다. 천자의 나라는 만승(万乘: 수레 만 대)이고, 제후의 나라는 천승(千乘: 수레 천

---

128) 『論語』, 先進第十一, "由之瑟奚爲於丘之門? 門人不敬子路. 子曰. 由也升堂矣, 未入於室也."
129) 『論語』, 公冶長第五, "孟武伯問. 子路仁乎? 子曰. 不知也. 又問. 子曰. 由也. 千乘之国, 可使治其賦也. 不知其仁也."

대)이고, 대부는 백승(百乘: 수레 백 대)이다. 따라서 천승지국(千乘之國)은 수레 천 대를 가진 나라로서 제후국을 의미한다. 옛날에는 전답의 세금에 비례하여 군사를 운영했다. 따라서 세금 징수에 관한 일은 군대를 운영하는 것을 말하기도 한다. 공자는 사람을 평가할 때 '어질다[仁]'는 표현을 함부로 쓰지 않았다. 공자의 제자 중 덕행으로 손꼽히는 안회에게도 '인을 어기지 않았다[不違仁]' 정도로 평가했다. 자로에게도 마찬가지이다. 공자는 자로가 제후국에서 군대를 지휘할 수 있는 역량은 있으나 성품이 어진 단계까지는 이르지 않은 것으로 보았다. 공자로부터 가르침을 받은 자로는 점차 완성된 인간이 되어갔다.

"반 마디로 옥사를 처결할 수 있는 사람이 자로 말고 누가 있단 말이냐? 자로는 승낙한 일을 절대 다음날로 미루지 않았다."[130]

이제 자로는 자신의 용맹함만 믿고 날뛰던 과거의 자로가 아니다. 판단이 명확하고 언행에는 믿음이 있었기 때문에 옥사(獄事: 중대한 사건)를 처결함에도 자로의 말은 판단 근거가 되었다. 또 자로는 자신이 책임질 말을 하면 그대로 실행하여 언행일치하는 제자로서 성숙해갔다. 자로는 공자의 가르침을 받기로 언약을 한 이후 늘 공자 주변에서 공자를 호위하고 시중을 들었던 듬직한 제자였다. 자로는 공자가 대사구란 벼슬을 버리고 로나라를 떠나 천하를 돌아다닐 때 공자와 생사고락을 함께했다. 믿음과 의리는 자로를 상징하는 단어이다. 이런 일도 있었다. 공자는 13년간의 주유천하를 마치고 로나라로 돌아온 지 3년 후에 춘추를 저술했다. 그해에 소주(小邾)의 대부 역(射)이라는 자가 구역(句繹) 땅을 바치며 로나라로 귀순했다. 이때

---

130) 『論語』, 顏淵第十二, "片言可以折獄者, 其由也与? 子路無宿諾."

소주역은 자신과 로나라 간의 계약을 자로가 해준다면 믿을 수 있다고 했다. 로나라 정부보다 자로 개인을 더 믿고 의지한 것이다. 공자는 인생의 만년에 제자들을 평가할 때 자로를 정치에 적합한 인물이라고 했다.

증점(曾点)은 공자보다 스무 살 연하이고 자(字)는 자석(子晳)이다. 성(姓)과 자(字)를 혼용하여 증석(曾晳)이라고도 불린다. 증점은 자로와 함께 공자에게서 공부를 함께했으나 공자가 천하를 돌아다닐 때는 함께하지 않았다. 어느 날 공자가 제자 자로와 염구, 공서적 그리고 증점과 같이 있었다. 공자는 이들에게 자신을 알아주는 사람이 있다면 무엇을 하겠는지에 대해 물었다.

자로가 경솔하게 대답했다. "천승지국(千乘之國: 수레 천 대를 운용하는 나라) 이 대국의 사이에 끼어있어서 그 나라를 사려(師旅: 군대)[131]로 공격하여 기근에 빠진 경우, 제가 다스리면 3년 안에 백성을 용맹스럽게 만들고 그 나가는 방향을 알게 하겠습니다." 그러자 공자가 빙그레 웃었다.[132]

앞에서 나왔듯이 천자의 나라는 만승(万乘: 수레 만 대)이고, 제후의 나라는 대국(大國)이라도 천승(千乘: 수레 천 대)이다. 자로는 천승지국을 대국과 비교하여 소국으로 보았다. 이것은 당시에 천자의 권위가 약해지자 대국의 제후들이 상한선인 수레 천 대를 넘겨서 운용했음을 말해준다. 자로는 호기 있게 위기에 빠진 나라를 3년 안에 강하게 만들고 제대로 국가의 방향을 정할 수 있다고 했다. 공자는 자로의 말에 빙그레 웃고는 염구와 공서적에게 물었다.

---

131) 사(師)는 2,500명이고, 려(旅)는 500명인 군대이다.
132) 『論語』, 先進第十一. "子路率爾而対曰, 千乘之国, 摂乎大国之間, 加之以師旅, 因之以饑饉. 由也爲之, 比及三年, 可使有勇, 且知方也. 夫子哂之."

"염구야, 너는 무엇을 하겠느냐?" 염구가 대답하여 말했다. "사방 60~70리나 50~60리 되는 마을을 제가 다스리면 3년 정도에 백성을 풍족하게 하고, 예악(禮樂) 같은 경우는 군자를 기다리겠습니다." "공서적아, 너는 무엇을 하겠느냐?" 공서적이 대답하여 말했다. "무얼 할 수 있다고 말하지 않겠습니다만, 배우기를 원합니다. 종묘의 일이나 제후가 회동할 경우 장보[章甫: 관(冠)의 종류]를 단정히 쓰고 조금 도와주기를 원합니다."133)

[禮: 예 례, 樂: 풍류 악, 즐길 락, 좋아할 요, 章 문채/갓 장, 甫: 클 보, 冠: 갓 관]

염구는 성격이 소심했다. 공자가 자로의 말을 듣고 웃자 염구는 공자가 어이없다는 생각을 나타낸 것으로 판단했다. 그는 자로가 수레 천승의 나라를 들고나온 것에 비해 바짝 쪼그라져 자신은 3년 정도면 사방 60~70리나 50~60리 되는 마을 하나를 풍족하게 할 수 있다고 했다. 공서적은 종묘 제사 때와 제후가 회동(会同: 모임)할 때에 예복을 입고 도와주는 사람이 되고 싶다고 했다. 이때 증점은 거문고를 타고 있었는데, 공자가 증점에게 역시 무엇을 하겠는가를 물었다. 그러자 거문고 소리가 뜸해지더니, 증점이 거문고를 '뎅~' 소리를 나게 내려놓으며 일어서서 말했다.

"늦봄에 봄옷이 만들어지면 성인 5~6명 그리고 동자 6~7명과 함께 기수에서 목욕하고 무우에서 바람 쐬고 노래를 부르며 돌아오겠습니다." 공자가 한숨을 쉬고 감탄하며 말했다. "나는 증점과 함께하겠다."134)

---

133) 『論語』. 先進第十一 "求, 爾何如? 対曰, 方六七十, 如五六十, 求也為之, 比及三年, 可使足民. 如其礼樂, 以俟君子. 赤, 爾何如? 対曰, 非曰能之, 願学焉. 宗廟之事, 如会同, 端章甫, 願為小相焉."
134) 『論語』. 先進第十一. "莫春者. 春服既成. 冠者五六人, 童子六七人, 浴乎沂, 風乎舞雩, 詠而帰. 夫子喟然歎曰, 吾与点也!"

앞의 세 사람은 규모의 차이는 있지만 모두 정치에 관해 말했다. 그런데 증점은 천지 만물과 하나가 되어 유유자적하는 삶의 모습을 거문고를 툭 던지고 일어서며 멋지게 말했다. 그러자 공자가 증점의 기상에 감탄하여 동조했다. 증점은 공자 초기의 제자로서 공자가 13년간 천하를 돌아다닐 때 동행을 한 제자도 아니었기에 공자의 다른 제자들에 비하면 공자로부터 배운 기간이 많지 않았다. 그런데 이런 경지에 이른 것은 증점이 본래 출중하여 공부가 빨리 완성되어가는 것을 의미할 수도 있다. 그러나 이 부분은 너무 자연스럽지가 않다. 증점의 아들이 증삼(曾參)이다. 뒤에 설명하겠지만 『논어』는 증점의 아들인 증삼의 문인(門人: 문하의 제자)들에게서도 부분적으로 편집이 이루어졌다. 따라서 이 부분에서 증점에 대한 묘사는 어느 정도의 윤색(潤色: 사실을 과장하거나 미화함)이 이루어졌을 가능성이 크다. 세 사람이 나가고 증점이 뒤에 남았다.

증점이 말했다. "세 사람의 말이 어떠합니까?" 공자가 말했다. "역시 각각 뜻을 말했느니라." 증점이 말했다. "선생님께서는 왜 자로에게 웃었습니까?" 공자가 말했다. "나라를 다스림은 예(禮)로 해야 하는 것인데 그 말이 겸양(謙讓: 겸손하고 사양함)하지 않았다. 그래서 웃었느니라." (증점이 말했다.) "네, 그러면 염구는 나라를 다스릴 만하지는 않습니까?" (공자가 말했다.) "어찌 사방 60~70리나 50~60리를 나라가 아니라고 볼 수 있는가?" (증점이 말했다.) "네, 공서적은 나라를 다스릴 만하지는 않습니까?" (공자가 말했다.) "종묘 제사와 제후의 회동이 제후가 아니면 무엇이겠는가? 공서적이 하는 것이 적다고 한다면 무엇을 하는 것이 크다고 하겠는가?"[135]

---

135) 『論語』. 先進第十一. "曾晳曰, 夫三子者之言何如? 子曰, 亦各言其志也已矣. 曰, 夫子何哂由也? 曰, 爲國以礼, 其言不讓, 是故哂之. 唯求則非邦也与? 安見方六七十如五六十而非邦也者?

자로, 염구, 공서적이 밖으로 나가자 증점이 궁금했던 것을 물었다. 특히 자로는 그 기상이 호방한데 공자가 웃은 것이 궁금했다. 공자는 자로의 그릇의 크기를 인정하지만 좀 더 겸양하는 자세가 아쉽다고 했다. 염구와 공서적의 포부는 말 자체로만 보면 자로가 말한 규모에 비해 작다. 그러나 공자는 그들이 작은 것을 예로 들어 말했지만, 모두 나라와 제후의 일이라고 말하면서 각기 쓰임에 따라 나름대로 정치나 여타의 영역에서 그 역량을 발휘할 수 있는 인재라고 보았다. 증점의 아들이 증삼(曾參)이다. 증삼은 공자가 주유천하를 마치고 들어왔을 때 공자의 제자가 된 것으로 추정된다.

염구(冉求)는 자(字)가 자유(子有)이며 공자보다 스물아홉 살 아래다. 성(姓)과 자(字)를 결합하여 염유(冉有)라고도 부른다. 염구는 공자가 제자를 평가할 때 자로와 동등하게 정사에 능한 인물로 인정받았다. 염구는 공자를 모시고 천하를 돌아다니다가 도중에 로나라 대부 계강자의 신하가 되어 제나라와의 전쟁에서 큰 공을 세운다. 염구는 계강자에게 천하를 떠돌아다니는 공자를 로나라로 모실 것을 청하여 허락을 받는다. 앞에서 대부 맹무백이 공자에게 자로가 어진지를 묻는 장면이 있었다. 맹무백이 자로에 대해 묻고 나서 염구에 대해 물었다.

"염구는 어떠합니까?" 공자가 말했다. "일천 호 되는 고을과 백승(百乘: 수레 백 대)을 가진 집에서 읍재를 시킬 만합니다만 그 어질음은 모르겠소이다."136)

공자는 만년에 자로와 염구를 정치에 적합한 인물이라고 했다. 자로는 대담했으나 염구는 성격이 소심했다. 앞에서 공자는 자로를 천승(千乘: 수레 천

唯赤則非邦也与? 宗廟会同, 非諸侯而何? 赤也為之小, 孰能為之大?"
136) 『論語』, 公冶長第五, "求也何如? 子曰, 求也, 千室之邑, 百乘之家, 可使為之宰也. 不知其仁也."

대)의 나라에서 세금 징수에 관한 일을 할 만하다고 했으나 염구는 백승의 집에서 읍재를 시킬 만하다고 했다. 염구의 소심한 성격을 생각하여 말한 것이다. 어느 날 염구와 자로가 "들은 것을 즉시 행하여야 합니까?"라고 물었다. 그러자 공자는 염구에게는 "즉시 행하여야 한다!"라고 하고, 자로에게는 "부모 형제가 있는데 어찌 바로 행할 수 있는가?"라고 했다. 공자가 이렇게 서로 다른 대답을 한 이유는 염구는 머뭇거리는 성격이므로 앞으로 나아가게 한 것이고, 자로는 지나치게 용감하므로 자제하게 한 것이었다. 염구는 공자를 로나라로 돌아오게 한 제자였지만 어진 성품은 부족했다. 염구는 계강자를 도와 세금을 거둬들이는 데 앞장을 서서 백성을 괴롭히는 지경에 이르렀다. 이에 공자는 "나의 제자가 아니다."라고 하며 통렬히 비판했다. 비록 오랫동안의 방랑 생활을 끝나게 해준 제자였지만 의롭지 못한 처신을 공자는 용납할 수가 없었다.

제자 중 덕행으로 이름난 사람이 안회(顔回)이다. 안회는 로나라 사람으로 자(字)는 자연(子淵)이다. 성(性)과 자(字)를 결합하여 안연(顔淵)이라고도 많이 불리며 공자보다 서른 살이 적었다. 안회의 아버지는 안로(顔路)이며 공자보다 여섯 살 연하이다. 안로는 공자의 가르침을 잠깐 받았으나 공자 문하에서 공부를 계속한 것은 아니다. 대신 아들 안회가 아버지 대신 공부를 열심히 하여 공자의 수제자가 되었다. 안회는 공자의 말을 쉽게 이해하고 가르침을 어김없이 행하는 제자였다. 그런 안회를 보고 공자는 말했다.

"내가 안회와 더불어 종일 말해도 나의 말에 이의를 달지 않아서 우매한 것이 아닐까 했다. 그러나 물러나서 그 홀로 있을 때를 살펴보니 배운 것을 제대로 밝혀 실천하고 있었다. 안회는 우매한 것이 아니었다."[137]

---

[137] 『論語』, 爲政第二, "吾與回言終日, 不違如愚. 退而省其私, 亦足以發. 回也不愚."

공자도 처음에는 안회가 별 질문도 없고 하여 좀 떨어지는 사람이 아닌가 하고 생각했다. 그러나 사생활을 살펴보니 공자의 가르침을 제대로 이해하고 묵묵히 실천하는 사람이었다. 공자가 말했다.

"말하면 게으르지 않게 실천하는 자는 안회구나!"138)

"안회는 나를 도와주는 자가 아니다. 나의 말에 기뻐하지 않는 바가 없구나."139)

안회는 공자의 말을 들으면 부지런히 실천했다. 제자 중에는 까다로운 질문을 하여 스승을 궁지로 모는 친구도 있다. 이러면 스승은 밤잠을 설치며 더욱 공부하기 마련이다. 그런데 안회는 공자의 가르침을 묵묵히 이해하고 기뻐하였기에 공자는 자기를 긴장시켜 도와주는 자가 아니라고 했다. 공자는 유감스럽게 표현한 듯하면서 안회의 그런 면을 매우 칭찬했다.

안회는 집안이 늘 가난해서 누추한 곳에서 살고 있었으나 학문을 하고 도를 깨우치는 것을 즐거움으로 삼았다. 덕행으로는 안회가 공자에 가장 근접해 있었다. 어느 날 공자가 안회, 자로와 함께 있었다.

공자가 안연[顔淵: 안회의 성(姓)과 자(字)]을 일컬어 말했다. "써주면 행하고, 내치면 숨어있는 것을 오직 나와 네가 가지고 있구나!"140)

성인(聖人)인 공자는 도를 행하기 위해 벼슬을 구하려 했으나 그 나아가

---

138) 『論語』, 子罕第九, "語之而不惰者, 其回也與!"
139) 『論語』, 先進第十一, "回也, 非助我者也. 於吾言無所不説."
140) 『論語』, 述而第七, "子謂顏淵曰, 用之則行, 舍之則藏, 唯我与爾有是夫!"

고 물러남이 자연스럽고 구차하지 않았다. 공자의 이런 점을 안회가 많이 닮았다. 공자가 안회를 칭찬하자 자로가 슬그머니 샘이 났다.

자로가 말했다. "선생님께서 삼군(三軍)을 움직이시려면 누구와 함께 하겠습니까?" 공자가 말했다. "맨손으로 호랑이를 때려잡고 그냥 황하를 건너가다[暴虎馮河] 죽더라도 후회가 없는 자와는 나는 함께하지 않는다. 반드시 매사에 임하여 두려워할 줄 알고, 계획을 잘 세워 성사시키는 자이어야 한다."[141]

『주례』에 따르면 수나라 군제(軍制)의 여(旅)는 500명, 사(師)는 5려(旅)로 2,500명, 군(軍)은 5사(師)로 12,500명이다. 천자는 육군(六軍)을 운영할 수 있고, 대국은 삼군(三軍)을 운영할 수 있고, 차국(次國)은 이군(二軍)을 운영할 수 있고, 소국(小國)은 일군(一軍)을 운영할 수 있다. 대국(大國)은 공작·후작이 통치하는 나라이며 차국(次國)은 백작이 통치하는 나라이며 소국(小國)은 자작 혹은 남작이 통치하는 나라이다. 자로는 용기가 있음을 자부하여 이것으로 칭찬을 받고 싶었다. 자로는 공자가 삼군을 호령할 기회가 있으면 자신과 함께하리라고 생각했다. 하지만 공자는 무모한 자와는 함께할 수 없다고 하면서 자로를 눌러주었다. 여기서 '포호빙하(暴虎馮河)'란 고사성어가 유래했다. '포호빙하(暴虎馮河)', 직역하면 맨손으로 호랑이를 때려잡고, 황하를 도보로 건넌다는 뜻으로, 무모한 행동을 표현하는 말이다.

안회는 스물아홉에 머리가 하얗게 세더니 공자가 주유천하를 마치고 노나라로 돌아왔을 때 젊은 나이에 죽었다. 작자 미상의 '선성소상(先聖小像)'이란 제목의 그림이 있다. 공자와 제자들을 그린 그림이 여러 개 있

---

141) 『論語』 述而第七. "子路曰, 子行三軍, 則誰與? 子曰, 暴虎馮河, 死而無悔者, 吾不與也. 必也臨事而懼, 好謀而成者也."

는데, 대다수 그림에서 공자 가까이서 시중들고 있는 사람이 다름 아닌 안회이다.

선성소상(先聖小像)-공자와 안회

자공(子貢)은 성명이 단목사(端木賜)이며, 자공은 그의 자(字)이다. 공자보다 서른한 살 아래이다. 자공은 언변에 능했으며 재물 증식에 재주가 있었다. 자공이 공자의 문하에 들어온 지 얼마 되지 않아서 궁금증이 생겼다. 공자는 학문과 인품으로 보면 크게 쓰여야 할 인물인데, 벼슬을 구하려고 크게 힘을 쓰지 않는 것 같았다. 참고 참다가 작심하고 공자의 심중을 알아보기로 했다.

자공이 말했다. "여기에 아름다운 옥(玉)이 있다면, 상자에 감추고 저장만 하겠습니까? 아니면 좋은 가격을 구하여 팔겠습니까?" 공자가 말했다. "팔아야지, 팔아야지. 그러나 나는 좋은 가격을 기다리는 사람이다."[142]

자공은 공자의 역량을 아름다운 옥으로 비유하여 그냥 감추고만 있을 것인가? 아니면 그 역량이 필요한 사람에게 벼슬을 구하겠는가를 물었다.

---

142) 『論語』, 子罕第九, "子貢曰, 有美玉於斯, 韞匵而藏諸? 求善賈而沽諸? 子曰. 沽之哉! 沽之哉! 我待賈者也."

역시 자공의 말재주가 돋보이는 장면이다. 공자는 초야에 묻혀 살기보다는 때가 되면 출사(出仕: 벼슬길에 나감)하겠다는 의지를 피력했다. 다만 지금은 자신을 제대로 알아주면서 이상 정치를 펼칠 수 있도록 도와줄 수 있는 군주를 기다리는 중이라고 했다. 공자는 자공의 언변이 뛰어난 것이 큰 장점이 될 수 없음을 경계시켰다. 자공이 군자에 대해 묻자, 공자는 "먼저 행하고 후에 말을 한다."143)라고 했다. 자칫하면 말이 행동보다 앞설 수 있는 자공을 지목한 표현이다. 자공이 공자의 문하에 들어온 후 어느 정도의 세월이 흐른 후 공자가 이렇게 물었다.

"너와 안회 가운데 누가 더 나으냐?" 자공이 대답했다. "제가 어찌 안회를 따를 수 있겠습니까? 안회는 하나를 들으면 열을 알지만, 저는 하나를 들으면 겨우 둘을 알 뿐입니다." 공자가 말했다. "같지 않다. 나는 네가 같지 않음에 동의한다."144)

이 모습은 언변만 좋은 자공의 모습이 아니다. 이것으로 보면 자공이 공자를 만나고 공부를 하면서 겸손한 품성이 형성된 것을 알 수 있다. 그렇지만 공자의 대답은 의외이다. 웬만하면 이럴 때 "너도 꽤 괜찮은 아이야!"라며 적당히 분위기 좋게 마무리하는 것이 스승과 제자의 대화일진대, 공자는 자공이 안회보다 못함을 직설적으로 말하고 있다. 아직도 자공을 슬쩍 눌러 놓아야 한다는 공자의 의중이 반영된 말이다. 자공은 재물 증식에 재주가 있었다. 공자가 말했다.

---

143) 『論語』, 爲政第二, "子貢問君子, 子曰, 先行其言而後從之."
144) 『論語』, 公冶長第五, "子謂子貢曰, 女與回也孰愈? 對曰, 賜也何敢望回. 回也聞一以知十, 賜也聞一以知二. 子曰, 弗如也, 吾與女弗如也."

"단목사(端木賜: 자공의 성명)는 천명을 받지 않았으나 재물을 증식했다. 헤아리면 자주 맞추었기 때문이다."145)

자공이 천명을 받지 않았다는 말은 본래 부귀한 신분으로 태어난 것은 아니라는 말이다. 다만 자공은 예측한 것이 자주 맞아서 재물을 증식할 수 있었다.

공자의 가르침을 받은 자공은 점차 품행이 반듯한 인재로 성장했다. 어느 날 공자가 제자 자천(子賤)의 사람됨을 말하자 이어서 자공이 물었다.

공자가 자천에게 말했다. "군자로구나 이 사람이여! 로(魯)에 군자가 없다면 이 사람이 어찌 이 덕을 가졌으리오?" 그러자 자공이 물었다. "저는 어떤 사람입니까?" 공자가 말했다. "너는 그릇이다." 어떤 그릇입니까? 공자가 대답했다. "호련(瑚璉)이다."146)

[瑚: 호련 호(제기의 일종), 호련 련(제기의 일종)]

자천의 성명은 복불제(宓不齊)이고 자천은 그의 자(字)이다. 『사기』에는 공자보다 서른 살 적다고 나와 있고, 『공자가어』에는 마흔아홉 살 적다고 나와 있다. 자천은 재기가 있고, 성품이 지혜롭고 어질고 자애로웠다. 그가 단보라는 지역의 읍재가 되었을 때 고을 백성이 그에게 감화를 받아 차마 속임수를 쓰지 않았다고 한다. 공자는 로(魯)나라의 문화적 환경을 그래도 긍정적으로 보고 그런 환경에서 성장한 자천의 사람됨을 칭송했다. 이런 공자의 모습을 보고 자공이 자신에 대한 공자의 평가가 궁금했다. 호련(瑚

---

145) 『論語』, 先進第十一. "賜不受命, 而貨殖焉, 億則屢中."
146) 『論語』, 公冶長第五. "子謂子賤, 君子哉若人! 魯無君子者, 斯焉取斯.子貢問曰, 賜也何如? 子曰, 女器也. 曰, 何器也? 曰,瑚璉也."

璉)은 종묘(宗廟) 제사 때 기장을 담던 귀중한 그릇을 말한다. 공자는 자공이 드디어 귀한 인재가 되었음을 인정하고는 격려를 하고 있다.

공자의 제자 중에 문학으로 이름난 사람이 자하(子夏)와 자유(子游)이다. 자하는 성명이 복상(卜商)이며, 자하는 그의 자(字)이다. 공자보다 마흔네 살이 적었다. 자유는 성명이 언언(言偃)이며, 자유는 그의 자(字)이다. 공자보다 마흔다섯 살 적었다. 두 사람은 공자로부터 문학성을 인정받고 나이도 서로 비슷하여 경쟁 심리가 있었던 모양이다. 먼저 자유가 포문을 열었다.

자유가 말했다. "자하의 제자들은 닦고 쓸고, 응대하고, 진퇴는 잘하나 지엽적이다. 근본이라는 것이 없으니 뭘 어찌할 수 있겠는가?"147)

자유의 말은 자하의 제자들이 청소나 잘하고 손님 접대나 잘하는 이른바 잘고 좀스럽다는 말이다. 이 말을 듣고 그냥 넘어간다면 속 좋은 사람일 것이다. 자하가 발끈했다.

자하가 그 말을 듣고 말했다. "어허! 자유의 말이 지나치구나. 군자의 도는 무엇을 먼저라 하여 전수해야 하며, 무엇을 뒤라 하여 게을리할 수 있겠는가? 초목으로 비유하자면 (종자, 크기가 다른 것으로) 구별되는 것과 같으니, 군자의 도를 어찌 꾸밀 수가 있겠는가? 처음이 있고 마침이 있는 것은 오직 성인만이 할 수 있다."148)

자하는 자유의 험담에 눈에 힘을 주며 반격했다. 자하의 말은 군자의 도

---

147) 『論語』, 子張第十九. "子游曰, 子夏之門人小子, 當灑掃 應對 進退, 則可矣. 抑末也, 本之則無. 如之何?"

148) 『論語』, 子張第十九. "噫! 言游過矣! 君子之道, 孰先傳焉? 孰後倦焉? 譬諸草木, 區以別矣. 君子之道, 焉可誣也? 有始有卒者, 其惟聖人乎!"

가 무엇을 선후라 할 수가 없다는 것이다. 배우는 자는 스스로 그 얇고 깊은 것이 마치 초목이 대소로 구별되는 것과 같아서 거기에 맞추어 공부해야지, 억지로 군자의 도를 고상하게 꾸며서 거기에 맞추면 안 된다는 말이다. 주희(朱熹)[149]는 『논어집주』를 내면서 자하의 말에 동조했다. 그는 주석에서, 배우는 자의 수준이 깊고 얕음과 성숙을 헤아리지 않고, 높고 원대한 것만을 말해서는 안 된다고 했다. 주희의 이런 생각은 그가 저술했다고 전해지는 아동교육서 『소학』[150]에 그대로 반영되었다. 실제 쇄소(灑掃: 닦고 빗질함), 응대(応対: 물음이나 요구에 대하는 자세), 진퇴(進退)의 절차는 소학에서 가장 기본적 예절의 하나이며 개인 수양의 방법으로 중시되었다. 자하의 품성은 기본에 충실하고 소심했다. 그래서 공자는 자하에게 이렇게 말했다.

공자가 자하에게 말했다. "너는 군자의 유학자가 되어야지, 소인의 유학자가 되지 마라!"[151]

군자는 두루두루 통하고 유연한 사고를 한다. 공자는 자하에게 너무 세세한 것에 얽매이지 말고 두루 통하고 유연한 사고를 하는 유학자가 되기를 부탁했다. 자하는 시간의 여유가 있을 때 학문할 것을 주장했다.

자하가 말했다. "벼슬하다가 여력이 있으면 학문하고, 학문하다가 여력이 있으면 벼슬하는 것이다."[152]

---

149) 주희(朱熹, 1130~1200)는 중국 남송(南宋) 때의 유학자이다. 자(字)는 원회(元晦)·중회(仲晦), 호는 회암(晦庵)·회옹(晦翁)·운곡노인(雲谷老人)·둔옹(遯翁)이다. 존칭하여 주자(朱子)라고 한다. 『논어』와 『맹자』에 관한 집주(集注)를 저술했고, 『대학』과 『중용』에 주석을 달았다.
150) 송나라 주희가 엮은 것이라고 쓰여 있으나, 혹은 그의 제자 유자징(劉子澄)이 주희의 지시에 따라 편찬한 것으로 보고 있다.
151) 『論語』, 雍也第六, "子謂子夏曰, 女爲君子儒, 無爲小人儒."
152) 『論語』, 子張第十九, "子夏曰, 仕而優則學, 學而優則仕."

공자는 공직은 준비된 자가 진출해야 한다고 생각한다. 뒤의 제8장 3절에서 논의하겠지만, 자로가 공자의 제자, 고시(高柴)를 추천하여 비읍(費邑)의 읍재(邑宰: 읍의 수령)가 되게 했다. 고시는 성품은 착하나 학문은 깊지 못했다. 공자는 고시(高柴)가 준비되지 않은 이유로 공직에 진출하는 것을 반대했다. 따라서 자하의 말은 준비되지 않은 자가 공직에 진출하여 틈틈이 공부하면 된다는 말이 아니라 일단 자격을 갖추어 공직에 진출한 자도 여력이 있을 때 부단히 공부해야 한다는 의미이다.

공자 생전에 자하는 거보(莒父)의 읍재(邑宰: 읍의 수령)가 되었고 자유는 무성(武城)의 읍재가 되었다. 자하가 거보의 읍재가 되어 공자에게 정치에 대해 묻자 공자가 말했나.

"빨리함을 바라지 말고, 작은 이익을 보지 말라. 빨리함을 바라면 통달하지 못하고[欲速則不達], 작은 이익을 보면 대사(大事)가 이루어지지 않는다."153)

[欲: 하고자할 욕, 速: 빠를 속, 則: 곧 즉, 達: 달할 달]

공자는 자하의 성격이 소심하며 근시안적인 것을 감안하여 급하게 서두르지 말고 멀리 볼 것을 주문했다. '욕속즉부달[欲速則不達]'은 줄여서 '욕속부달(欲速不達)'로 고사성어가 되었다. 위에 나왔듯이 빨리하기를 바라면 통달하지 못한다는 의미이다.

자유가 무성의 읍재로 있을 때 공자가 무성을 방문했다. 이때 읍인들이 거문고를 타며 노래하고 있었다.

---

153) 『論語』, 子路第十三, "無欲速, 無見小利. 欲速則不達, 見小利則大事不成."

공자가 빙그레 웃으며 말했다. "닭을 잡는데 어찌 소를 잡는 칼을 쓰느냐[割雞焉用牛刀]?" 자유가 말했다. "옛날에 제가 선생님에게서 듣기를, 군자가 도를 배우면 사람들을 사랑하고, 소인이 도를 배우면 쉽게 부릴 수 있다고 했습니다." 공자가 말했다. "얘들아! 언(偃: 자유의 본명)의 말이 맞다. 앞의 말은 농담이었다."154)

자유는 무성이 비록 작은 읍이지만 예악으로써 교화를 시키려 했다. 그런데 공자가 농담으로 무성 같은 작은 고을 하나 다스리는데 너무 거창한 것 아니냐고 묻자, 과거 공자가 한 말을 상기하며 반론하고 있다. 여기서 고사성어 '할계우도(割鷄牛刀)'가 유래했다. '할계우도(割鷄牛刀)', 직역하면 닭 잡는데 소 잡는 칼을 쓴다는 뜻으로 작은 일에 큰 힘이나 방법을 쓰는 것을 표현하는 말이다. 자유의 말은 고을이 크고 작은 것이 예악을 행하고 폐하는 기준이 되어서는 안 되고, 사람을 사랑하는 군자로 만들기 위해서는 예악으로 읍민을 교화시켜야 한다는 말이다. 이처럼 공자의 말에서도 드러났듯이 자하는 섬세하게 쇄소응대와 같은 기본적인 실천에 주목했고, 자유는 신념이 있고 개방적 성향의 소유자였다.

공자의 제자 중에 유약(有若)155)과 증삼(曾參)156)도 있다. 둘 다 공자가 로나라에서 벼슬을 한 전후 기간과 주유천하를 하는 동안에는 언급된 적이 없는 것으로 미루어 볼 때 공자 만년에 들어온 제자로 추정된다. 『논어』는 유약, 증삼의 문인들에게서 완성되었다. 따라서 『논어』에서 유약과 증삼을 지칭할 때 공자의 다른 제자들과는 달리 존칭어인 '子(자)'를 붙여서

---

154) 『論語』 陽貨第十七. "夫子莞爾而笑, 曰. 割雞焉用牛刀? 子游對曰, 昔者偃也聞諸夫子曰, 君子學道則愛人, 小人學道則易使也. 子曰, 二三子! 偃之言是也. 前言戲之耳."
155) 이름이 약(若)이다.
156) 이름은 삼(參), 자는 자여(子輿)이다.

유자, 증자라고 표기된다. 유약은 공자보다 마흔세 살 연하이고, 증삼은 마흔여섯 살 연하이다. 공자의 제자들이 공자가 죽은 뒤 유약이 공자의 모습을 닮았다고 해서 그를 공자처럼 섬기려고 했지만 증삼(증자)의 반대로 이루어지지 않았다. 『맹자』에 이와 관련된 내용이 나온다.

    자하와 자장 그리고 자유가 유약이 성인과 닮았다고 생각하여, 공자를 섬기듯이 그를 섬기려고 하며 증자에게 강요했다. 그러자 증자가 말했다. "불가하다. 장강과 한수의 물로써 세척을 하고, 가을 햇볕에 쪼여도, 희고 흰 것에 더 보탤 것이 없다."157)

유약은 자하와 자유보다는 한두 살 위이고 공자 문하에서 막내인 자장보다 다섯 살 위이다. 나이도 그리 많이 차이가 나지 않음에도 유약을 공자처럼 섬기려 한 것은 나름 유약이 공문(孔門: 공자의 문하)에서 학문과 덕행으로 인정을 받았기 때문으로 추정된다. 그렇지만 이런 움직임을 차단한 사람이 증삼이었다. 증삼은 유약이 아무리 성인과 닮았다 하더라도 공자의 사상 그 자체는 보태고 뺄 것이 없으므로 공자 이외의 존재를 인정할 수 없다는 말이다. 유약과 증삼 그리고 그들의 제자들은 『논어』 구성에 경쟁적으로 참여했다. 그렇기 때문에 유약과 증삼은 서로 누가 공자의 학맥을 잇는가에 대해 경쟁 심리가 있었음을 알 수 있다. 그렇지만 송대의 주희는 공자 이후의 유학의 도통 구조를 공자→증자→자사(子思)→맹자(孟子)→정호(程顥)·정이(程頤)로 이어진다고 했다.158) 주희는 공자의 학맥을

---

157) 『孟子』, 滕文公章句上, "子夏, 子張, 子游以有若似聖人. 欲以所事孔子事之, 彊曾子. 曾子曰, 不可. 江漢以濯之, 秋陽以暴之, 皜皜乎不可尙已."
158) 당나라 시대 한유(韓愈, 768년~824년)는 유학의 법통(法統: 정통성의 계승)이 요→순→우→탕왕→문왕→무왕→주공→공자→맹자로 이어지는 것으로 주장했다. 주희는 한유의 법통을 도통(道統: 도의 계승)으로 바꿔 말하면서 공자 이후를 다소 수정한 것이다.

계승한 자가 유약이 아닌 증삼이라고 하여 증삼의 손을 번쩍 들어주었다.

공자를 측근에서 모신 제자 중 가장 나이 어린 제자는 자장(子張)이다. 자장은 성명이 전손사(顓孫師)이고, 자장은 그의 자(字)이다. 공자보다 마흔여덟 살 적었다. 자장은 진(陳)나라 출신이었다. 『사기』에는 공자가 진나라를 거쳐 채나라에 있을 때 자장이 '행동거지[行]'에 대해 물었다고 기록되어 있다. 이것으로 보면 자장은 공자 일행이 진나라를 경유할 때 십 대 초반에 공자의 문하로 들어온 것으로 추정된다. 대부분의 공자 제자들은 나이 어린 자장에 대하여 좋은 평을 하지 않았다. 그 이유는 자장이 내적인 수양보다는 자신을 과시하기를 좋아했기 때문이다. 공자가 채나라에 있을 때 자장과 공자의 대화이다.

    자장이 행동거지에 대해 묻자, 공자가 말했다. "말에 충신(忠信: 성실과 믿음)이 있어야 행동이 돈독하고 경건해진다. 이렇게 하면 비록 남쪽과 북쪽의 오랑캐 나라들에서도 행동할 수 있지만, 말에 믿음이 없으면 비록 작은 마을에서도 행동할 수가 있겠느냐?"[159]

공자의 눈에도 어린 자장이 싹수가 그리 좋게 보이지 않았나 보다. 일단 말에 믿음이 있어야 함을 강조했다. 그래야만 자신의 말을 신중히 하게 되고 겉으로 드러나는 것만이 아닌 내적인 성찰이 가능해진다. 그런 연후에야 그 행동거지도 반듯해지고 예법이 없는 이민족의 국가에서도 그 품행을 인정받는다는 말이다. 공자의 이 말이 끝나자 자장은 잊지 않기 위해서 그 말씀을 허리띠에다 적어놓았다. 십 대 초반의 소년다운 모습이다.

---

[159] 『論語』, 衛靈公第十五, "子張問行. 子曰. 言忠信. 行篤敬. 雖蠻貊之邦行矣. 言不忠信. 行不篤敬. 雖州里行乎哉?"

자장이 정치에 대해 묻자 공자가 말했다. "거주함에 게으름이 없고, 행동함에 충(忠)으로 해야 한다."160)

정치는 어진 마음이 있어야 백성을 성심으로 대하고 노고를 아끼지 않는다. 자장은 어진 마음이 부족하므로 자칫하면 게을러지기가 십상이다. '충(忠)'은 겉과 속이 같음을 뜻한다. 자장은 과시하기를 좋아하므로 충(忠)이 결여될 가능성이 크다. 공자는 자장의 부족한 부문을 보완할 것을 이렇게 말했다.

자장이 선비의 모습을 공자에게 질문하면 참신할 것으로 생각했던 모양이다.

자장이 물었다. "선비[士]가 어떠해야 '달(達)'이라고 일컬을 수 있습니까?" 공자가 말했다. "무엇이냐? 네가 말한 '달(達)'이라는 것이?" 자장이 대답했다. "나라에도 반드시 알려지고, 가정에도 반드시 알려지는 것입니다." 공자가 말했다. "이것은 '문(聞)'이지 '달(達)'이 아니다. 무릇 '달(達)'이란 것은 자질이 곧고, 의로움을 좋아하며, 남의 말을 살피고 안색을 보며, 다른 사람보다 몸을 낮추는 것이다. 그래서 나라에도 반드시 '달(達)'하고, 가정에서도 반드시 '달(達)'한다. 무릇 '문(聞)'이라는 것은 얼굴에는 어진 안색을 띠지만 행동은 다르고, 거처한 처신에 의혹을 갖지 않아서 나라에 반드시 알려지고, 가정에서도 반드시 알려진다."161)

[達: 통달할 달, 聞 들을/알릴 문]

---

160) 『論語』, 顔淵第十, "子張問政. 子曰, 居之無倦, 行之以忠."
161) 『論語』, 顔淵第十, "子張問. 士何如斯可謂之達矣? 子曰, 何哉, 爾所謂達者? 子張對曰, 在邦必聞, 在家必聞. 子曰, 是聞也, 非達也. 夫達也者, 質直而好義, 察言而觀色, 慮以下人. 在邦必達, 在家必達. 夫聞也者, 色取仁而行違, 居之不疑. 在邦必聞, 在家必聞."

공자가 사용한 '달(達)'은 광의적으로 쓰여서 그 의미를 특정하기가 어렵다. 일단 달견(達見: 사리에 밝은 식견) 정도로 이해함이 문장을 전체적으로 파악하는 데 도움이 될 듯하다. 여기서 공자가 사용한 '문(聞)'은 명예가 널리 알려지는 것을 의미한다. 역시 자장은 선비의 이상적 모습으로 '달(達)'을 생각하여 질문했지만, 자장이 생각한 '달(達)'은 '문(聞)'을 말하는 것이었다. '달(達)'은 자질도 곧고, 의로움을 좋아하는 행동 특성이 있으며, 주변의 사람들에게 관심을 갖고, 자신을 낮추는 겸손한 사람의 식견이나 처신을 말한다. 그러나 '문(聞)'은 그 사람의 속과 겉이 다르고, 머무는 것이 엄밀히 살펴보면 옳지 않은데도 겉으로 드러난 것으로서만 사람들에게 알려지는 것을 말한다. 역시 자장은 선비라는 칭호를 들으면서 겉으로 드러나는 명예를 갖는 것에 관심이 있었던 것이다.

자장은 나이가 들면서도 끝내 우쭐대는 성품을 고치지 못했다. 자장보다 두 살 손위인 증삼이 자장을 이렇게 평했다.

> 증자(증삼의 존칭)가 말했다. "당당하구나! 자장이여. 그러나 함께 인(仁)을 행하기는 어려운 사람이다."162)

증삼은 나이가 두 살 아래인 자장의 행동이 평소 눈에 많이 거슬렸나 보다. 또 자장은 자신을 드러내고자 하는 행동들을 크게 개의치 않고 한 것 같다. 그런 자장을 증삼은 아예 비꼬는 말로 당당하다고 했다. 그리고 믿음이 없어서 일상에서나 정치에서 더불어 도덕적인 일을 도모하기 어려운 인물이라고 했다.

공자가 가장 염려한 제자는 재여(宰予)이다. 재여의 자(字)는 재아(宰我)

---

162) 『論語』, 子張第十九. "曾子曰, 堂堂乎張也, 難与並為仁矣."

이다. 공자와 재여와의 나이 차이는 전해지지 않는다. 먼저 공자는 재여의 나태함을 걱정했다.

재여가 낮잠을 자자 공자가 말했다. "썩은 나무는 조각을 할 수 없으며, 똥으로 만든 담장은 흙손질을 할 수 없다. 내가 재여에게 무엇을 탓하겠는가?" 이어서 공자가 말했다. "처음에 나는 사람에게서 그 말을 듣고 그것을 행동하리라 믿었다. 지금 나는 사람에게서 그 말을 듣고 그 행동을 관찰한다. 재여에게서 이것을 바꾸었다."[163]

사신의 세자를 썩은 나무와 똥으로 비유한 것을 보면 제자의 나태한 모습에 격앙된 공자의 인간적 모습을 상상할 수가 있다. 나태한 자는 종종 말을 행동으로 옮기지 못한다. 재여는 임기응변으로 구변 좋게 말하지만, 실천이 따르지 않았다. 재여의 행동을 보고 공자는 사람의 말과 행동이 서로 다를 수 있음을 의심했다는 것이니 공자의 심기가 아주 불편했음을 알 수 있다. 이런 일도 있었다. 공자가 주유천하를 마치고 로나라로 돌아왔을 때 로나라 군주는 애공이었다. 애공은 공자 제자들이 모두 박식하다고 생각했던 모양이다. 하필 고른 것이 재여였다.

애공이 재아[宰我, 재여의 자(字)]에게 사직(社稷)에 대해 물었다. 재아가 대답하여 말했다. "하후씨(夏后氏: 하나라 사람)는 소나무를 심었고, 은나라 사람들은 잣나무를 심었습니다. 주나라 사람들은 밤나무를 심었는데, 백성으로 하여금 두려워 벌벌 떨게 하려고 한 것입니다." 공자가 그것을 전해 듣고 말했다. "이미 마무리된 일이라 말하지 않고, 다 끝나

---

[163] 『論語』, 公冶長第五, "宰予昼寝朽木不可雕也, 糞土之牆不可朽也. 於予与何誅. 子曰, 始吾於人也, 聽其言而信其行. 今吾於人也, 聽其言而観其行. 於予与改是."

가는 일이라 비판하지 않고, 이미 지나간 일이라 탓하지 않겠다."164)

사직(社稷)은 토지의 신과 곡식의 신, 혹은 그들에게 제사를 지내는 사당을 말한다. 애공이 사직에 대해 묻자 재여는 사직에 심는 나무로 그 차이점을 설명하려고 했다. 그런데 마지막 말이 화근이었다. 주나라에서 사직에 밤나무[栗]를 심은 것은 백성을 벌벌 떨게 하려고 했다는 것이다. 본래 '栗(율)'은 '밤나무'라는 뜻도 있고, '떨다'는 뜻도 있다. 재여는 '떨다'의 의미에 착안하여 그리 말했다. 그러나 각 나라별로 나무를 달리 심은 이유는 토질에 맞는 나무를 택했을 뿐이지 다른 의도가 있는 것이 아니었다. 재여의 대답은 가히 창작 수준이라 할 수 있다. 이 말을 듣고 공자는 너무 어이가 없어서 재여를 불러서 바로 잡는 것조차 포기하고 지난 일이니 아예 말을 안 하겠다고 했다. 재여의 행동은 공자에게 많은 마음의 상처를 준 것 같다. 이렇게 서로 불편한 관계에 있는 스승과 제자인데도, 재여는 공자가 13년 동안 천하를 주유할 때 수행한 몇 안 되는 제자 중의 하나였다.

이 외에 공자를 가까이 모신 제자로는 민손[閔損, 자(字)는 자건], 염경[冉耕, 자(字)는 백우], 염옹[冉雍, 자(字)는 중궁], 공야장[公冶長, 자(字)는 자장], 복불제[宓不齊, 자(字)는 자천], 칠조개[漆雕開, 자(字)는 자약], 공서적[公西赤, 자(字)는 자화], 원헌[原憲, 자(字)는 자사], 고시[高柴, 자(字)는 자고] 등이 있다.

공자는 17세에 모인 제자, 청년 시절에 주나라로 유학을 하고 돌아온 뒤에 모인 제자 그리고 제나라로 갔다가 40대 초반에 돌아온 뒤에 모여든 제자들과 함께 별다른 벼슬 없이 학문을 토론하며 때를 기다렸다.

---

164) 『論語』, 八佾第三, "哀公問社於宰我. 宰我対曰. 夏后氏以松. 殷人以栢. 周人以栗. 曰. 使民戰栗. 子聞之曰. 成事不説. 遂事不諫. 既往不咎."

## 3절 벼슬과 좌절

로나라 정공(定公) 9년(기원전 499년), 공자 나이 51세에 공산불뉴(公山不狃)165)란 자가 비(費) 땅에서 로나라 실력자 계씨 가문에 대항하여 반란을 일으켰다. 공산불뉴는 정공 5년에 양호(陽虎)가 일으킨 반란에 참여한 전적이 있었다. 그러나 양호가 반란에 실패하여 제나라로 도망가자 재차 반란을 도모한 것이다. 공산불뉴가 공자를 초빙했다. 공자가 가리고 하자 자로가 말했다.

"가지 마시지요. 하필이면 공산씨 같은 자에게 가신단 말입니까?" 공자가 말했다. "나를 부르는 사람이 어찌 공연히 그랬겠느냐? 만약 나를 써주는 사람이 있다면 나는 동쪽의 주나라로 부흥시킬 것이다."166)

공산불뉴의 행동은 계씨 가문을 상대로 군사를 일으켰으나 개인의 권력 욕심에서 비롯된 명분 없는 반란이었다. 그런 공산불뉴가 공자를 부르자 할 말 할 줄 아는 자로가 만류한 것이다. 공자는 무도한 방법으로 정권을 잡은 자라도 자기를 불러준다면 자기가 가서 도덕이 통용되는 사회를 만들어보겠다는 바람에서 그리했다. 여하튼 공자는 자로의 말을 듣고 결국 가지 않았다.

---

165) 公山弗擾 (공산불요)라고도 한다. 공산은 성, 불요는 이름이다. 계씨의 가신이며 비의 읍재(邑宰)였다.
166) 『論語』 陽貨第十七, "公山弗擾以費畔, 召, 子欲往. 子路不說, 曰, 末之也已, 何必公山氏之之也. 子曰, 夫召我者而豈徒哉? 如有用我者, 吾其爲東周乎?"

정공 9년, 공자는 나이 51세에 중도(中都) 고을의 수령이 되었다. 공자가 중도 고을을 맡은 지 1년 만에 중도는 크게 안정이 되었다. 그러자 사방에서 공자의 통치 방법을 본받으려 했다. 이윽고 공자는 토목 공사를 담당하는 사공(司空)이 되었다가 이어서 법을 집행하는 대부인 대사구(大司寇)가 되었다. 정공 10년, 공자 나이 52세인 신축년(辛丑年)에 공자는 정공을 도와서 제(齊)나라 경공(景公)과 협곡에서 회담했다. 제경공과 공자는 서로 안면이 있었다. 제경공은 공자가 35세 때 삼환에게 쫓겨 제나라로 도망친 소공을 따라오자 공자에게 니계 땅을 봉토로 주어 신하로 삼으려고 한 바 있다. 그러나 안영(晏嬰)의 반대로 제경공의 뜻은 이루어지지 않았다. 당시 로(魯)와 제(齊)가 협곡에서 회담할 때 안영도 배석했다. 공자는 젊은 시절에 자신을 등용하려 했던 경공을 만나 외교적 수완을 발휘하여 제나라가 빼앗은 로나라 땅을 되돌려 받는 공을 세운다. 그해 협곡회담을 마치고 안영은 귀국하여 죽었다. 공자는 안영을 이렇게 평가했다.

공자가 말했다. "안평중은 사람들과 교제를 잘했고, 오래도록 공경했다."[167]

안영의 자(字)는 중(仲)이고, 시호가 평(平)이다. 공자는 자(字)와 시호를 합하여 안평중이라고 지칭했다. 사람과 교제를 오래 하다 보면 상대방을 예로써 대하는 마음이 느슨해지기 마련이다. 그러나 안영은 그 공경하는 마음을 늘 잃지 않았다.

공자가 로나라를 위하여 고군분투하고 있는 와중에도 여전히 삼가(三家)의 세력은 로나라 정국을 좌지우지하고 있었으며 오만방자하기까지 했

---

167) 『論語』, 公冶長第五, "子曰, 晏平仲善與人交, 久而敬之."

다. 당시 예법에 천자의 무용은 팔일무(八佾舞)고 제후는 육일무(六佾舞)였다. 팔일무는 여덟 사람이 여덟 줄로, 육일무는 여섯 사람이 여섯 줄로 늘어서서 춤을 추는 것이었는데, 삼가 중의 계씨는 팔일무를 정원에서 추게 하며 즐겼다.168) 이뿐이 아니었다. 천자는 종묘에 바친 제물을 물릴 때 『시경』169) 「주송(周頌)」 옹편(雍篇)의 시(詩)를 읊는다. 그런데 삼가가 제사를 마치면서 옹편의 시를 읊었다.

공자가 계씨(季氏)를 가리켜 말했다. "팔일무를 정원에서 추게 하다니, 이것을 차마 한다면 무엇을 차마 하지 못하겠는가?" 삼가(三家)가 옹(雍)으로 철상(撤床: 제사상을 거두어 치움)했다. 공자가 말했다. "돕는 분이 아! 제후로구나. 천자가 온화한 모습이로다[相維辟公, 天子穆穆]'를 어찌 삼가의 집에서 취해야 하겠는가?"170)

[季: 말째 계, 氏: 씨 씨, 家: 집 가, 雍: 화락할 옹, 撤: 거둘 철, 床: 상 상, 相: 도울 상, 維: 발어사 유, 辟: 임금(천자나 제후를 지칭) 벽, 公: 제후 공, 穆: 온화할 목]

'돕는 분이 아! 제후로구나. 천자가 삼가 공경하는 모습이로다[相維辟公, 天子穆穆]'는 옹편(雍篇)의 시(詩) 내용 일부이다. 옹편의 시 내용처럼 제사에서 제후가 천자를 돕고 천자는 엄숙히 제사를 올리는 화락하고 공경하는 실제 장면이 없는데, 어찌 시(詩)의 의미를 삼가의 집에서 취해야 하는 것을 공자는 한탄하고 있다.

---

168) 혹자는 육일무가 여덟 사람이 여섯 줄로 추는 춤이라고도 한다.
169) 『시경』 305편은 풍(風)·아(雅)·송(頌) 세 부분으로 나누어진다. 풍은 국풍(國風)이라고도 하며 여러 제후국에서 채집된 민요·민가이다. 아는 궁궐에서 연주되는 곡조에 붙인 가사이다. 송은 종묘의 제사에 쓰이던 악가(樂歌)이다.
170) 『論語』, 八佾第三, "孔子謂季氏, 八佾舞於庭, 是可忍也, 孰不可忍也? 三家者以雍徹. 子曰, 相維辟公, 天子穆穆, 奚取於三家之堂?"

바로 로나라의 대부들이 천자의 흉내를 낸 것이다. 로나라의 대부들이 천자의 흉내를 내며 방자해진 것은 연유가 있다. 제후국인 로나라 조정은 천자의 나라에서 지내는 교(郊)와 체(禘) 제사를 지냈다. 『예기(礼記)』 「예운(礼運)」 편에 이런 내용이 나온다.

공자가 말했다. "오호라! 슬프구나! 내가 주나라의 법도를 살펴보니 유왕(幽王), 려왕(厲王)이 손상했도다. 내가 로(魯)를 버리고 어디로 간단 말인가? 로(魯)의 교(郊)와 체(禘)는 예가 아니니, 주공의 도가 쇠퇴했구나. 기(杞)의 교(郊)는 우(禹) 때문이며, 송(宋)의 교(郊)는 설(契) 때문이다. 이것은 천자를 받드는 것을 지키기 위함이다. 그러므로 천자는 천지(天地)에 제사 지내고, 제후는 사직(社稷)에 제사 지낸다."171)

[幽: 어두울 유, 厲: 사나울 려, 魯: 나라이름 로, 郊: 천지제사 교, 禘: 큰제사 체, 杞: 나라이름 기, 宋: 나라이름 송, 地: 땅 지]

'교(郊)'는 천자가 천지의 신께 지내는 제사이다. '체(禘)'는 천자의 나라에서 왕이 죽으면 종묘에 그 신주를 모시고 시조와 함께 제사를 지내는 것을 말한다. 둘 다 천자의 제사로 제후가 지내는 제사가 아니다. 주나라가 10대 려왕과 12대 유왕의 폭정으로 제왕의 법도를 손상했지만 그래도 주공이 세운 로나라는 주공의 법도가 남아있다고 공자는 생각했다. 그런데 천자가 지내는 제사인 교(郊)와 체(禘)를 로나라에서 지내는 것을 보고 공자는 크게 실망했다. 기(杞)와 송(宋)은 각각 하(夏)나라의 시조인 우(禹)와 상(商)나라의 시조인 설(契)의 후손이 주나라 때 세운 나라들이다.

---

171) 『禮記』, 禮運第九, "孔子曰, 嗚呼哀哉! 我觀周道, 幽厲傷之, 吾舍魯何適矣? 魯之郊禘非禮也, 周公其衰矣! 杞之郊也, 禹也. 宋之郊也, 挈也. 是天子之事守也, 故天子祭天地, 諸侯祭社稷." '挈'는 '契'과 통용된다.

이 두 나라는 망국의 후예로서 그 시조의 유업을 간직하고자 하는 의미로 교(郊) 제사를 지냈다. 그러나 로나라는 주(周)의 천자가 존재하는데도 교(郊)를 지냈다. 체(禘)도 마찬가지이다. 본래 로나라는 주나라의 무왕이 천하를 통일하는데 큰 공을 세운 아우 주공에게 봉토로 준 땅이었고, 주공은 그 땅을 아들 백금에게 물려주었다. 무왕이 죽고 나서 주공은 어린 성왕(成王)을 보필하여 반란을 진압하고 주나라 정치 체제를 완성했다. 이런 주공이 죽자 성왕은 주공을 천자의 나라에서나 지내는 제사인 체(禘)를 로나라에서 주공을 위해 지낼 수 있게 했다. 본래 주공은 비록 공훈은 지대하나 왕은 아니었다. 그런데 성왕은 로나라에서 주공을 주나라의 시조인 문왕과 함께 제사를 지내게 했다. 그리고 왕의 품계로 제사를 지내기 때문에 당연히 옹편의 시를 읊었다. 이처럼 애초부터 예법에 어긋나게 교와 체가 행해지자 로나라 대부들도 이를 본받아 옹편의 시를 읊고 팔일무를 즐겼다.

 이에 공자는 정공에게 건의하여 삼환의 위세를 누르고 군주의 권위를 회복해야 함을 강력히 건의하기에 이른다. 그 내용은 신하들의 무기를 거두고 대부들의 성곽을 해체하는 것이었다. 당시 춘추전국시대는 대부를 비롯한 신하들이 사사로이 병력을 운용했으며, 심지어는 국가와 국가 간의 경계를 의미하는 성곽을 쌓아서 군주의 통치력을 미치지 못하게 하는 경우가 있었다. 공자는 제자 자로를 계씨 집안의 가신이 되게 하여 병력을 동원할 근거를 먼저 마련했다. 공자는 자로로 하여금 삼환의 도읍을 공격하게 했다. 공자의 계획에 따라 결국 숙손씨가 먼저 후읍(后邑)의 성벽을 헐었다. 그리고 계손씨는 비읍(費邑)의 성벽을 헐려고 했으나, 일전에 비읍에서 반란을 일으킨 공산불뉴가 숙손첩이라는 자와 손을 잡고 로나라를 습격했다. 공자가 군대를 동원하여 격파하자 공산불뉴와 숙손첩은 제나라로 달아났다. 결국 비읍의 성곽도 해체되었다. 그렇지만 맹손씨들은 끝내 자신의 성벽을 허물지 않았다. 정공이 군대를 동원하여 맹손씨의 성을 포위하여 공격했지만 맹손씨의 성은 끝내 함락되지 않았다.

정공 14년, 공자 나이 56세에 재상의 일을 섭행(攝行: 겸직하였다는 뜻)하게 되는데, 이때 로나라는 크게 안정되어갔다. 그러자 인근 제나라가 공자의 등장으로 로나라가 점차 부강해지는 것을 우려하여 여악사(女樂師)들을 로나라로 보내는 이른바 미인계를 쓰게 된다. 당시 실력자인 계손 가문의 대부 계환자(季桓子)는 제나라의 여악사들을 받아들이게 하니, 조정은 연일 유흥에 빠졌다. 이러한 상황에 대하여 공자는 매우 실망한다. 마침 천지(天地)의 신께 드리는 제사[郊]가 로나라에서 열렸다. 그런데 정공은 제사 고기를 대부들에게 돌리지 않는 결례를 범했다. 이렇게 로나라 조정은 유흥에 빠져 정사를 돌보지 않고, 군주는 예법을 중요하게 여기지 않게 되자 공자는 크게 낙심하여 로나라를 떠나 제자들과 함께 주유천하를 결심하게 된다. 주희의 『논어집주』에 의거하면 공자는 햇수로 13년 동안 천하를 주유했다. 문헌에 따라서는 공자의 주유천하 기간을 14년으로 기록한 것도 있다. 어느 것이 정확한지 명확하게 고증할 수가 없다.

공자가 로나라를 떠난 해인 정공 14년, 공자 나이 56세 때 오왕(吳王) 합려(闔閭)가 월왕(越王) 구천(句踐)을 공격했다. 합려는 과거 10년 전 오나라가 초나라를 정벌할 때 월나라가 침입한 것을 복수하기 위해 월나라를 공격한 것이다. 그러나 전투 중 발가락을 다쳐 상처가 덧나서 죽었다. 아들 부차는 아버지의 원수를 잊지 않기 위해 잘 때는 방바닥에 장작을 쌓아 놓고 그 위에서 고통스럽게 잠을 잤다. 이것을 와신(臥薪: 땔나무에 누움)이라고 한다. 그 후 2년 후인 기원전 494년, 공자 나이 58세 때 부차는 구천을 회계에서 격파했다.

## 4절 공자의 천하 방랑기

공자는 제자들과 여러 나라를 떠돌게 되는데, 『사기』와 주희의 『논어집주』 서설(序說)에 따르면 공자가 천하를 주유한 순서는 위(衛)→진(陳)→위(衛)→조(曹)→송(宋)→정(鄭)→진(陳)→위(衛)→진(晉)→위(衛)→진(陳)→채(蔡)→섭(葉)→채(蔡)→초(楚)→위(衛)→노(魯)로 이어진다. 다만 위 나라 중에서 밑줄 친 나라는 가다가 되돌아온 나라들이다.

공자가 맨 먼저 간 나라는 위나라이다. 당시 위나라 군주는 위령공(衛靈公: 위나라 령공)이었고, 부인의 이름은 남자(南子)였다. 위나라는 공자가 주유천하 중 제일 먼저 방문한 나라이고 주유천하를 끝내고 로나라로 오기 전에 머무르고 있던 나라이기도 했다. 공자는 주유천하 기간 중 4회에 걸쳐 위나라를 방문한다. 다른 제후국에 비하여 공자가 위나라의 방문을 많이 선호한 이유는 로나라와 위나라의 원초적 혈연관계에서 비롯된 것으로 보인다. 주나라의 무왕은 상나라를 멸망시킨 후에 동생 주공에게는 로나라를, 강숙에게는 위(衛)나라를 봉토로 주었다. 그래서 공자는 "로나라와 위나라의 정부는 형제다[魯衛之政, 兄弟也]."라고 말하기도 했다. 이런 관계로 공자는 위나라에게 정서적 친밀감을 느낀 것으로 보인다.

공자가 위나라로 건너간 해에 세자 괴외(蒯聵)가 계모인 남자(南子)를 죽이려다가 실패하여 송(宋)나라로 도망간 사건이 발생했다. 본래 남자는 송(宋)나라 여인이었고, 송나라에는 아름다운 용모를 가진 송조(宋朝)라는 귀공자가 있었다. 남자와 송조는 오래전부터 간통했던 사이였다. 이런 사실을 위령공이 알고 있었는지는 명확하지 않지만, 여하튼 위령공은 공자가 위나라로 건너간 그해에 남자를 위해 송조를 송나라에서 불러내 만나게 해주었다. 당시 제(齊)나라와 송(宋)나라의 군주가 조(洮)에서 회합을 하고 있었다. 세자 괴외가 조(洮)에 있는 제나라 군주를 만나기 위해 송나라 들녘을 경유하게 되었다. 그런데 들판에서 일하던 사람들이 이런 노래를 부르고 있었다.

"너의 암퇘지는 이미 안정되었는데, 어찌 우리 젊은 수퇘지는 돌려보내지 않느냐?"[172]

암퇘지는 남자(南子)를 비유한 것이고, 젊은 수퇘지는 송조(宋朝)를 비유한 것이다. 대체로 발정한 암퇘지는 수퇘지를 만나면 안정이 되니, 남자가 이미 성욕(性慾)을 만족하게 채웠으면 어서 송조를 돌려보내라는 의미이다. 이 노래를 들은 괴외는 수치스럽게 여겨 귀국 후 남자를 죽이려 하다가 실패하여 송나라로 달아나게 된다.

위나라는 세자 괴외 사건으로 어수선했고 공자는 자로(子路)의 처형인 안탁추(顔濁鄒)의 집에서 묵었다. 다음으로 공자는 위(衛)에서 진(陳)으로 가려 했다. 진으로 가는 도중에 광(匡) 땅을 지나게 되었는데, 광 땅의 주민들이 공자를 보고 포위했다. 이유는 일전에 로나라 계씨의 가신(家臣) 양호가 광을 공격해 짓밟은 적이 있어서 광 땅의 주민들이 원한을 갖고 있었다. 그런데 공자의 외모가 양호와 비슷하여 광 땅의 주민들이 공자를 양호로 착각했기 때문이었다. 공자도 두려웠다.

---

172) 『左傳』, 定公14, "既定爾婁豬, 盍歸吾艾豭?"

공자가 말했다. "문왕이 이미 돌아가셨다고 문화가 이 시대에 없겠는가? 하늘이 장차 이 문화를 없애고자 한다면 뒤에 죽는 자는 이 문화에 참여할 수 없을 것이지만, 하늘이 이 문화를 없애고자 하지 않는다면, 광 땅의 사람들이 나를 어찌하겠는가?"[173]

문왕은 어진 정치에 힘쓰고 노인을 공경하며 젊은이를 아꼈다. 어진 사람에게는 자신을 낮추고 예로써 대했다. 이럼으로써 상대방과 나이 많은 사람에게 양보하는 주나라의 문화를 만들었다. 문왕이 돌아가신 후 공자까지 500여 년의 세월이 흘렀는데, 공자는 스스로 문왕으로부터 비롯된 주대의 문화를 후대에 전승하는 것을 자임했다. 그래서 하늘이 주의 문화가 없어지기를 바라지 않는다면 광 땅의 사람들도 자신을 어찌할 수 없을 것이라고 위안 삼았다.

광 땅의 주민들이 공자 일행을 포위하고 위협을 가하는 와중에 안회가 보이지 않았다. 일행은 안회의 안부가 몹시 궁금했는데 얼마 후 뒤처져 있던 안회가 모습을 드러냈다.

공자가 말했다. "나는 네가 죽은 줄 알았다." 안회가 말했다. "선생님께서 계신데 어찌 제가 감히 죽겠습니까?"[174]

안회는 자신이 살아서 스승을 보좌해야지 스승을 홀로 남겨두고 자신이 먼저 죽을 수 없다고 했다. 어려운 환난에 처하여 스승과 제자의 관계가 어떠해야 하는가를 보여주는 대목이다. 공자 일행은 가까스로 해명하

---

173) 『論語』, 子罕第九. "曰, 文王既没, 文不在茲乎? 天之將喪斯文也, 後死者不得与於斯文也. 天之未喪斯文也, 匡人其如予何?"
174) 『論語』, 先進第十一. "子曰, 吾以女為死矣. 曰, 子在, 回何敢死?"

고, 포(蒲)를 거쳐 위(衛)로 되돌아가서 대부 거백옥(蘧伯玉)의 집에서 머무르게 된다.

거백옥은 공자보다 손위의 인물이다. 그는 공자가 태어나기 전인 위나라 27대 위헌공(衛獻公, 재위: 기원전 576년~기원전 559년) 때에 벼슬을 했다. 위헌공이 사냥에 빠져 정사를 제대로 돌보지 않다가 신하들에게 쫓겨났다. 당시 거백옥은 모반한 신하들의 간교함이 더 나쁘다고 말하고는 근처 관문을 통해 나라 밖으로 나가버렸다. 나중에 헌공이 복위할 때는 그는 헌공의 복위를 마땅한 것으로 주장했다. 그는 31대 위령공 재임 초기에는 벼슬에 나가지 않은 듯하다. 당시 위나라에 사어(史魚)라는 사관(史官)이 있었다. 『공자가어』에는 이 두 사람에 관한 일화가 이렇게 기록되어 있다. 거백옥이 현명한데도 위령공은 등용하지 않고 불초(不肖: 부모를 닮지 않아 미련함)한 미자하(弥子瑕)를 등용했다. 그러자 사어(史魚)가 그 부당함을 간하였으나 위령공은 듣지 않았다. 사어가 병이 나서 죽을 무렵에 자기 아들에게 유언을 이렇게 유언했다.

"나는 살아서 군주를 바로잡지 못하였으니, 죽어서도 예식을 갖출 수 없다. 내가 죽으면 나의 시신을 들창 아래에 놓으라!"[175]

『예기』에 따르면 상례는 점차 집에서 멀어지는 의식을 한다. 즉 사람이 죽으면 방 한가운데서 목욕시키고, 다음에는 들창 아래에 밥을 차려놓고, 다음은 문 안에서 소렴(小斂: 시체를 옷과 이불로 쌈)하고, 다음은 섬돌(동편 층계)에서 대렴(大斂: 소렴 다음 날 다시 시체에 옷을 입히고 묶는 일)하고, 다음은 손님 맞는 장소에 빈소를 만들고, 다음은 마당에서 송별한 후 묘지에 묻는

---

175) 『孔子家語』, 困誓第二十二, "生而不能正君, 則死無以成禮. 我死, 汝置屍牖下."

다.[176] 사어는 아들에게 자식의 상례를 절차대로 하지 말고 들창에 시신을 두었다가 그냥 묻으라는 것이었다. 사어가 죽자 아들은 부친의 유언대로 그 시신을 들창 아래에 두었다. 그러자 위령공이 조문을 와서 들창문 아래에 놓인 시신을 보고 의아하게 여겨 아들에게 그 연유를 물었다. 사어의 아들로부터 자초지종을 들은 위령공은 크게 놀라서 미자하를 멀리하고, 거백옥을 등용하게 되었다. 공자는 사어가 죽어서도 군주에게 간(諫: 군주에게 충고함)한 것을 '시간(屍諫: 시체가 되어서 간함)'이라 했다. 그리고 그를 이렇게 평가했다.

> 공자가 말했다. "곧구나, 사어(史魚)여! 나라가 도가 있어도 화살과 같으며, 나라에 도가 없어도 화살과 같겠구나!"[177]

사어는 죽어서까지 곧은 절개를 지켰으니, 하물며 살아서는 나라에 도가 있건 없건 간에 늘 화살과 같은 절개를 가졌을 것이란 말이다. 사어에 이어 공자는 거백옥을 이렇게 평가했다.

> "군자로구나, 거백옥이여! 나라에 도가 있으면 벼슬하고, 나라에 도가 없으면 거두어 (뜻을) 품고 있구나!"[178]

공자는 나라에 군신의 도가 없으면 물러나고, 군신의 도가 제대로 설 때 벼슬하는 거백옥을 이렇게 긍정적으로 판단했다. 공자는 거백옥 집에서

---

176) 『禮記』, 坊記第三十, "喪禮每加以遠. 浴於中霤, 飯於牖下, 小斂於戶內, 大斂於阼, 殯於客位, 祖於庭, 葬於墓, 所以示遠也.
177) 『論語』, 衛靈公第十五, "子曰, 直哉史魚! 邦有道, 如矢, 邦無道, 如矢."
178) 『論語』, 衛靈公第十五, "君子哉蘧伯玉! 邦有道則仕, 邦無道則可卷而懷之."

머물다가 음탕하기로 소문이 난 위령공(衛靈公)의 부인 남자(南子)를 자로의 만류에도 불구하고 만나고 온다.

이후 공자는 위(衛)를 떠나 조(曹)를 경유하여 송(宋)으로 가려 했다. 공자 일행이 조를 지나칠 때 로나라 정공이 세상을 떴다. 이때가 공자가 로나라를 떠난 지 2년째 되는 해이고 공자 나이 57세(기원전 495년) 때였다.

공자가 조에서 송(宋)에 도착한 후 큰 나무 아래서 제자들에게 예를 강습하고 있을 때의 일이다. 이때 송나라에서 사마(司馬)라는 벼슬을 가진 상퇴(向魋: 성은 向, 이름은 魋)가 나무를 뽑아 공자 일행을 해치려 했다. '向'의 음훈은 향할 '향', 성(姓) '상'이 있는데, 여기서는 '상'으로 읽는다. 상퇴는 송환공(宋桓公)의 자손이었기에 달리 환퇴(桓魋)라고도 호칭된다. 상퇴는 자신의 벼슬 이름인 사마(司馬)을 성(姓)으로 삼아 흔히 사마환퇴(司馬桓魋)로 불린다. 사마환퇴는 당시 군주 송경공(宋景公)의 총애를 받는 신하로서 그 권세가 대단했다. 그리고 환퇴는 공자의 제자 사마우(司馬牛)[179]의 형이기도 했다. 환퇴가 공자를 습격한 자세한 이유는 밝혀진 바 없다. 다만 『공자가어』에는 추측할 수 있는 단서가 보인다. 『공자가어』에 따르면 공자가 송나라에 있을 때 환퇴가 자신이 늙어서 죽으면 들어갈 석곽(石槨: 돌로 만든 덧널)을 미리 만들고 있었다. 그런데 너무 사치스럽게 만들다 보니 3년이 지나도 석곽은 완성되지 않았고, 석공들이 모두 병이 들었다. 공자는 이것을 보고 안타깝게 생각하여 말하길, "이처럼 호사를 떨다니! 죽은 몸을 사치스럽게 꾸미는 것보다 몸을 빨리 썩게 하는 것이 나은데 말이야."[180]라고 했다. 아마도 공자의 이 말이 환퇴의 귀에 들어간 것으로 보인다. 여하튼 공자 일행은 간신히 환퇴의 습격을 따돌리고 송(宋)을 떠나

---

179) 공자 제자이며, 성명은 상리(向犂)이다. 자(字)가 자우(子牛)이다. 상리도 본래의 '상(向)' 대신 형 상퇴의 벼슬 명칭인 사마(司馬)를 성으로 삼았다. 사마우(司馬牛)는 벼슬 명칭이자 성(姓)인 사마(司馬)와 자(字)가 합해진 것이다.

180) 『孔子家語』, 曲禮子貢問第四十二, "若是其靡也 · 靡侈死不如朽之速愈."

정(鄭)으로 갔다.

정(鄭)나라에 자산(子産)이란 사람이 있었다. 그는 제(齊)의 안영과 같은 시대를 살았으나 나이는 위인 것으로 추정된다. 또한 공자보다 수십 년 전에 태어났다가 공자가 청년 시절 때 세상을 떠났다. 자산은 20대 군주 정간공(鄭簡公) 때 상국(相國)이 되어 정(鄭)의 중흥을 이끌었다. 공자는 자산을 이렇게 평가했다.

공자가 자산의 사람됨을 일컬었다. "군자의 도가 네 개 있으니, 그 몸을 행함이 공손하고[恭], 그 윗사람을 섬김이 경건하고[敬], 그 백성을 양육함이 은혜롭고[惠], 그 백성을 부림이 의롭도다[義]."[181]

공자의 말에 의하면 자산은 공(恭), 경(敬), 혜(惠), 의(義)한 사람이었다. 또 어떤 자가 자산에 대해 묻자, 공자의 위의 품성 중의 하나를 거론하여 한 마디로 '혜인(惠人: 은혜로운 사람)'이라고 평가했다.

공자가 정나라로 갈 때는 자산이 죽은 후 30여 년 가까이 되는 해였다. 정으로 가는 도중에 공자는 제자들과 서로 떨어졌다. 이때 공자는 홀로 성곽 동문에 서있었는데, 행색이 말이 아니었던 모양이다. 정나라 사람이 그런 공자의 모습을 보고 자공에게 알려주었다.

"동문 쪽에 어떤 사람이 있긴 있는데, 그 얼굴은 요임금과 같고, 그 목은 고요(皐陶: 순임금의 신하로서 법률을 담당)와 같고, 그 어깨는 자산(子産)과 같으나 허리 밑 부분은 우임금의 세 치[寸]에도 미치지 못하니, 그 처진

---

181) 『論語』, 公冶長第五, "子謂子産, 有君子之道四焉, 其行己也恭, 其事上也敬, 其養民也惠, 其使民也義."

모습이 상갓집 개 꼬락서니였소."[182]

정나라 사람은 공자의 모습을 시작은 요임금의 얼굴 모습으로, 어깨는 자산(子産)의 모습으로 좋게 말하는가 싶더니 끝말은 공자의 하체가 우임금 아랫도리의 일부에도 못 미치는 것으로 형용하였다. 즉 하체가 무척 부실하게 보인다는 말이다. 천하에 도를 전파하고자 의연하게 천하를 떠돌던 공자의 모습이 보통 망가진 것이 아님을 알 수 있다. 공자를 찾은 자공이 이 말을 그대로 공자에게 전하자 공자는 한바탕 웃고는 말한다.

"형상을 그렇게 표현한 것은 좀 아닌 것 같고, 그러나 상갓집 개[喪家之狗]라 한 것은 그럴 수가 있겠구나!"[183]

[喪: 죽을 상, 家: 집 가, 之: 어조사(~의) 지, 狗: 개 구]

공자의 아랫도리(허리 밑 부분)를 우임금의 세 치(한 치는 한 자의 10분의 1)에도 미치지 못한 것으로 비유한 것에 공자가 약간은 자존심이 상한 것을 감추며 한 말이다. '상갓집 개[喪家之狗]'는 '집 잃은 개'로도 번역된다. 상갓집 개는 스산하고, 어둡고, 한쪽에 버려진 느낌을 주고 있으며, 집 잃은 개는 외롭고 고달픈 느낌을 준다. 어느 쪽을 따라도 큰 무리는 없다고 본다.

이윽고 공자는 정을 떠나 진(陳)으로 가서 사성정자(司城貞子) 집에서 머무르게 된다. 공자의 나이는 58세였고 애공 원년(기원전 494년) 무렵의 일이다. 이때 오왕(吳王) 부차(夫差)가 월왕(越王) 구천(句踐)을 회계에서 격퇴했다. 앞에서 살펴본 바와 같이 부차의 아버지 합려는 2년 전에 구천을 공격

---

182) 『史記』, 孔子世家第十七. "東門有人, 其顙似堯, 其項類皐陶, 其肩類子産, 然自要以下不及禹三寸. 纍纍若喪家之狗."
183) 『史記』, 孔子世家第十七. "形狀, 末也. 而謂似喪家之狗, 然哉! 然哉!"

하다가 발가락에 상처를 입고 상처가 덧나서 죽었다. 아들 부차는 아버지의 원수를 잊지 않기 위해 잘 때는 방바닥에 장작을 쌓아놓고 그 위에서 고통스럽게 잠을 잤다. 이것을 와신(臥薪: 땔나무에 누움)이라고 했다. 그 후 2년 후인 기원전 494년, 공자 나이 58세 때 부차는 구천을 회계에서 격파한 것이다. 구천은 부차에게 항복하며 목숨을 보전하고자 한다. 이때 부차의 책사인 오자서는 구천을 죽일 것을 강력히 건의한다. 그러나 부차는 오자서의 반대를 무릅쓰고 항복을 받아들인다. 구천은 부인과 함께 오나라로 붙들려가 부차의 수레를 몰고, 말을 기르며, 청소를 하는 등 온갖 굴욕을 당한다. 3년 후 본국으로 돌아온 구천은 전날의 치욕을 잊지 않으려고 쓰디쓴 쓸개를 맛보며 생활했다. 이것을 상담(嘗胆: 쓸개를 맛봄)이라고 한다. 앞의 와신과 여기의 상담을 결합하여 '와신상담(臥薪嘗胆)'이라는 숙어가 만들어졌다. 실패한 일을 다시 이루고자 어려움을 참고 견디는 것을 이르는 말이다. 구천은 백성과 동고동락했고, 미녀 서시(西施)를 부차에게 바쳤다. 오자서의 말을 듣지 않고 월왕 구천을 살려둔 일은 훗날 오나라가 멸망하는 직접적인 화근이 되었다.

진(陳)나라의 벼슬 중 사패(司敗)가 있다. 사패는 법을 집행하는 관리로 노나라의 사구(司寇)에 해당한다. 진나라의 사패가 공자를 만나 이런 질문을 했다.

진(陳)의 사패(司敗)가 물었다. "소공(昭公)은 예(禮)를 압니까?" 공자가 말했다. "예를 압니다." 공자가 물러나자 무마기(巫馬期)에게 읍(揖: 두 손을 맞잡고 인사함)하고 앞으로 나와 말했다. "나는 군자가 편당(偏黨: 한쪽에 치우침)하지 않는다고 들었습니다만 군자도 역시 편당하는지요? 군주(소공)가 오(吳)에서 여인을 들여왔는데 같은 성씨였지요. 그래서 그녀를 오맹자(吳孟子)라고 불렀습니다. 군주(소공)가 예(禮)를 안다고 하면 누군들 예를 모른다고 하겠소?" 무마기가 고하자 공자가 말했다. "나는 행복하구나. 참으로 과오가 있으면 사람들이 반드시 알게 하도록 하는구나!"184)

무마기는 공자 제자이다. 소공(昭公)은 당시 로나라 군주인 애공(哀公) 전전(前前)의 군주이다. 당시 법도는 같은 성씨와는 서로 혼인하지 않았다. 로나라는 문왕의 넷째 아들 주공이 세운 나라이고, 오(吳)나라는 문왕의 큰아버지 태백이 세운 나라로 모두 희(姬)인 성씨를 가진 나라이다. 그리고 제(齊)나라는 강상(姜尙)이 세웠으므로 강(姜), 송(宋)나라는 자계(子啓)가 세웠으므로 자(子) 성이다. 여인들은 혼인할 때 국성[国姓: 군주의 성(姓)]을 호칭 뒤에 붙였다. 예컨대 제나라의 여인들은 국성이 강(姜)이므로 제강(齊姜), 문강(文姜) 등으로 호칭한다. 소공은 오나라 여인을 취했으므로 호칭에 희(姬)를 붙여 써야 하는데, 자신과 같은 성씨이므로 송나라 국성인 자(子)를 붙여 오맹자(吳孟子)라고 호칭했다. 결국 호칭을 변경하여 같은 성씨와 혼인한 것이고, 이것을 사패가 염두에 두고 공자에게 소공이 예를 아는 것인지를 물었다. 공자는 처음에는 막연한 사패의 질문에 선군(先君)에게 우호적인 답변을 했다. 그러나 무마기를 통해 사패가 질문한 속뜻을 듣고는 자신이 쉽게 말한 과오를 솔직히 인정했다.

진(陳)나라 사람으로 진항(陳亢)이 있다. 진항은 자(字)가 자금(子禽)이다. 『공자가어』에는 공자 제자이고 공자보다 마흔 살 적은 것으로 나와 있다.185) 진항이 자공에게 공자가 정치 지도자들과 접견하는 방법이 궁금

---

184) 『論語』, 述而第七, "陳司敗問昭公知禮乎? 孔子曰, 知禮. 孔子退, 揖巫馬期而進. 曰, 吾聞君子不黨, 君子亦黨乎? 君取於吳爲同姓, 謂之吳孟子. 君而知禮, 孰不知禮? 巫馬期以告. 子曰, 丘也幸, 苟有過, 人必知之."
185) 진항(陳亢)이 『공자가어』에는 공자의 제자로 나와 있으나, 『논어』에서 진항의 어법을 보면 자공의 제자일 가능성도 있다. 제8장 3절에서 다룬다.

하여 물었다.

자금[子禽: 진항의 자(字)]이 자공에게 물었다. "선생님이 이 나라에 이르러시어 반드시 정치를 들으려 들으려 하십니다. 요구하신 것입니까? 아니면 누군가 준 것입니까?" 자공이 말했다. "선생님은 온화하고, 진실하고, 검소하고, 겸양하여 이로써 얻으신 것이다. 선생님이 구하려 하신 것은 다른 사람이 구하려 한 것과 다르다."[186]

여기서 선생님은 공자를 지칭한다. 공자는 나라를 순방하면서 정치 지도자들과 정치에 대한 자문이나 환담을 하려 했다. 그러나 인위적으로 공자가 요청한 것이 아니라 공자의 인품으로 자연스럽게 성사된 것이었다.

진(陳)나라에서 머물던 공자는 위(衛)로 다시 간다. 위나라로 가는 길에 포(蒲) 땅을 지나는데, 포인들이 공자 일행을 막았다. 그러자 제자 중에 공양유(公良孺)라는 자가 있었는데, 공양유가 수레 5대를 몰고 와서는 맹렬하게 싸웠다. 이 기세에 눌린 포인들은 공자가 위나라로 가지 않는 것을 조건으로 공자 일행을 풀어주었다. 이때 공자를 도운 공양유의 인적 사항과 포인들이 공자를 위나라로 못 가게 한 이유는 전해지지 않는다. 공자는 그러나 위나라로 갔다. 이때 자공이 포인들과의 맹세를 상기시키자 공자는 말했다.

"강요된 맹세는 신(神)도 지키지 않는다."[187]

---

186) 『論語』, 学而第一, "子禽問於子貢曰, 夫子至於是邦也, 必聞其政, 求之与? 抑与之与? 子貢曰, 夫子温良恭俭讓以得之. 夫子之求也, 其諸異乎人之求之与?"
187) 『史記』, 孔子世家第十七, "要盟也, 神不聽."

우리나라 민법 제110조 ①항에는 "사기나 강박에 의한 의사표시는 취소할 수 있다."란 규정이 있다. 여기서 강박에 의한 의사표시는 바로 공자가 포인들에 의해서 강요된 맹세를 한 경우에 해당된다. 공자는 이미 근대 민법의 기본원리를 2,500여 년 전에 제시한 것이다.

위령공은 공자가 돌아온다는 소식을 듣고는 기쁜 마음에 교외까지 마중을 나갔다. 그러나 위령공은 늙고 정치에도 권태를 느꼈던 터란 공자를 등용하지는 않았다. 이때 공자가 탄식하며 말했다.

"진실로 나를 써주는 자가 있다면 1년이면 괜찮아질 것이고 3년이면 성취가 있을 것이다."188)

공자가 제대로 정치를 하고 싶은 열망이 컸고, 또한 자신이 있었음을 보여주는 말이다. 공자가 1년, 3년을 말한 것은 법도 기강이 바로 서서 점차 백성이 어진 성품을 갖게 된다는 의미이지, 백성이 완전히 도덕적 순화되었음을 말하는 것이 아니다. 『논어』「자로」편에는 이런 내용이 있다.

"만약 왕자(王者)가 있더라도 반드시 1세(30년) 이후에야 백성이 인(仁)해질 것이다"189)

여기서 왕자(王者)는 문왕, 무왕 등의 성왕을 말한다. 바로 왕자가 출현해도 1세대가 경과해야 도덕적 교화가 완성된다는 의미이다. 그만큼 백성을 교화시키는 것이 어렵다는 말이다.

공자가 위나라에 있을 때 진(晉)에서 필힐(佛肸)이 반란을 일으켰다. 당시

---

188) 『論語』, 子路第十三, "苟有用我者. 朞月而已可也, 三年有成."
189) 『論語』, 子路第十三, "子曰, 如有王者, 必世而後仁."

진(晉)은 한(韓), 위(魏), 조(趙) 세 가문이 진(晉)을 삼분(三分)하고 있었는데, 조씨(趙氏) 가문의 맹주는 조간자(趙簡子)[190]였다. 필힐은 조씨 집안의 식읍(食邑)[191]인 중모(中牟) 땅의 읍재(邑宰)였다. 필힐은 반란을 일으킨 후 공자를 불렀는데, 공자가 가려고 했다. 그러자 자로가 만류했다.

자로가 말했다. "옛날에 제가 선생님에게 듣기를, '친히 그 몸에 불선을 행하는 자에게는 군자가 그 무리에 들어가지 않는다.'라고 했습니다. 필힐이 중모에서 모반했는데, 선생님께서 가려 하는 것은 무엇 때문입니까?"[192]

자로는 필힐이 모반한 것은 그 명분이 별로 없다고 보아 공자를 만류했다. 그러자 공자가 말했다.

그렇다. 그 말이 있었다. "견고하다고 하지 않았는가? 마이불린(磨而不磷: 갈아도 닳아지지 않음)이니라. 희다고 하지 않았는가? 날이불치(涅而不緇: 검은 물 들여도 검어지지 않음)이니라. 내가 어찌 박이겠는가? 어찌 매달려 있기만 하여 먹을 수 없게 하겠는가?"[193]

[磨: 갈 마, 而: 말이을 이, 磷: 닳을 린, 涅: 검은물들일 날/녈, 緇: 검은옷 치]

공자는 자로가 들은 말을 인정했다. 자로가 들은 공자의 가르침은 평소 수신의 기본이 되는 상도(常道: 항상 변하지 않는 도리)이다. 그러나 공자는 난

---

190) 성명은 조앙(趙鞅)이고, 조간자(趙簡子)는 시호이다.
191) 식읍(食邑)은 달리 채읍(采邑)이라 하는데, 그 땅의 조세를 받아 녹봉으로 충당하는 곳을 말한다.
192) 『論語』, 陽貨第十七, "子路曰, 昔者由也聞諸夫子曰, 親於其身爲不善者, 君子不入也. 佛肸以中牟畔, 子之往也, 如之何?"
193) 『論語』, 陽貨第十七, "然, 有是言也. 不曰堅乎, 磨而不磷. 不曰白乎, 涅而不緇. 吾豈匏瓜也哉? 焉能繫而不食?"

세에 처하여 상도는 한계가 있다고 보아, 상황에 따라서는 불선(不善)한 자들의 무리에 들어가 그들을 변화할 필요성도 있음을 말했다. 이것은 공자가 성인이 행하는 권도(權道)를 말한 것이다. 권도는 상황에 따라서는 아예 경상(經常: 변동이 없이 늘 일정함)의 도덕관을 뛰어넘어야 하는 생각이나 행동을 말한다. 다만 그들의 무리 속에 들어가도 오염되지 않는 '마이불린(磨而不磷)'과 '날이불치(涅而不緇)'하는 견고하고 순결한 심지가 있어야 된다고 했다. 공자의 생각은 그리했지만 결국 공자는 필힐에게 가지 않았다.

공자는 심경이 착잡하여 어느 날 숙소에서 경쇠[磬: 옥이나 돌, 또는 놋쇠로 만든 타악기]를 치고 있었다. 이때 삼태기를 메고서 공자가 머무는 숙소 앞을 지나던 사람이 공자가 치는 경쇠 소리를 듣게 되었다.

"(어떤) 마음이 있구나. 경쇠 소리를 들으니." 얼마 있다가 다시 말했다. "비루하도다! 확고히 전념하는 소리가! 나를 알아주지 않으면 그만인 것을! 깊으면 옷을 허리까지 걷고[深則厲], 얕으면 무릎까지 걷으면 된다[淺則揭]." 공자가 이 말을 듣고 말했다. "과감하구나! 그러나 그것은 어려운 것이 아니다."[194]

[深: 깊을 심, 厲: (띠까지) 걷을 려, 淺: 얕을 천, 揭: 아랫도리걷을 게]

삼태기를 메고 지나던 행인은 평범한 사람이 아닌 것 같다. 은자(隱者)로 추측된다. 당시에는 뜻은 고고하나 세상을 피해 사는 무리들이 있었다. 이들은 보통 은자라고 표현되는데, 은자는 유학보다 노자의 사상에 더 심취했다. 지나던 은자는 공자의 경쇠 소리를 듣고 현실 정치에 대한 공자의 열망을 감지하고 세상의 이치와 상황에 따라 맞추어가며 살기를 조언하고

---

194) 『論語』, 憲問第十四, "有心哉! 擊磬乎! 旣而曰, 鄙哉! 硜硜乎! 莫己知也, 斯己而已矣. 深則厲, 淺則揭. 子曰, 果哉! 末之難矣."

있다. '심즉려천즉게(深則厲淺則揭)'는 『시경』「위풍(衛風)」에 나오는 말이다. 줄여서 '심려천게(深厲淺揭)'로 쓰이기도 한다. 물이 깊으면 옷을 허리까지 걷고, 물이 얕으면 무릎까지 걷으면 된다는 의미로, 처한 상황에 따라 적절히 대처하면 된다는 것을 나타낸다. 그러나 공자는 인간이 사는 현실을 그렇게 고민 없이 바라보는 것을 과감하다고 표현하면서 그것은 어려운 일이 아니라고 했다. 즉, 맘만 먹으면 누구나 할 수 있는 일이라는 말이다. 어려운 것은 잘못된 세상을 모른 체하거나, 휩쓸려 사는 삶이 아니라 잘못된 세상을 바꾸려는 삶이다. 그러기에 세상을 바꾸려는 공자의 경쇠 소리는 그 소리가 편할 수 없었고, 부드러울 수 없었다.

위나라에서 머물던 공자는 진(晉)나라로 가서 진나라의 실권자 조간자(趙簡子)를 만나려고 했다. 그러나 공자 일행은 황하에 이르러 조간자가 어진 신하를 죽였다는 소식을 듣자 다시 위나라로 되돌아와서 거백옥의 집에 머무르게 된다. 그런데 어느 날 위령공이 군대의 진법(陳法: 진지를 구축하는 방법)에 대해 물었다.

위령공이 공자에게 진법을 묻자 공자가 대답했다. "조두(俎豆: 제기)에 관한 일은 일찍이 들었습니다만 군대의 일은 배우지 못했습니다." 다음 날 공자는 떠났다.[195]

[俎: 적대 조(넙적한 제기), 豆: 제기 두(위는 불룩하고 다리가 긴 제기)]

위령공은 병법가가 아닌 유학자인 공자에게 군대의 진법을 물었으니 사실 결례가 되는 질문이었다. 그러자 공자는 자신은 병법은 모르고, 제사 예법 정도는 알고 있다고 했다. 위령공은 군주의 덕치나 예치에 대하여는

---

195) 『論語』, 衛靈公第十五, "衛靈公問陳於孔子. 孔子対曰, 俎豆之事則嘗聞之矣, 軍旅之事, 未之学也. 明日遂行."

별 관심이 없었다. 결국 공자는 위나라를 떠나 다시 진(陳)으로 향한다.

공자가 진나라에 간 그해 여름에 위령공이 죽었고, 가을에 로나라의 실력자 계환자(季桓子)가 세상을 떠난다. 애공(哀公) 3년(기원전 492년), 공자 나이 60세 때였다. 죽기 전 계환자는 아들 계강자(季康子)에게 공자를 부를 것을 유언으로 남긴다. 공자도 당시의 심정을 이렇게 말했다.

> 공자가 진(陳)에 있을 때 말했다. "돌아가리라! 돌아가리라! 우리 고향 마을의 젊은이들은 뜻이 크지만 소홀함이 있어서 문채가 빛나고 문장을 완성하기도 하지만 재단할 줄을 모르는구나!"[196]

공자도 마침 더는 자신을 써줄 마땅한 제후가 없음을 알고 귀국하고자 하는 마음이 있었다. 공자는 고향의 젊은이들이 뜻이 크나 한편으로는 일에 치밀하지 못한 부분이 있고, 학문의 재능이 있으나 적절히 활용하지 못함을 추억했다. 그러나 로나라에서는 신하 중에 반대하는 자가 있자 계강자는 대신 공자의 제자 염구를 부르고, 염구는 그해에 로나라로 갔다.

애공 4년, 공자 나이 61세에 공자 일행은 진(陳)나라에서 채(蔡)나라로 갔다. 그해 가을에 제경공이 죽었다. 명년(明年)에 공자 일행은 초나라 땅인 섭(葉) 땅으로 갔다. 공자는 섭공과 정치에 관해 문답을 하게 된다. 이런 대화도 있었다.

> 섭공이 공자에게 말했다. "우리 무리 중에 정직하게 행동하는 자가 있습니다. 그 아버지가 양을 훔치자 자식이 (아버지가 훔친 사실을) 증언했습니다." 공자가 말했다. "우리 무리 중에 정직한 자는 이것과 다릅니다. 아

---

196) 『論語』, 公冶長第五 "子在陳曰, 帰与!帰与! 吾党之小子, 狂簡, 斐然成章, 不知所以裁之."

버지는 자식을 숨겨주고, 자식은 아버지를 숨겨줍니다. 정직은 바로 그 안에 있습니다."[197]

섭공과 공자의 대화는 '무엇이 진정한 정직인가'를 말해주고 있다. 섭공은 정직을 객관적 사실을 그대로 나타내는 것이 정직이라고 보았다. 그러나 공자는 잘못을 저지른 아버지를 숨겨주고 싶은 것이 인간의 마음인데, 이러한 마음과 어긋나게 아버지의 혐의를 증언했으므로 정직이 아니라고 보았다. 여기서 공자는 아버지의 잘못을 감추는 행위가 올바르다고 말하는 것이 아니다. 정직은 자신의 감정에 부합하는 표현이어야 함을 말하고 있다. 만일 섭공처럼 객관적 사실에 기초할 경우 부모와 자식 간, 친구 간, 군신 간의 애정과 의리는 정직이라는 명분 아래 유린당할 수 있을 것이며, 선의의 거짓말도 인정되지 않는 각박한 사회가 될 수가 있을 것이다. 다만 부모와 자식 간의 감정에 부합하여 사회적 정의를 훼손했을 경우는 거기에 따르는 책임을 묻는 것은 별개로 논의할 문제이다.

초나라 섭 땅에서 머물던 공자 일행은 얼마 후 다시 채(蔡)나라로 돌아가는데, 도중에 나루터를 찾게 되었다. 이때 자로가 밭을 갈고 있는 장저(長沮)와 걸익(桀溺)이란 자들을 만났다.

장저와 걸익이 나란히 밭을 갈고 있었다. 공자가 그들을 지날 때 자로로 시켜 나루터를 묻게 했다. 장저가 말했다. "저 고삐를 잡고 있는 자는 누구인가?" 자로가 말했다. "공구(孔丘)이시오." 장저가 말했다. "로(魯)의 공구이신가?" 자로가 말했다. "그렇습니다." 장저가 말했다. "그라면 나

---

[197] 『論語』, 子路第十三, "葉公語孔子曰, 吾党有直躬者, 其父攘羊, 而子証之. 孔子曰, 吾党之直者異於是. 父為子隱, 子為父隱, 直在其中矣."

루터를 알 것이다."198)

장저는 비아냥대며 나루터를 가르쳐주지 않았다. 자로가 다시 걸익에게 물었으나 역시 가르쳐주지 않았다.

어느 날은 자로가 일행과 떨어지게 되었다. 자로는 공자 일행의 행방을 찾다가 지팡이로 삼태기를 꿰어서 메고 있는 노인을 만났다. 자로는 그에게 공손하게 공자의 행방을 물었으나 역시 가르쳐 주지 않았다. 대신 노인은 공손한 자로가 맘에 들었는지 자로를 자기 집에서 하룻밤 머물도록 허락했다.

채나라에서 공자는 3년을 머문다. 공자가 채나라에 머무르고 있을 때 초나라에서 사람을 보내 공자를 초빙했다.199) 그러자 진(陳)나라와 채(蔡)나라의 대부가 공자가 초나라에 등용되면 진나라와 채나라가 위태해질 것이라 생각하여 무리를 보내 들판에 있던 공자 일행을 포위했다. 공자 일행은 오도 가도 못했고 식량이 떨어지고 따르는 자들이 병이 나기도 했다. 주유천하 중 최대의 위기를 만난 것이다. 고생이 극심했던지라 자로가 화가 나서 말했다.

"군자는 이렇게 궁지에 처할 수 있습니까?" 공자가 말했다. "군자는 궁지에 몰려도 흔들리지 않지만, 소인은 궁지에 몰리면 함부로 날뛴다."200)

공자는 자로 외에도 화가 나서 심기가 불편한 제자들이 있다는 것을 알

---

198) 『論語』, 微子第十八. "長沮桀溺耦而耕. 孔子過之. 使子路問津焉. 長沮曰. 夫執輿者為誰? 子路曰. 為孔丘. 曰, 是魯孔丘与? 曰, 是也. 曰, 是知津矣."
199) 『논어』에는 공자가 진(陳)에 있을 때의 일로 기록하고 있다. 『사기』 「공자세가」에는 공자가 채나라로 옮긴 지 3년 때의 일로 기록하고 있다. 여기서는 전후 맥락이 자세하게 소개된 『사기』의 기록에 따른다.
200) 『論語』, 衛靈公第十五. "君子亦有窮乎? 子曰, 君子固窮, 小人窮斯濫矣."

고는 자공을 불러 한탄했다.

"시에 이르기를, 외뿔소도 아니고 호랑이도 아닌 것이 저 광야에서 헤매고 있다고 했는데, 내 도가 잘못되었는가? 내가 어찌하여 이렇게 되었단 말이냐." 자공이 말했다. "선생님의 도가 지극히 커서 천하가 능히 담아내질 못할 뿐입니다." 안연(안회)이 말했다. "담아내질 못하는 것이 어찌 (고치지 못할)병이 되겠습니까. 이후로 군자를 만나실 것입니다."201)

공자는 자공을 초나라로 보내 구원을 요청한다. 이에 초나라 소왕이 군대를 보내 공자 일행을 구출하게 되어 공자 일행은 마침내 초나라에 이를 수 있었다. 이때 초소왕(楚昭王)이 서사(書社)의 땅을 봉토로 주려 했으나 신하 자서(子西)의 반대로 무산되고 만다. 본래 자서는 초평왕(楚平王, 재위: 기원전 528년~기원전 516년)의 서자 중 맏아들이었다. 초평왕이 죽자 영윤(令尹)202) 자상(子常)이 그를 왕으로 옹립하려 했다. 그러자 자서는 적사(嫡嗣: 적출의 대를 이을 자)가 있는데 혼란을 일으켜서는 안 된다고 하여 사양했다. 결국 초평왕의 후임은 초소왕이 되었고 그는 영윤(令尹)이 되었다. 오자서(伍子胥)를 참모로 둔 오왕 합려에게 초의 수도 영(郢)이 함락당하자 자서는 수도를 약(鄀)으로 천도하는 것을 주도했고, 이후 초나라의 정치 기강을 바로잡았다고 전해진다. 후에 누군가가 공자에게 자서가 어떤 인물인지 물었다.

공자가 말했다. "그 사람이라! 그 사람이라!"203)

---

201) 『十八史略』, 春秋戦国篇, "孔子曰, 詩云 匪兕匪虎, 率彼曠野, 吾道非耶, 吾何為於此. 子貢曰, 夫子道至大, 天下莫能容. 顔淵曰, 不容何病, 然後見君子."
202) 영윤(令尹)은 초의 상경(上卿)으로 제후 다음의 최고위 관직 명칭이다.
203) 『論語』, 憲問第十四, "曰. 彼哉!彼哉!"

공자는 자서가 초(楚)의 정치 기강을 바로잡는데 기여한 인물이었지만 사람을 알아보는 혜안이 없음을 의식한 탓인지 평가를 보류했다.

공자가 초나라에 있을 때 초나라 광인(狂人) 접여(接輿)가 노래를 부르며 공자의 수레 옆을 지나갔다.

"봉황이여! 봉황이여! 어찌 덕이 불운한가? 떠나간 것은 따질 수 없지만 오는 것은 잡을 수 있을 것이니, 그만하라! 그만하라! 지금 정치를 하려는 자는 위태로울 뿐이다!"204)

공자가 수레에서 내려 말을 하고자 했으나 접여는 홀연 떠나가 버린다. '狂(광)'의 의미는 '미치다'도 있지만 '일반 사람보다 뜻이 커서 일상을 벗어난 일을 하는 행동'을 지칭하기도 한다. 이 경우 광인은 일반적인 미친 사람이 아닌 기이하거나 초탈한 사람의 표현이기도 하다. 접여는 분명 이런 부류의 인물인 듯싶다. 봉황은 도가 통용될 때는 나타나고 도가 쇠퇴하면 사라지는 새[鳥]로 중국에서 인식되어 있다. 『서경』에는 순임금 치세에 봉황이 나왔다고 기록되어 있으며, 『국어』205)에는 문왕 치세에 주나라가 흥하자 봉황이 기산(岐山)에서 울었다고 기록되어 있다. 이것으로 보면 봉황이 등장했다는 것은 그 시대가 태평성대라는 의미가 된다. 접여는 공자를 봉황으로 비유하여 당시 시대가 도가 통용되지 않으므로 세상을 방황하지 말고 은거하기를 권유하고 있다. 여기서 '오는 것은 잡을 수 있다'는

---

204) 『史記』. 孔子世家第十七. "鳳兮鳳兮, 何德之衰! 往者不可諫兮, 來者猶可追也! 已而已而, 今之從政者殆而!"
205) 『国語』: 좌구명(左丘明)이 쓴 역사책 제목이다. 그는 원래 『좌전(左伝)』을 먼저 썼는데, 나중에 개정판으로 낸 것이 『국어』이다. 「주어(周語)」, 「노어(魯語)」, 「제어(斉語)」, 「진어(晋語)」, 「정어(鄭語)」, 「초어(楚語)」, 「오어(呉語)」, 「월어(越語)」의 8개국의 450년의 역사로 구성되어 있다. 왕이나 신하들의 좋은 말을 중심으로 만들었기 때문에 그렇게 지었다고 한다. 『춘추좌씨전』이 '춘추내전'으로 불리는 데 반해, 이 책은 '춘추외전'으로 불린다.

말은 지금이라도 늦지 않았으니 자신의 말을 따르라는 의미이다. 접여의 노래를 듣고 공자는 수레에서 내려서 그와 대화를 하려고 했으나 접여는 빠른 걸음으로 그곳을 떠나 버린다. 앞서 공자가 위나라에 있을 때 삼태기를 메고 지나던 행인이 공자가 치는 경쇠 소리를 듣고 공자의 의중을 파악한 적이 있었다. 그 삼태기를 멘 행인은 은자(隱者)였는데, 여기 나오는 접여 역시 그러한 은자로 보인다.

애공 10년, 공자 나이 67세 때 공자 일행은 다시 위나라로 돌아오게 되는데, 손자인 첩(輒)이 군주가 되어 있었다. 앞에서 살펴본 바와 같이 위령공의 세자는 괴외(蒯聵)였다. 괴외는 계모인 남자가 음란한 것을 수치로 여겨 그녀를 살해하려다 실패하고는 국외로 달아났다. 그래서 위령공이 죽자 괴외의 아들인 첩이 제후의 자리에 오르게 되었다. 첩이 제후가 되자 도망간 괴외가 위나라로 돌아오려고 했으나 아들인 첩은 자신의 자리를 보전하기 위하여 아버지 괴외의 입국을 막고 있었다. 여기서 연유하여 사람들은 후에 첩을 '출공(出公)'이라 불렀다. 출공이란 '(아버지를) 내친 공(公)'이란 의미이다. 여하튼 권력을 놓고 아들과 아버지가 서로 견제하는 한심한 상황이 벌어졌다. 공자가 초나라에서 위나라로 돌아오자 첩은 공자에게 정치를 맡기려 했다. 이때 공자의 제자들 몇 명이 첩 밑에서 벼슬을 하고 있었다. 어느 날 자로가 다음과 같이 공자에게 물었다.

"위나라 군주[輒]가 선생님을 기다리며 정치를 맡기려 하십니다. 무엇을 먼저 하시렵니까?" 그러자 공자의 대답은 간단했다. "반드시 정명(正名: 이름을 바로 세움)하겠다!"[206]

---

206) 『論語』, 子路第十三, "子路曰, 衛君待子而為政, 子將奚先? 子曰, 必也正名乎!"

자로가 당시 첩 밑에서 벼슬을 하고 있었는가에 관한 명확한 기록이 없다. 그러나 위나라 군주의 생각을 전하는 것으로 보아 첩 밑에서 벼슬을 한 몇 명의 제자 중의 하나로 추정된다. 공자는 당시 위나라 혼란의 원인이 이름을 바로 서게 하는 소위 정명(正名)에서 벗어났기 때문이라고 보고 있었다. 정명이란 직역하면 위와 같이 '이름을 바로 세운다'는 말이다. 더 쉽게 풀이하면 '그 이름에 걸맞게 역할을 제대로 하게 한다'는 의미이다. 괴외가 계모인 남자를 죽이려 한 것은 자식의 역할에서 벗어난 행동이며, 또 그 아들 첩이 괴외의 귀국을 막은 것도 아비의 존재를 무시하는 처사이다. 그러므로 공자는 둘 다 그 자식으로서의 역할을 망각한 데서 혼란의 원인이 비롯된다고 보고 있었다. 그 후 공자는 위군(衛君: 위나라 군주) 첩(輒)에게 벼슬을 했을까?

염유[冉有: 연구의 성(姓)과 자(字)를 결합한 것]가 말했다. "선생님은 위군(衛君)을 도울까?" 자공이 말했다. "글쎄요, 내가 후에 물어보겠습니다." 자공이 입국하여 말했다. "백이와 숙제는 어떤 사람입니까?" 공자가 말했다. "옛날의 현인이다." 자공이 말했다. "원망했습니까?" 공자가 말했다. "인(仁)을 구하려고 하다가 인(仁)을 얻었는데 무엇을 원망하겠는가?" 자공이 나와 말했다. "선생님께서는 (위군을) 돕지 않을 것이다."[207]

염구는 애공 3년, 공자 나이 60세에 로나라로 건너갔다. 염구가 자공에게 이런 질문을 한 것은 아마도 로나라에 가 있던 염구를 자공이 방문하여 이루어진 듯하다. 자공은 위(衛)로 귀국하여 공자에게 직접 위군(衛君)에게 출사할 것인가를 묻지 않고, 백이와 숙제의 고사로 은미하게 물었다.

---

207) 『論語』, 述而第七, "冉有曰, 夫子爲衛君乎? 子貢曰, 諾. 吾將問之. 入, 曰, 伯夷叔齊何人也? 曰, 古之賢人也. 曰, 怨乎? 曰, 求仁而得仁, 又何怨. 出, 曰, 夫子不爲也."

백이(伯夷)와 숙제(叔齊)는 고죽군의 아들들이었다. 고죽군의 영주인 아버지는 마음속으로 셋째인 숙제에게 후계자를 물려주려 하다가 결정하지 못하고 죽고 만다. 그러자 두 형제는 서로 양보하다가 마침내 백이가 궁궐을 떠나 멀리 가버렸다. 그러자 숙제도 후계자 자리를 팽개치고 백이를 따라가버렸다. 이렇게 되자 후계자 자리는 둘째(성명 미상)에게 돌아가고 만다. 자공의 질문에 공자는 백이, 숙제가 자리를 차지하지 못한 것을 원망하지 않았다고 하고, 또 그럼으로써 인(仁)을 얻었다고 말했다. 그리고 첩은 자식으로서 아버지의 입국을 막고 있었으니 이것은 천륜을 어긴 것이고, 그런 첩을 위해 정치를 하는 것은 인(仁)을 구하는 처신이 아니었다. 결국 공자는 위나라에서 벼슬을 하지 않았다. 이때 공자는 중국에 도를 전파하는 것이 사실상 불가하다는 것을 인지한 듯하다.

공자가 구이(九夷)에 거주하고자 했다. 누군가가 말했다. "누추한데 어찌하시려고요?" 공자가 말했다. "군자가 머무르면 어찌 누추함이 있겠는가?"208)

동방 오랑캐를 동이(東夷)라고 하는데, 구이(九夷)는 아홉 종류의 종족을 말한다.209) 공자는 도를 전파하여 교화시키는 것이 중요한 문제이지 누추한 환경은 큰 문제가 아니라고 보았다. 공자가 실제로 구이로 갈려고 했는지는 확실하지 않다. 분명한 것은 중국에서 도를 전파하는 것이 이제는 어렵다는 것을 알고 체념하기에 이르렀다는 점이다.

공자가 위나라에 있을 때 제나라의 대부 전상(田常)이 로나라를 정벌하

---

208) 『論語』, 子罕第九, "子欲居九夷. 或曰, 陋, 如之何? 子曰, 君子居之, 何陋之有?"
209) 후한(後漢)의 『동이전(東夷伝)』에 따르면 동이(東夷)는 견이(畎夷), 우이(于夷), 방이(方夷), 황이(黃夷), 백이(白夷), 적이(赤夷), 현이(玄夷), 풍이(風夷), 양이(陽夷)가 있다.

기 위해 군사를 일으켰다. 전상의 6대조 진경중(陳敬仲)은 진(陳)나라의 대부로 있다가 정변을 피해 기원전 672년 제나라로 망명가서 정착했다. 그들은 제나라에서 전씨(田氏) 성씨를 썼는데 출신국 성씨인 진씨(陳氏)로도 불렸다. 따라서 전상은 본명이 '항(恒)'이어서 진항(陳恒)으로 불리기도 한다.[210] 전상의 아버지는 도공(悼公)의 재상(宰相)인 전걸(田乞)이다. 제나라는 본래 시조가 강태공으로도 불린 강상(姜尙)이다. 따라서 제나라 군주는 대대로 강씨(姜氏)였다. 전걸은 강씨의 나라인 제나라에서 전씨의 세력을 확대하고자 민심을 얻기 위해 노력했다. 그는 백성이 양식을 빌리러 오면 큰 말로 주었다가 갚으러 오면 작은 말로 받았다. 아들 전상도 그렇게 했고 유능한 사람을 끌어들였다. 소를 잡으면 자신은 한 그릇만 먹고, 나머지는 문하에 모인 사람들에게 나누어주었다. 그러자 제나라에서 전상을 추종하는 무리가 크게 늘었다. 전상은 아예 정권을 잡을 욕심으로 정변을 일으키고자 했으나 아직도 일부 호족 세력의 견제가 있었다. 이에 전상은 방향을 바꿔 로나라를 정벌하고자 한 것이었다.

당시 애공 11년, 기원전 484년에 발발한 제나라와 로나라의 전쟁은 『사기』「중니제자열전」과 『좌전』의 기술이 서로 방향이 다르다. 「중니제자열전」은 당시 전쟁을 종식시킨 것은 공자의 제자 자공의 활약으로 묘사하고 있다. 그러나 『좌전』에는 자공의 주체적 활동이 드러나지 않는다. 「중니제자열전」에 기술된 자공의 활약을 중심으로 당시 상황을 살펴보면 아래와 같다.

공자는 제자들을 모아놓고 부모의 나라인 로나라가 위태하니 누가 나서서 막을 것인가를 물었다. 공자는 자로와 자장이 나서자 허락하지 않

---

210) 원래 이름은 '항(恒)'이었으나 한문제(漢文帝) 유항(劉恒)을 휘(諱: 임금의 이름을 피함)하여 상(常)으로 바꿔 부르게 되었다. 시호는 '성자(成子)'인데 시호를 따서 진성자(陳成子) 혹은 전성자(田成子) 등으로도 불린다.

았으나 자공이 가겠다고 하자 허락했다. 자공의 논리적인 말솜씨를 믿었기 때문이다. 자공은 제나라로 가서 전상을 만나고는 로나라 정벌이 전상 개인에게는 무익함을 말한다. 그리고 로나라로 진격해 가는 군사를 되돌릴 명분을 세워주기 위해 오나라로 간다. 오나라가 제나라를 공격하게 만들기 위해서였다. 자공은 오나라 왕 부차를 만나 제나라 견제의 필요성을 말하고, 제나라를 제압 후 여세를 몰아 진(晉)나라를 공격하면 천하의 패자(霸者: 제후의 우두머리)가 될 수 있다고 충동질했다. 자공의 말에 넘어간 오왕 부차는 제나라를 공격하고자 했지만, 숙적 월나라가 고민이었다. 이에 자공은 월나라로 가서 월왕 구천에게 형식적으로 오나라를 도울 것을 권한다. 만약 오나라가 제나라와의 전쟁에서 지면 월나라의 복이 될 것이고, 만약 이기면 오나라는 오만해져 진나라를 공격할 것이므로, 이때 월나라는 진과 연합하여 공격하면 반드시 이길 수 있다는 논리였다. 월왕 구천은 자공의 계략을 받아들인다. 다음으로 사공은 다시 오나라에 가서 월나라가 오나라를 도울 것이므로 우환이 없음을 확인해 주었다. 오나라에서는 충신 오자서(伍子胥)가 월나라의 속셈을 간파하여 오왕 부차에게 속지 말 것을 권했지만, 부차는 듣지 않았다. 그런데 태재(太宰: 총리)의 벼슬에 있는 간신 백비(伯嚭)가 월나라로부터 뇌물을 받고는 월나라를 두둔하고 오자서를 다른 생각이 있는 자라고 모함했다. 결국, 부차는 충신 오자서를 의심하여 칼을 내려 자결하도록 한다. 오자서는 죽기 전 사인(舍人: 집안의 시종)에게 이렇게 말했다.

"내 눈을 도려내어 오나라 동문 위에다 걸어놓아라. 월나라가 오나라를 멸망시키는 것을 보겠노라."[211]

---

211) 『史記』, 伍子胥列傳第六, "扶吾眼縣吳東門之上, 以觀越寇之入滅吳也."

이 말을 마치고 오자서는 목을 찌르고 죽는다. 손무와 함께 선왕인 합려를 도와 그를 춘추시대 패자로 등극하게 했던 오자서는 이렇게 죽었다. 손무의 행적은 부차의 재임 기간에는 드러난 바가 없다.

마지막으로 자공은 진(晉)나라로 가서 제나라와 오나라가 장차 전쟁하게 될 것이므로 미리 대비해 둘 것을 말해주었다. 결국, 오나라는 제나라를 공격하게 된다. 이에 제나라 군사는 로나라 정벌을 중지하고 오나라와 전투를 벌였지만, 오나라가 승리한다. 오나라는 예상대로 여세를 몰아 진나라를 공격하지만, 미리 준비하고 있던 진나라에 대패(大敗)하고 만다. 월왕 구천은 이 틈을 타서 오나라를 공격했다. 결국, 오왕 부차가 월왕 구천을 격파한 회계산 전투 이후 20여 년 후인 기원전 473년 무렵에 구천은 오나라를 멸망시키고 부차를 자결하게 한다. 구천은 이후 춘추오패 중의 하나로 군림했다.

제나라가 로나라를 공격할 때 당시 염구가 계강자의 장수가 되어 제나라와의 전쟁에 출전했다. 제나라의 군대가 물밀 듯이 로나라 근교인 청(淸)에 이르렀다. 로나라는 맹유자설(孟孺子洩)이 우측의 군사를 지휘하게 했고, 염구는 좌측의 군사를 지휘하게 했다. 염구는 또 다른 공자의 제자 번지(樊遲)212)에게 우익(右翼)을 맡게 했다. 양측의 군사가 서로 접전을 하게 되자 염구는 군사를 이끌고 제나라 군대에 돌진하여 승리했으나, 맹유자설은 패하여 달아났다. 전쟁에서 공을 세운 염구는 계강자에게 스승인 공자를 로나라로 모실 것을 청했다. 이에 계강자가 수락하여 드디어 공자는 로나라로 돌아오게 되었으니 이때 로나라의 군주는 애공(哀公, 11년)이고 공자 나이 68세였다.

---

212) 본명은 번수(樊須), 번지(樊遲)는 성(姓)과 자(字)를 결합한 것이다. 공자보다 서른여섯 살 아래이다.

## 5절 『논어』라는 책

　후한(後漢)의 반고(班固)가 편찬한『한서(漢書)』「예문지(芸文志)」에 "『논어』는 공자가 제자들과 당시 사람들의 물음에 대답하고, 제자들이 서로 주고받은 말과 제자들이 스승에게서 직접 들은 말[語]을 저마다 적어둔 것이 있었는데, 스승이 돌아가신 뒤에 문인들이 서로 더불어 편집하고 편찬을 논의하여[論]『논어』라고 했다."213)라는 말이 나온다.『한서』에 따르면『논어』의 내용 구성과 편찬 시기와 주체,『논어』의 명칭이 유래된 이유를 유추할 수 있다.

　먼저,『논어』는 크게 세 가지 유형의 내용으로 구성되어 있다. 하나는 공자가 당시 사람들과 제자들에게 응답한 말, 다른 하나는 제자들이 서로 주고받은 말이며 마지막으로는 공자가 말한 것을 제자들이 직접 들은 내용에 관한 것이다.

　『논어』의 편찬 시기는 공자가 돌아가신 뒤이고, 편찬 주체는 문인(門人)들이다. '문인(門人)'은 제자보다 폭넓은 개념이다. 일반적으로 공자에게서 직접 배운 자들을 제자라 하고, 제자를 포함하여 공자의 학풍을 따르는 자들을 문인이라 한다. 반고는 문인으로 싸잡아 표현했지만, 정확한『논어』의 편찬자에 대해서 여러 설이 있다. 이 중 주희(朱熹)는『논어서설(論語序說)』에서 정자(程子)의 말을 인용하여『논어』는 유자(有子: 유약의 존칭)와 증자(曾子: 증삼의 존칭)의 문인들에 의하여 이루어진 것으로 보았다. 그 이

---

213) 「漢書」「藝文志」, 권30, "論語者, 孔子應答弟子時人 及弟子相與言而接聞於夫子之語也. 當時弟子各有所記, 夫子旣卒, 門人相與輯而論纂, 故謂之論語."

유는 다른 제자들은 모두 이름이나 자(字) 등으로 표기되었는데, 이 두 사람만이 『논어』에서 공자와 함께 존칭어인 자(子: 선생님의 의미)를 붙여 부르고 있기 때문이었다.

또, 『논어』라는 명칭은 공자의 문인들이 서로 편찬을 논의하여[論], 공자와 관련된 말씀[語]을 기록한 것에서 유래되었다. 이러한 것들을 우리는 『한서(漢書)』에서 유추하여 알 수 있다.

역시 『한서』에 따르면 『논어』의 목판 인쇄본은 한(漢)나라 때에 『로논어(魯論語)』, 『제논어(齊論語)』, 『고논어(古論語)』 등 세 가지 『논어』가 전해졌다. 『로논어』는 로나라 사람들이 전해 온 『논어』로서 20편으로 구성되어 있었다. 이것은 현재 전해진 『논어』의 편수와 합치된다. 한편 『제논어』는 제나라 사람들이 전해 온 『논어』로서 22편으로 구성되어 있었다. 『고논어』는 공자의 옛집 벽에서 나온 고문(古文)의 『논어』로서 21편으로 구성되어 있었다. 한나라 때 전해진 위 세 종류 『논어』는 오늘날 그 내용을 알 수는 없다.

세 가지 인쇄본의 종합은 후한(後漢) 정현의 『논어주(論語注)』에 이르러 이루어졌다. 그러나 정현의 『논어주』는 완전하게 전해지지는 않는다. 현재 제대로 전하는 『논어』의 가장 오랜 인쇄본은 삼국 시대 위(魏)나라의 정치가이자 사상가였던 하안(何晏)이 이전 학자들의 『논어』 해석을 집대성한 『논어집해』이다. 이것이 한나라 시대에 전해진 세 가지 『논어』와 얼마나 다른 것인지는 확인할 수 없으나, 그중 『로논어』가 『논어집해』의 기본 바탕이 된 것으로 알려져 있다. 그 후 북송(北宋)[214] 때 형병(邢昺) 등이 진종(真宗)의 칙명으로 하안의 『논어집해』를 다시 풀이하여 『논어주소(論語注疏)』

---

214) 조광윤(趙匡胤)이 960년에 건국하여 남쪽으로 천도하기 전 송나라를 달리 북송으로 부른다. 송나라는 여진족의 금나라에 1126년 화북을 빼앗긴 후 남쪽으로 옮겨 양쯔강 이남의 땅 임안(현재의 항저우)으로 천도했다. 남쪽으로 옮겨간 정권을 남송이라고 부른다.

를 썼는데, 이것이 남송(南宋) 말에 간행된『십삼경주소(十三経注疏)』에 끼어 있는『논어』의 전통적인 주해서이다. 한편 남송 시대에 주희는 형병의『논어주소』의 경문을 바탕으로 고인(古人)들의 여러 해설을 참고하여『논어집주』를 지었다. 이로부터『논어』의 해설은『논어집주』가 단연 권위를 지니게 되었다. 주희는『논어집주』이외에『대학장구(大学章句)』,『중용장구(中庸章句)』,『맹자집주(孟子集註)』를 저술했는데, 이들을 합쳐『사서집주(四書集註)』라고 부른다.『사서집주』가 유행하면서 유교의 풍토는 큰 변화를 겪게 된다. 그것은 유교의 기본서로 사서가 확실하게 자리매김을 한 것이다.

『논어』는 모두 20편으로 나뉘어 있다. 곧 「학이(学而)」, 「위정(為政)」, 「팔일(八佾)」, 「이인(里仁)」, 「공야장(公冶長)」, 「옹야(雍也)」, 「술이(述而)」, 「태백(泰伯)」, 「자한(子罕)」, 「향당(鄉党)」, 「선진(先進)」, 「안연(顔淵)」, 「자로(子路)」, 「헌문(憲問)」, 「위령공(衛霊公)」, 「계씨(季氏)」, 「양화(陽貨)」, 「미자(微子)」, 「자장(子張)」, 「요왈(堯曰)」이 그것이다. 이것은 모두 그편 첫머리의 첫 구절 맨 앞의 자를 따서 편명으로 삼았다.

『논어』는 그 내용의 성격에 따라 위작(僞作: 진짜가 아님) 가능성이 있는 편(篇)과 장(章)이 있다고 보는 견해가 있다. 특히 후의 5편은 앞의 15편과 문체가 두드러지게 다르고, 공자의 말을 인용할 때에도 '자왈(子曰)'로 대신 '공자왈(孔子曰)'을 많이 쓰고 있으며, 공자를 부를 때도 '부자(夫子)' 이외에 '중니(仲尼)'라고 하고 '공구(孔丘)'라 호칭한 곳조차 있다. 이를 근거로 하여 끝머리 5편은 후세에 덧붙여진 것이 분명하다는 주장이다. 그러나 이것은 어디까지나 가설에 불과하며 확증이 있지는 않다.『논어』의 가장 이상적인 해석은 위에서 제기된 위작으로 판단하는 관점들을 부분적인 참고는 하되,『논어』전체의 맥락과 서사적 관계에서 파악함이 옳다고 생각된다. 이런 방법으로 접근해야『논어』의 전체적 대의를 통찰할 수 있으며, 더욱 체계적인 공자 사상의 이해가 가능하다고 본다.

우리나라 삼국 시대에 등장한 당(唐)나라가 멸망하자 중국엔 오대십국(五代十國)의 시대가 열렸다. 오대는 화북을 통치했던 다섯 개의 왕조를 말하며, 십국은 열 개의 지방 정권을 말한다. 오대의 마지막 왕조는 후주(後周)이다. 후주에 어린 황제가 등극하자 장군 조광윤(趙匡胤)은 조보(趙普)와 아우 조광의(趙匡義)의 추대를 받아 960년에 후주를 대체하여 송나라215)를 건국하고 황제에 오르니, 그가 바로 송 태조이다. 조보는 송나라의 재상이 되어 지방 절도사들의 권한을 약화하고 송나라의 통치 시스템을 문치주의(文治主義: 문신 중심으로 하는 도덕정치)로 바꾸는데 결정적 기여를 했다. 태조에 이어 그의 아우 조광의가 황제(태종)로 등극하자 조보는 태종을 도와 중국을 통일했다. 조보는 태종 시대에 죽었다. 조보가 임종할 무렵 태종에게 말했다.

"신에게 논어 한 권이 있사온데[臣有論語一部], 반 권으로 태조를 도와 천하를 평정했고[以半部佐太祖定天下], 반 권으로 폐하를 도와 태평성대를 이르게 했습니다[以半部佐陛下致太平]."

[臣: 신하 신, 論: 말할 론, 語: 말씀 어, 部: 부 부, 半: 반 반, 佐: 도울 좌, 太: 클 태, 祖: 조상 조, 定: 정할 정, 以: 써 이, 陛: 섬돌 폐, 致: 이를 치, 平: 편안할 평]

조보는 『논어』를 읽어서 천하를 경륜하는 지혜를 얻었다는 말이다. 여기에서 '반부논어치천하(半部論語治天下)', 즉 반 권의 『논어』로 천하를 다스린다는 조어가 나왔다. 『논어』는 작게는 우리 개인의 수양을 이야기하고, 크게는 천하를 다스리는 요체를 말한다. 이것이 『논어』다.

---

215) 수도는 개봉(카이펑)이다. 통상 1127년 금나라의 확장에 밀려 장강 이남으로 옮기기 전을 북송, 이후 임안(지금의 항저우)으로 도읍을 옮긴 이후를 남송이라고 불러 구분하였다.

제 3 장

# 공자의 일상, 나에게 무엇인들 있겠는가?

**1절** 향당에서의 공자
**2절** 조정에서의 공자
**3절** 공자의 의식주

# 1절 향당에서의 공자

 공자의 일상은 어떠했을까?『논어』의「향당(鄕黨)」편은 공자의 향당(鄕黨), 종묘, 조정, 가정에서의 생활 모습을 제자들이 기록한 내용이 많다. 여기서는『논어』의「향당」편에 주로 근거하여 향당(鄕黨), 종묘, 조정, 집안에서의 공자의 삶의 모습을 살펴보기로 한다.
 먼저 향당(鄕黨)에서는 어떤 모습이었을까? 향당(鄕黨)은 향(鄕)과 당(黨)을 어우르는 말이다. 향(鄕)은 12,500가(家)이고 당(黨)은 500가(家)이다.

 공자는 향당에서 믿음직스럽게 행동했으며 말을 능숙하게는 하지 못하는 듯했다.[216]

 마을 사람과 술을 마실 때 지팡이 짚은 자가 (술자리를) 나가면 이에 나갔다.[217]

 향당은 부형과 종족, 이웃이 머무르는 공간이다. 공자는 행동에 있어서 말과 어긋나지 않으려 했고, 많이 알고 있었지만 겸손한 자세를 취했다. 술자리에서 지팡이에 의지하는 노인이 있으면 먼저 자리를 뜨지 않고 기다렸다가 노인이 일어서면 그때 일어났다.
 공자는 연세가 있는 어른에게는 사실을 고하되 공손하게 예를 갖추었

---

216)『論語』, 鄕黨第十. "孔子於鄕黨, 恂恂如也, 似不能言者."
217)『論語』, 鄕黨第十. "鄕人飲酒, 杖者出, 斯出矣."

다. 미생묘(微生畝)란 자가 있었다.

미생묘(微生畝)가 공자에게 말했다. "공구(孔丘)는 무엇 때문에 이리 분주한가? 말만 잘하는 것이 아닌가?" 공자가 말했다. "감히 말을 잘하지 못합니다. 다만 고루한 것을 싫어합니다."[218]

미생묘는 공자의 이름을 부르고, 공자는 공손히 대하는 것으로 보건대 그는 공자보다 나이가 많은 어른인 듯하다. 미생묘는 다소 거만하고 비아냥대며 공자에게 말했다. 그러나 공자는 감정의 동요 없이 미생묘가 자신을 바라본 모습이 사실이 아님을 공손히 말하고, 자기가 하고자 하는 일을 간략히 말씀드렸다. 공자는 특히 이런 부류의 사람에게는 더욱 극진하게 공경을 실천했다.

공자는 상복 입은 자, 면류관에 의관을 갖춘 자와 소경을 볼 때 비록 앉아 있을 때도 반드시 일어나셨고, 그들을 지나치면 빠르게 갔다.[219]

상복을 입은 자에게 고개를 숙였고, 호적이 적힌 판독(版牘: 글씨를 쓰는 나뭇조각)을 짊어진 자에게 고개를 숙였다.[220]

[版: 널 판, 牘: (글자 쓰는) 나뭇조각 독]

공자는 상중의 사람에게는 애도의 마음이 극진했고, 공무를 수행하는

---

218) 『論語』, 憲問第十四, "微生畝謂孔子曰, 丘何爲是栖栖者與? 無乃爲佞乎? 孔子曰, 非敢爲佞也, 疾固也."
219) 『論語』, 子罕第九, "子見齊衰者, 冕衣裳者與瞽者, 見之. 雖少(坐)必作, 過之, 必趨."
220) 『論語』, 鄕黨第十, "凶服者式之. 式負版者."

관리를 존중했고, 장애인을 가엾게 여기는 마음이 깊었기 때문에 그들에 대한 공경이 더욱 유별났다. 종이는 후한(後漢) 때 발명되었기 때문에 당시는 죽간(竹簡: 댓조각)이나 판독(版牘)에 글씨를 적었다. 『주례(周礼)』「추관(秋官)」에 따르면 만민의 수를 등재하는 업무를 맡는 관원인 사민(司民)이 3년마다 이[齒]가 나기 시작하는 아이 이상의 호적을 판독에 적어서 사구(司寇)에게 보고하면 사구는 그것을 종합하여 왕에게 올린다. 이때 왕은 절을 하여 받고 천부(天府: 천자의 곳집)에 올린다. 전한(前漢)의 역이기(酈食其)는 "왕은 백성을 하늘로 여기고, 백성은 식량을 하늘로 여긴다[王者以民為天, 民以食為天]."라고 했다. 왕이 절하여 호적을 받는 것은 백성을 하늘로 생각하는 사유에 기인한 것이고, 호적이 부역과 병역의 근거가 되는 중요한 것이었기 때문일 것이다. 공자는 그런 호적 업무를 맡은 관원을 존중했다.

## 2절 조정에서의 공자

조정에서 공자는 어떤 모습이었을까? 공자는 로나라에서 51세부터 56세까지 벼슬을 했다. 아래의 내용은 주로 그 시기에 관련된 것들이다.

종묘와 조정에서는 말을 조리 있게 하고 오직 삼가했다.[221]

종묘(宗廟)는 공자 당시에는 통치자뿐만이 아니라 대부부터 서인에 이르기까지 일족의 사당을 부르는 호칭이었다. 후세에 이르러 대부부터 서인까지의 사당은 가묘(家廟)라 했고, 제후와 왕의 사당을 종묘라고 불렀다. 공자는 어려서부터 제사 놀이를 즐길 정도로 제례에 관심이 많았다. 그러나 출사하여 종묘와 조정에서 필요한 말만 하고 자신의 지식을 과시하는 행위를 하지 않았다.

조정에서 그는 자신을 돋보이게 하거나 주목을 받기 위한 언행을 삼갔다. 또 대화하는 상대에 표정과 말을 맞추었다.

조정에서 하대부(下大夫)와 말할 때 강직하게 하며, 상대부(上大夫)와 말할 때는 온화하게 했다. 군주가 계실 때는 조심하여 걸었고, 위풍 있는 모습이었다.[222]

---

221) 『論語』, 鄕黨第十. "其在宗廟朝廷, 便便言. 唯謹爾."
222) 『論語』, 鄕黨第十. "朝, 與下大夫言, 侃侃如也. 與上大夫言, 誾誾如也. 君在, 踧踖如也. 與與如也."

『예기』에 따르면 주나라 봉건제에서 제후국의 계급 체계는 군(君)-경(卿)-대부(大夫)-상사(上士)-중사(中士)-하사(下士)이다. 그런데 제후국의 대부는 상대부와 하대부로 나뉘는데, 상대부는 경(卿)의 직책을 맡는다. 그러므로 군주 밑으로 경(卿)/상대부-하대부-상사(上士)-중사(中士)-하사(下士)의 5등급이 있는 것이다.223) 공자는 당시 하대부의 신분으로 대화하는 상대의 직급에 맞게 언행을 적절히 조절했다. 공자가 군주를 모시는 예는 어떠했을까?

군주가 음식을 내리면 반드시 바르게 자리를 잡고 먼저 맛을 보았다. 군주가 날고기를 내리면 반드시 익혀서 조상에게 올렸으며 군주가 살아있는 동물을 내리면 반드시 길렀다.224)

『예기(礼記)』「곡례(曲礼)」에 따르면 남은 음식은 제사에 올리지 않는다. 따라서 군주가 남은 음식을 주면 제사에는 올리지 않고 자리를 바로 잡고 시식을 했다. 먹다 남은 음식이 아닌 날고기를 군주가 내리면 잘 익혀서 조상에게 올렸다. 군주가 내린 살아있는 동물은 특별한 사유가 없으면 감히 살생하지 않았다.

질병에 걸려 군주가 문병하면 동쪽으로 머리를 하고, 조복(朝服: 조정에 나갈 때 입는 옷)을 몸 위에 대고 큰 띠를 끌어 얹었다. 군주가 명령하여 부르면 탈것을 기다리지 않고 갔다.225)

---

223) 『禮記』, 王制第五, "王者之制祿爵, 公侯伯子男, 凡五等. 諸侯之上大夫卿下大夫上士中士下士, 凡五."
224) 『論語』, 鄕黨第十, "君賜食, 必正席先嘗之. 君賜腥, 必熟而薦之. 君賜生, 必畜之."
225) 『論語』, 鄕黨第十, "疾, 君視之, 東首, 加朝服, 拖紳. 君命召, 不俟駕行矣."

동쪽에 머리를 두는 것은 천지의 생기가 동방에서 비롯된다고 믿었기 때문이다. 와병 중인 경우는 조복을 제대로 입을 수가 없다. 그래서 누워 있으면서 조복으로 덮고 그 위에 큰 띠를 얹었다. 그리고 군주가 부르면 거마를 기다리지 않고 급히 달려가다 보니 거마가 그 뒤를 따라오곤 했다. 공자가 조정에 나갈 때와 물러날 때의 모습은 이러했다.

공문(公門: 대궐의 문)에 들어갈 때는 몸을 구부린 듯하여 좁은 문 들어가듯 하셨다. 문의 중앙에 서지 않고 문지방을 밟지 않으셨다. 군주의 빈자리를 지나갈 때는 안색을 바로잡고 발걸음은 피하여가는 듯했으며 말씀은 부족한 사람인 듯하셨다. 조당(朝堂: 조회하는 당)에 올라갈 때는 옷자락을 잡고 몸을 구부린 듯했으며, 숨을 가리어 마치 숨을 쉬지 않는 듯했다. 한 계단 내려오면 안색을 풀고 기뻐하는 듯하고, 계단을 다 내려오면 빠르게 나아감이 날개를 편 듯했다.[226]

『예기』에 따르면 공문의 중앙은 군주의 출입처이고 사대부(士大夫)는 문지방의 우측으로 출입하고 문지방을 밟지 않는다. 공자는 예법에 따라 공문을 출입했다. 군주의 빈자리를 지나칠 때도 조심했고, 조당에 올라갈 때는 행동을 단정히 했다. 회의를 마치고 계단을 내려오면서 긴장을 풀고 기뻐하면서 빠른 걸음으로 귀가했다. 공자의 퇴근하는 모습은 오늘날 직장인의 모습과 별다른 게 없는 듯하다.

공자는 대부의 자격으로 국빈을 맞을 때가 있었다. 국빈을 맞을 때의 모습은 이러했다.

---

[226] 『論語』, 鄕黨第十, "入公門, 鞠躬如也, 如不容. 立不中門, 行不履閾. 過位, 色勃如也, 足躩如也, 其言似不足者. 攝齊升堂, 鞠躬如也, 屛氣似不息者出. 降一等, 逞顔色, 怡怡如也. 沒階趨, 翼如也."

군주가 불러 손님을 접대하는 일을 맡기면 안색이 변하는 듯하고 발걸음 피하여가는 듯했다. 함께 서있는 동료에게 읍(揖: 두 손을 맞잡고 인사함)하되 좌측, 우측 손 쪽으로 하였으며, 옷의 전후가 가지런하게 하였다. 빠르게 나아감이 날개를 편 듯했다. 손님이 물러가면 복명(復命: 명령받은 결과를 돌아와 보고함)하기를, '손님께서 뒤를 돌아봄이 없이 잘 가셨습니다.'라고 하였다.[227]

공자는 국빈을 맞이하는 임무를 받으면 안색을 바로잡고 발걸음도 조심스러웠다. 국빈 앞에서 동료 간 예를 다하여 품위 있게 행동했으며 복장도 단정했다. 국빈이 물러가면 그 결과를 군주에게 반드시 보고했다. 공자가 군주의 명을 받고 사신으로 갈 때는 이런 모습이었다.

홀[圭]을 잡고 몸을 구부린 듯하여 마치 무게를 감당하기 어려운 듯했으며, 위로는 읍(揖)하는 위치, 아래로는 손을 내밀어 주는 위치에서 움직였다. 떠는 얼굴색을 하며 발걸음은 종종걸음을 했다. 향례(享禮)에서는 너그러운 표정을 지었고, 사적으로 뵐 때는 기뻐한 듯했다.[228]

[圭: 홀 규, 享: 드릴 향]

홀[圭]이란 천자가 제후를 봉할 때 주는 신표이다. 『주례(周禮)』「동관고공기(冬官考工記)」에 따르면 천자가 오등(五等: 다섯 등급)의 제후들에게 봉작(封爵: 제후로 봉하고 작위를 줌)의 증거로 주는 홀을 오서(五瑞: 다섯 가지 상서로운 물건)라고 한다. 오서는 공작에게 주는 환규(桓圭), 후작에게 주는 신규

---

227) 『論語』, 鄕黨第十, "君召使擯, 色勃如也, 足躩如也. 揖所與立, 左右手. 衣前後襜如也. 趨進, 翼如也. 賓退, 必復命曰, 賓不顧矣."
228) 『論語』, 鄕黨第十, " 執圭, 鞠躬如也, 如不勝. 上如揖, 下如授. 勃如戰色, 足縮縮. 如有循. 享禮, 有容色. 私覿, 愉愉如也."

(信圭), 백작에게 주는 궁규(躬圭), 자작에게 주는 곡벽(穀璧), 남작에게 주는 포벽(蒲璧)이 있다. 신하가 사신으로 외국에 갈 때는 천자에게 받은 홀을 증표로 가지고 갔다. 당시 로나라는 공작의 등급이었으므로 환규를 가져갔을 것이다. 향례(享礼)는 군주를 방문 후 가져온 홀과 폐백과 거마(車馬) 등을 뜰에 가득 진열하는 것을 말한다. 공자는 뜰에서 홀을 정성스럽게 받들고, 향례에서는 부드러운 분위기를 연출했으며, 사석에서는 친근한 모습을 보였다.

# 3절 공자의 의식주 생활

공자의 의식주 생활은 어떠했을까? 먼저 의생활을 보면 공자는 정색(正色)과 간색(間色)을 구별해 사용했고 계절에 맞추어 옷을 입었다.

군자(君子)는 감색과 보라색으로 장식하지 않았다. 홍색과 자색으로 평상복을 만들지 않았다. 더위에는 갈포(葛布: 칡의 섬유로 만든 베)로 만든 홑옷을 겉으로 드러내 입었다.[229]

여기서 군자(君子)는 공자를 지칭한다. 음양오행론(陰陽五行論)에 따르면 각 방위는 색으로 표현된다. 즉 동(東)은 청(靑), 서(西)는 백(白), 남(南)은 적(赤), 북은 흑(黑), 중앙은 황(黃)이고 각 방위에 해당하는 색을 방정색(方正色)이라 한다. 나머지 색들은 방정색 사이에 배치되는데 그것을 간색(間色)이라고 한다. 감색은 재계(齋戒: 제사 전에 몸과 마음을 깨끗이 하는 것)할 때 옷의 색깔이고 보라색은 연복(練服)[230]의 옷깃 도련의 색이다. 감색과 보라색은 재계할 때의 옷과 상복에 관계된 색이기도 하지만 간색이기도 하여 장식으로 사용하지 않은 듯하다. 홍색과 자색도 간색이어서 평상복에 쓰이지 않았다. 더위에는 홑 베옷을 바지에 넣지 않고 밖으로 나오게 입었다.

평상복은 내의와 겉옷의 색깔을 가급적 맞추어 입고, 일의 효율을 생각하여 입었다.

---

229) 『論語』, 鄕黨第十, "君子不以紺緅飾, 紅紫不以爲褻服. 當暑, 袗絺綌, 必表而出之."
230) 소상(小祥: 죽은 지 1년 만의 제사) 뒤 담제(禫祭 : 대상 뒤 탈상의 제사) 전에 입는 상복

검은 내의(內衣)에는 검은 양가죽으로 만든 조끼를 입었고, 흰 내의에는 사슴 새끼 가죽으로 만든 조끼를 입었고, 누런 내의에는 여우 가죽으로 만든 조끼를 입었다. 평상복은 길되 우측 소매를 짧게 했다. …상례(喪禮)가 아니면 노리개를 차지 않은 적이 없었다.231)

사슴 새끼 가죽은 흰색이고, 여우 가죽은 황색이다. 내의와 조끼의 색을 서로 같게 한 것은 복장이 너무 튀는 것을 우려한 것으로 판단된다. 공자는 많이 사용하는 우측 소매를 짧게 하여 일하기에 편리하도록 했다. 당시 군자들은 덕을 옥(玉)에 비유하여 옥을 즐겨 패용했다. 공자도 상중(喪中)이 아니면 옥 같은 노리개를 즐겨 패용했다.

치마는 조제(朝祭: 조회나 제사) 때와 평소 복장이 달랐으며, 상갓집에 조문하러 갈 때의 복장은 이러했다.

유상(帷裳)이 아니면 반드시 폭을 줄여서 입으셨다. 검은 양가죽으로 만든 조끼와 검은 갓을 쓰고 조문하지 않았다.232)
[帷: 휘장 유, 裳: 치마 상]

유상(帷裳)은 조정에 나갈 때나 제사에 입는 옷으로 치마는 정폭(正幅: 온폭)을 사용하여 휘장을 두른 듯이 했고, 허리는 주름을 넣고 옆은 줄여 꿰매지 아니했다. 유상이 아니면 치마폭을 줄여서 입었다. 당시는 검은색을 길한 일이나 제사 때 사용했고 흰색은 상사에 사용했다. 그래서 공자는 조문할 때 흰옷으로 바꿔 입고 갔다.

제사 등이 있어 재계(齋戒: 몸과 마음을 깨끗이 함)할 경우 의식주가 평소와

---

231) 『論語』, 鄕黨第十. "緇衣羔裘, 素衣麑裘, 黃衣狐裘. 褻裘長, 短右袂.……去喪, 無所不佩."
232) 『論語』, 鄕黨第十. "非帷裳, 必殺之. 羔裘玄冠不以弔."

달랐다.

　재계할 경우 명의(明衣: 재계할 때 목욕 후 입는 속옷)를 입었다. 반드시 잠옷이 있었는데 길이가 몸 하나와 그 반이었다. 또 재계할 경우 반드시 식사를 바꾸었고, 머무르는 곳의 자리를 반드시 바꾸었다.[233]

　재계(斎戒)는 제사 당일만 행하는 것이 아니라 제사 며칠 전부터 행하였다. 『예기』에는 "군자는 3일을 재계하고 반드시 그 제사를 본다[君子三日齊, 必見其所祭者]."라는 말이 있다. 즉, 제사 3일 전부터 재계한다는 의미이다. 공자는 재계할 경우 명의(明衣)를 입고, 잠잘 때는 이불을 덮지 않고 평상시와 다른 긴 잠옷을 입고 잤다. 재계할 경우 식사할 때 음주하지 않았고 매운 음식을 먹지 않았다. 거처도 평소 편안하고 익숙한 곳을 다른 장소로 바꾸어 머물렀다.
　공자의 식생활은 어떠했을까? 『논어』는 공자의 식생활을 이렇게 기록했다.

　밥은 깨끗이 찧은 것을 싫어하지 않으며, 회(膾)는 가늘게 썬 것을 싫어하지 않았다. 밥이 상하여 쉰 것과 생선이 문드러지고 고기가 부패한 것을 먹지 않고, 빛깔이 나쁜 것을 먹지 않았으며, 악취 나는 것을 먹지 않았다. 덜 익힌 음식을 먹지 않고, 때가 아니면 먹지 않았다. 자른 것이 바르지 않으면 먹지 않았고, 간장이 없으면 먹지 않았다. 고기가 비록 많다 하더라도 싫증 나도록 먹지 않았고, 술은 일정한 양이 없었으나 어지러운 지경에 이르지 않게 하였다. 사온 술과 포(脯)를 먹지 않았고, 생

---

233) 『論語』, 鄕黨第十. "齊, 必有明衣布. 必有寢衣, 長一身有半. 齊, 必變食, 居必遷坐." '必有寢衣, 長一身有半.'은 본래 향당 6장에 있으나 정자(程子)가 향당 7장의 이 부분에 위치해야 한다고 주장했다. 정자의 의견에 따랐다.

강을 물리고는 먹지 않았고, 많이 먹지 않았다. 군주의 제사에 올린 고기를 하룻밤을 묵히지 않았고 집안 제사에 올린 고기는 3일을 벗어나지 않았다. 3일이 지나면 먹지 못하기 때문이다.[234]

공자의 식생활은 먹을 만한 것을 먹고, 먹지 말아야 할 것은 먹지 않으며, 탐식하지 않은 절제력을 갖추었다. 공자는 주량이 상당했으나 정신이 혼미할 정도로 마시지 않았다. 공자는 사람들과 술 한잔 할 때 저잣거리에서 사 온 술과 포를 사용하지 않았다. 자칫하면 정결치 못해 다른 사람의 몸을 해칠 수 있다고 생각했기 때문이었다. 생강은 악취를 제거하고 정신을 맑게 하는 식품으로 공자가 애용했다. 그리고 공자는 과식하지 않았다. 공자의 평소의 식생활 역시 자신의 기호와 건강, 품위를 생각하여 자연스럽고 합당하게 이루어졌음을 알 수 있다. 조정에서 공자는 군주의 제사를 도와서 받은 고기가 있으면 즉시 이웃에 나누어 주었다. 이것은 신(神)이 군주에게 내린 은혜를 빨리 이웃에게 미치게 하기 위함이었다. 집에서 제사에 올린 고기는 3일 이내에 나누어 주었다. 군주의 제사와 집 제사에서 쓰인 고기를 나누어주는 기한이 서로 다른 것은 군주에 비교해 사가(私家)의 것은 다소 완화하려는 생각에서 나온 것이었다. 공자의 식사 예절과 잠자리 예절은 이러했다.

식사할 때는 말을 나누지 않았고, 잠잘 때는 말하지 않았다.[235]

공자는 식사 때와 잠자리에서 말을 하지 않았다. 식사할 때는 식사하고,

---

[234] 『論語』, 鄕黨第十, "食不厭精, 膾不厭細. 食饐而餲, 魚餒而肉敗, 不食. 色惡, 不食. 臭惡, 不食. 失飪, 不食. 不時, 不食. 割不正, 不食. 不得其醬, 不食. 肉雖多, 不使勝食氣. 惟酒無量, 不及亂. 沽酒市脯不食, 不撤薑食, 不多食. 祭於公, 不宿肉. 祭肉不出三日, 出三日, 不食之矣."
[235] 『論語』, 鄕黨第十, "食不語, 寢不言."

잠잘 때는 잠자는 것이었다. 말은 그런 때에 하는 것이 아니라고 생각했다.

공자가 마차를 타고 내릴 때의 모습은 어떠할까? 당시는 마차를 탈 때 노인이나 부인은 앉았고, 그 외는 서서 탔다.

    마차를 탈 때 반드시 바로 서서 매달은 끈을 잡았다. 수레를 타고 가며 안쪽으로 뒤돌아보지 않았고, 말을 빠르게 하지 않았으며, 손가락으로 직접 가리키지 않았다.[236]

공자는 마차를 탈 때 몸을 바로 세우고 몸의 안정을 위해 매달은 끈을 질끈 잡았다. 또 머리를 안쪽으로 이리저리 돌려 동승자를 불편하게 하는 행동을 하지 않았고, 말을 빠르게 하여 듣는 사람을 곤혹스럽게 하는 행동을 하지 않았고, 경망스럽게 손가락으로 지목하는 행동을 하지 않았다.

공자는 잠잘 때와 집에 머무를 때는 어떤 모습이었을까?

    잠잘 때는 시체처럼 자지 않았으며, 집에 머무를 때는 얼굴을 꾸미지 않았다.[237]

공자는 사지가 늘어져 자지 않았고, 집에 있을 때는 제사를 올릴 때처럼 엄숙한 낯빛이나 혹은 나태한 낯빛을 하지 않았다.

일상에서 공경을 강조한 공자이지만 그는 자신을 낮추어 이렇게 말했다.

공자가 말했다. "나가서는 공경(公卿)을 섬기고, 들어와서는 부형(父兄)을 섬기고, 상사(喪事)를 게을리하지 않고, 술로 곤경에 처하지 않는 것

---

236) 『論語』, 鄕黨第十, "升車, 必正立執綏. 車中, 不內顧, 不疾言, 不親指."
237) 『論語』, 鄕黨第十, "寢不尸, 居不容."

들이 나에게 무엇인들 있겠는가?"²³⁸⁾

 천자의 나라에서 천자 다음의 직위가 삼공(三公)이고, 제후의 나라에서 제후 다음의 직위가 경(卿)이다. 이 둘을 합하여 공경(公卿)이라고 부른다. 위 네 가지는 일상에서 공손하게 행하는 예(礼)의 모습이지만 공자는 스스로 자신에게 이런 모습이 없다고 겸손하게 말했다.

---

238) 『論語』, 子罕第九, "子曰, 出則事公卿, 入則事父兄, 喪事不敢不勉, 不爲酒困, 何有於我哉?"

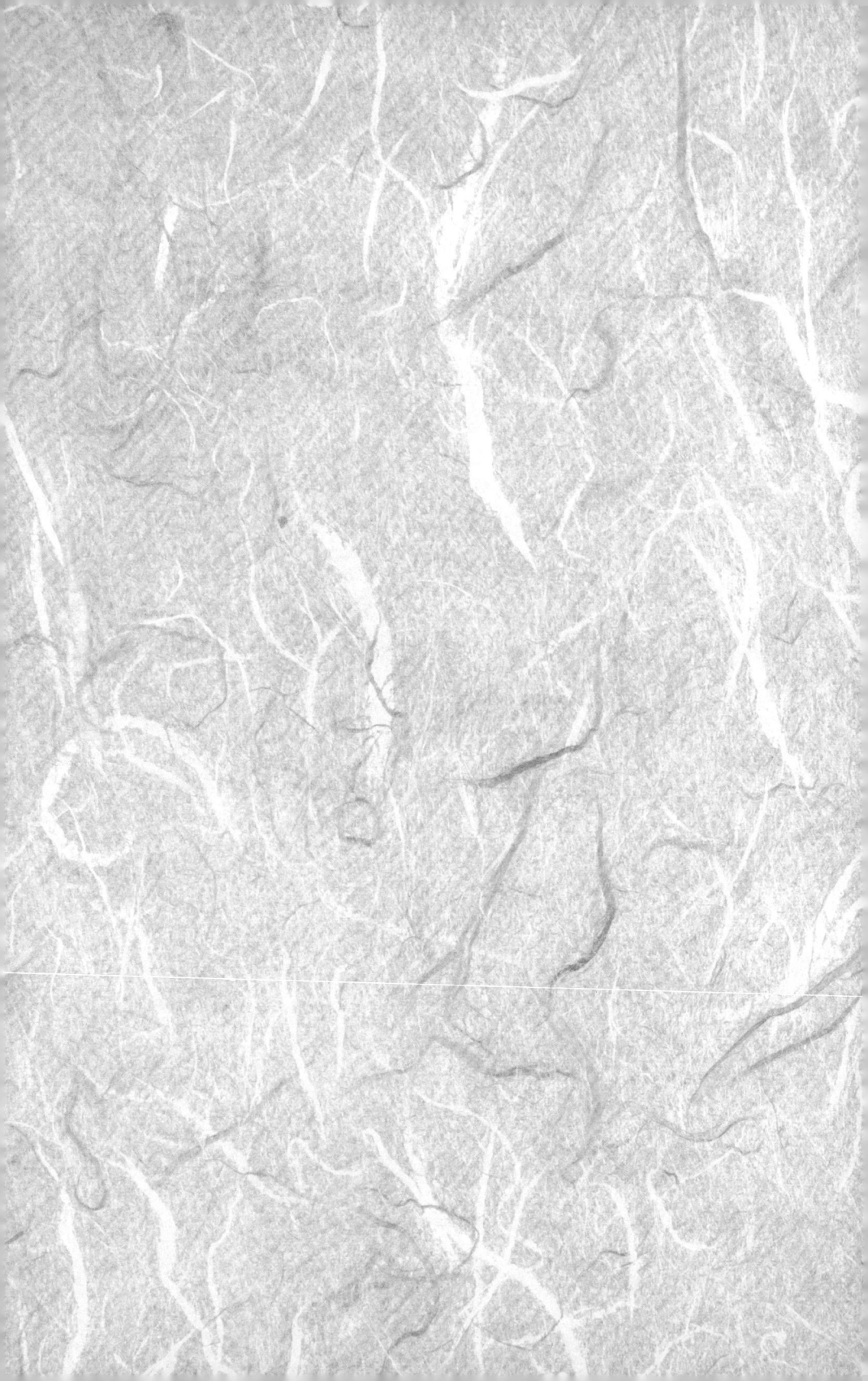

# 제4장

# 하늘을
# 속일 수 있는가?

**1절** 주재자로서의 하늘
**2절** 인간의 본성과 의지

# 1절 주재자로서의 하늘

## 하늘을 보는 관점

동서고금을 막론하고 하늘[天]은 인류에게 커다란 의미를 지녀왔다. 중국 민족도 오랫동안 농경 문화를 유지하고 발전시켜 왔기 때문에 자주 홍수와 가뭄에 시달려 오면서 대자연에 대한 신비와 공포를 느끼게 되었고, 이러한 현상을 일으키는 하늘에 대한 외경심과 신앙을 갖게 되었다.

『시경(詩經)』「대아(大雅)」'증민(烝民)' 편에 '천생증민(天生烝民)'이란 표현이 있다. 증민(烝民)은 뭇 백성이란 뜻이다. 『좌전』에는 주문공(邾文公)이 '천생민이수지군(天生民而樹之君)'이라고 말한 대목이 있다. '천생(天生)' 즉 하늘이 낳았다는 대상이 '증민(烝民)'과 '민(民)'이다. 그러므로 위 두 말은 인간의 조상을 최초로 만들었다는 말이 아니라, 인간들을 생기게 했다는 철학적 의미로 새기는 것이 타당하다. 따라서 '천생증민(天生烝民)'은 '하늘이 증민(烝民: 뭇 백성)을 생기게 하였다'로 해석되어야 하고, '천생민이수지군(天生民而樹之君)'은 '하늘이 백성을 낳게 하시어 그들에게 군주를 세웠다'로 해석함이 옳다.

중국의 철학자 풍우란(馮友蘭)은 그의 『중국철학사』에서 옛날 중국 사람들의 하늘에 대한 개념을 다섯 가지로 분류했다.[239] 그 외의 학자들도 하늘의 권능에 따라 하늘을 여러 가지로 분류한다. 여기서는 다산 정약용

---

239) 첫째는, 땅과 상대되는 물질적 하늘이다. 둘째는, 주재자(主宰者)로서의 하늘로 이른바 황천(皇天) 또는 상제(上帝)이며 인격적인 존재이다. 셋째는, 인간이 어쩌지 못하는 운명의 하늘이다. 넷째는, 자연으로서의 하늘로서 자연의 운행을 가리킨다. 다섯째는, 의리의 하늘로서 곧 우주 최고의 원리를 가리킨다.

240)이 분류한 하늘의 개념에 따르고자 한다. 다산은 하늘을 창창유형지천(蒼蒼有形之天)과 영명주재지천(靈明主宰之天)으로 나눈다. 전자는 푸르고 푸른 형체가 있는 하늘이란 의미로 자연으로서의 하늘을 말한다. 후자는 영명하고 인간사를 주재하는 하늘이란 의미로 종교적, 인격적 존재로서의 하늘을 말한다. 여러 학자들이 자연으로서의 하늘을 지칭하는 것 외에 여러 하늘의 개념을 주장하지만, 그 근원을 따지고 보면 결국 하늘이 인간사를 주재하는 권능을 가진 존재라는 이론에서 출발하고 있다. 따라서 하늘을 분류할 때 크게 나누면 '자연으로서의 하늘'과 '주재자로서의 하늘'로 요약된다. 전자는 물리적 공간의 하늘이며, 후자는 종교 혹은 철학적 의미의 하늘이다. 여기서는 바로 이 두 가지로 하늘을 분류하여 논의하고자 한다.

하늘을 단순히 자연으로서의 하늘로 보는 입장은 노자와 장자241)가 해당하며 유가에서는 순자가 해당한다. 하늘을 주재사로서 보는 입장에는 유가로서 공자와 맹자, 그리고 묵자가 해당한다.

주재자로서의 하늘은 몇 가지 모습으로 유형화할 수 있다. 먼저, 주재자로서의 하늘은 천명의 형식을 빌려 인간사에 개입한다. 천명사상은 공자 이전 상나라 시대에도 존재했다. 탕은 걸을 치기 전에 제후들을 모아놓고 탕의 맹세문이라는 소위 '탕서(湯誓)'를 발표한다. 이 내용 중에 탕은 "하나라 임금이 죄가 커 하늘이 그를 죽이라고 명하시었소[天命殛之]!"라고 하여 자신의 행위가 천명에 따랐음을 선언했다. 천명사상은 상나라와 마찬가지로 주 왕실의 생성 및 존립 근거가 되는 명분이었다. 상나라의 마지막 왕 주왕(紂王)이 지배할 당시 희창(시호가 문왕)은 주(周)라는 땅의 제후였다.

---

240) 정약용(丁若鏞, 1762년~1836년): 조선 후기 실학자. 자(字)는 미용(美庸), 호(號)는 다산(茶山)
241) 성명은 장주(莊周). 장자(莊子)는 존칭이다. 맹자와 비슷한 시대에 활동한 것으로 추정된다. 자신의 이름을 딴 저서 『장자』로 잘 알려져 있다. 『장자』는 장자 자신이 이 책의 내편을 썼고, 그의 제자와 같은 계열의 철학자들이 외편과 잡편을 쓴 것으로 보인다. 총 33편이 현존한다.

그런데 희창이 다스리는 주나라가 예절과 양보의 미덕을 갖춘 것을 보고 제후들은 그를 천명을 받은 군주가 될 재목이라고 생각했다. 그리고 희창의 사후에 희창의 아들 희발(시호는 무왕)이 드디어 주왕(紂王)을 정벌할 때에도 '태서(太誓)'를 지어 주왕을 정벌하는 이유를 선언했는데, 여기에서 희발은 "상나라의 죄는 세상에 가득 차서 하늘이 그를 베라고 명하셨소[天命誅之]!"라고 하여 천명을 대의명분으로 삼았다.

공자도 선왕들의 천명사상을 온전히 이어받고 있다. 공자는 자신의 일생을 회고하며 이렇게 말한 바 있다.

"나는 십오 세에 학문에 뜻을 두었고[志于學], 서른 살에 자립했으며[三十而立], 마흔 살에 미혹되지 않았으며[四十而不惑], 쉰 살에 천명을 알았고[五十而知天命], 예순 살에 귀로 듣는 것이 바로 이해되었고[六十而耳順], 일흔 살에 마음이 하고자 하는 바를 쫓아도 법도에 어긋남이 없었다[七十而從心所欲不踰矩]."242)

[志: 뜻 지, 于: 어조사(~에) 우, 學: 배울 학, 立: 설 립, 惑: 미혹할 혹, 知: 알 지, 耳: 귀 이, 順: 순할 순, 從: 좇을 종, 踰: 넘을 유, 矩: 법 구]

공자가 제대로 현실 정치에 입문한 나이가 51세이므로 공자가 50세에 '지천명(知天命)', 즉 천명을 알았다는 것은 벼슬을 하여 천하에 도를 펼쳐야 한다는 소명 의식을 갖게 된 표현으로 판단된다. 공자는 자신의 벼슬살이가 천명에 따랐다고 본 것이다.

둘째, 주재자로서의 하늘은 인간 세계를 주관하여 운명을 관장하는 하늘이다. 공자는 56세에 대사구에서 물러났다. 로나라 조정이 제나라에서

---

242) 『論語』, 爲政第二, "吾十有五而志于學, 三十而立, 四十而不惑, 五十而知天命, 六十而耳順, 七十而從心所欲不踰矩."

보낸 미모의 여악사(女樂師)들에게 빠져 있었고, 또 정공이 제사 고기를 나누어주지 않았기 때문이다. 공자는 천하를 돌아다니며 자신을 등용할 군주를 찾으려고 준비하던 차에 병이 들어 몸져누워있을 때가 있었다. 제자 자로가 보기에는 공자가 위중하여 장례를 준비해야 할 듯했다. 당시 공자는 대부의 직위에서 물러났기 때문에 가신(家臣)을 둘 수가 없는 것이 법도였다. 그러나 자로는 공자의 장례를 치르면 대부의 예로써 공자를 모시고 싶었기 때문에 문인들이 가신의 역할을 하도록 조치했다. 이 사실을 공자는 병이 점차 차도가 있고 난 뒤 알게 되었다. 공자가 말했다.

"오래되었구나! 중유(자로의 성명)가 날 속인 것이! 가신이 없어야 하는데 가신으로 삼았으니 내가 누구를 속이겠는가? 하늘을 속이겠는가? 나는 가신의 손에서 죽기보다는 차라리 제자들의 손에서 죽는 것이 좋지 않겠는가?"243)

비록 제자가 스승의 병간호를 위하여 한 갸륵한 행위였지만 국가의 기강이라는 대의적 명분에서 보았을 때 사사로이 은밀하게 처신할 문제가 아님을 경계하고 있다. 그리고 인간사를 주재하고 관장하는 하늘이 이렇듯 법도가 어긋나게 행해지고 있는 것을 보았는데, 자신이 어찌할 수 없었음을 당혹해 하는 공자의 모습이 그려지고 있다.

공자가 얼마 동안의 병치레를 한 후 로나라를 떠나 천하를 주유(周遊)할 때 처음으로 간 나라는 위(衛)나라였다. 이때 위나라에서 고을의 경계를 관장하는 관리가 와서 공자를 뵙기를 청했다. 공자를 따르던 제자들이 그 관리를 공자에게 데려다주었다. 공자와 면담을 하고 나온 관리는 다음과

---

243) 『論語』, 子罕第九, "久矣哉! 由之行詐也. 無臣而爲有臣. 吾誰欺? 欺天乎? 且予与其死於臣之手也, 無寧死於二三子之手乎?"

같이 말한다.

"여러분들은 공자가 벼슬 버린 것을 뭘 그리 근심들 하십니까? 천하에 도가 없어진 지 오래입니다만, 하늘은 장차 선생을 목탁(木鐸)으로 삼으실 것이오."244)

[木: 나무 목, 鐸: 방울 탁]

벼슬을 잃은 것을 근심한다는 표현으로 보아 위 상황은 공자가 대사구란 직책을 버리고 로나라를 떠난 직후의 일로 추정된다. 여기서 목탁(木鐸)이란 정령(政令: 명령 혹은 법령)을 반포하거나 교육을 시행할 때 사람들에게 소리를 울려서 경청하게 하는 도구를 말한다. 그러므로 이 세상의 목탁이란 세상을 인도하는 스승이란 의미이다. 위나라 관리는 공자와 면담을 한 후 공자의 인품을 알게 되고 공자로부터 그의 소망을 들은 것 같다. 그런 다음 그는 공자와 공자의 제자들을 위로하여 공자가 세상을 인도하는 스승이 될 것이라고 말했다. 그런데 그의 말은 미래의 세상에서 공자의 위치를 미리 내다본 신통한 예언이기도 했다. 여하튼 여기에 표현된 하늘은 인간사를 주재하고 운명을 관장하는 하늘의 모습이다.

위나라에 머물던 공자가 진(陳)나라로 가는 길에 공자는 광(匡) 땅을 지나다가 광 땅의 주민들에게 구금을 당하기도 했다. 그 이유는 로나라 계환자의 가신으로 있던 양호가 한때 광 땅을 침입하여 광 땅을 짓밟은 적이 있었는데, 공자의 외모가 양호와 비슷하여 광 땅의 주민들이 공자를 원수인 양호로 착각했기 때문이다. 상황이 험악해졌고 제자들도 동요했다. 이때 공자는 말했다.

244) 『論語』, 八佾第三, "二三子, 何患於喪乎? 天下之無道也久矣, 天将以夫子為木鐸."

"하늘이 이 문화를 없애고자 하지 않는다면, 광 땅의 사람들이 나를 어찌하겠는가?"[245]

공자는 스스로 선대의 문화를 후대로 전승할 의무가 있는 자로 인식했다. 그리하여 하늘이 이 문화를 후세에 전하려는 의지를 갖고 있다면 광 땅의 사람들이 자신을 어찌할 수 없을 것이라고 말하고 있다. 공자가 주유천하를 끝내고 노나라로 돌아와서 『춘추』를 저술할 때 아끼던 제자 안회가 죽었다. 13년 동안 주유천하를 하면서 공자를 극진히 섬겼던 안회가 먼저 간 것이다. 공자는 통곡하며 말했다. "아아 하늘이 나를 버리시는구나! 하늘이 나를 버리시는구나!"[246]라고 한 바 있다. 이 또한 하늘이 인간의 운명을 좌우하고 있다는 전형적인 표현이다.

셋째, 공자에게 있어서 하늘은 사람처럼 감정이 있는, 인격성이 있는 하늘이다. 공자가 광 땅의 사람들과 간신히 오해를 풀고 다시 위나라로 돌아오자 위령공(衛靈公)의 부인 남자(南子)가 만나기를 청했다. 당시 남자는 음란한 부인으로 소문이 났었다. 공자는 몇 번 사양하다가 결국 남자를 만나게 된다. 공자가 남자를 만난 이유는 예로부터 그 나라에 벼슬하려는 자는 그 소군(小君: 군주의 부인)을 뵙는 것이 예의였기 때문이었다. 그러나 자로가 못마땅해했다. 이에 공자는 말한다.

"만일 내가 잘못한 바가 있다면 하늘이 나를 싫어할 것이다. 하늘이 나를 싫어할 것이다."[247]

---

245) 『論語』, 子罕第九, "天之未喪斯文也, 匡人其如予何?"
246) 『論語』, 先進第十一, "噫! 天喪予! 天喪予."
247) 『論語』, 雍也第六, "予所否者, 天厭之! 天厭之."

공자는 자신이 남자와 만난 것은 벼슬을 구하는 자와 소군(小君) 간에 예의의 차원이지 다른 뜻이 없음을 하늘을 빌려 밝히고 있다. 여기서 공자가 말한 하늘은 주재자로서 인격과 감정이 있는 하늘을 시사하고 있다.

넷째, 공자에게 있어서 하늘은 인간에게 상과 벌을 주는 존재이기도 하다. 공자가 역시 위나라에 있을 때 당시 왕손가(王孫賈)라는 대부가 있었는데, 공자가 제후들을 찾아다니는 것을 빗대어 공자와 대화했다.

> 왕손가(王孫賈)가 물었다. "아랫목 제사의 신(神)에게 잘 보이기보다는 부뚜막 제사의 신에게 차라리 잘 보여야 한다는 말은 무슨 뜻이겠소이까?" 공자 말했다. "그렇지 않소이다. 하늘에 죄를 지으면 빌 곳이 없소이다."248)

『예기』「월령」에는 1년에 다섯 번의 제사를 지낸다고 기록되어 있다. 제사를 지내는 장소가 서로 다르지만, 공통된 것이 있다. 각각 지정된 장소에서 제사를 지낼 때 먼저 신주(神主: 죽은 사람의 위패)를 설치하고 그 장소에서 지내되, 제사가 끝나면 공통적으로 아랫목에 시동(尸童)249)을 모셔놓고 다시 제사를 지내는 것이다. 그중 맹하(孟夏: 음력 4월)에 지내는 제사는 부뚜막에 신주를 모셔놓고 제사를 지낸 다음에 시동을 모셔놓고 아랫목에서 제사를 지낸다. 그러므로 당시에 "아랫목 신은 늘 존귀하지만 제사의 주체가 아니고, 부뚜막 신은 비록 비천하나 신주가 되며 맹하의 계절에 쓰임이 있다."라는 말이 떠돌았다. 마침 왕손가가 공자를 만났을 때는 맹하의 계절이었다. 따라서 왕손가는 부뚜막 제사를 예로 들어 공자의 의

---

248) 『論語』, 八佾第三, "王孫賈問曰, 与其媚於奧, 寧媚於竈, 何謂也? 子曰, 不然, 獲罪於天, 無所祷也."
249) 제사 지낼 때 신위(神位) 대신으로 앉혀 놓던 아이

중을 묻고 있다. 왕손가의 말은 맹하의 계절에 비록 존귀한 존재는 아랫목 신이지만 실제로 그 주체는 부뚜막 신이듯이, 지금 위나라에서는 실질적으로 주체가 되는 자는 자기이므로 공자가 자기에게 아부함이 더 좋지 않겠느냐고 묻고 있다. 이에 공자는 존귀한 존재가 사적인 목적으로 소홀이 취급되어서도 아니 되며, 부뚜막 제사이건 아랫목 제사이건 모두 정성을 다할 뿐이라고 했다. 다시 말하면 군주에게 예의를 소홀히 할 수 없으며, 권신이건 군주이건 자신은 성심으로 대할 뿐이란 말을 하고 있다. 만일 그렇지 않으면 하늘에 죄를 짓는 것이고 용서받을 곳이 없다는 것이다. 또, 공자를 흠모한 전국시대의 유학자인 순자(荀子)는 그의 저서 『순자』에서 공자가 한 말을 인용하고 있다. 즉, "착한 일을 하는 사람에게는 하늘이 복을 주고 악한 일을 하는 사람에게는 하늘이 재앙을 준다."250)란 표현이 그것이다. 이처럼 하늘은 인간사를 주재하여 인간에게 상과 벌을 주는 그런 존재이다.

다섯째, 주재자로서의 하늘은 인간에게 성품을 부여하는 존재이기도 하다. 공자가 위령공의 부인 남자를 만나고 다시 목적지로 삼은 나라는 조나라를 지나 송(宋)나라였다. 송나라에 도착한 공자는 큰 나무 아래에서 제자들에게 예의를 강의하고 있었는데, 환퇴가 특별한 이유 없이 공자를 죽이려고 하면서 그 나무를 뽑아버렸다. 제자들이 빨리 떠나야 할 것 같다고 재촉하자 공자는 말한다.

"하늘이 내게 덕을 생겨나게 하셨는데, 환퇴가 나를 어이 할 수 있겠는가?"251)

---

250) 『荀子』, 第二十八宥坐, "子曰, 爲善者 天報之以福, 爲不善者 天報之以禍."
251) 『論語』, 述而第七, "天生德於予, 桓魋其如予何?"

공자에게 있어서 하늘은 인간사를 주재하는 하늘이면서 이와 같이 인간의 덕성도 부여하는 하늘이다. 공자 일행은 간신히 거기를 빠져나왔다.

## 제사는 선조나 신이 앞에 있다고 여겨라

공자의 하늘관과 관련하여 언급될 수 있는 것이 공자의 귀신관(鬼神觀)이다. 공자는 귀(鬼)와 신(神)을 엄격히 구분하지 않았다. 북송(北宋)의 장재(張載)252)에 따르면 귀(鬼)와 신(神)을 이렇게 정의할 수 있다.

> 귀(鬼)와 신(神)은 음양 이기(二氣)의 실제 능력이다. 음양 두 개의 기(氣)로 말하면 귀(鬼)는 음기(陰氣)의 신령이고, 신(神)은 양기(陽氣)의 신령이다. 하나의 기(氣)로 말하면 지극하여 펼쳐지는 것은 신(神)이고, 반대로 되돌아가는 것은 귀(鬼)이다. 그러므로 실제는 하나의 물질이다.253)

예컨대 태양이 순환함에 따라 양지가 음지가 되기도 하고, 양지가 음지가 되기도 한다. 음양은 두 개의 다른 물질이 아니라 음이 되었다가 양이 되곤 하는 기운의 변화를 의미한다. 그런 맥락에서 장재는 귀신도 음양에 따른 구분일뿐 실제는 하나라고 본다.

공자는 귀신의 존재 유무에 대하여 확신을 갖지 못했다. 그래서 귀신에 대하여 단정적 언급은 자제했다. 공자의 제자 중 번지(樊遲)가 있다. 번지는

---

252) 장재(張載, 1020년~1077년)는 중국 북송(北宋) 시대의 철학자로 성(姓)은 장(張), 이름은 재(載)이다. 횡거진(橫渠鎭) 출신이었기 때문에 이름 대신 횡거로 쓰이기도 한다.
253) 『中庸章句』, 右第十五章, "張子曰, 鬼神者二気之良能也. 愚謂以二氣言, 則鬼者陰之靈也, 神者陽之靈也. 以一気言, 則至而伸者為神, 反而帰者為鬼, 其実一物而已."

공자가 주유천하를 할 때는 관련되어 등장하지 않는다. 다만 『좌전』에 따르면, 공자가 주유천하 중 마지막으로 위(衛)에서 머물 때 제나라가 로나라를 침공했다. 이때 번지는 염구와 함께 제나라에 대항하여 함께 싸웠다. 이것으로 미루어 보면 번지는 공자 말년의 제자로 추정된다. 어느 날 번지(樊遲)가 지혜에 대하여 물었다. 이때 공자는 이렇게 말했다.

"귀신은 공경하되 멀리한다"254)

이 말은 귀신의 존재에 대하여 가능성을 열어둔 것이기도 하며, 한편으로는 귀신의 존재와 긍정적 역할에 대한 회의적 태도를 보인 것이기도 하다. 이러한 공자의 태도는 또 다른 곳에서도 발견된다. 『논어』 「술이」편의 내용이다.

"공자는 괴력난신(怪力亂神: 괴이한 것과 무력과 분란과 신)에 대하여 말하지 않았다"255)

이 표현 역시 자신의 확신이 가지 않는 존재에 대하여는 평가적 태도를 유보하고 상세한 언급을 자제하는 공자의 모습을 말하고 있다. 그러나 공자는 일단 제사에 임할 때는 공경하는 자세를 가졌다. 공자의 문인들이 공자가 제사에 임하는 모습을 이렇게 표현했다.

제사에는 마치 조상이 앞에 있는 듯이 하셨으며, 신(神)에게 제사 지

---

254) 『論語』. 雍也第六. "敬鬼神而遠之."
255) 『論語』. 述而第七. "子不語怪力亂神."

낼 때는 마치 앞에 신이 있는 듯이 하셨다.256)

공자는 조상이나 신에게 지내는 제사에 참여할 때는 마치 그들이 앞에 현신한 것처럼 받들고 정성을 다했다. 그리고 제사에는 핑계를 대지 않고 참여하려 했다.

공자가 말했다. "나는 제사에 참여하지 않으면 마치 제사를 지내지 않은 듯하도다."257)

공자는 자신이 주관하든 일원으로 참여하든 가급적 참여하려 했다. 그러나 일이 있어 타인으로 섭행하게 하거나 일원으로 참여하지 못하면 마치 제사를 지내지 않은 듯이 속이 편하지 않았다.
공자는 조상 제사가 아니라도 일상에서 간소한 제(祭: 제사)를 자주 올렸고, 마을 사람의 역귀(疫鬼: 전염병을 일으키는 귀신)를 쫓는 의식에도 참여했다.

비록 거친 밥[疏食]과 나물국[菜羹]이라도 반드시 제(祭)를 올리고 재계하듯이 했다.258)
[疏: 거칠 소, 食: 먹을 식, 밥 사, 菜: 나물 채, 羹: 국 갱]

마을 사람의 역귀를 쫓는 의식을 행하면 조복(朝服: 조정에 나갈 때 입는 옷)을 입고 동편 계단에 서있었다.259)

---

256) 『論語』, 八佾第三, "祭如在, 祭神如神在."
257) 『論語』, 八佾第三, "子曰, 吾不與祭, 如不祭."
258) 『論語』, 鄕黨第十, "雖疏食菜羹, 瓜祭, 必齊如也." 『로논어』에는 '瓜'가 '必'로 되어있다고 한다. 『로논어』에 따랐다.
259) 『論語』, 鄕黨第十, "鄕人儺, 朝服而立於阼階."

주희에 따르면 옛날 사람은 음식 먹을 때 조금씩 덜어내어 목기(木器) 사이에 두었다. 이것은 선대 음식을 만든 사람에게 지내는 제사였다. 공자도 역시 그리했다. 또 전염병이 돌아 마을 사람이 역귀를 쫓는 의식을 행하면 귀신의 존재 유무를 떠나 마을 사람의 정성에 본인의 경건한 마음을 보태려 했다.

공자는 귀신의 존재를 확신하지는 않았으나 인간의 힘으로 어이할 수 없는 경우에 귀신에게 의지하려 하는 행위가 있을 수 있다고 본다.

> 공자가 질병이 들자 자로가 기도하기를 청했다. 공자가 말했다. "그런 것이 있느냐?" 자로가 대답했다. "있습니다. 誄(뢰)에 이르길, '상하(上下)의 하늘과 땅의 신[神祇]에게 기도한다.'라고 했습니다." 공자가 말했다. "나도 기도한 지가 오래되었노라."[260]
>
> [誄: 제문 뢰, 神: 하늘신 신, 祇: 땅신 기]

'誄(뢰)'는 죽은 사람의 생전의 공덕을 칭송하는 제문(祭文)을 말한다. 자로는 스승인 공자가 질병이 들자 고민 끝에 하늘과 땅의 신에게 기도하기를 청했다. 그리고 전해오는 제문에 그러한 내용이 있으므로 허무맹랑한 행위가 아니라고 주장했다. 그러자 공자는 이미 자신은 마음속으로 기도한 지 오래이나 그 효험은 나타나지 않았음을 말했다. 공자는 역시 신이 존재하는지 확신할 수는 없으나, 질병이나 환난 앞에서 인간이 귀신에 의존할 수 있음을 일단 인정한다. 그러나 한편으로는 귀신에 의존하는 행위의 효험을 단정할 수 없다고 본 것이다.

이처럼 공자는 귀신의 존재를 확신하지 않았으나 귀신에게 의지하려 하

---

260) 『論語』, 述而第七, "子疾病, 子路請禱. 子曰, 有諸? 子路對曰, 有之. 誄曰, 禱爾于上下神祇. 子曰, 丘之禱久矣."

는 행위를 비난하지 않았다. 다만 현실의 인간을 간과하고 귀신만을 섬기려는 행위는 옳지 않다고 보았다.

계로(季路: 자로의 별칭)가 귀신 섬기는 것에 관해 물었다. 공자가 말했다. "사람을 능히 섬기지 못하면서 어찌 귀신을 능히 섬길 수가 있겠는가?" 자로가 물었다. "감히 죽음에 대해 묻습니다." 공자가 말했다. "삶에 대해 모른다면 어찌 죽음에 대해 알 수 있겠는가?"[261]

자로는 귀신의 존재와 섬기는 이유 등을 공자에게 물었다. 그러자 공자는 너무 귀신의 존재에 대하여 경도되기보다는 현실의 인간에게 많은 관심과 애정을 갖기를 말했다. 또 죽음도 우리에게 언젠가는 오는 두려운 상황이지만 너무 거기에 집착하지 말고 삶의 의의에 대해 먼저 고민하기를 권했다.

---

[261] 『論語』, 先進第十一, "季路問事鬼神. 子曰, 未能事人, 焉能事鬼? 敢問死. 曰, 未知生, 焉知死?"

## 2절 인간의 본성과 의지

### 인간의 본성은 비슷하다

공자는 인간의 본성에 대하여 명확한 견해를 밝히지 않았다. 공자의 제자 중에 자공(子貢)은 논변이 능하고 재물 증식에 남다른 재주가 있었다. 그런 자공이 훗날 이렇게 말했다.

"선생님의 문장은 내가 얻어들을 수 있었지만, 선생님께서 본성과 천도를 말씀하시는 것을 들을 수 없었다."[262]

자공은 공자로부터 여러 지혜와 이치를 들어 깨달음을 얻었으나, 인간의 본성과 천도의 이치에 관한 말은 들어보지 못했다. 인간의 본성을 설명하는 이론은 일반적으로 3개의 이론이 있다. 즉, 인간의 본성은 선하지도 악하지도 않다는 학설인 소위 성무선악설(性無善惡說)이 있고, 인간의 본성은 선하거나 악하다고 보는 학설인 성선설(性善說)과 성악설(性惡說)이 있으며, 인간의 본성은 선하기도 하고 악한 면도 있다는 학설인 성유선악설(性有善惡說)이 그것이다.

그런데 인간의 본성에 관한 공자의 견해는 명확하지가 않다. 공자의 후학인 맹자나 순자는 인간의 본성에 관하여 긍정과 부정적 견해에서 서로 분명하게 대조를 이루고 있으나 공자는 그러하지 않다. 공자가 인간의 본성에 대하여 직접적인 언급을 한 것은 다음과 같다.

---

262) 『論語』, 公冶長第五, "夫子之文章, 可得而聞也. 夫子之言性與天道, 不可得而聞也."

"성은 서로 비슷하지만, 습관은 서로 멀리하게 한다."263)

본성은 서로 비슷하게 태어나지만, 생후 습관이나 학습에 따라 그 본성이 서로 다르게 변할 수 있다는 의미이다. 그러나 학습에 의해서도 변할 수 없는 경우가 있다.

공자가 말했다. "오직 상지(上知)와 하우(下愚)는 옮길 수 없다."264)
[知: 알 지, 愚: 어리석을 우]

상지(上知)는 문일지십(聞一知十), 즉 하나를 들으면 열을 아는 소위 성인 다음의 반열이다. 정자는 하우(下愚)를 자포자기(自暴自棄)하는 자라고 했다. 아무리 우둔한 자라도 꾸준히 갈고 닦으면 점차 진전되어 상지에 가까이 갈 수 있으나, 자포자기하는 자는 누가 나서도 그를 상지(上知)로 옮길 수 없다.
태어날 때는 큰 차이가 없으나 생후 습관이나 학습에 영향받은 인간은 그 부류에 따른 비슷한 판단을 한다.

자공이 물었다. "향인(鄕人: 마을 사람)이 모두 좋다고 하면 어떠한 것입니까?" 공자가 말했다. "옳은지는 모르겠다." (자공이 물었다) "향인이 모두 싫다고 하면 어떠한 것입니까?" 공자가 말했다. "옳은지는 모르겠다. 향인 중에 선한 자가 좋아하고, 선하지 않은 자가 싫어하는 것보다는 못하다."265)

---

263) 『論語』, 陽貨第十七, "性相近也, 習相遠也."
264) 『論語』, 陽貨第十七, "子曰, 唯上知與下愚不移."
265) 『論語』, 子路第十三, "子貢問曰, 鄕人皆好之, 何如? 子曰, 未可也. 鄕人皆惡之, 何如? 子曰, 未可也. 不如鄕人之善者好之, 其不善者惡之."

공자는 선한 자와 악한 자의 판단 기준이 서로 달라서 선한 자와 악한 자가 섞여 있는 무리의 일치된 의견은 무의미하다고 보았다. 이상적인 것은 선한 자가 좋아하고, 악한 자가 싫어하는 것이다.

공자가 인간의 본성에 관하여 우회적으로 표현한 것은 있다. 앞에서 살펴본 바와 같이 공자는 위령공(衛靈公)의 부인 남자(南子)를 자로의 만류에도 불구하고 만나고 온다. 이후 공자 일행은 위(衛)를 떠나 조(曹)를 거쳐 송(宋)으로 가게 되는데, 송나라에서 공자 일행은 사마환퇴(司馬桓魋)의 습격을 받는다. 이때 공자는 "하늘이 내게 덕을 낳아주셨는데 환퇴가 나를 어떻게 하겠는가?"[266]라고 말한 바 있다. 공자의 이 말은 인간의 내면적 성품이 하늘로부터 부여받은 것임을 제시해주는 표현이다. 공자는 인간의 본성관에 관하여 명확한 견해를 밝히지 않았으나, 위와 같은 공자의 표현은 인간의 덕을 하늘에 근거하여 표현하고 있어서 공자는 인간의 본성을 긍정적으로 보았다고 추론할 수 있다.

공자의 본성관에 대하여 판단할 수 있는 더 이상의 단서가 『논어』에는 존재하지 않는다. 송나라 시대에 편찬된 『소학』[267]에는 다음과 같은 내용이 나오는데, 이것으로 미루어 공자의 본성관을 유추하기도 한다.

『시경』에 이런 말이 있다. "하늘이 증민(烝民: 뭇 백성)을 생기게 하였으니, 사물이 있으면 법칙이 있도다. 사람이 떳떳한 성품을 간직하고 있으므로 이 아름다운 덕을 좋아한다." 공자가 말했다. "이 시를 지은 자는 도를 알 것이다. 그러므로 사물이 있으면 반드시 법칙이 있는 것이니, 사람이 떳떳함[彝]을 간직하고 있으므로 이 아름다운 덕[懿德]을 좋아하

---

266) 『論語』, 述而第七. "天生德於予, 桓魋其如予何?"
267) 중국 송나라의 주희(朱熹, 1130~1200)가 엮은 것이라고 전해지나, 사실은 그의 제자 유자징(劉子澄)이 주희의 지시에 따라 여러 경전에서 어린이들을 교화시킬 수 있는 격언과 충신, 사적 등을 모아 편찬한 책이다.

는 것이다."268)

[烝: 뭇 증, 彝: 떳떳할 이, 懿: 아름다울 의]


『소학』에서 공자는 「시경」에 나와 있는 문장을 인용하여 인간이 떳떳한 성품[彝]을 갖고 있어서, 아름다운 덕[懿德]을 좋아한다고 했다. 『소학』에 나오는 이 문장이 공자의 생각이라는 것이 확인되지는 않지만, 만일 공자의 말로 인정을 한다면 이러한 내용은 성선(性善)을 우회적으로 함의하고 있는 표현이라고 볼 수 있다.

그렇지만 이와는 반대로 공자가 인간의 본성을 부정적으로 파악했다는 주장도 가능하다. 공자는 본인 스스로 "나는 태어나면서부터 아는 자가 아니다. 옛것을 좋아해서 민첩하게 구했을 뿐이다."269)라고 했다. 공자의 이 말은 공자가 자신의 덕성을 갖추기 위해서 앞선 성인의 언행을 열심히 공부했다는 말이다. 또, 공자는 자신은 호학(好学: 학문을 좋아함)하는 자라고 말했다. 즉 공자는 "열 가구의 마을에서도 나만큼 충성스럽고 믿음직한 사람이야 반드시 있지만, 나만큼 학문을 좋아하는[好学] 사람은 없다."270)고 하여, 배움에 대한 자신의 열정이 어느 사람보다 뛰어났음을 드러내고 있다. 이러한 공자의 말을 종합하면 본래 불완전하게 태어난 자신이지만 후천적 학습에 따라 온전한 덕성을 갖추었다는 해석도 가능하다.

---

268) 『小學』, 嘉言第五, "詩曰, 天生烝民, 有物有則. 民之秉彝, 好是懿德. 孔子曰, 爲此詩者, 其知道乎. 故有物必有則. 民之秉彝也. 故好是懿德."
269) 『論語』, 述而第七, "我非生而知之者, 好古敏以求之者也."
270) 『論語』, 公冶長第五, "十室之邑, 必有忠信如丘者焉, 不如丘之好學也."

## 나아가고 그치는 것은 나에게 달려있다

공자는 인간사를 주재하는 하늘이 인간의 운명을 결정한다고 보았다. 그렇다면 인간은 자신의 삶을 살면서 주체적 의지가 있는 존재인가? 아닌가? 인간에게 있어서 운명론을 수용할 경우 늘 대두하는 문제가 운명과 인간 주체성과의 충돌 문제이다.

서양에서는 고대 헬레니즘 시대에 스토아(Stoa)학파가 인간의 운명결정론을 수용했다. 헬레니즘 문화란 마케도니아의 알렉산더 대왕에 의한 동방 원정과 로마제국에 의한 지중해 세계의 통일로 말미암아 그리스 문화가 오리엔트 문화와 융합되어 형성된 문화를 가리킨다. 스토아학파의 대표자 중 하나인 마르쿠스 아우렐리우스(Marcus Aurelius)는 철학자이면서 로마제국의 제16대 황제이기도 했다. 그는 이렇게 말했다.

당신에게 일어나는 일체의 일은 우주에서 생성되어 세상이 시작된 순간부터 이미 당신에게 할당된 운명이며, 당신 앞에서 펼쳐진 상황은 살아 움직이는 다른 모든 것처럼 운명의 직조물에 짜 넣은 한 오라기의 실에 불과한 것이다." - 『명상록』-

아우렐리우스는 완벽하게 운명론을 수용한다. 그런데 인간의 자유의지에 이르러서는 이율배반적인 주장을 한다. 즉, 그는 "어느 누구도 우리의 자유의지를 **빼앗아갈** 수는 없다."고 하여 인간은 또한 자유의지가 있는 존재임을 천명했다. 그러나 동시에 자유의지의 한계도 분명히 인정하고 있다. 그것은 우리가 어쩔 수 없는 상황에 대하여 자유의지는 아무것도 할 수 없으며, 따라서 동의도 반대도 무의미하다고 보았다.

근대 철학가 중에서 운명론을 수용한 철학자는 스피노자(Spinoza)이다. 스피노자에 따르면, 정신 속에는 절대적 의지, 또는 자유의지가 없다. 오히려 정신은 이것 또는 저것을 의욕 하도록 어떤 원인에 의해 결정되어 있고, 이 원인은 역시 다른 원인에 의해 결정되어 있다. 인간이 스스로 자유의지가 있다는 생각은 인간의 상상이나 착각일 뿐이다. 강제에서 벗어나는 것이 일반적인 자유 개념이다. 그러나 필연성에서 벗어나는 것이 자유가 아니다. 오히려 이 필연성을 자신의 본성으로 가질 때 자유롭다. 다시 말해 필연성을 자신의 본성으로 가지게 되면 다른 것에 의해 자신의 존재와 행동이 결정되는 것이 아니다. 오히려 자기 자신에 의해, 즉 스스로 존재와 행동을 결정하기 때문에 자유로운 것이다. 인간이 선체의 부분인 한 그는 언제나 부자유 가운데 있다. 그러나 이해력을 통하여 사물의 궁극적 원인과 질서를 인식할 수 있다면 자유를 얻을 수 있다. 스피노자는 말한다.

"인간의 정신 안에는 절대적이거나 자유로운 의지가 존재하지 않는다. 오히려 정신은 이것 또는 저것을 의욕 하도록 어떤 원인에 의해 결정되며, 이 원인 역시 다른 원인으로 인하여 결정된다."

이처럼 스피노자는 인간에게는 자유의지가 없다고 단언한다. 자유란 운명 같은 것을 자신의 본성으로 철저히 받아들임으로써 사물의 궁극적 원인과 질서를 알 때 얻어질 수 있다고 본다.

공자도 인간의 운명론을 수용하는 견해다. 공자의 제자 중 염백우(冉伯牛)는 안회, 민자건, 중궁과 더불어 덕행으로 손꼽은 제자이다. 염백우가 악질에 걸려 위독했다.

염백우가 병이 들자 공자가 병문안을 갔다. 들창문으로 그의 손을 잡고 말했다. "이런 일이 없어야 하는데, 운명이로구나. 이 사람이 이런 질병에 걸리다니!, 이 사람이 이런 질병에 걸리다니!"271)

염백우는 덕행이 뛰어나 공자로부터 총애를 받는 제자 중의 하나였다. 당시는 군주가 병문안 등으로 신하를 방문하면 신하는 남쪽에 위치하여 군주가 남면(南面: 남쪽을 바라봄) 하도록 했다. 염백우는 스승이 방문하자 군주를 대하는 예(礼)로 공자를 맞이했다. 그러자 공자는 차마 남면할 수 없어서 들창문으로 그의 손을 잡고 영결(永訣: 영원히 헤어짐)의 인사를 했다. 공자는 염백우 같은 제자가 악질에 걸렸으나 인간의 힘으로 어이할 수 없는 운명 앞에서 참담한 심정을 표현하고 있다.

인간은 본래 완벽하지 않다. 그래서 운명 앞에서 무력한 존재이기도 하다. 그렇다면 공자는 인간의 자유의지를 어떻게 보는가? 『중용』에는 유학의 철학적 배경이 설명되어 있다. 『중용』에 이런 표현이 있다.

"성이란 것[誠者]은 하늘의 도요, 성실하게 만드는 것[誠之者]은 사람의 도이다."272)

[誠: 정성 성, 者: 놈/것 자, 之: 동사로 볼 수도 있고, 대명사로 볼 수도 있다. 여기서는 대명사로 보았다.]

'성자(誠者)', 즉 성(誠)은 하늘이 우리에게 명한 것이고, '성지자(誠之者)', 즉 우리가 성실하게 만드는 것은 인간의 의지에 해당한다. 다시 말하면 도

---

271) 『論語』, 雍也第六, "伯牛有疾, 子問之. 自牖執其手, 曰, 亡之, 命矣夫! 斯人也而有斯疾也! 斯人也而有斯疾也!"
272) 『中庸』, 十九章, "誠者, 天之道也. 誠之者, 人之道也."

덕 그 자체는 하늘에 바탕을 두고 있으나 도덕을 실천하는 것은 인간에게 있다는 것이다. 비록 윗글이 공자가 직접 한 말은 아닐지라도 『중용』이 유학의 철학서로 전승되어온 것을 고려한다면 공자의 생각을 대변하는 표현이라 할 수 있다. 또 하늘에 바탕을 둔 도덕의 실천은 우리가 할 수 있는 한 최선을 다해야 한다.

공자가 말했다. "산을 만드는 것에 비유한다면[譬如爲山], 한 삼태기를 보태지 않아 성공하지 못했다면 중지한 것은 내가 중지한 것이다. 땅을 평탄하게 만드는 것에 비유한다면[譬如平地], 한 삼태기를 부어 진척된다면 내가 나아간 것이다."273)

[譬: 비유할 비, 如: 같을 여, 爲: 만들 위, 山: 뫼 산]

공자에 의하면 우리에게 주체적 자유의지가 인정되기 때문에 우리는 끝까지 최선을 다해야 한다. 한 삼태기의 흙이 일의 성패를 좌우할 수가 있다. 일의 성공도 내가 한 것이고, 일의 실패도 내가 한 것이다. 이처럼 공자는 예기치 않은 죽음 같은 경우에는 운명론을 수용하여 인간의 자각과 자유의지의 한계를 벗어난 듯했지만, 현실과 인간적인 문제에서 그 구체적 실현에서는 인간 의지를 부정하지 않았다. 인간은 자유의지가 있어서 흔들리지 않고 이상적인 목표를 추진할 수 있다.

공자가 말했다. "삼군(三軍)에게 장수를 빼앗을 수 있으나 필부(匹夫: 한 사람의 남자)의 의지는 빼앗을 수 없다."274)

---

273) 『論語』, 子罕第九, "子曰, 譬如爲山, 未成一簣, 止, 吾止也. 譬如平地, 雖覆一簣, 進, 吾往也."
274) 『論語』, 子罕第九, "子曰, 三軍可奪帥也, 匹夫不可奪志也."

대국의 군대인 삼군을 지휘하는 장수는 용맹하나 더 큰 용맹으로 그 장수를 빼앗을 수 있다. 그러나 필부의 의지는 큰 용맹으로도 그 의지를 빼앗을 수 없다. 용맹은 다른 사람에게 드러나는 것이고 의지는 자신에게 있으므로 자신이 스스로 의지를 굳게 하면 몸은 다칠 수 있을지언정 의지는 빼앗길 수 없다. 즉, 목표를 추진하는 데 있어서 외부적 환경보다 자신의 굳은 의지가 더 중요하다는 것이다. 그래서 인간은 과오를 범할 수 있으나 그 과오가 반복되지 않도록 굳은 의지로 개선할 수 있다.

공자가 말했다. "과오가 있는데 개선하지 않으면[過而不改] 그것이 과오라고 일컬을 수 있다[是謂過矣]."275)

[過: 허물 과, 改: 고칠 개, 是: 이(대명사) 시, 矣: 어조사 의]

본래 불완전한 인간은 평소 과오를 범할 수 있다. 과오를 범하는 것은 인간의 자연스러운 모습이다. 그러나 인간은 의지가 있으므로 과오를 개선할 수 있는 존재이다. 그런데도 과오를 개선하지 않는다면 그것이 과오다. 여기서 의지와 물욕은 구분되어야 한다.

공자가 말했다. "나는 강한 자를 보지 못했다." 혹자가 대답해 말했다. "신정(申棖)이 있습니다." 공자가 말했다. "신정은 욕심이 있는데 어찌 강함을 얻겠는가?"276)

신정은 공자의 제자로 물질적인 것을 즐기고 좋아하는 소위 물욕이 과한 사람이었다. 공자가 강한 자를 못 보았다는 것은 일에 있어서 굽히지

---

275) 『論語』, 衛靈公第十五, "子曰, 過而不改, 是謂過矣."
276) 『論語』, 公冶長第五, "子曰, 吾未見剛者. 或對曰, 申棖. 子曰, 棖也慾, 焉得剛?"

않는 의지를 가진 자를 못 보았다는 것이다. 그러자 어떤 사람이 신정을 그 사람이라고 지목했다. 신정이 가진 것은 물욕이고, 물욕은 물질에 휘둘리고 가려지기 때문에 물질을 초월한 의지와는 서로 다르다. 공자에 따르면 물욕을 초월한 의지가 있는 자가 강한 자이다.

## 제5장

# 공자의 교육철학, 누가 스승이 되는가?

**1절** 온고지신(溫故知新)해야 스승이 될 수 있다
**2절** 교육철학과 교수-학습론, 교육의 진보를 말하다
**3절** 참된 학문은 위기이다
**4절** 시에서 흥기하고, 예에서 서고, 악에서 완성된다

# 1절 온고지신(溫故知新)해야 스승이 될 수 있다

### 세 사람 중에 나의 스승이 있다

공자는 천하를 돌아다닐 때 9개국을 목적지로 하여 대략 16번 왕복했는데, 그중 위나라를 가장 많이 왕래했다. 정확히 몇 번째 방문한 때인지는 알 수 없으나, 어느 날 위나라 대부 공손조(公孫朝)가 자공에게 중니(仲尼: 공자의 字)는 어디서 배웠는가를 물었다. 이때 자공이 말했다.

"문왕과 무왕의 도가 아직 땅에 떨어지지 않고 사람에게 있다. 현자는 그 큰 것을 기억하고 현명하지 못한 자는 그 작은 것을 기억한다. 문왕과 무왕의 도가 있지 않음이 없는데 공자가 어디에서든 배우지 않으시며, 어느 일정한 스승이 있겠는가?"[277]

자공의 말은 공자가 일정한 스승이 없이 자기 스스로 공부했으며, 자신의 부족한 것을 채울 수 있는 사람이면 누구든지 스승으로 모시고자 했다는 뜻이다. 그리고 공자 자신도 말했다.

공자가 말했다. "세 사람이 가는 경우에 반드시 나의 스승이 있다. 그 선한 것을 가리어 따르겠다."[278]

---

277) 『論語』, 子張第十九, "文武之道, 未墜於地, 在人. 賢者識其大者, 不賢者識其小者, 莫不有文武之道焉. 夫子焉不學? 而亦何常師之有?"
278) 『論語』, 述而第七, "三人行, 必有我師焉. 擇其善者而從之."

공자는 우리 주변의 사람들이 장점과 단점을 두루 갖고 있으며, 장점 중에는 내가 배울 수 있는 부분이 있으므로 때와 장소를 불문하고 배움의 자세를 가져야 한다고 하고 있다. 이처럼 공자는 일정한 스승 없이 스스로 정진을 하면서 자기 주위에 있는 사람들을 보고 늘 공부하기를 마다치 않는 사람이었다.

그렇다면 공자가 생각한 보편적인 스승의 모습은 무엇일까? 앞서 말한 바와 같이 공자는 진(陳)나라로 가는 도중에 공자를 양호로 착각한 광 땅의 주민들에게 구금을 당한다. 이때 공자는 "하늘이 이 문화를 없애고자 하지 않는다면, 광 땅의 사람들이 나를 어찌하겠는가?"[279)라고 했다. 여기서 '이 문화'는 당시 천자의 나라인 주나라의 문화를 말한다. 공자는 주나라의 문화를 후대에 전승할 가치가 있는 것으로 보고, 또 자신을 선대의 문화를 후대로 전승할 의무가 있는 자로 인식했다. 이 정도의 내용만으로 해석한다면 공자를 기존의 문화를 고수하고 전달하는 것을 가치 있는 것으로 여기는 전통적 보수주의자로 날을 세우며 비판하기가 쉽다. 제자 자장(子張)이 10세대 이후를 알 수 있는가를 묻자 공자가 말했다.

"은나라는 하나라의 예를 인습(因習: 전하여 내려온 것을 배움)하여 덜어내거나 보탠 것을 알 수 있으며, 주나라는 은나라의 예를 인습하여 그 덜어내거나 보탠 것을 알 수 있다. 혹시 주나라의 뒤를 잇는 자가 있으면 비록 백 세 뒤라도 알 수 있을 것이다."[280)

[因: 인할 인, 習: 익힐 습]

---

279) 『論語』, 子罕第九, "天之未喪斯文也, 匡人其如予何?"
280) 『論語』, 爲政第二, "殷因於夏禮, 所損益, 可知也 周因於殷禮, 所損益, 可知也. 其或繼周者, 雖百世可知也."

전반부는 하나라의 예가 은나라에서 가감되어 남아있고 은나라의 예가 주나라에서 가감되어 남아있다는 의미이다. 후반부는 두 가지로 해석이 가능하다. 하나는 과거 문화의 모습을 다음 세대의 문화에서 추론이 가능하다는 것이고, 다른 하나는 과거로부터 이어진 문화는 현재 이후의 문화가 나가야 할 방향을 예측하게 할 수 있다는 것이다. 공자의 말은 어느 쪽일까? 후자일 가능성이 크다. 만약 현재의 문화로 과거를 추론하는 것이라면 전승하는 문헌 등으로도 알 수 있어서 굳이 이런 말이 필요하지가 않다. 더욱이 자장이 물었던 것이 앞으로 다가오는 10세대를 알 수 있는가에 대한 대답이라서 후자일 가능성이 아주 크다. 다음을 보면 더욱 분명하다.

"옛것으로 미루어 새것(미래)을 안다면[溫故而知新] 스승이 될 수 있다."281) [溫: 익힐 온, 故: 옛 고, 知: 알 지, 新: 새로울 신]

'온고이지신(溫故而知新)'은 줄여서 '온고지신(溫故知新)'으로 흔히 쓴다. 직역하면 옛것으로 미루어 새로운 것을 안다는 의미이다. 공자는 스승이 될 수 있는 자격을 옛것으로 미루어 미래의 방향을 설정하고 예측하는 사람이라고 보았다. 공자는 단순히 과거 문화의 모습을 추론하는 것은 큰 의의가 없다고 본다. 따라서 공자가 주나라 문화를 흠모하고 자신이 그 문화의 전달자로 자처하고자 한 것은 주나라의 문화가 과거의 문화가 가감되어 그런대로 정립되어 있다는 사실에 머무르는 것만이 아니라, 주나라 문화는 앞으로의 미래 세대의 방향을 설정해주는 귀중한 자료가 된다고 판단했기 때문이다. 이런 맥락에서 주나라의 뒤를 잇는 자(나라)는 백 세 뒤라도 어떤 모습인가를 알 수 있다고 했다.

---

281) 『論語』, 爲政第二, "溫故而知新, 可以爲師矣."

그래서 공자가 생각한 스승의 모습은 단순히 과거의 문화에 대해 해박한 지식을 소유한 자가 아니다. 진정한 스승은 과거로부터 현재에 이르는 문화를 두루 섭렵하고 분석하여 미래의 이상적인 방향을 알 수 있는 자가 인류의 스승이 될 자격이 있다고 보았다. 분명 공자는 과거의 것을 고수하여 전달하는 것을 가치 있다고 목소리 높여 말하는 보수가 아니다. 주나라의 문화가 은나라의 문화를 가감하여 정립되었듯이 우리의 미래도 과거와 오늘의 문화를 가감하여 정립되어야 할 대상으로 보는 진보주의자이다. 또 그러한 것을 예측할 수 있어야 스승이 될 자격이 있다고 본 것이다.

### 내가 아는 것이 있는가?

공자는 옛것으로 미루어 새것(미래)을 아는 사람이 스승의 자격이 있다고 했다. 그렇다면 스승 된 자는 학업과 가르침에 어떤 자세여야 하는가?

먼저, 스승은 묵묵히 기록하고, 배움에 싫증 내지 않고, 가르침에 게으르지 않아야 한다.

공자가 말했다. "묵묵히 기록하고[默而識之], 배우면서 싫증 내지 않으며[學而不厭], 사람을 가르치기를 게을리하지 않는[誨人不倦] 것들, 그 무엇이 나에게 있겠는가?"[282]

[默: 묵묵할 묵, 識: 알 식, 기록할 지, 之: 그것(대명사) 지, 厭: 싫을 염, 誨: 가르칠 회, 倦: 게으를 권]

---

282) 『論語』, 述而第七. "子曰, 默而識之, 學而不厭, 誨人不倦, 何有於我哉?"

"성(聖)과 인(仁)으로 말하면 내가 어찌 감히 있다고 할 수 있겠는가? 그러나 그것을 행함에 싫증을 내지 않고, 사람을 가르치는 것을 게으르지 않은 것[誨人不倦]은 그렇다고 말할 수 있을 것이다."283)

'默而識之(묵이지지)'의 '識'는 흔히 쓰는 '식'이 아니라 여기서는 기록한다는 뜻인 '지'로 읽는다. '그 무엇이 나에게 있겠는가?'는 자신에게 있다는 것을 겸사(謙辞: 겸손한 말)로 표현한 것이다. 교육자인 스승은 '묵이지지(默而識之)', 즉 읽고 공부한 것을 묵묵히 기록하여 잊지 않도록 하고, '학이불염(学而不厭)', 즉 배우면서 싫증 내지 않으며, '회인불권(誨人不倦)', 즉 사람을 가르치는 것을 게으르지 않아야 한다.

다음으로, 스승은 어떠한 자가 질문을 해도 성심껏 자초지종이나 원리를 얘기해줄 수 있는 사람이어야 한다. 공자가 자신의 평소 교육관을 말했다.

공자가 말했다. "내가 아는 것이 있는가? 아는 게 없다. 그러나 비루(鄙陋: 마음과 행동이 깨끗하지 않음)한 자가 나에게 물어오면 그가 어리석더라도 나는 그 양단(兩端: 처음과 끝)을 두드려 할 수 있는 바를 다했다."284)

공자는 일단 스스로 낮추어 자신은 아는 것이 없다고 했다. 그렇지만 아무리 신분이 천한 자가 어리석은 질문을 해도 양단(兩端)을 두드려 가며 설명했다는 말이다. 여기서 '두드린다[叩]'는 말은 답을 바로 얘기해준다는 의미가 아니라 이치(답)를 알 수 있도록 힌트를 주면서 고무함을 말한다. 공자는 아무리 어리석은 자라도 귀찮아하며 가볍게 답만 말해주는 것이 아니라 인내심을 갖고 그 질문하는 바의 처음과 끝, 상하 관계를 이해하도

---

283) 『論語』, 述而第七, "子曰, 若聖與仁, 則吾豈敢? 抑爲之不厭, 誨人不倦, 則可謂云爾已矣."
284) 『論語』, 子罕第九, "子曰, 吾有知乎哉? 無知也. 有鄙夫問於我, 空空如也. 我叩其兩端而竭焉."

록 자극과 격려를 했다.

그리고 스승은 감추는 것 없이 자신이 가진 그대로를 제자들에게 보여주고 함께하려 한다.

> 공자가 말했다. "애들아! 내가 감춘 것이 있다고 생각하느냐? 나는 너희들에게 감춘 것이 없다. 나는 행하면서 너희들과 함께하지 않은 것이 없다. 이것이 나다!"285)

스승으로서의 공자는 어떤 특별한 것이나 학문의 비법을 자신만 알고 있으려고 한 것이 아니라 자신이 알고 있는 전부를 제자들과 함께 강론했다. 그러나 가르침은 너무 많은 말로 전달하면 안 된다.

> 공자가 말했다. "나는 말하지 않기를 원한다." 자공이 말했다. "선생님이 만약 말하지 않으시면 저희들은 무엇을 진술하리까?" 공자가 말했다. "하늘이 어떤 말을 하겠는가? 사시(四時)가 행하고, 백물(百物)이 생겨 나는데 하늘이 어떤 말을 하겠는가?"286)

자공은 공자의 말을 오해하여 제자들과 대화 자체를 기피하고자 하는 것으로 생각했다. 공자는 가르치는 자가 너무 많은 말을 하면 배우는 자들이 말로써 사물의 이치를 깨달으려 하는 것을 우려했다. 학문은 사물의 소이연(所以然: 그렇게 된 까닭)을 깨우치기 위하여 배우는 자들이 학문의 대상이나 주위의 것을 깊이 사색하고 관찰하는 것이 필요하다. 하늘이 말을

---

285) 『論語』, 述而第七, "子曰, 二三子以我爲隱乎? 吾無隱乎爾. 吾無行而不與二三子者, 是丘也."
286) 『論語』, 陽貨第十七, "子曰, 予欲無言. 子貢曰, 子如不言, 則小子何述焉? 子曰, 天何言哉? 四時行焉, 百物生焉, 天何言哉?"

하지 않아도 계절과 삼라만상은 그 모습을 보여주듯이 공자가 말을 하지 않아도 진리는 드러나 있다.

스승은 어떠한 가치나 덕목을 제자들에게 가르치는가? 이것은 공자의 제자들이 공자의 교육을 회상할 때 제시되었다.

> 안연(안회)이 한숨을 쉬며 탄식하여 말했다. "우러러보면 더욱 높고[仰之彌高], 파 들어가면 더욱 견고하고[鑽之彌堅], 바라보면 앞에 있는 듯하다가 홀연 뒤에 계시는구나. 선생님께서는 순순히 사람을 잘 이끌어주셨으니, 학문으로 나를 넓혀주시고[博我以文], 예로 제약해주셨다[約我以禮]. 불능을 깨뜨리고 싶었는데 이미 나의 재능을 다 쓴 듯하여 우뚝 저기 서있으신 듯하다. 비록 쫓아가려 하나 어떻게 할 수가 없구나"[287]
>
> [仰: 우러를 앙, 之: 그것 지, 彌: 더욱 미, 高: 높을 고, 鑽: 뚫을 찬, 堅: 굳을 견, 博: 넓을 박, 我: 나 아, 文: 글월 문, 約: 묶을 약]

앞부분은 어떤 때는 앞에서 이끌고 어떤 때는 뒤에서 제자를 지켜보는 스승으로서의 공자의 모습이다. 바로 '앙지미고(仰之彌高)', 즉 그(공자)를 우러러보면 더욱 높고, '찬지미견(鑽之彌堅)', 즉 그(공자)를 파 들어가면 더욱 견고하다고 했다. 뒷부분인 '박아이문(博我以文)'과 '약아이례(約我以礼)'는 공자의 교육을 요약하여 표현하는 제5장 4절의 '박문약례(博文約礼)'를 안회 자신에게 적용하여 말한 것이다. '박문(博文)'은 인지적 영역으로서 사물의 이치를 널리 탐구하는 것을 말하며, '약례(約礼)'는 도덕적 영역으로서 자신의 사욕을 극복하고 예를 회복한다는 의미로 보면 무난할 것 같다. 스승으로서의 공자는 이처럼 지식과 덕성을 조화롭게 아우르는 교육을 했다.

---

287) 『論語』, 子罕第九, "顔淵喟然歎曰, 仰之彌高, 鑽之彌堅. 瞻之在前, 忽焉在後. 夫子循循然善誘人, 博我以文, 約我以禮. 欲罷不能. 旣竭吾才, 如有所立卓爾. 雖欲從之, 末由也已."

## 2절 교육철학과 교수-학습론, 교육의 진보를 말하다

### 교육의 평등, 유교무류

공자는 보통교육의 일반화에 기여했다. 보통교육이란 모든 사람에게 공통으로 실시하는 기초적인 교육을 말한다. 공자는 인류 최초로 사학(私学)을 설립하여 보통교육을 일반화시킨 인물이라고 평가될 수 있다. 공자가 본격적으로 학생들을 가르친 것은 청년 시절 주나라 서울인 낙읍에 가서 문물을 견학하고 온 뒤로 추정된다. 당시의 교육은 나라에서 설립한 관학(官学)이 일반적 교육 기관이었다. 관학 교육은 정부에서 설치한 학교 교육을 가리키며 거기엔 국학과 향학의 구분이 있었다. 국학은 주나라와 각 제후국의 수도에 설치되었고 향학은 지방에 설치되었는데, 교육을 받는 학생들은 주로 귀족의 자녀들인 것으로 전해진다. 『예기』 「왕제」에 따르면 천자국인 주나라에는 국학으로 벽옹(辟雍)이 있었고, 제후국은 반궁(頖宮/泮宮)이 있었다. 『맹자』에 따르면 향학으로는 상(庠)이 있었다.

공자는 전국 각지에서 몰려오는 사람들을 신분의 차별 없이 제자로 받아들였다. 이와 관련된 말이다.

> 공자가 말했다. "스스로 속수(束脩) 이상의 예물을 가져온 이에게 나는 가르쳐 주지 않은 적이 없었다."[288]
>
> [束: 열조각 속, 脩: 포 수]

---

288) 『論語』, 述而第七, "自行束脩以上, 吾未嘗無誨焉."

'속수'는 10마리의 포(鮑)를 의미하는데, 이로 보면 공자는 최소한의 예물을 받고 교육을 널리 개방한 것으로 추측된다.

공자의 교육 철학으로 평등주의적 교육관이 있다. 『논어』에는 '유교무류(有教無類)'라는 표현이 있다. 송대(宋代)의 주희는 '유(類)'를 '사람들에게 선악이 서로 다르게 있는 모습'으로 해석하나, 다산은 '백관, 만민 등과 같은 신분'으로서의 의미와 '구주(九州: 중국을 의미), 사이(四夷: 사방의 이민족)와 같은 여러 지역에 사는 인종'으로서의 의미 두 가지로 해석한다. 주희에 의하면 인성의 선악 여부와 관계없이 교육한다는 의미이고, 다산에 의하면 신분, 인종을 구분하지 않고 (평등하게) 교육한다는 의미이다. 다산에 따르면 우리가 사용하는 '유(類)'는 구분되는 무리를 지칭한다. 따라서 다산은 "한 방안에도 구별되기 어려운 류하혜(柳下惠)와 도척(盜跖)[289]같은 인물이 있고, 한 사람의 몸 안에도 거짓과 정직이 수시로 변하는데 어찌 선악으로 무리를 두 개로 구별할 수 있는가?"[290]하며 주희의 주장을 반박한다. 다산의 주장을 따르면 공자는 신분에 따른 교육을 지양했다는 점에서 진보적 평등주의자라고 평가될 수 있다.

다산의 주장이 옳다고 본다. 주희의 주장처럼 인성의 선악 여부와 관계없이 교육한다는 것으로 해석하게 되면, 이것은 개인의 자질에 따른 개별 교육을 지향한 공자의 평소 교육관과 배치되어 찬성하기 어렵다. 사실 공자의 교육사상이 평등을 지향했는가에 관한 판단은 종합적으로 검토되어야 하나 유감스럽게도 그와 관련된 내용이 들어 있는 공자의 언급은 이 한 구절이다. 여하튼 다소 해석상의 차이는 있으나 공자의 '유교무류(有教無類)'는 일반적으로 평등을 지향하는 공자의 사상으로 이해되고 있다.

---

289) 류하혜의 동생으로 악한 도적으로 알려져 있다.
290) 『與猶堂全書論』, 語古今注 卷八, 衛靈公 下. "或一室之內, 惠跖相雜, 或一人之身, 佞直頓變, 豈可別之爲二類乎?"

다만 혹자는 유교무류의 해석을 "교육을 하되, 그 대상에는 차등이 없다."라고 하기도 한다. 이러한 해석도 교육의 대상이 되는 학문의 영역에서 정통과 이단을 구별하지 않고 모두 수용하는 것이라고 보는 점에서 역시 진보적인 공자의 교육관을 말해주고 있다.

## 교수-학습론

공자의 교수-학습 모형은 상당 부분 대화법으로 구성되어 있다. 앞에서 살펴본 바와 같이 『논어』의 내용은 크게 세 가지 유형의 문장으로 구성되어 있다. 하나는 공자가 당시 사람들과 제자들에게 응답한 말, 다른 하나는 제자들이 서로 주고받은 말이며, 마지막으로는 공자가 말한 것을 제자들이 직접 들은 내용에 관한 것이다. 서양에서는 공자보다 대략 80여 년 후에 태어난 고대 그리스의 소크라테스가 대화법을 사용했다. 공자와 소크라테스의 대화법은 두 가지 점에서 서로 다르다. 소크라테스의 대화법은 소크라테스가 주체가 되어 집요하게 질문을 던지는 형식이나, 공자의 대화법은 일정한 주체가 없다. 공자와 제자가 상황에 따라 서로 질문자가 되는 구조이다. 또 하나는, 소크라테스는 물고 늘어지는 집요한 질문으로 상대방이 스스로 진리를 깨닫게 하는 이른바 산파술(産婆術)을 구사한다. 그러나 공자는 토론 중 끝에 가서는 결국 자기 생각을 은미(隱微: 겉으로 드러나지 않음)하게 제시하는 경우가 많다.

그렇다면 공자가 제자들의 교육에서 구체적으로 사용한 교육 방법은 무엇이었을까?

첫째, 공자는 사람의 능력, 자질에 따라 개별교육을 시행했다. 사람의 능력, 자질에 따른 개별교육은 현대의 교수-학습 방법에서도 일제 교육을 보완할 수 있는 매우 중요시되는 교수-학습 방법이다. 공자는 사람의 학습 재능은 다음과 같이 등급이 있음을 말한다.

"태어나면서 아는 자[生而知之者]는 위에 있는 것이고, 배워서 아는 자[學而知之者]는 그다음이며, 곤란을 겪고서 배우는 것[困而學之]은 또 그다음이며, 곤란을 겪었는데도 배우지 않으면[困而不學] 백성은 저 아래라고 한다."291)

[之: 그것 지, 者: 놈/것 자, 困: 곤할 곤]

'생이지지자(生而知之者)', 즉 태어나면서 아는 자는 하늘로부터 그 재능을 부여받았으니, 우리가 인품으로 말하면 성인이고 재능으로 말하면 천재로 불리는 자들이다. 이처럼 천재부터 아래까지 공자는 재능에 따라 인간을 4개의 등급으로 분류했다. 평소 공자는 자신을 평가하기를, "나는 태어나면서부터 아는 자가 아니다. 옛것을 좋아하고 민첩하게 구하는 자이다."292)라고 겸손한 말을 했다. 그러나 후학(後學)인 정자(程子)는 공자를 '태어나면서 아는 분[生而知之]'으로 평가하기를 주저하지 않았다. 즉, 공자를 성인으로 보았다. 또한, 공자는 사람마다 역량의 차이가 있을 수 있음을 활쏘기에 비유하여 말하기도 했다.

공자가 말했다. "활쏘기에서 가죽을 (관통하기를) 주장하지 않는 것

---

291) 『論語』, 季氏第十六, "生而知之者, 上也. 學而知之者, 次也. 困而學之, 又其次也. 困而不學, 民斯爲下矣."
292) 『論語』, 述而第七, "子曰, 我非生而知之者, 好古敏以求之者也."

[射不主皮]은 힘이 동등하지 않음을 위함이니, 이것이 옛날의 도(道)이니라."293)

[射: 쏠 사, 主: 주장 주, 皮: 가죽 피]

'사부주피(射不主皮)', 즉 활쏘기에서 가죽을 주장하지 않는다. 활을 쏠 때 과녁에 베[布]로 바탕을 깔고 중앙에 가죽으로 정곡(正鵠)을 만든다. 과거 활을 쏘는 예도(礼道)는 과녁을 조준하여 맞추려 하되 꼭 정곡을 힘차게 관통하는 것을 목적으로 하지 않았다. 이것은 사람이 힘이 동등하지 않음을 인정하고, 또한 활쏘기 의례가 예도의 진작 차원에서 이루어졌기 때문이었다. 활 쏘는 예식인 대사례(大射礼)와 향사례(鄕射礼)가 그것이었다. 그런데 공자 시대에 이르러 점차 이러한 예도가 쇠하고 힘으로써 정곡을 관통하는 것을 목적으로 하는, 소위 살상을 목적으로 하는 활쏘기가 기승을 부렸다. 활이 과녁을 지향하여 제대로 날아가게 하는 것은 가르칠 수 있지만, 정곡을 뚫고 나가는 것은 개인의 힘의 영역이지 교육의 영역이 아니다. 따라서 교육적 의미로 해석하면 학습자에게 학습의 목표와 내용은 제시하여 가르치되, 개인차에 따른 영역까지 획일적으로 강요할 수는 없다는 말이다. 그리하여 공자는 사람이 가진 역량의 차이에 따라 교육해야 함을 말한다.

"중인 이상은 상급을 말할 수 있으나, 중인 이하는 상급을 말할 수 없다."294)

이와 같이 공자는 사람의 역량에 따라 난이도를 맞추어 맞춤식 개별교

---
293) 『論語』, 八佾第三, "子曰, 射不主皮, 爲力不同科, 古之道也."
294) 『論語』, 雍也第六, "中人以上, 可以語上也. 中人以下, 不可以語上也."

육을 할 필요성을 말한다. 공자가 개별교육을 시행한 사례를 자로와 염구에게서 살펴보자. 자로와 염구는 안회, 자공 등과 더불어 공자를 모시고 천하를 주유했던 제자들이었다. 둘 다 정사(政事)에 밝다고 공자가 평가한 인물들이다. 어느 날 자로, 염구가 공자에게 물었다.

자로가 물었다. "듣는 즉시 행하여야 합니까?" 공자가 말했다. "부모와 형제가 있는데 어떻게 듣는 즉시 행할 수 있겠는가?" 그러자 염구가 똑같은 질문을 했다. "듣는 즉시 행하라."[295]

이때 제자 중 하나인 공서적이 같은 질문에 서로 다른 답을 하는 까닭을 묻자 공자가 말했다.

"염구는 머뭇거리니까 나아가게 한 것이오. 자로는 다른 사람보다 앞서니까 물러나게 한 것이다."[296]

이처럼 공자는 제자들의 성품에 맞추어 적합한 교육을 했다. 공자가 제자들을 상대로 개별교육을 시행한 사례는 이 외에도 『논어』에 많이 나와 있다. 예컨대 사마우가 군자에 관해 묻자 공자는 그의 형제로 인한 근심과 불안을 고려하여 군자는 불우불구(不憂不懼), 즉 근심하지도 않고, 두려워하지 않는다고 말했다. 자장이 정치에 관해 묻자 자장의 우쭐대는 성격을 고려하여 거주함에 게으름이 없고, 행동함이 충(忠)으로 해야 한다고 했다. 자하에게는 소심한 성품을 고려하여 군자의 유학자가 되어야지, 소인

---

295) 『論語』, 先進第十一, "子路問 聞斯行諸? 子曰, 有父兄在, 如之何其聞斯行之? 冉有問, 聞斯行諸? 子曰, 聞斯行之."
296) 『論語』, 先進第十一, "求也退, 故進之. 由也兼人, 故退之."

의 유학자가 되지 말라고 했다.

사람마다 재능과 역량의 차이가 있듯이 일정 계층의 여자, 소인에게도 위치에 따른 감수성에 차이가 있다고 공자는 보았다.

> 공자가 말했다. "오직 여자와 소인은 돌보기 어렵다. 가까이하면 불손하고[近之則不孫], 멀리하면 원망한다[遠之則怨]."297)
>
> [近: 가까이할 근, 之: 그것 지, 則: 곧 즉, 孫: 겸손할 손, 遠: 멀리할 원, 怨: 원망할 원]

여기서 소인은 직위 없는 자이고, 또한 돌보아야 할 대상을 말하고 있으므로 당시 신분제 시대의 집안의 하인을 가리킨다. 따라서 소인과 같이 쓰인 여자는 마찬가지로 돌보아야 할 대상으로 말한 것이므로 세간의 여자를 말하는 것이 아니라 집안에서 위치가 낮은 첩(妾) 등을 지칭한다고 판단된다. 이들 여자와 소인은 자신들의 위치에 따라 감수성에 차이가 있으므로 적절히 돌보기가 어렵다는 말이다. 위 내용에서 '불가근불가원(不可近不可遠)'이란 고사성어가 만들어졌다. '불가근불가원(不可近不可遠)', 가까이할 수도, 멀리할 수도 없다는 뜻이다.

둘째, 공자는 학생들이 공부할 때 학습자의 학습욕구, 즉 자발성을 강조했다. 다음의 말을 살펴보자.

> "분발하지 않으면 없으면 (얻는 방법을) 열어주지 않고[不憤不啓], 입으로 표현하고자 하지 않으면 발설하게 하지 않는다[不悱不發]. 한쪽 모퉁이를 드는데, 세 모퉁이로 반응치 않으면 반복하지 않는다."298)
>
> [憤: 발분할 분, 啓: 열 계, 悱: 말하고싶을 비, 發: 일으킬 발]

---
297) 『論語』, 陽貨第十七, "子曰, 唯女子與小人爲難養也. 近之則不孫, 遠之則怨."
298) 『論語』, 述而第七, "不憤不啓, 不悱不發. 擧一隅, 不以三隅反, 則不復也."

'분(憤)'은 구하고자 하는 마음은 있으나 아직 실제로 얻지 못함을 뜻한다. 따라서 '불분불계(不憤不啓)'는 얻으려고 분발하지 않으면 아예 얻는 방법을 가르치지 않는다는 것을 말한다. '비(悱)'는 입으로 말하고 싶으나 하지 못함을 뜻한다. 따라서 '불비불발(不悱不發)'은 입으로 표현하고자 하지 않으면 억지로 말문이 트이게 하지 않는 것을 말한다. 이처럼 공자는 배우려는 사람이 그 마음에서 동기나 욕구가 분출할 때 가르침을 주려 했다. 이러한 방법을 마치 상(床)의 한 모퉁이를 들면 나머지 세 모퉁이가 자연스럽게 들리는 형상에 비유하여 설명하고 있다. 흔히 학습자의 자발성을 강조하는 학습자 중심의 교육관은 19세기 말에 서양에서 대두한 진보주의적 교육관의 핵심 교육 철학이기도 하다. 공자는 일찍이 2,500여 년 전에 이러한 진보적 교육관을 실천한 인물이었다.

학습자의 학습욕구를 중요시하는 공자는 학습자의 게으름과 자신감의 결여를 적극 경계했다. 공자의 제자 중에 재여(宰予)는 언변에는 능했지만 게으르고 성실치 못한 제자였다. 평소 낮잠을 자주 자는 재여를 보다 못해 공자는 이렇게 말한다.

"썩은 나무는 조각할 수 없으며, 똥으로 만든 담장은 흙손질할 수 없다."299)

자신의 제자를 썩은 나무와 똥으로 비유한 것을 보면 제자의 나태한 모습에 격앙된 공자의 인간적 모습을 상상할 수가 있다. 자발성의 강조는 자신감의 결여를 경계한다. 공자의 제자 중 안회는 덕행이 뛰어났으나 아쉽게도 공자가 58세에 주유천하를 마치고 로나라로 돌아와 『춘추』를 지을

---

299) 『論語』. 公冶長第五. "朽木不可雕也. 糞土之牆不可杇也."

무렵에 나이 40을 갓 넘겨 사망했다. 어느 날 공자가 안회를 칭찬하며 말했다.

"현명하구나, 안회여! 한 그릇의 밥과 한 바가지의 물을 먹으면서 누추한 거리에 살고 있구나! 사람들은 그 근심을 감내하지 못하지만 안회는 그렇게 사는 즐거움을 바꾸지 않는구나! 현명하도다, 안회여!"[300]

공자가 안회를 칭찬하자 옆에 있던 제자 염구(冉求)가 말했다.

"스승님의 도를 늘 기뻐하지 않음이 없었습니다만 힘이 부족합니다." 그러자 공자가 말했다. "힘이 부족한 자는 중도에서 그만두고 만다. 너는 스스로 한계를 긋고 있구나!"[301]

평소 안회보다 재능이 뒤떨어진다고 생각한 염구는 겸손하게 자신은 힘이 부족하여 공자의 도를 제대로 따르지 못한다고 했다. 그러자 공자는 염구가 자신의 능력이 부족하다고 스스로 생각하는 그것이 문제이고 이렇게 스스로 설정한 자신감이 없는 모습을 극복해야 함을 말하고 있다.

셋째, 공자는 학습동기를 부여하는 발문(發問)을 적절히 구사했다. 공자는 천하를 방랑했으나 자신을 등용해줄 군주를 만나지 못했다. 이에 공자가 이렇게 한탄했다.

공자가 말했다. "나를 알아주지 않는구나!" 자공이 말했다. "무엇 때문

---

300) 『論語』, 雍也第六, "子曰, 賢哉, 回也! 一簞食, 一瓢飮, 在陋巷. 人不堪其憂, 回也不改其樂. 賢哉, 回也!"
301) 『論語』, 雍也第六, "非不說子之道, 力不足也. 子曰, 力不足者, 中道而廢. 今女畫."

에 선생님을 알아주지 않습니까?" 공자가 말했다. "하늘을 원망하지 않으며[不怨天], 사람을 탓하지 않고[不尤人], 하학(下學)하여 상달(上達)하나니, 나를 알아주는 것은 하늘이구나!302)

[怨: 원망할 원, 尤: 탓할 우]

공자가 세상이 나를 알아주지 않는다고 말을 던진 것은 제자들의 질문을 유도한 소위 발문(發問: 질문을 유도함)이었다. 공자의 말에 제자들의 질문은 몇 가지로 다양할 수 있으나, 그중 공자는 남이 자신을 알아주지 않는 경우 어떤 처세를 해야 할 것인가를 미래지향적으로 제자들이 묻기를 바랐다. 자공은 남이 알아주지 않는 이유를 질문했다. 그런데 자공의 질문에 대한 답은 공자도 제자도 다 아는 형식적이고 의례적 질문이었다. 즉, 도가 통용되지 않는 세상이었기 때문이다. 그러자 공자는 자공의 질문에 대한 즉답을 피하고 세상이 자신을 알아주지 않아도 해야 할 처신을 말했다. '불원천불우인(不怨天不尤人)', 즉 하늘을 원망하지 않으며, 사람을 탓하지 않는다는 것이다. 그리고 '하학상달(下学上達)'이라 했다. '하학(下學)'은 인간의 물욕에 관련된 일을 아는 것을 말하며, '상달(上達)'은 미래지향적이고 보편적인 가치나 이치에 도달함을 말한다. 공자는 비록 세상이 자신을 알아주지 않아도 누구를 원망하지 않고, 자신과 주변을 성찰하는 것으로 시작하여 미래와 보편적 가치를 지향해야 함을 말했다.

로나라 대부 맹의자는 공자 나이 17세에 그의 형 맹도(孟縚)와 함께 공자의 제자가 되고자 했던 인물이다. 그가 효(孝)에 관해 묻자 공자는 '어기지 않는 것[無違]'이라고 했다. 맹의자의 질문에 공자가 '무위(無違)'라고 답한 것은 매우 간략하여 그 뜻을 파악하기가 쉽지 않다. 그런데 맹의자는 더

---

302) 『論語』, 憲問第十四, "子曰, 莫我知也夫! 子貢曰, 何爲其莫知子也? 子曰, 不怨天, 不尤人, 下學而上達. 知我者其天乎!"

이상의 질문을 하지 않았다. 그때 제자 번지가 공자의 마차를 몰았다. 공자는 번지에게 맹의자가 효를 묻자, 자신이 '어기지 않는 것[無違]'이라고 말했다고 넌지시 운을 띄웠다. 결국, 번지가 그 의미가 궁금하여 공자에게 묻고 공자가 본론을 말하게 된다. 관련 내용은 제6장 3절에 나온다.

넷째, 공자는 타인의 장점을 고무하여 드러내 신장하게 했다. 제자들은 이렇게 공자를 회고했다.

> "선생님은 다른 사람에게 노래 부르게 할 때 잘하면 다시 반복하게 한 후에 화음을 넣으셨다."[303]

공자는 노래를 잘하는 사람이 있으면 그 장점을 북돋워 주기 위해 칭찬을 하고 몇 번 반복하게 한 후 함께 화음을 넣었다. 이처럼 잘하는 사람의 장점을 인정하고 또 그것이 더 신장할 수 있도록 고무시켰다.

다섯째, 공자는 학습에서 성찰적 자세와 반성적 사고를 강조했다. 공자는 군자와 소인을 구별하는 기준으로 '구제기(求諸己)'[304]를 들고 있다. 구제기는 직역하면 '나에게서 구한다'의 의미이다. 따라서 구제기는 어떤 일의 원인을 일단 자기에게서 찾는 성찰적 자세를 의미한다. '구제기적' 사유가 인(仁)의 실천에서는 '위인유기(爲仁由己)'로 표현된다. '위인유기(爲仁由己)', 인(仁)을 실천하는 것은 자기로부터 비롯된다는 의미이다. 또한, 공자는 반성적 사고를 강조했다.

공자가 말했다. "현명한 사람을 보면 같아지기를 생각하고[見賢思齊] 현

---

303) 『論語』, 述而第七. "子與人歌而善, 必使反之而後和之."
304) '求諸己'의 '諸'는 음이 제/저가 있다. 따라서 '求諸己'는 '구제기' 혹은 '구저기'로도 발음된다.

명하지 못한 사람을 보면 내 안에서 (그럴 수 있음을) 스스로 반성하라."305)

[見: 볼 견, 賢: 현명할 현, 思: 생각할 사, 齊: 가지런할 제]

"볼 수 없도다! 나는 그 과오를 보고 내적으로 스스로 다투는 자를 보지 못했노라."306)

'견현사제(見賢思齊)', 즉 현명한 사람을 보면 같아지기를 생각해야 한다. 또 현명하지 못한 사람을 보면 그 사람을 폄하만 하지 말고 내 안에도 그런 부분이 있는지 돌이켜 보아야 한다. 하물며 자신 스스로 저지른 과오는 더더욱 남의 탓으로 돌리지 말고 내적인 반성을 해야 한다. 공자 제자인 증삼은 이런 공자의 생각을 더욱 구체적으로 표현하여 "나는 매일 세 번 반성한다."307)라고 했다. 증삼의 표현은 다소 각박한 느낌을 주는데, 여하튼 공자에게 있어서 성찰적 자세와 반성적 사고는 인품의 수양과 학습 방법에서 주요한 방법이었음을 알 수 있다.

공자는 반성적 사고를 '불설지교회(不屑之敎誨)'를 통하여 유도하기도 했다. 로나라 사람으로 유비(孺悲)란 자가 있었다. 그는 일찍이 공자에게 사상례(士喪礼: 선비의 상례)를 배운 적이 있었다. 그가 공자를 만나려 했다.

유비(孺悲)가 공자를 뵙고자 했으나 공자가 질병을 핑계로 거절했다. 심부름하는 자가 문을 나가자 거문고를 뜯으며 노래를 불러 그가 듣게 했다.308)

---

305) 『論語』, 里仁第四, "子曰. 見賢思齊焉. 見不賢而內自省也."
306) 『論語』, 公冶長第五, "已矣乎! 吾未見能見其過而內自訟者也."
307) 『論語』, 學而第一, "吾日三省吾身."
308) 『論語』, 陽貨第十七, "孺悲欲見孔子. 孔子辭以疾. 將命者出戶. 取瑟而歌. 使之聞之."

이런 가르침을 전국시대의 맹자(孟子)는 '불설지교회(不屑之教誨)'라고 했다. '불설지교회(不屑之教誨)'는 깨끗하게 여기지 않는 가르침이란 의미다. 교육에서 달갑지 않게 여긴다는 것은 상대방이 진정성이 없어서 가르치는 것을 원하지 않는다는 말이다. 공자는 병을 핑계로 만남을 일단 사양하고는 심부름꾼이 듣게 거문고를 뜯으며 노래했다. 이럼으로써 공자가 만나주지 않는 것은 병 때문이 아니라 다른 이유가 있음을 상대방이 숙고하여 반성하도록 했다. 공자가 유비를 만나지 않으려 한 이유는 전해지는 내용이 없다.

### 자식은 바꾸어 가르친다!

공자는 68세에 주유천하를 마치고 로나라로 귀국했지만, 벼슬을 하지 않고 제자 양성에 전념했다. 이때 공자를 따르는 제자는 모두 3천 명에 이르렀고 육예(六芸)에 능통한 자가 72명이었다 한다. 이렇게 많은 제자를 거느리며 가르친 공자는 자식을 어떻게 가르쳤을까? 공자의 아들은 공리(孔鯉)이며 공리의 자(字)는 백어(伯魚)이다. 공자에게는 딸도 있었다. 『논어』「공야장」편에는 공자가 제자 공야장에게 자기 딸을 처로 삼게 했다는 기록이 있다. 그러나 그 외의 자세한 인적 사항은 전해지지 않는다. 어느 날 진항(陳亢)이 공리에게 물었다.

"당신은 특별히 아버님에게서 가르침을 들은 바 있습니까?" 공리가 대답했다. "아닙니다. 일찍이 부친께서 홀로 서 계실 때 제가 종종걸음으로 뜰을 지나가는데 '시를 배웠느냐?'라고 물으시기에 '아직 배우지 못했습니다.'라고 말씀드렸습니다. '시를 배우지 않으면 말을 할 수 없다.'라고 하시므로 저는 물러나와 시를 배웠습니다. 후일에 또 혼자 계실 때 종종걸음으로 뜰을 지나가는데 '예를 배웠느냐?'라고 물으시기에 '아직 배우지 못했습니다.'라고 말씀드렸습니다. '예를 배우지 않으면 바로 서지 못한다.'라고 하시므로 저는 물러나와 예를 배웠습니다. 이 두 가지 말씀을 들었습니다." 진항이 물러나와 기뻐하며 말했다. "하나를 질문하여 세 개를 얻었구나. 시를 듣고, 예를 듣고, 군자가 그 자식을 멀리하는 것을 들었도다."309)

진항은 공자가 아들인 공리에게 제자와는 다르게 뭔가 특별한 것을 가르쳤는지를 묻고 있다. 그러나 공리는 전에 공자와 자신과의 대화를 인용하여 자신은 공자에게 사적으로 교육받은 바가 없다고 말한 것이다. 진항은 자신의 질문에 공리가 답한 것에 세 개를 얻었다고 기뻐했다. 즉, 시에 대해 듣고, 예에 대해 듣고, 또 하나는 공자가 자식을 멀리한다는 것을 들었다는 것이다. 그러나 공자가 특별하게 자식을 가르치지 않은 것은 친애하지 않기 때문이 아니다.

---

309) 『論語』, 季氏第十六, "陳亢問於伯魚曰. 子亦有異聞乎? 對曰. 未也. 嘗獨立, 鯉趨而過庭. 曰. 學詩乎? 對曰. 未也. 不學詩, 無以言. 鯉退而學詩. 他日又獨立. 鯉趨而過庭. 曰. 學禮乎? 對曰. 未也. 不學禮, 無以立."

공자성적도-공자와 공리의 대화

왜 공자는 직접 자식을 가르치지 않았을까? 여기에 대해 대략 공자로부터 180여 년 후에 맹자가 그 이유를 설명하고 있다. 어느 날 맹자의 제자 공손추가 맹자에게 물었다.

"군자가 자식을 직접 가르치지 않는 것은 무엇 때문입니까?" 맹자가 말했다. "형세가 그렇게 되지 않는 것이다. 가르침은 반드시 올바른 방법으로써 해야 하는데, 아들이 그 올바른 것으로 행하지 못하게 되면, 그것에 이어 성을 내게 된다. 성내는 것으로써 하게 되면 도리어 (부자 간의 정을) 해치게 되는 것이다. 자식이 만일 '선생님[夫子]께서 나를 올바른 것을 가르치려고 하나, 선생님은 (화내고 하여) 올바른 방법으로 하지 않는다.'라고 하게 된다면, 그것은 곧 아버지와 자식의 관계를 서로 해치게 된다. 아버지와 자식의 관계가 서로 해치게 된다면 이것은 잘못된 것이다. 옛날엔 자식을 바꾸어서 가르쳤다."310)

---

310) 『孟子』, 離婁章句上, "公孫丑曰, 君子之不敎子, 何也? 孟子曰, 勢不行也. 敎者必以正, 以正不行, 繼之以怒, 繼之以怒, 則反夷矣. 夫子敎我以正, 夫子未出於正也. 則是父子相夷也. 父子相夷, 則惡矣. 古者易子而敎之."

여기서 '선생님[夫子]'은 가르치려는 아버지를 빗댄 말이다. 부모와 자식 간은 남다른 정이 있어서 자식이 그 가르친 것을 제대로 이해하지 못하거나 행동하지 못하면 부모는 그 감정을 통제하기 힘들다. 그래서 부모가 자식을 교육하다 보면 자연스레 흥분하여 화를 내는데, 이것은 교육의 효과를 저해할 뿐만 아니라 부모와 자식 간의 관계를 해치는 요소가 될 수 있다. 사실 자식을 길러본 사람이면 공자가 왜 자식을 직접 교육하지 않았는지 단박에 이해될 것이다. 그리고 그 이유를 말한 맹자의 말에 저절로 고개를 끄떡이게도 될 것이고….

여하튼 숱한 제자를 길러낸 공자이지만, 공자 자신도 자식을 직접 가르치는 것을 경계했다. 자식을 교육하는 데 있어서 평정심을 유지하기가 그만큼 어렵다는 이야기이다.

## 3절 참된 학문은 위기이다

### 학문의 목적

공자에게 있어서 학문의 목적은 무엇일까? 여기에 대한 설명은 관점에 따라 다양해질 수 있다.

먼저, 공자는 심리적, 정서적 관점으로서 마음의 기쁨을 들고 있다. 『논어』 첫 부분에 다음과 같은 표현이 있다.

"배우고 때때로 (그것을) 익히면 또한 기쁘지 아니한가? [學而時習之, 不亦說乎?] 벗이 멀리에서 찾아오면 또한 즐겁지 아니한가? 다른 사람들이 몰라주어도 화를 내지 아니하면 또한 군자가 아니겠는가?"[311]

[習: 익힐 습, 之: 그것(學을 지칭) 지, 亦: 또 역, 說: 말씀 설, 기뻐할 열, 乎: 그런가 호]

공자에게 있어서 학문의 목적은 남의 칭찬을 듣기 위함도 아니요, 세속적인 공명을 위함도 아닌 '기쁨'이라는 심리적, 정서적인 것에 있다. 이러한 학문의 즐거움을 맛보기 위해서는 우리의 내면에서 그 욕구가 분출되어야 가능한 일이다. 공자는 이런 상황을 학문 자체를 좋아하는, 이른바 '호학(好学)'이라고 표현한다.

둘째, 공자는 품성의 도야와 올바른 일의 실천을 학문의 목적으로 보았다. 공자는 『논어』 「헌문」에서 옛날의 학자와 지금의 학자를 비교하여 말한다.

---

311) 『論語』, 學而第一, "學而時習之, 不亦說乎? 有朋自遠方來, 不亦樂乎? 人不知而不慍, 不亦君子乎?"

"옛날의 학자는 위기(爲己)했고, 지금의 학자는 위인(爲人) 한다."312)

[爲: 위할/할 위, 己: 자기 기, 人: 타인 인]

공자는 옛날의 학자들이 추구하는 '위기'가 진실로 학문하는 목적임을 말하고 있는데, '위기'와 '위인'의 의미에 관하여는 학자들 사이에 견해가 갈라진다. 정자와 주희의 주장에 근거하면 위기지학(爲己之学)이란 자기에게 얻어지는 학문을 말하고, 위인지학(爲人之学)은 남에게 알려지려고 자기를 과시하는 학문을 말한다. 그러나 다산(茶山) 정약용의 주장에 따르면 '위기'는 (올바른 것을) 자신이 실천해 나가는 일을 가리키고, '위인' 자신은 남에게 말만 하고는 남이 행하게 하는 일을 가리킨다. 정자와 주희 그리고 다산의 '위기'와 '위인'에 대한 주해는 추상적 의미와 실천적 의미 면에서 서로 차이가 있으나, 여하튼 학문의 목적을 도덕적 의미로 풀이하는 점은 공통된다.

셋째, 학문은 현실적으로 현실적인 취업이나 돈벌이를 목적으로 할 수가 있다. 특히 공직에 참여하는 경우 경제적으로 안정된 생활이 보장되기 때문에 많은 사람이 학문하여 공직에 진출하기를 원한다. 공자도 이 점을 인정한다.

공자가 말했다. "삼 년을 학문하여 봉록(俸祿: 벼슬아치에게 주는 금품이나 곡식)에 뜻을 두지 않는 것은 쉽지가 않다."313)

처음에는 진리 탐구를 위한 학문이지만 일정한 경지에 오르면 그것으로 돈벌이할 궁리를 하게 된다. 그만큼 순수하게 배우는 기쁨을 느끼기

---

312) 『論語』, 憲問第十四, "子曰, 古之學者爲己, 今之學者爲人."
313) 『論語』, 泰伯第八, "子曰, 三年學, 不至於穀, 不易得也."

위한 공부가 쉽지 않다는 말이다. 오히려 이것이 일반적인 성향임을 공자도 인정한다. 그러나 공자는 지나친 물질적 풍족을 목적으로 학문하는 것은 바람직하지 않다고 본다.

> 공자가 말했다. "군자는 도를 도모해야지 먹고 살기 위한 것을 도모해서는 안 된다. 밭을 갈더라도 배고플 때가 그중에 있다. 학문하면 봉록이 그중에 있을 수 있으나, 군자는 도를 근심해야지 가난함을 걱정해서는 안 된다."314)

열심히 농사를 짓더라도 늘 먹거리가 마련되는 것이 아니다. 어느 때는 시기적으로나 여타 사정으로 배고플 상황이 있을 수 있다. 마찬가지로 학문을 하면 도를 성취하기 전에 공직을 비롯한 좋은 직장에 취업할 기회도 있다. 그러나 학문에서 중요한 것은 가난의 극복이 아니라 도를 실천하는 것이다.

넷째, '시(詩),' '예(禮),' '악(樂)'의 공부를 통해 정서와 인지의 조화 그리고 인간 사회의 화합이 학문의 주요한 지향점이다. 이것은 본 장 4절에서 별도로 논한다.

다섯째, 학문은 수신하고, 나아가 백성을 편안하게 하려는 정치적 목적이 있다. 유학의 현실 지향적 성향을 보여주는 것은 도덕적 수양과 정치의 연계에서도 드러난다. 자로가 군자에 대해 묻자 공자는 "공경으로써 자신을 수양해야 한다[修己以敬]."라고 했다. 자로가 더 자세한 설명을 묻자 공자는 "자신을 수양하고 다른 사람을 편안하게 해야 한다[修己以安人]."라고 했다. 자로가 여기서 끝나지 않고 재차 묻자 공자는 다음과 같이 말한다.

---

314) 『論語』, 衛靈公第十五, "子曰, 君子謀道不謀食. 耕也, 餒在其中矣. 學也, 祿在其中矣. 君子憂道不憂貧."

"자신을 수양함으로써 백성을 편안하게 한다[修己以安百姓]. 자신을 수양함으로써 백성을 편안하게 하는 것은 요임금, 순임금도 (자신이) 부족하다고 생각했다."315)

[修: 닦을 수, 安: 편안할 안, 百: 일백 백, 姓: 성씨 성]

'백성을 편안하게 한다'라는 말은 정치의 목적을 표현한 것이다. 자로는 공자의 대답이 너무 소략한 것이 아닐까 하고 묻기를 반복한다. 그러자 공자는 공경으로써 자신을 수양하는 공부를 하여 현실적인 정치를 행하는 것이 군자의 모습이라고 하고 있다. 『대학』316)에는 명덕(明德)을 밝히는 순서로서 수신(修身: 자신을 닦음)-제가(齊家: 가정을 거느림)-치국(治國: 나라를 다스림)-평천하(平天下: 천하를 평온하게 함)가 제시되어 있다. 『대학』의 이러한 절차는 위에서 제시된 『논어』의 '수기안백성(修己安百姓)'을 절차적 세목으로 표현한 것이다. 조선의 율곡은 『대학』의 이러한 논리 체계를 '수기치인(修己治人: 자신을 닦고 남을 다스림)'으로 간략히 표현했는데, 수기치인은 결국 공자의 '수기안백성(修己安百姓)'을 좀 더 현실적으로 표현한 말이다. 이처럼 학문의 목적 중의 하나는 자신을 수양하고, 나아가 실제로 백성을 편안하게 하려는 데 있다.

---

315) 『論語』, 憲問第十四. "修己以安百姓. 修己以安百姓, 堯舜其猶病諸!"
316) 사서오경의 하나인 유교 경전이다. 본래 『예기』의 제42편이었으나, 송나라 시대에 성리학이 확립되면서 사서의 하나로 받아들여졌다. 『대학』의 원작자에 대해서는 정설이 없다.

## 공자의 제자들이 배운 것은?

공자의 제자들이 배운 대상은 다양했다. 종교에서 흔히 사용되는 용어에 '이단(異端)'이란 말이 있다. 이단이란 용어를 처음 사용한 자는 공자이다. 『논어』 「위정」편에 "攻乎異端(공호이단), 斯害也已(사해야이)!"란 표현이 있다. 여기서 '攻(공)'은 '전공(전념)하다'와 '공격하다'의 뜻이 있다. 이 중 어느 것을 취하느냐에 따라 해석이 크게 달라진다. '전공(전념)하다'의 뜻으로 새기면 그 해석은 '이단에 전념하면 해로울 뿐이다'가 된다. '공격하다'의 뜻으로 새기면 그 해석은 '이단을 공격하는 것은 해로울 뿐이다'가 된다. 전자는 공자의 학문을 주류로 보는 견해로서 교조적, 권위적 입장이고, 후자는 공자의 학문을 포함하여 여타의 학문에 대하여 개방적 태도를 보이라는 것이다.

진자의 입장이 지금까지 일반적인 해석이었고, 이 중에는 북송(北宋)의 정자(程子)[317]가 있다. 정자는 이단으로서 불교와 양자, 묵자 등을 열거하고 있다.

후자의 입장은 청나라 초기의 문인인 모기령(毛奇齡, 1623년~1716년)이 있다. 조선의 다산(茶山)에 따르면 '攻(공)'을 어떻게 해석하느냐의 문제를 떠나 정자가 이단으로서 불교와 양자, 묵자를 거론한 것은 옳지 않다. 그 이유는 공자 당시는 이들의 학문이 중국에서 흥기하거나 전래하기 전이었기 때문이다.

후자의 입장이 타당하다고 판단된다. 그 이유는 공자의 평소 교육철학인 '유교무류(有教無類)'에 단서가 있기 때문이다. 유교무류는 일반적으로 신분, 인종을 구분하지 않고 (평등하게) 교육한다는 의미이다. 이것은 신분

---

317) 중국 송나라의 유학자 정호(程顥)와 정이(程頤) 형제를 높여 이르는 말

에 구애받지 않고 교육하는 공자의 진보적 교육관을 나타내주고 있다. 이와 같은 공자의 교육 철학과 어울리는 것은 학문의 대상에 있어서도 다양성의 존중이다. 더구나 학자에 따라 유교무류는 '교육을 하되, 그 대상에는 차등이 없다'고 해석되기도 한다. 이러한 해석은 교육의 대상이 되는 학문의 영역에서 정통과 이단을 구별하지 않고 모두 수용한다는 의미이다. 따라서 여기에 근거할 경우 후자의 해석은 더욱 일관성을 갖게 된다.

공자의 제자들은 공자에게 무엇을 배웠을까? 결론을 말하면 제자들은 공자에게 '육예(六藝)'를 배웠다. 한나라 시대 사마천에 의하여 편찬된 『사기』「공자세가(孔子世家)」에는 공자의 제자 중에 육예에 능통한 자가 72명이라 했다. 이러한 『사기』의 기록은 공자가 육예로 제자를 교육했음을 직접 인증해주는 구절이다. 공자의 제자 금뢰(琴牢)가 말했다.

> "선생님께서는 '나는 시보(試補: 견습 관리)로도 쓰이지 않았기 때문에 예(藝)를 하게 되었다.'라고 말씀하셨다."[318]

금뢰(琴牢)의 자(字)는 자개(子開)이다. 금뢰는 전에 공자가 시보에도 쓰이지 않았기 때문에 예(藝)를 알게 되었다고 말한 것을 전했다. 여기서 예(藝)는 육예를 말한다. 이것을 제자들이 배웠다.

육예는 주나라 시대에 교육 기관에서 가르치던 기예(技藝)의 내용으로서, 예(禮)·악(樂)·사(射)·어(御)·서(書)·수(數)를 지칭한다. 이를 우리말로 옮기면 예법, 음악, 활쏘기, 마차 몰기, 글쓰기, 산수로 표현되는데, 기예의 내용으로서의 육예는 『주례』에 그 기록이 전하여진다.[319] 여기서 육예(六

---

318) 『論語』, 子罕第九, "牢曰, 子云, 吾不試, 故藝."
319) 『周禮』, 地官司徒第二, 地,保氏, "保氏掌諫王惡而養國子以道乃敎之六藝一曰五禮二曰六樂三曰五射四曰五馭五曰六書六曰九數."

芸)는 육경(六經)을 의미하기도 한다.

육경은 『시경(詩経)』・『서경(書経)』・『예기(禮記)』・『악경(楽經)』・『역경(易経)』・『춘추(春秋)』를 통틀어 말한다. 이것은 『장자(莊子)』에 근거한다. 『장자』「천운(天運)」에는 공자가 노담에게 『시경』・『서경』・『예기』・『악경』・『역경』・『춘추』의 육경(六經)으로 제자를 가르쳤다고 말하는 내용이 있다.320) 그렇다면 『사기』「공자세가」에서 공자가 제자들에게 가르친 육예는 장자가 말한 육경과 서로 다른 것일까?

『사기』「공자세가」에는 이런 내용도 있다. 즉, '『서전』과 『예기』는 공자로부터 (편찬이) 비롯되었다'는 것이 있고, 공자는 '시(詩)를 다듬어 정리했고', '악(樂)을 바로잡으며', 만년에는 『주역』의 『단전』, 『계사전』, 『상전』, 『설괘전』, 『문언전』을 서술했으며', '사관이 기록한 기록을 근거로 『춘추』를 지었다'는 내용이 있다. 바로 공자가 정리 및 서술한 것은 장자가 말한 육경과 일치된다. 그러므로 공자가 제자들에게 가르친 육예는 일단 육경을 의미한다고 볼 수 있다.

그렇지만 공자가 늘 육경을 의미하는 육예만을 교육 내용으로 삼았다고 할 수는 없다. 공자는 "은나라는 하나라의 예를 인습(因習: 전하여 내려온 것을 배움)하여 덜어내거나 보탰음을 알 수 있으며, 주나라는 은나라의 예를 인습하여 그 덜어내거나 보탰음을 알 수 있다. 혹시 주나라의 뒤를 잇는 자가 있으면 비록 백 세 뒤라도 알 수 있을 것이다."321)라고 말한 바 있다. 공자의 말은 하나라의 예가 은나라에 남아있고 은나라의 예가 주나라에 남아있기 때문에 그 예의 모습을 추론할 수가 있다는 이야기다. 여기서 공자가 말한 예는 시대적으로 예의 내용이 다르다는 것을 함의하고 있어

---

320) 『莊子』, 天運, "孔子謂老聃曰, 丘治詩書禮樂易春秋六經."
321) 『論語』, 爲政第二, "殷因於夏禮, 所損益, 可知也. 周因於殷禮, 所損益, 可知也. 其或繼周者, 雖百世可知也."

서 일정한 내용으로 구성된 육경의 『예기(禮記)』가 아니다. 따라서 공자가
제자들에게 가르친 육예는 일반적으로 육경을 의미하나 기예로서의 육
예를 배제하는 것은 아니다.

　공자가 육예를 교육했다는 것은 달리 말하면 학문의 다양성을 강조했
다는 말이 되기도 한다. 『논어』 「술이」편에는 "공자는 항상 『시경』, 『서경』을
말하고 『예기』를 집수(執守)하는 것을 말했다."[322]란 구절이 있다. 여기서
'집수(執守)'의 의미를 직역하면 잡아 지킨다는 의미이니, 예를 제대로 실천
한다는 의미로 보면 무난하다. 이처럼 공자는 특정의 학문만을 강조한 것
이 아니라 육예를 강론했고, 이 중 예시적으로 『시경』, 『서경』, 『예기』를 거
론하고 있다. 또, "공자는 네 가지로 가르쳤으니, 문(文), 행(行), 충(忠), 신(信)
이다."[323]라는 표현이 있다. 이 네 가지의 정확한 의미는 다소 애매하지만,
공자가 역시 주된 교육 내용으로 삼은 것이었다. 공자가 육예(六藝)나 문
(文), 행(行), 충(忠), 신(信)을 교육한 것은 그의 교육 내용과 대상이 매우 다
양했음을 의미한다.

---

322) 『論語』, 述而第七, "子所雅言, 詩書執禮."
323) 『論語』, 述而第七, "子以四敎 文行忠信."

## 학문하는 자세

공자가 중요시한 학문의 자세는 무엇일까? 먼저 공자는 호학(好學: 학문을 좋아함)하는 마음의 자세가 필요하다고 생각한다. 공자가 배우기를 좋아한 것은 어릴 적부터 형성된 품성으로 보인다. 『사기』「공자세가」에는 "공자는 아이 때 언제나 제사 그릇을 차려놓고 예를 갖추는 소꿉놀이를 했다."라고 기록되어 있다. 이처럼 공자는 어린아이 시절에도 단순한 놀이가 아닌 당시 학문의 주요 영역이었던 예법에 관련된 놀이를 즐겼다. 공자는 어른이 된 후 자신의 성장 과정을 되돌아보며, "나는 옛것을 좋아해서 민첩하게 구했다."라고 말하고 있다. 이처럼 공자는 스스로 배우기를 좋아했다. 왜 공자는 호학했을까?

공자가 말했다. "나는 일찍이 종일 먹지 않고, 밤이 지새도록 잠자지 않고 사색했으나 무익했다. 학문하는 것만 같지 못했다."[324]

공자는 무언가를 깨우치기 위해 식음을 전폐하거나 밤잠을 자지 않고 사색했으나 얻어지는 것이 없었다. 그래서 공자는 옛 서적 등을 탐독했다. 호학하는 사람의 일반적 모습은 어떠한가?

"군자는 먹을 때 배부르기를 구하지 않으며[食無求飽], 머무를 때 편안하기를 구하지 않으며[居無求安], 일에서는 민첩하고[敏於事], 말에서는 신중하게 하여[愼於言], 도(道)가 있는 곳에 나아가서 몸가짐을 바로 하는 것이 가히 호학(好學)한다고 일컬을 수 있다."[325]

---

324) 『論語』, 衛靈公第十五. "子曰, 吾嘗終日不食, 終夜不寢, 以思無益. 不如学也."
325) 『論語』, 學而第一. "君子食無求飽, 居無求安, 敏於事而愼於言, 就有道而正焉, 可謂好學也已."

[食: 먹을 식, 無: 없을 무, 求: 구할 구, 飽: 배부를 포, 居: 있을 거, 敏: 재빠를 민, 於: 어조사(~에) 어, 愼:삼갈 신, 言: 말씀 언, 好: 좋을 호]

호학하는 사람은 의식주에서 지나친 풍요와 편안함을 추구하지 않는다. 이것은 학문만 하기에도 우리의 삶이 버거우므로 과도한 물질적 탐욕을 자제해야 한다는 의미이다. 또 호학하는 사람은 자신의 부족함을 신속하게 보충하고 자신의 속마음을 신중하게 표현한다. 그리고 도덕적인 문제에서 시시비비를 명확히 하는 사람이다.

공자는 사람들이 호학하지 않으면 평소 품성이 올바름을 지향한다고 해도 여러 폐단이 나올 수 있음을 지적했다. 공자와 자로의 대화이다.

공자가 말했다. "중유(자로의 성명)야! 너는 육언(六言: 여섯 개의 말)과 육폐(六蔽: 여섯 개의 폐단)를 들어보았느냐?" 자로가 대답했다. "아직 듣지 못했습니다." "앉아라! 내가 너에게 말해주겠다. 인을 좋아하되 호학하지 않으면 그 폐단은 어리석음이고, 지혜를 좋아하지만 호학하지 않으면 그 폐단은 방탕한 것이 되고, 신념을 좋아하되 호학하지 않으면 그 폐단은 (남을) 해치는 것이 된다. 솔직함을 좋아하되 호학하지 않으면 그 폐단은 숨 막히게 하는 것이며, 용맹을 좋아하되 호학하지 않으면 그 폐단은 날뛰게 되고, 강함을 좋아하되 호학하지 않으면 그 폐단은 경박한 것이 된다."326)

공자는 우리가 인과 지혜, 신념과 솔직함, 용맹과 굳셈을 좋아한다 해도

---

326) 『論語』, 陽貨第十七. "子曰, 由也, 女聞六言六蔽矣乎? 對曰, 未也. 居! 吾語女. 好仁不好學, 其蔽也愚. 好知不好學, 其蔽也蕩. 好信不好學, 其蔽也賊. 好直不好學, 其蔽也絞. 好勇不好學, 其蔽也亂. 好剛不好學, 其蔽也狂."

호학하지 않으면 어리석고, 방탕하고, 남을 해치고, 남을 숨 막히게 하고, 날뛰게 하고, 경박하게 된다고 말하고 있다. 결국, 호학은 인간이 덕성과 용맹 그리고 강함을 추구할 때 반드시 전제되는 것이며, 더욱 완전함을 추구하기 위한 인간의 자세라고 볼 수 있다.

둘째로, 학문은 지향하는 목적과 준거가 필요하다. 도(道)와 덕(德), 인(仁)과 예(芸)가 그것이다.

> 공자가 말했다. "도에 뜻을 두고[志於道] 덕에 근거하며[據於德], 인에 의존하며[依於仁], 예에서 노닐어야 한다[游於藝]."327)
>
> [志: 뜻 지, 於: 어조사 어, 據: 의거할 거, 游: 헤엄쳐놀 유, 藝: 재주 예]

도(道)는 인륜이나 의리 등 사람이 마땅히 가야 할 길을 뜻한다. 덕(德)은 도를 실천하여 형성된 성품을 뜻한다. 인(仁)은 모든 덕의 기본이며 으뜸이 된다. 예(芸)는 예악의 문화와 각종 기예를 말한다. 학문은 바람직한 가치를 구현하기 위한 목적을 설정하고 인(仁)을 비롯한 덕을 행위의 준거로 하여 예술을 향유할 수 있어야 한다.

지향하는 목적과 준거는 성실히 추구하되 면밀한 검토가 필요하다.

> 공자가 말했다. "학문은 미치지 못한 듯 여겨야 하며[學如不及], (배운 것을) 빠뜨린 것이 있는지 우려하는 듯해야 한다[猶恐失之]."328)
>
> [如: 같을 여, 及: 미칠 급, 猶: 같을 유, 恐: 두려워할 공, 失: 잃을 실, 之: 그것 지]

학문은 장기적 목적를 정하기도 하지만 매일의 학문은 어느 정도 목표

---

327) 『論語』, 述而第七, "志於道, 據於德, 依於仁, 游於藝."
328) 『論語』, 泰伯第八, "子曰, 學如不及, 猶恐失之."

를 정하여 진행하기도 한다. 그러나 매일의 학문을 마무리하면서도 더 성취하지 못해 아쉬워하는 마음가짐이 필요하고, 간과한 부분이 있는지에 대한 주도면밀한 검토가 필요하다.

공자는 도에 뜻을 두고 학문하였기 때문에 특별한 것으로 이름이 나지 않았다.

달항 마을 사람이 말했다. "위대하구나! 공자여! 박학하지만 이름을 낸 바가 없구나." 공자가 그 말을 듣고 제자들에게 말했다. "내가 무엇에 집중할까? 수레 모는 것에 집중할까? 활쏘기에 집중할까? 나는 수레 모는 것에 십중할까 보나."329)

달항 마을 사람은 공자의 박학함을 찬미하고는 학문에 대한 열정만큼 그것을 특별할 일에 집중했으면 더 이름이 날 수도 있었다고 생각했다. 그러자 공자는 자신은 특별한 재능이 없으며 만일 집중한다면 수레 모는 정도는 가능할지도 모른다고 겸손하게 말했다.

셋째, 학문은 틈틈이 꾸준히 해야 한다. 당시 세상은 공부와 생업에 종사하는 시기가 명확하게 구별되지 않았다. 공자 제자들도 생업에 종사하면서 공자에게 학문을 배웠다.

"제자들은 집에 들어와서는 효도하고[入則孝], 집 밖을 나서면 (어른을) 공경하고[出則弟], 행동을 삼가고 믿음이 있어야 한다[謹而信]. 널리 민중을 사랑하고[汎愛衆], 인(仁: 어질음)을 친해야 한다[親仁]. 그리고 행동에 여력이 있으면[行有餘力], 이로써 학문을 해야 한다

---

329) 『論語』, 子罕第九, "達巷黨人曰, 大哉孔子! 博學而無所成名. 子聞之, 謂門弟子曰, 吾何執? 執御乎? 執射乎? 吾執御矣."

[則以學文]."330)

[入: 들 입, 則: 곧 즉, 孝: 효도할 효, 出: 날 출, 弟: 공경할 제, 謹: 삼갈 근, 而: 말이을 이, 信: 믿을 신, 汎: 넓을 범, 愛: 사랑 애, 衆: 무리 중, 親: 친할 친, 仁: 어질 인, 行: 행할 행, 餘: 남을 여]

제자들이 집 안과 밖에서 해야 할 일들은 대상에 따라 차이가 있으나 공통으로 주로 덕행이다. 이런 덕행을 행하고 여력이 있으면 학문을 하라고 한 것은 제자들이 스스로 자만하지 말고 틈날 때마다 꾸준히 근면하게 공부하여 완성된 인간을 지향하라는 의미이다. 공부를 꾸준히 근면하게 하지 않으면 이런 모습일 수 있다.

공자가 말했다. "묘가 이삭이 패지 않는 것도 있고, 이삭이 열매를 맺지 않는 것도 있도다!"331)

학문에 뜻을 두고 시작했으나 꾸준히 근면하게 열중하지 않으면 이삭이 패지 않거나 열매가 열리지 않는 묘처럼 될 수 있다.

넷째로, 학문에는 적절한 사색이 필요하다. 공자는 평소 배운 것이 그 자체로 인간의 지식과 덕으로 직접 쌓이지는 않는다고 보았다. 따라서 그는 배움이 있고 나서 그다음으로는 적절한 사색을 통하여 명료히 할 것을 주문한다.

"배우고서 사색하지 않으면 혼미하고[學而不思則罔], 사색만 하고 배우지 않으면 위태해진다[思而不學則殆]."332)

[思: 생각할 사, 則: 곧 즉, 罔: 어두울 망, 殆: 위태할 태]

---

330) 『論語』, 學而第一, "弟子入則孝, 出則弟, 謹而信, 汎愛衆, 而親仁, 行有餘力, 則以學文."
331) 『論語』, 子罕第九, "子曰, 苗而不秀者有矣夫! 秀而不實者有矣夫!"
332) 『論語』, 爲政第二, "子曰, 學而不思則罔, 思而不學則殆."

학문은 생각을 통하여 요약되고 명료해진다. 그러나 생각만 하고 배우지 않으면 사물의 정체나 일의 요령을 모르기 때문에 매우 위태한 상황에 직면할 수 있을 것이다.

배운 것을 다시 사색하지 않더라도 우리는 평소 마음 쓸 곳이 있어야 한다.

공자가 말했다. "종일 배부르게 먹고 마음을 쓸 데가 없으면 난처한 일이다. 쌍륙과 바둑이 있지 않은가? 그거라도 하는 것이 오히려 현명할 것이다."333)

종일 배부르게 먹고 마음 쓸 데가 없으면 자칫 음란한 마음이 일어날 수도 있다. 그래서 비록 성인이 쌍륙과 바둑을 권장하지는 않지만, 차라리 그거라도 하여 마음에서 삿된 생각이 일지 않도록 해야 한다.

다섯째로, 학문은 배운 것을 강론하고, 옳다고 배운 것을 실천하거나, 잘못된 것을 개선하려는 실천적 자세와 은미한 속뜻을 찾으려는 자세가 필요하다.

"덕을 닦지 않고, 배운 것을 강론하지 않고, 의로움을 듣고 옮기지 못하고, 불선(不善)을 고칠 수 없는 것, 이런 것을 나는 우려한다.334)

공자가 말했다. "법어지언(法語之言: 본받을 만한 말)은 따르지 않을 수 있는가? 개선하려는 것이 귀중하다. 손여지언(巽與之言: 부드럽고 친근한 말)은 기뻐하지 않을 수가 있는가? 속뜻을 찾아내는 것이 귀중하다. 기뻐하기만 하고 찾아내지 않고, 따르려 하면서 개선하지 않으면 나는 그것을 어

---

333) 『論語』. 陽貨第十七. "子曰. 飽食終日. 無所用心. 難矣哉. 不有博弈者乎. 爲之猶賢乎已."
334) 『論語』. 述而第七. "子曰. 德之不脩. 學之不講. 聞義不能徙. 不善不能改. 是吾憂也."

찌할 수 없다."³³⁵⁾

[法: 본받을 법, 之: 어조사(~의, ~하는) 지, 巽: 부드러울 손, 與: 친할 여]

학문은 강론을 거쳐야 나의 미진한 바를 알아 보강할 수 있어서 배운 바가 더욱 명료해진다. 또한, 학문을 하여 옳다고 배운 것을 실천하고, 불선을 개선할 수 할 수 있어야 한다.

법어지언(法語之言)을 들으면 자신의 결점이나 잘못된 생각을 실제로 고쳐야 한다. 손여지언(巽与之言)을 들으면 기분이 좋아지지만 그 말 속에는 숨겨진 의미가 있다. 그 말을 기뻐하기만 할 것이 아니라 나의 고칠 점을 은미하게 말한 속뜻을 찾아내야 한다. 그리하지 않으면 달리 손을 쓸 수 없다는 것이다.

여섯째, 군자의 학문은 고루해서는 안 되고, 충(忠)과 신(信)을 바탕으로 하여 과실 고치기에 주저해서는 안 된다.

"군자는 중후하지 않으면 위엄이 없고, 학문은 고루하지 않아야 한다[學則不固]. (또한) 충(忠)과 신(信)을 주로 해야 한다. …과실이 있으면 고치기를 꺼리지 말아야 한다[過則勿憚改]."³³⁶⁾

[則: 곧 즉, 固: 굳을/고루할 고, 過: 잘못할 과, 勿: 말(~하지 마라) 물, 憚: 꺼릴 탄, 改: 고칠 개]

여기서 '학즉불고(学則不固)'에 대해서는 해석이 학자에 따라 달라진다. 혹자는 앞의 어절과 연관하여 "(군자는 중후하지 않으면 위엄이 없으니) 배움도

---

335) 『論語』, 子罕第九, "子曰, 法語之言, 能無從乎? 改之爲貴. 巽與之言, 能無說乎? 繹之爲貴. 說而不繹, 從而不改, 吾末如之何也已矣."
336) 『論語』, 學而第一, "君子不重則不威, 學則不固. 主忠信. …過則勿憚改"

견고하지 못하다."로 해석하기도 하고, 혹자는 "학문은 고루(固陋: 고집이 세고 식견이 좁음)하지 않아야 한다."와 같이 해석하기도 한다. 전자는 특별한 논란이 없으나 후자는 공자의 학문관을 드러낸다는 점에서 논란의 여지가 있다. 하지만 후자와 같이 해석해도 무리가 없을 것 같다. 앞에서 논의한 바와 같이 공자는 이단에 대해서 개방적인 자세를 취했다. 따라서 학문의 대상이나 주장에 있어서 진보적 태도를 보이기 때문에 후자로 해석해도 무난하다고 생각된다. 이러면 배우는 자들은 유연하고 수용적인 자세를 가지라는 메시지가 될 것이다. 여기서는 후자의 해석에 따랐다.

또한, 학문하는 사람은 자신의 학설이나 주장이 잘못되었을 때 이를 인정하기를 주저할 수 있다. 그러나 과실을 은폐하거나 변명하지 말고 과감히 고치려는 자세를 가져야 더 나은 진전이 있을 것이다.

## 참다운 지식은 모르는 것을 모른다고 하는 것이다

공자는 무엇이 참다운 지식인가에 대해서도 말했다. 공자의 제자 중에 자로는 용맹스럽고 의리가 있었으나 가끔은 모르는 것을 아는 척하는 허세를 부리기도 했다. 공자가 주유천하 중 마지막 들른 나라는 위나라였다. 위나라는 공자가 로나라를 떠나 첫 번째 방문한 나라이면서 또한 마지막 방문국인 셈이다. 당시 위나라는 11년 전에 위령공의 세자 괴외가 계모인 남자(南子)를 살해하려다 실패하여 국외로 달아난 일이 있었다. 위령공이 죽자 괴외의 아들 첩(輒)이 제후의 자리에 올랐으나 아들인 첩은 자신의 자리를 보전하기 위해 아버지인 괴외의 입국을 막고 있었다. 이때 제자 자로가 공자에게 위나라에서 정치를 맡기면 먼저 무엇을 할 것인가를 물었다.

공자가 말했다. "반드시 정명(正名)하겠다." 자로가 말했다. "이것뿐입니까? 선생님께서 너무 빙 돌아가시는 것 같습니다. 어떻게 바로 세우시렵니까?" 공자가 말했다. "서툴구나, 중유(자로의 성명)여! 군자는 모르는 것에 관하여는 나서지 않는 것이다. 명분이 바르지 못하면 말이 이치에 맞지 않고, 말이 이치에 맞지 않으면 하는 일이 성취되지 않고, 하는 일이 성취되지 않으면 예악이 흥하지 않으며, 예악이 흥하지 않으면 형벌이 적절하지 못하고, 형벌이 적절하지 않으면 백성이 수족을 어찌할 수가 없다."337)

[正: 바르게할 정, 名: 이름 명]

자로는 공자로부터 당시 상황에 꼭 들어맞는 통치의 요체를 듣고 싶어 했다. 그러나 공자의 대답은 너무 간단했다. 그러자 자로는 공자의 정명(正名: 명칭에 따른 역할을 바로 잡음)이 상황을 제대로 알지 못한 어설픈 답변이라고 호기 있게 말해버렸다. 공자는 자신의 말을 한마디로 일축해버리는 자로가 못마땅하여 '넌 아직 멀었다'는 식으로 말을 한 것이다.

공자는 나름대로 정명이 위나라의 상황을 해결하는 소위 정곡을 찌르는 말이었다고 판단했다. 자로는 이해하지 못했으면 가만히 혼자 숙고하거나 아니면 더 질문해야 했다. 그런데 오히려 공자를 감(感)이 떨어지는 사부로 몰고 갔으니 공자가 매우 불쾌했던 것 같다. 내친김에 공자는 한 마

---

337) 『論語』, 子路第十三. "子曰. 必也正名乎! 子路曰. 有是哉. 子之迂也! 奚其正? 子曰. 野哉由也! 君子於其所不知. 蓋闕如也. 名不正. 則言不順. 言不順. 則事不成. 事不成. 則禮樂不興. 禮樂不興. 則刑罰不中. 刑罰不中. 則民無所措手足."

디 더했다.

"중유(자로의 성명)야! 너에게 아는 것이 무엇인지를 가르쳐주겠다. 아는 것은 안다고 하고[知之爲知之], 모르는 것은 모른다고 하는 것[不知爲不知]이 (제대로) 아는 것이다[是知也]."[338]

[知: 알 지, 之: 어조사(어기를 높임) 지, 爲: 할 위]

자로가 어설프게 공자의 심기를 건드렸다가 호되게 가르침을 받고 있다. 자로와 공자의 경우는 위나라의 정국에 대한 해법을 놓고 설전을 벌였지만, 사실 일상에서 모르는 것을 모른다고 정직하게 말하는 것은 상당한 용기가 필요하다. 특히 교육자들이 학습자들로부터 질문을 받았을 때 자신이 모른다고 대답하기가 쉬운 일이 아니다. 교육자뿐만 아니라 우리 주변에도 확실히 알지 못하면서 아는 척하거나 함부로 행동하는 자들이 있다.

공자가 말했다. "대개 알지 못하면서 함부로 지어내는 것이 있지만 나는 이런 것이 없으면 한다. 많이 듣고 그 선한 것을 택하여 따르고, 많이 보고 기록하는 것이 앎의 차선이 된다."[339]

공자는 알지 못하면서 아는 척하거나 잘못된 정보를 확산시키는 것을 우려했다. 일단 제대로 알기 위해서는 많이 듣고 보아서 그 선한 것을 따르고 기록하는 것이 우선이라고 보았다.

참된 앎이란 모르는 것을 인정할 때, 즉 정직을 기반으로 할 때 가능하

---

338) 『論語』, 爲政第二, "由! 誨女知之乎? 知之爲知之, 不知爲不知, 是知也."
339) 『論語』, 述而第七, "子曰, 蓋有不知而作之者, 我無是也. 多聞擇其善者而從之, 多見而識之, 知之次也."

다. 선행도 마찬가지이다. 로나라에 미생고(微生高)란 자가 있었다. 미생고는 어느 시대의 인물인지 명확하지 않으나 로나라에서 정직한 성품으로 소문이 났다. 그런 미생고를 공자는 이렇게 평가했다.

"누가 미생고를 정직하다고 했는가? 어느 사람이 식초를 빌리려 하자 그 이웃집에서 빌려서 주었거늘!"340)

문맥으로 미루어 보면 미생고는 자신이 빌려줄 식초가 없자 이웃집에서 자신의 이름으로 식초를 빌려서 식초를 빌리러 온 사람에게 준 것으로 보인다. 미생고는 자신이 식초가 없으면 없다고 해야 옳다. 그리고 도움이 필요하다고 생각되었으면 이웃집에 가서 남이 원한다는 것을 사실대로 말하여 식초를 구하고, 식초를 빌린 사람에게는 이웃집에서 빌려 온 것임을 말했어야 한다. 그러나 미생고는 자신이 필요한 것처럼 식초를 구하여, 자신의 이름으로 주었기 때문에 식초를 받은 당사자는 미생고를 미덕이 있다고 여기거나 은혜로운 자라고 여겼다. 그러나 사실 그러한 감사한 마음을 받을 자는 식초를 미생고에게 빌려준 자이다. 그러므로 공자는 미생고가 이러한 사실을 알리지 않고 중간에서 그러한 칭송을 들었으니 정직한 자가 아니라고 보았다. 참된 앎이 아는 것을 안다고 하고 모르는 것을 모른다고 하는 정직이 기반이 되어야 하는 것처럼, 우리의 선행도 일단 정직을 기반으로 베풀어야 참된 미덕이 됨을 공자는 말하고 있다.

---

340) 『論語』, 公冶長第五, "孰謂微生高直? 或乞醯焉, 乞諸其鄰而與之."

## 배움에는 때가 있다

공자는 어려서부터 제사 그릇을 진설하며 놀기를 좋아했을 정도로 예(礼)에 흥미가 많았다. 그리고 공자 자신의 일생을 회고하며 나이 십오 세에 학문에 뜻을 두었다고 했다. 이처럼 공자는 일찍부터 학문에 많은 관심이 있었다. 그래서 공자는 자신을 호학(好學)하는 자라고 말했다. 공자가 어려서부터 학문에 관심이 많았던 이유는 천성적으로 호학했기 때문이기도 했지만, 한편으로는 우리의 일생이 많은 것을 제대로 알고 행하기에 너무 짧기 때문이기도 했다.

　　공자가 냇가 위에서 말했다. "흘러가는 것이 이와 같구나! 주야로 쉬
　지 않는구나!"341)

공자는 우리의 인생, 즉 세월을 주야로 흐르는 물에 비유했다. 잡을 수도 없고 멈출 수도 없다. 학문을 부지런히 연마해도 일가를 이루기에는 너무 짧은 인생이다. 우리가 흔히 쓰는 표현인 '세월이 유수(流水)와 같다'는 말이 여기서 비롯되었다. 『장자』 「지북유」 편에는 '백구과극(白駒過隙)'이란 표현이 있다. 흰 망아지가 빨리 달리는 것을 문틈으로 본다는 뜻이다. 이것은 달리 말하면 인생이 지나가는 것의 빠르기가, 문틈으로 흰 말이 지나가는 것을 봄과 같다는 말이다. 역시 인생과 세월의 덧없고 짧음을 이르는 말이다.

공자는 세월이 쉬지 않고 흐르고 있는데, 우린 무엇을 어떻게 해야 하는가를 묻고 있다. 특히 학문하는 경우는 더 묵직한 메시지가 될 수 있다. 공

---

341) 『論語』. 子罕第九. "子在川上. 曰. 逝者如斯夫! 不舍晝夜."

자는 후학들에게 이런 말을 던졌다.

"후생이 가히 두렵도다. 앞으로 오는 자들이 나의 지금보다 못할 줄을 어찌 알겠는가? 그러나 사십 세, 오십 세가 되어도 알려짐이 없으면 그 또한 두려워할 필요가 없을 것이다."342)

공자는 후생(後生: 후배)들이 자신보다 나아지는 것을 '두렵다'는 느낌으로 표현했다. 이것은 공자가 두려워할 정도로 후생들이 앞서 나가기를 기대하는 표현이기도 하다. 그러나 세월은 유수처럼 흐르고 있는데도 후배들이 학문을 게을리하여 사십이나 오십 세가 되어도 이렇다 할 성취를 못 이룬다면 두렵지 않다고 했다. 즉, 자신의 기대를 거둔다는 말이다. 공자가 굳이 사십 세와 오십 세를 거론한 것은 젊은 시절부터 학문에 정진해야 그나마 그 나이에 배운 사람이라는 말을 들을 수 있다는 말이니, 연로해질수록 학문의 길이 더욱 지난(至難)함을 의미하기도 한다. 일생을 통틀어 공부를 해야 하겠지만, 효율적인 공부는 때가 있는 법이다.

---

342) 『論語』, 子罕第九. "後生可畏. 焉知來者之不如今也? 四十, 五十而無聞焉. 斯亦不足畏也已."

## 4절 시에서 흥기하고, 예에서 서고, 악에서 완성된다

### 시(詩)는 정서를 흥기한다

공자의 제자들은 육예(六芸)를 포함하여 기예, 문(文), 행(行), 충(忠), 신(信) 등을 공부했다. 이 중 공자는 '시(詩)', '예(禮)', '악(樂)'이 정서와 인지의 조화 그리고 인간 사회의 화합을 유도하는 상호 보완적 기능이 있음을 인정했다.

"시에서 발흥하고[興於詩], 예에서 서고[立於禮], 악에서 완성된다[成於樂]."343)

[興: 일어날 흥, 於: 어조사 어, 詩: 시 시, 成: 이룰 성, 樂: 풍류 악]

공자는 성정을 감흥하고, 행위를 단속하고, 사회를 화합시키는 방법으로 '시(詩)', '예(禮)', '악(樂)'을 제시했다. 이를 차례로 살펴보면 다음과 같다.
시(詩)는 주된 기능으로 정서의 감흥(感興)이 있고, 그 외에 윤리를 밝히고, 지식을 확장하게 한다.

공자가 말했다. "제자들이 어찌 시(詩)를 배우지 않겠는가? 시(詩)는 (정서를) 흥기할 수 있게 하고, (뜻을) 살펴볼 수 있게 하고, 무리를 모을 수 있게 하고, 원망할 수도 있게 한다. 가까이는 부모를 섬기고, 멀리는 군주를 섬기며 조수와 초목의 이름을 많이 알게 한다."344)

343) 『論語』, 泰伯第八, "興於詩, 立於禮, 成於樂."
344) 『論語』, 陽貨第十七, "小子! 何莫學夫詩? 詩, 可以興, 可以觀, 可以群, 可以怨. 邇之事父,

시(詩)는 인간 내부의 감성을 자극하여 분발하게 하고, 시인의 뜻을 살펴 보게 하고, 무리를 모아 동조를 하게 하기도 하고, 원망하게 할 수도 있고, 부모와 군주를 섬기려는 마음을 갖게 하고, 여러 사물의 이름을 알게 한다.

## 시(詩) 공부를 안 하면 담장을 마주 본다

시(詩)를 공부하지 않으면 인간의 도리와 사물의 이치를 제대로 알 수가 없다. 공자와 아들 공리의 대화이다.

> 공자가 백어[伯魚: 공리의 자(字)]에게 말했다. "너는 주남(周南)과 소남(召南)을 공부했느냐? 사람으로서 주남과 소남을 공부하지 않으면 담장을 바라보고 서 있는 것과 같다."[345]

'주남(周南)'과 '소남(召南)'은 『시경』「국풍」의 첫머리에 나오는 편명이다. 내용이 대부분 수신제가(修身齊家)에 관한 것이다. 공자는 『시경』에서도 「국풍」의 '주남(周南)'과 '소남(召南)'을 지목하여, 이것을 공부하지 않으면 인간의 도리와 교화의 기본에 도달할 수 없다고 보았다. 공자는 특히 '주남(周南)' 편 '관저(關雎)'를 칭송했다.

> 공자가 말했다. "관저(關雎)는 즐겁지만 음란하지 않고[樂而不淫], 슬

---

　　遠之事君. 多識於鳥獸草木之名."
345) 『論語』, 陽貨第十七. "子謂伯魚曰. 女爲周南召南矣乎? 人而不爲周南召南, 其猶正牆面而立也與?"

프지만 감성을 상하지 않게 한다[哀而不傷]."³⁴⁶⁾

[樂: 즐거울 락, 淫: 음란할 음, 哀: 슬플 애, 傷: 상할 상]

관저의 시는 자신의 짝을 그리워하는 정서가 담긴 시이다. 공자가 관저의 시를 칭송한 이유는 '락이불음(樂而不淫)', 즉 즐겁지만 음란하지 않고, '애이불상(哀而不傷)', 즉 슬프되 감성을 상하지 않기 때문이다. 공자는 관저의 시가 인간의 성정을 제대로 표현하면서도 과하지 않음을 칭찬했다. 관저의 시 일부를 보면 이러하다.

關關雎鳩, 在河之洲. [꽉꽉 우는 물수리, 황하의 모래섬에 있구나!]
窈窕淑女, 君子好逑. [요조숙녀, 군자의 좋은 배필이로다!]
參差荇菜, 左右流之. [들쭉날쭉한 수초, 좌우로 그것을 헤쳐가며!]
窈窕淑女, 寤寐求之. [요조숙녀, 자나 깨나 그녀를 구하려는구나!]
求之不得, 寤寐思服. [구해도 그녀를 얻지 못해, 자나 깨나 생각하네!]
悠哉悠哉, 輾轉反側. [근심하고 근심하여, 전전반측하는구나!]

[關關(관관): 새들이 화목하게 우는 소리, 雎鳩(저구): 물수리, 洲: 섬 주, 窈: 그윽할 요, 窕: 조용할 조, 淑: 정숙할 숙, 好: 좋을 호, 逑: 짝 구, 參: 가지런하지않을 참, 差: 들쭉날쑥할 치, 荇菜(행채): 다년생수초, 流: 흐를 류, 之: 그것 지, 窈: 그윽할 요, 窕: 조용할 조, 寤: 잠깰 오, 寐: 잠잘 매, 求: 구할 구, 得: 얻을 득, 服: 생각할 복, 思服: 생각하고 생각함, 悠: 근심할 유, 哉: 어조사(감탄 어미) 재, 輾: 구를 전, 轉: 구를 전, 反: 뒤집을 반, 側:곁 측]

위 관저의 시 내용 중 '寤寐思服(오매사복)'에서 후반 음절이 변화하여 '寤寐不忘(오매불망)'이란 고사성어가 유래되었다. '오매불망(寤寐不忘)', 자나 깨

---

346) 『論語』, 八佾第三, "子曰, 關雎, 樂而不淫, 哀而不傷."

나 잊지 못한다는 뜻이다. 또 인용된 시의 마지막 부분인 '전전반측(輾轉反側)'은 독립된 숙어로 쓰이는데, 몸을 뒤척이며 잠을 못 이루는 것을 뜻한다.

앞에서 공자는 시(詩)가 "가까이는 부모를 섬기고, 멀리는 군주를 섬기게 한다."라고 했다. 이것은 시가 인간의 정서를 발흥하는 기능 외에 윤리적 측면에서 가정과 사회·정치적 순기능이 있음을 말하는 것이다. 시가 주는 사회·정치적 순기능은 다음에서도 살펴볼 수 있다.

공자가 말했다. "시를 삼백 편이나 읊고 정치를 하게 해도 변변치 못하고, 사방으로 사신을 보내도 혼자서 처리하지 못하면, 비록 많이 읊는다고 해도 무엇에 쓰겠는가?"347)

주희에 따르면, 시는 인정에 근본하고, 만물의 이치를 아우르기 때문에 풍속의 성쇠와 정치의 득실을 간접적으로 체험할 수가 있다. 그러므로 시를 제대로 맛을 알고 읊는 자는 정치에 통달하고, 사신으로 가서도 할 말을 해낼 수가 있다. 이처럼 공자는 시 공부가 인간의 정서적 감흥을 일으키기도 하지만 현실적으로 가정과 사회·정치적 활동에 도움을 주어야 한다고 보았다. 이것은 유학의 현실 지향적 성향을 보여주는 전형적인 예이다.

---

347) 『論語』, 子路第十三, "子曰, 誦詩三百, 授之以政, 不達, 使於四方, 不能專對, 雖多, 亦奚以爲?"

## 예의 근본은 무엇일까?

시(詩)가 인간의 정서를 발흥한다면 예(禮)는 인간의 행위를 단속하고 다듬는다. 공자는 여러 학문 중에서도 특히 예에 관심이 많았다. 공자는 아이 때 언제나 제사 그릇을 차려놓고 예를 갖추는 소꿉놀이를 했다. 청년 시절에 제자 남용(남궁경숙)과 주나라 서울인 낙읍에 가서 문물을 견학했을 때, 노자(老子)를 만나 예(禮)에 관하여 묻기도 했다.

예는 크게 분류하여 외재적 규범과 내면적 덕성으로 보는 견해가 있다. 전자는 예가 사회에서 만들어진 규범으로서 내면의 도덕이 표현되는 형식적 틀이란 말이다. 이러한 입장에는 공자와 순자가 해당한다. 후자는 우리의 본성에 예가 사덕(四德: 인·의·예·지)의 하나로서 내재함을 말한다. 이러한 견해를 가진 성리학자들의 주장에 따르면 맹자가 해당한다.[348]

공자가 예에 관심이 많은 것은 예가 개인적 차원에서는 행위의 단속과 절제에 따른 인격체의 품격을 유지하고 사회적 차원에서는 남에게 피해를 주지 않으며, 국가적 차원에는 통치의 요체가 된다고 믿었기 때문이다.

개인적 차원에서부터 국가적 차원에 이르기까지 예는 공자에게 있어서 주요한 실천 규범이 된다. 그렇다면 예는 무엇이 중요하며, 어느 정도까지 행사되어야 하는가?

공자가 말했다. "윗자리에 있으면서 관대하지 않고, 예를 행할 때 공경하지 않고, 상사에 임하여 슬퍼하지 않으면 내가 어떤 생각으로 그것을 바라보겠는가?"[349]

---

348) 그러나 조선의 다산은 맹자가 본성으로 본 것은 사덕이 아닌 사단(四端: 측은지심, 수오지심, 사양지심, 시비지심)이라고 주장한다.
349) 『論語』, 八佾第三, "子曰, 居上不寬, 爲禮不敬, 臨喪不哀, 吾何以觀之哉?"

윗자리에 있는 자가 가져야 할 미덕은 관대함이다. 그리고 평상시 대인간 예는 공경을 근본으로 하며, 상사에는 슬퍼하는 마음이 근본이 되어야 한다. 로나라 사람인 임방(林放)이 예의 근본이 궁금했다.

> 임방이 예의 근본에 대해 묻자 공자가 말했다. "크도다! 질문이여! 예는 그 사치하는 것보다 차라리 검소해야 하고, 상사(喪事)에는 그 형식을 차리는 것보다 차라리 슬퍼해야 한다."350)

임방은 당시 사람들이 예라는 명분으로 번잡한 겉치레를 하는 것을 보고 스스로 이러한 것은 예의 본질에서 벗어난 것이 아닐까 하여 공자에게 물었다. 그러자 공자는 올바른 예의 모습을 알고자 하는 임방을 칭찬했다. 공자는 당시 사람들이 행사나 상사(喪事)에서 예법을 빙자하여 분에 넘치는 사치를 하고 형식에 치중함을 비판했다. 행사에서의 예의 본질은 검소하고 상사에는 마음에서 우러나오는 애도(哀悼)가 우선이라는 말이다. 사치와 지나친 검소는 둘 다 중도를 잃어 옳지 않으나 사치의 해악이 더 크다.

> 공자가 말했다. "사치하면 불손하고, 검린(儉吝: 검소가 지나쳐 인색함)하면 고루하다. 불손보다는 차라리 고루함이 낫다."351)

사치가 심한 자는 불손한 폐해가 따르고, 검소가 지나친 자는 고루(固陋: 고집이 세고 식견이 좁음)한 성정을 형성하는 폐해가 따른다. 그러나 공자는 그중에서도 사치가 사람과 물건에 대해 끼치는 폐해가 경험상 더 크다고 보았다. 이처럼 예의 근본은 검소와 상황에 진실한 마음이다. 그런데

---

350) 『論語』, 八佾第三. "林放問禮之本. 子曰. 大哉問. 禮. 與其奢也. 寧儉. 喪. 與其易也. 寧戚."
351) 『論語』, 述而第七. "子曰. 奢則不孫. 儉則固. 與其不孫也. 寧固."

그것과 예를 소홀히 하는 것은 구별되어야 한다.

　　공자가 말했다. "마면(麻冕: 검은 삼베로 만든 관)이 예이지만 지금은 명주 실로 만들어서 검소하다. 나는 대중을 따르겠다. 당하(堂下: 본채 아래)에서 절하는 것이 예이거늘, 지금은 당상(堂上: 본채 터)에서 절하는데, 교만한 것이다. 비록 대중과 어긋나지만 나는 당하(堂下)를 따르겠다."352)

　　검은 삼베로 만든 관(冠: 갓)은 세밀하고 만들기가 어렵다. 그렇지만 명주실로 만든 관은 간략하고 비용도 적게 든다. 공자는 관 자체를 쓰는 것이 예이지, 관을 사치스럽게 쓸 것까지는 없다고 본다. 다만 군주와 신하의 예절에서 공자는 당시 여러 사람의 주장을 따르려 하지 않았다. 당시 연례(燕禮: 잔치 예절)에서 손님들은 당하에서 재배(再拜: 두 번 절)하고 머리를 조아리는 것이 예법이었는데 점차 군주의 권위가 약해지면서 군주가 사양하면 당상에서 절을 했다. 공자가 볼 때 이것은 번잡한 것도 아니고 비용이 들어가는 것도 아닌데, 군주에 대한 예를 소홀히 하는 것으로 판단하여 당하에서 행하는 예를 따르겠다고 했다.
　　예(礼)는 또한 형식의 불편함이나 비용 등의 문제로 그것을 소홀히 하려는 경향도 있다. 그러나 형식의 불편함이나 비용보다 그 실행하는 의의가 더 큰 가치가 있으면 공자는 그것을 감수해야 한다는 의견이다. 자공과 공자의 대화이다.

　　자공이 초하루에 희양(餼羊)을 하고 (종묘에) 고(告)하는 의식을 없애고 싶다고 하자 공자가 말했다. "사(賜: 자공의 이름)야! 너는 그 양을 아끼는

---

352) 『論語』, 子罕第九. "子曰. 麻冕, 禮也. 今也純, 儉, 吾從衆. 拜下, 禮也. 今拜乎上, 泰也. 雖違衆, 吾從下."

가? 나는 그 예(禮)를 아끼노라."353)

'희양(餼羊)'은 살아 있는 양을 제물로 바친다는 뜻이다. 옛날에는 천자가 섣달(음력 12월)에 제후에게 이듬해 달력을 나누어주고 정령(政令)을 내렸다. 제후는 천자가 내린 달력을 종묘에 보관하였다가 매달 초하루[朔]에 양을 제물로 바치며 종묘에 고한 후, 그달의 달력을 꺼내어 천자의 정령을 시행했다. 바로 초하루에 양을 바치는 제례는 민생을 위한 천자의 정령을 실행하기 위한 행사였다. 그런데 당시에 제후가 이런 제례를 제대로 하지 않고 형식적으로 대충 넘어가는 상황을 보고, 자공이 아예 희양(餼羊)을 없애고 싶다고 했다. 그러자 공자는 그나마 희양이라도 존치해야 본래의 형태를 복원할 수 있다며 반대하고 있다.

예의 근본은 자신에게 맞는 검소와 상황에 진실한 마음이다. 그런데 자신의 신분이나 상황을 넘어서서 호화롭게 그리고 불순한 의도를 예가 행해지는 것을 공자는 경계했다. 당시 예법은 천자, 제후가 규모나 형식이 달랐다. 앞서 나왔듯이 예법에 천자의 무용은 팔일무(八佾舞)였고 제후는 육일무(六佾舞)였다. 그런데 로나라 삼가 중의 계씨는 팔일무를 정원에서 추게 했다. 그리고 천자는 종묘에 바친 제물을 물릴 때 『시경』 주송(周頌) 옹편(雍篇)의 시(詩)를 읊는다. 그런데 삼가가 제사를 마치면서 옹편의 시를 읊었다. 계씨를 비롯한 삼가들이 천자의 흉내를 냈다. 천자의 흉내까지 낸 삼가에 제후의 흉내는 더 거리낌이 없었다. 삼가 중 계씨는 태산에서 '려(旅)'를 지냈다. '려(旅)'는 제후들이 산에 지내는 제사를 말한다.

계씨가 태산에 '려(旅)'를 지냈다. 공자가 염유[염구의 성(姓)과 자(字)를

---

353) 『論語』, 八佾第三, "子貢欲去告朔之餼羊. 子曰. 賜也. 爾愛其羊. 我愛其禮."

결합한 호칭]에게 말했다. "너는 (그 행위를) 구제할 수 없었느냐?" 염유가 대답했다. "할 수가 없었습니다." 공자가 말했다. "오호라! 일찍이 태산이 임방만 못하겠는가?"354)

염구는 공자가 60세가 되어 진(陳)나라에 있을 때 로나라로 와서 실권자 계강자의 가신이 되었으므로 위 대화의 내용은 공자가 주유천하를 마치고 로나라로 귀국한 후의 상황으로 추정된다. 임방은 앞서 공자에게 예의 근본을 물은 로나라 사람이다. 공자는 만약 태산의 산신이 존재한다면 참절하여 행하는 예를 용납하지 않을 것이라고 말했다.

앞에서 설명했듯이 로나라의 대부들이 천자와 제후의 흉내를 내며 방자해진 것은 로나라 조정에도 책임이 있다. 제후국인 로나라 조정은 천자의 나라에서 지내는 교(郊)와 체(禘) 제사를 지냈다. 로나라에서 지낸 체(禘)에 대하여 공자는 이렇게 말했다.

"체(禘) 제사가 이미 강신제[灌]를 하여 지나갔으니 나는 보고 싶지 않다." 누군가가 체(禘)의 이론을 묻자 공자가 말했다. "알 수 없습니다. 천하에 그 이론을 아는 자는 여기에 보이게 하는 것과 같소이다."라고 하며 그 손바닥을 가리켰다.355)

[禘:큰제사 체, 灌: 강신제 관]

'강신제[灌]'는 울창주를 뿌려 신을 불러 내리는 의식이다. 공자는 비록 주공을 찬미하나 주공에게 체를 지내는 것은 잘못이라는 입장이어서 체

---

354) 『論語』, 八佾第三, "季氏旅於泰山. 子謂冉有曰, 女弗能救與? 對曰, 不能. 子曰, 嗚呼! 曾謂泰山, 不如林放乎?"

355) 『論語』, 八佾第三, "禘自既灌而往者, 吾不欲觀之矣. 或問禘之說. 子曰, 不知也. 知其說者之於天下也, 其如示諸斯乎! 指其掌."

(禘)의 참석을 거부했다. 또한, 체의 이론에 대한 질문에 공자가 모른다고 말하면서 손바닥을 가리켰다. 이것은 로(魯)나라의 치부를 굳이 지적하지는 않지만, 실제는 손바닥에 올려놓고 보듯이 명확하다는 의미이다.

이처럼 애초부터 예법에 어긋나게 교와 체가 행하여지자 로나라 대부들도 이를 본받아 태산에서 '려(旅)'를 지내고, 팔일무를 즐겼고, 옹편의 시를 읊었다.

### 거경행간(居敬行簡)

앞에서 나왔듯이 공자의 제자 중에 염옹(冉雍)은 자(字)가 중궁(仲弓)이다. 염옹은 공자가 안회, 민자건, 염백우와 더불어 덕행으로 손꼽은 제자이다. 어느 날 염옹이 공자와 이런 대화를 나누었다.

> 공자가 말했다. "염옹은 남면(南面)하게 할 만하구나." 그러자 중궁(仲弓: 염옹의 字)이 자상백자(子桑伯子)에 대해 물었다. 공자가 말했다. "잘하는 것이 있긴 한데, 간솔함이 있다."[356]

자상백자는 로나라 사람으로만 알려져 있고 자세한 인적 사항은 알 수 없다. 군주가 신하를 대할 때 군주는 남면(南面: 남쪽을 바라봄)한다. 공자가 염옹을 남면(南面)할 만하다고 말한 것은 염옹이 군주의 자질이 있다는 의미이다. 그런데 염옹은 그런 호평에 아랑곳하지 않고 평소 행동거지에

---

356) 『論語』, 雍也第六. "子曰, 雍也可使南面. 仲弓問子桑伯子. 子曰, 可也簡."

관한 판단이 어려운 자상백자에 대해 물었다. 유향(劉向)이 지은 『설원(說苑)』에는 공자가 자상백자를 보았을 때 그는 의관을 갖추지 않고 처신했다는 기록이 있다. 이것으로 보면 자상백자는 평소 간솔(簡率: 크고 간략하게 행하고 솔직함)한 행동거지를 지향하는 자임을 추측할 수 있다. 공자는 그의 행동에서 간솔한 것이 온전한 장점은 아니지만 그래도 옳은 일부분이 있다고 말했다. 그러자 염옹이 자기 생각을 말했다.

중궁[仲弓: 염옹의 자(字)]이 말했다. "경에 머무르고, 간솔함을 행하여[居敬而行簡] 그 백성에게 다가갈 수 있으면 역시 옳은 것이 아니겠습니까? 간솔함에 머무르고 간솔함을 행하면 너무 간솔하지 않겠습니까?" 공자가 말했다. "염옹의 말이 옳도다."357)

[居: 있을 거, 敬: 공경할 경, 行: 행할 행, 簡: 단출한 간]

공자는 자상백자의 간솔함이 일부 가당할 수 있다고 말한 것이었으나 중궁은 공자가 자상백자의 간솔함을 긍정적으로 표현한 것으로 판단했다. 그리하여 본래 간솔함은 공경하는 마음을 바탕으로 하여 간솔함이 표현되어야지, 이런 마음이 없이 자신의 편의대로 간솔하면 지나친 간솔이 되어 결례가 될 수 있음을 말했다. 그러자 공자는 자신이 미진하게 표현한 것을 염옹이 스스로 깨달아가며 말하자 염옹의 말을 인정해주었다. 공자와 염옹의 대화 중 '居敬而行簡(거경이행간)'에서 접속사 '而(이)'가 빠지고 '居敬行簡(거경행간)'이란 성어가 나왔다. '거경행간(居敬行簡)', 경에 머무르고 간솔함을 행한다는 의미이다.

평상시 대인 간 예는 공경을 근본으로 한다. 이것은 상대방의 성별이나

---

357) 『論語』, 雍也第六. "仲弓曰, 居敬而行簡, 以臨其民, 不亦可乎? 居簡而行簡, 無乃大簡乎? 子曰, 雍之言然."

신분을 구별하지 않는다.

　제자가 다른 나라에 갈 때는 두 번 절하고 보냈다. 계강자가 약을 보내자 받고 말했다. "제가 병을 알지 못하여 감히 먹지 못하겠소이다."358)

　공자는 제자를 다른 나라로 심부름 보낼 때 두 번 절하여 배웅했다. 이것은 상대방을 친히 보듯이 하여 비록 멀리 떨어져 있어도 공경하는 마음을 전달하고자 한 것이다. 공자가 주유천하를 마치고 로나라로 귀국 후 병이 나자 대부 계강자가 약을 보냈다. 당시 공자의 병명은 무엇인지 알 수가 없었다. 그러나 대부가 보낸 것이므로 일단 받고는 병명을 알지 못해 약을 함부로 먹지 못하겠다는 말을 했다. 즉, 상대의 성의를 받아들이되 사용 여부를 사실대로 말했다.

## 박문약례(博文約礼) 하면 어긋남이 없다

　예의 효용은 개인적 차원과 사회적 차원의 효용이 있다. 먼저 개인적 차원으로서의 예는 공자가 최고의 덕으로 삼고 있는 인(仁)을 이루는 방법이 되기도 한다. 공자는 "자신을 극복하고 예로 돌아가면 인을 이룬다[克己復礼為仁]."라고 했다. 이것은 자신의 사욕을 억제하여 예에 부합되는 행위를 하면 다름 아닌 인을 실천하는 행위라고 본 것이다. 또한, 예는 군자

---

358) 『論語』, 鄕黨第十, "問人於他邦, 再拜而送之. 康子饋藥, 拜而受之."

의 행동거지를 단속하는 규범의 역할도 한다.

　공자가 말했다. "군자는 '널리 글을 배우고[博學於文]', '예로써 그것을 제약하면[約之以禮]' 또한 어긋남이 없을 것이다."359)
　　[博: 넓을 박, 於: 어조사 어, 約: 묶을 약, 之: 그것 지]

　학문은 마땅히 군자가 널리 섭렵해야 할 대상이다. 그렇지만 예법으로 제약되지 않으면 학문은 자신도 해칠 수 있고 남에게 피해를 줄 수도 있다. '박학어문(博学於文)'과 '약지이례(約之以礼)'는 합성하여 '박문약례(博文約礼)'로 표현된다. '박문약례', 즉 널리 배우고, 예로써 제약하는 것은 공자의 가르침을 요약하여 표현한 말이다. 공자는 더 부연하여 말한다.

　"공손하되 예가 없으면 수고롭고, 신중하되 예가 없으면 두려워하고, 용맹하되 예가 없으면 날뛰고[勇而無禮則亂], 솔직하되 예가 없으면 숨 막히게 한다[直而無禮則絞]"360)
　　[勇: 날쌜 용, 則: 곧 즉, 亂: 어지러울 란, 直: 곧을 직, 絞: 목맬 교]

　공손하되 예가 없으면 절제가 안 되기 때문에 늘 머리를 굽실거리기만 할 것이다. 또 어떤 일을 신중히 처리할 때 예법에 부합되는 거라면 당당하게 할 수 있으나 그러한 심증이 없을 때는 두려워하게 된다. 용감하지만 예가 없으면 많은 사람과 갈등을 야기하고, 정직하지만 예로써 정제되지 않으면 상대방에게 목 조르는 느낌을 준다. 여기서 '용맹하되 예가 없으면 날뛰고, 솔직하되 예가 없으면 숨 막히게 한다[勇而無礼則乱, 直而無礼則絞]'라는

359) 『論語』, 雍也第六, "子曰, 君子博學於文, 約之以禮, 亦可以弗畔矣夫."
360) 『論語』, 泰伯第八, "恭而無礼則劳, 慎而無礼則葸, 勇而無礼則乱, 直而無礼則絞."

구절은 앞에서의 '솔직함을 좋아하되 호학하지 않으면 그 폐단은 숨 막히게 하는 것이며, 용맹을 좋아하되 호학하지 않으면 그 폐단은 날뛰게 된다[好直不好学, 其蔽也絞. 好勇不好学, 其蔽也亂]'라는 구절과 논리적 구조에서 결론 부분이 중복된다. 즉, 전제(前提)에서 '호학(好学)' 대신 '예(礼)'로 글자가 바뀌고 결론에서 똑같이 '숨 막히다[絞]'와 '날뛰다[乱]'로 배열이 되어 있다. 따라서 '호학'과 '예'가 없는 경우 둘 다 그 부정적 성향은 같은 것으로 귀결된다. 바로 공자는 '예'를 '호학'의 본질적 대상으로 본 것이다.

예는 외재적 규범이 내면화되는 과정을 거치므로 어느 정도의 시간이 필요하다. 자하가 거보의 읍재가 되어 공자에게 정치에 관해 묻자, 공자는 '욕속즉부달[欲速則不達]'이라고 했다. 즉, 빨리하기를 바라면 통달하지 못한다는 의미이다. 바로 백성을 예로 교화하는 것에 어느 정도의 시간을 필요함을 말하고 있다. 궐당(闕党)이라는 마을의 동자(童子: 어린아이)를 옆에 둔 적이 있었다.

> 궐당의 동자가 분부를 전하고 일을 때, 어떤 자가 물었다. "좀 나아졌습니까?" 공자가 말했다. "내가 자리에 머무는 것을 보고, 선생과 더불어 나란히 가는 것을 보았소이다. 차츰 나아지기를 구하는 것이 아니라 속성으로 배우길 원합니다."361)

『예기』에 의하면 동자가 시중들 때 방안 중앙에 위치하는 것이 아니라 구석에서 시중들며, 부모의 연배에 해당하는 어른을 수행할 때는 나란히 걷지 않고 뒤를 따른다. 그런데 공자의 옆에서 시중드는 동자는 그리하지 않았다. 그 동자는 예가 숙성하는 기간이 필요함을 깨닫지 못하고, 단지

---

361) 『論語』, 憲問第十四, "闕黨童子將命. 或問之曰. 益者與? 子曰. 吾見其居於位也. 見其與先生並行也. 非求益者也. 欲速成者也."

이론으로 몇 가지를 습득하면 되는 것으로 알았기 때문이다.

### 음악은 연결하여 완성한다

시(詩)와 예(禮)가 인간 정서와 행동에서 감흥과 단속의 기능을 갖고 있다면, 음악(音樂)은 다른 사람과의 조화를 도모하는 기능을 갖고 있다.

> "음악을 좀 알 수 있다. 시작할 때는 함께 음률을 맞추고는 따라가기도 하고, 자신의 음을 내고, 음을 분명히 하고, 이어가다가 완성하는 것이다."362)

공자는 음악의 효능을 여러 사람이 서로의 음을 내다가 하나의 전체적 화음(和音)을 내는 것이라고 보고 있다. 이처럼 사람에게는 정서를 불러일으키는 시 그리고 행동을 규율하는 인지적인 예가 필요하며, 인간 사회의 화합을 위해서는 음악이 필요하다고 공자는 주장한다.

공자는 "음악은 소무(韶舞: 순임금의 음악과 무용)를 따라야 할 것이다."363)라고 했다. 그는 음악 중에서 최고의 경지는 순임금의 음악인 소(韶)를 꼽고 있다. 소를 최고의 음악으로 꼽은 것은 이런 이유 때문이다.

공자가 소(韶)를 일컫기를, "아주 아름답고도 아주 선하도다. 무(武)를

---

362) 『論語』, 八佾第三, "樂其可知也. 始作翕如也. 從之, 純如也, 皦如也, 繹如也, 以成."
363) 『論語』, 衛靈公第十五, "樂則韶舞."

일컫기를, 아주 아름답지만 아주 선하지는 못하다."³⁶⁴⁾

무(武)는 주(周) 무왕(武王)의 음악이다. 순은 요임금으로부터 천자의 자리를 평화적으로 선양 받았고, 무왕은 상(商)의 주왕(紂王)을 무력으로 정벌하고 천자가 되었다. 둘 다 내용을 형용하는 아름다움이 있지만 형용하는 실체는 평화적 선양과 무력에 의한 정벌이라는 차이가 있다. 그래서 순임금의 소(韶)는 아름답고도 선하다고 했다.

## 음악은 종과 북만 말하는 것이 아니다

이처럼 '시(詩)', '예(禮)', '악(樂)'을 공부하는 것은 단순히 읽고 따라 하는 차원을 넘어 복합적 효과를 우리에게 제공한다. 공자는 '예(禮)', '악(樂)'의 공부를 예로 들어 그것을 말했다.

공자가 말했다. "(이렇게) 예(禮), (저렇게) 예(禮)를 말하지만, 옥과 비단을 말하는 것인가? (이렇게) 악(樂), (저렇게) 악(樂)을 말하지만, 종과 북을 말하는 것인가?"³⁶⁵⁾

예는 사람과 만날 때 옥과 비단을 주고받는 것만을 말한 것이 아니고, 음악은 단순히 종과 북만을 두들기는 것이 아니다. 그것은 인간의 행위와 사회를 화합시키는 고차원의 복합적 효능이 있다는 말이다.

364) 『論語』, 八佾第三, "子謂韶. 盡美矣, 又盡善也. 謂武, 盡美矣, 未盡善也."
365) 『論語』, 陽貨第十七, "子曰. 礼云礼云, 玉帛云乎哉? 樂云樂云, 鐘鼓云乎哉?"

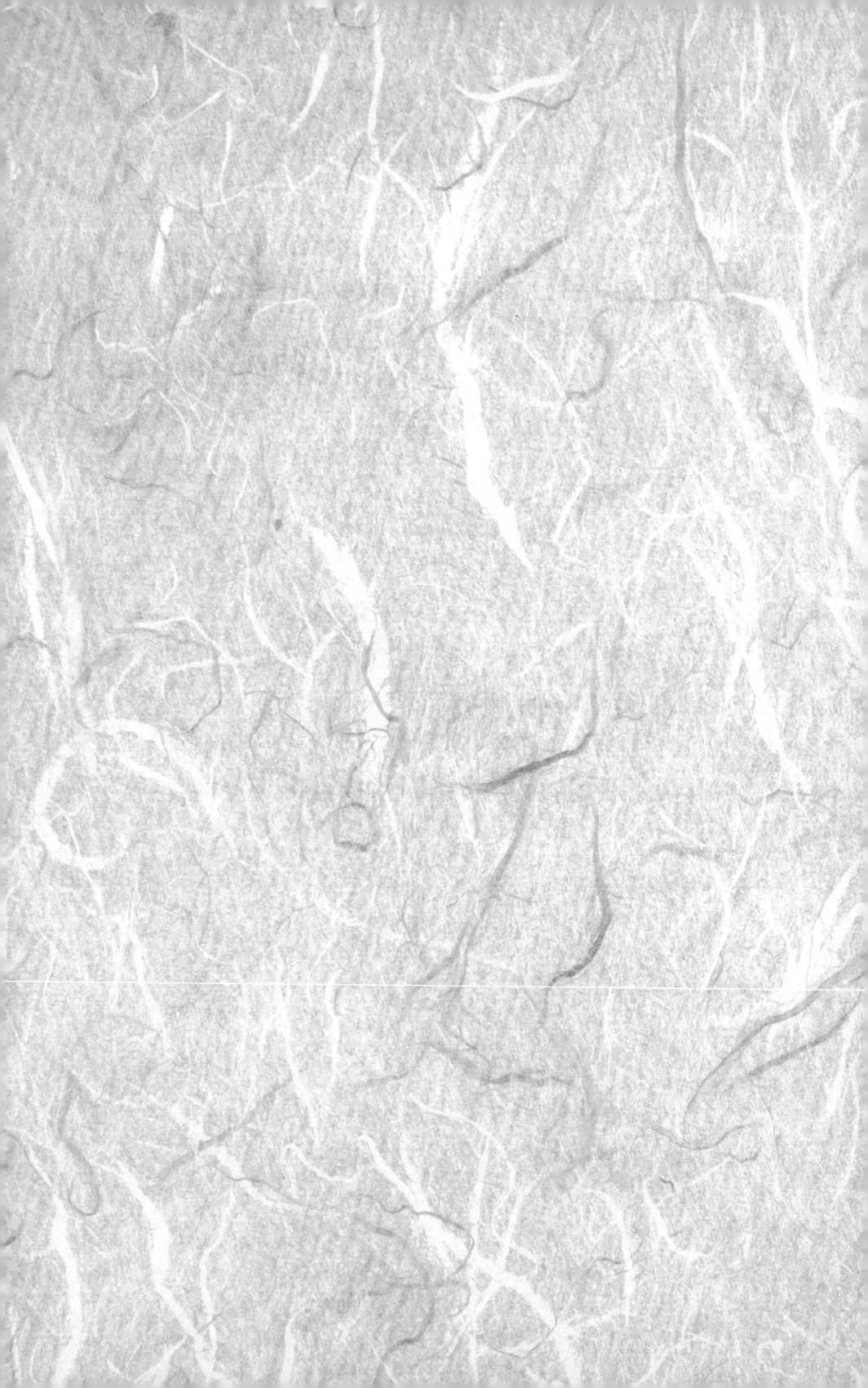

# 제6장

# 공자의 덕론,
# 극기복례가 인(仁)을 이룬다

**1절** 덕은 외롭지 않다
**2절** 불인(不仁)하면 예와 음악을 어찌할 수 있겠는가?
**3절** 인(仁)의 출발인 효제, 교우
**4절** 나의 도는 하나로 통한다
**5절** 도덕을 갖춘 인간의 모습

## 1절 덕은 외롭지 않다

### 중용의 덕 됨이 지극하다

『논어』에는 "도에 뜻을 두고 덕에 근거하며 인에 의존한다."366)라는 표현이 있다. 여기서 덕(德)을 주희는 "덕은 얻는다는 뜻이다. 도를 마음에 얻어 잃지 않는 것이다."라고 풀이한다. 즉, 주희는 도가 우리 마음속에서 함양되어 품성이 된 것을 덕이라고 한다. 다산(茶山)은 마음이 바르고 곧은 것을 덕이라고 풀이한다. 덕 있는 자가 존중받아야 한다. 그러나 현실은 그렇지 않을 수 있다.

공자가 말했다. "나는 덕을 좋아하기를 여자 좋아하듯이 하는 자를 보지 못했다."367)

덕을 좋아하기는 어렵다. 자신의 욕심을 자제해야 하고, 정의를 수호해야 하고, 예를 갖추어야 한다. 이러다 보니 내가 상처를 입기 쉽고, 당장 손해가 날 수도 있다. 그러므로 여자 좋아하듯이 덕을 좋아하는 자는 드물 수밖에 없다. 그렇지만 덕 있는 자는 외롭지 않다.

"덕은 외롭지 않다. 반드시 이웃이 있다."368)

---

366) 『論語』, 述而第七, "志於道, 據於德, 依於仁."
367) 『論語』, 子罕第九, "子曰, 吾未見好德如好色者也."
368) 『論語』, 里仁第四, "德不孤, 必有鄰."

공자는 주유천하 중에 새나 짐승은 그들끼리, 사람은 사람끼리 서로 어울려 살아야 한다고 말한 적이 있다. 그런데 사람이 진정성 있게 서로 어울려 살아가는 위해서는 인성 면에서 신뢰가 쌓여야 가능한 법이다. 그러므로 덕 있는 자는 일시적으로 외로울 수 있겠지만, 언젠가는 그를 알아주는 사람이 있을 것이므로 혼자라는 생각을 하지 말고 더욱 힘차게 정진해야 한다는 말이다.

공자는 덕의 하나로서 중용을 제시했다. 『논어』「옹야」편의 내용이다.

> 공자가 말했다. "중용(中庸)의 덕 됨이 지극하도다. 백성이 뜨문뜨문 본 지가 오래되었다."[369].

공자는 중용을 상위의 의미라는 지극한 덕(德)으로 표현했다. 그렇지만 인류가 난세의 시대를 지나면서 눈앞의 생존과 경쟁에 노출되면서 지극한 덕 중용을 소홀히 보고 있다고 탄식했다.

중용의 의미는 무엇일까? 주희는 중용의 의미를 과하거나 모자람이 없는 상태라고 정의했다. 그렇다면 과하거나 모자란 것은 어느 것이 더 나은 것인가?

> 자공이 전손사와 복상 중에 누가 더 현명한지 물었다. 그러자 공자가 말했다. "전손사는 과하고 복상은 미치지 못한다", "그렇다면 전손사가 더 나은 것입니까?" 공자가 말했다. "과유불급(過猶不及)이니라."[370]
>
> [過: 지나칠 과, 猶: 같을 유, 及: 미칠 급]

---

369) 『論語』, 雍也第六. "子曰. 中庸之爲德也. 其至矣乎! 民鮮久矣!"
370) 『論語』, 先進第十一. "子貢問. 師与商也孰賢? 子曰. 師也過. 商也不及. 曰. 然則師愈与? 子曰. 過猶不及."

전손사는 자(字)가 자장(子張)이다. 복상은 자(字)가 자하(子夏)이다. 자장은 본래 재주가 있고 의욕도 많아서 구차하거나 어려운 일을 즐겼다. 그러나 겉으로 드러나기를 좋아하여 인(仁)과 같은 덕은 부족하다고 평가된다. 자하는 공자의 제자 중 문학으로 이름이 났고 소심했다. 자공은 자장이 과감하고 자하는 소심하므로 자장이 더 나을 것으로 생각했으나 공자는 '과유불급(過猶不及)'이라고 했다. 즉, 지나침은 미치지 못함과 같다는 말이다. 지나침과 모자람은 둘 다 중용을 벗어났기 때문에 점차 시간이 갈수록 어그러짐이 커진다. 이런 맥락에서 둘 다 어느 것이 낫다고 할 수가 없다. 그런데 자공이 둘 이외에도 사람을 서로 비교하기를 즐겼다.

자공이 사람을 서로 비교하자 공자가 말했다. "단목사(端木賜: 자공의 성명)는 현명하구나. 무릇 나는 그럴 여유가 없도다."371)

사람의 장단점을 비교하는 것은 사람의 도리를 깨우치는 하나의 방법이 된다. 공자는 그런 자공의 현명함을 일단 인정은 하되, 너무 그쪽으로만 전념하면 마음 수양을 소홀히 하고 외적인 대상에 관심이 쏠릴 것을 우려했다. 그래서 공자는 자신은 능력이나 시간이나 그럴 여유가 없다고 말하여 자공에게 공부하거나 자신을 성찰할 수 있도록 말했다. 공자도 중도를 지향하는 제자를 얻고자 했다.

공자가 말했다. "중행(中行)을 얻지 못하고 굳이 함께한다면 반드시 광자(狂者)와 견자(狷者)와 하겠다. 광자는 앞으로 나아가고 견자는 하지 않으려고 한다."372) [狂: 미칠 광, 狷: 고집셀 견]

---

371) 『論語』, 憲問第十四, "子貢方人. 子曰, 賜也賢乎哉! 夫我則不暇."
372) 『論語』, 子路第十三, "子曰, 不得中行而與之, 必也狂狷乎! 狂者進取, 狷者有所不爲也."

중행(中行)은 중도와 같은 의미이다. 광자(狂者)는 뜻이 매우 높으나 행동이 그것을 가리지 못하는 사람이고, 견자(狷者)는 지혜는 부족하나 지키려는 것에는 고집이 센 사람을 말한다. 중도를 지향하는 사람을 얻고 싶으나 그리하지 못하면 차라리 광자, 견자를 차선으로 선택하겠다는 말이다.

유가에서 지향하는 이상적 중용은 산술적인 평균을 지향하는 것이 아니다. 산술적 평균이란 딱 중간 지점을 말한다. 인간의 덕인 중용에 대하여 집중적인 논의를 한 것이 유가 도서인 『중용(中庸)』이다. 『중용』에서는 군자가 지향해야 할 중용을 시중(時中)으로 표현하고 있다.[373] '시중'은 사람이나 상황에 따라 올바른 것에 머문다는 의미이다. 예컨대 10이면 많고 2면 적다고 하면 사물에서는 6이 중간이며 여기서 6은 산술적 비례에 따른 평균이다. 그러나 음식을 사람에게 나누어 줄 때 배고픈 정도에 따라 6이 어떤 사람에게는 너무 많고, 어떤 사람에게도 너무 적을 수가 있다. 이럴 때 중간은 사물에서의 중간이 아닌 사람이나 상황에 따라 달라지는 상대적 중간(중용)이다. 이처럼 사람이나 상황에 맞게 적절히 행동하거나 처리하는 것이 '시중'이다.

---

373) 『中庸』, 一章. "君子中庸, 小人反中庸 君子之中庸也, 君子而時中, 小人之中庸也, 小人而無忌憚也."

## 권 도

그런데 상황에 따라서는 아예 경상(經常: 변동이 없이 늘 일정함)의 도덕관을 뛰어넘어야 할 때가 있다. 이것을 권도(權道)라고 부른다. 여기서 '권(權)'은 저울을 뜻한다. '권도(權道)'란 정도(正道)는 아니나 상황을 저울질하여 거기에 적절한 도리(방법)를 행하는 것을 말한다.

"더불어 같이 배울 수는 있어도, 더불어 도(道)로 나아갈 수는 없다. 더불어 도로 나아갈 수는 있어도 더불어 설 수는 없다. 더불어 설 수는 있어도 더불어 권도를 행할 수는 없다."374)

함께 공부한다고 하여 모두 도를 행하는 것도 아니며, 간혹 도를 행한다고 하여 뜻이 돈독하여 위상을 확고하게 정립하는 것도 아니다. 또 위상을 정립했다고 하여 다 같이 권도를 행할 수는 없다. 권도에 대하여 공자는 더 자세한 설명을 하지 않았다. 권도에 대한 이해는 전국시대의 맹자가 제시한 사례를 살펴보는 것이 도움된다. 맹자는 형수가 물에 빠졌을 때 '구해야 하는가?', '그냥 두어야 하는가?'에 대하여 이렇게 말했다.

"남녀가 주거니 받거니 하며 친하게 지내지 않는 것이 예이지만 형수가 물에 빠졌을 때 손을 내밀어 구하는 것은 권도이다."375)

맹자의 오륜 중의 하나가 부부 사이에는 구별됨이 있다는 부부유별(夫婦有別)이다. 부부유별은 결국 남녀 간에 서로 필요 없는 접촉을 금지해야

---

374) 『論語』, 子罕第九, "可與共學, 未可與適道. 可與適道, 未可與立. 可與立, 未可與權."
375) 『孟子』, 離婁章句上, "男女授受不親, 禮也, 嫂溺, 援之以手者, 權也."

한다는 메시지를 담고 있다. 그러나 형수가 물에 빠진 경우는 위급한 상황이기 때문에 이런 평상시의 윤리관에서 벗어나서 형수의 신체와 접촉하다 하더라도 뛰어들어 구해야 한다. 이것이 권도이다. 즉, 권도는 상황에 따라 일정한 도덕적 틀을 뛰어넘는 것을 말한다. 그렇지만 권도는 상당한 경지에 오른 자만이 할 수 있는 경지이다. 소인들은 자칫하면 자신의 행위를 권도로 미화할 수가 있다. 그래서 주희는 권도에 대한 정의를, "경미하고 중요한 것을 저울질하여 의(義)에 부합되게 하는 것[權輕重, 使合義也]"이라고 했다. 다시 말해서 상황에 따라 평상의 윤리관을 뛰어넘어야만 진정한 의를 구현할 수 있을 때 행하는 것이 권도이다. 이것으로 볼 때 권도는 도덕적 영역에서 파격적인 시중(時中)의 한 형태로 볼 수 있다.

공자는 덕을 설명하지 않았으나 위와 같이 중용을 덕의 표준으로 삼고 있다. 결국, 도가 '사람이 당연히 따라야 할 길'로써 인륜, 도리 등을 지칭하는 것이라면, 덕은 '도를 지향하는 중용 같은 바르고 곧은 마음'이라고 풀이할 수 있다.

## 2절 불인(不仁)하면 예와 음악을 어찌할 수 있겠는가?

### 사람을 사랑하는 인(仁), 알아보는 지(知)

공자보다 후세에 활동한 전국시대 맹자는 인간의 착한 본성이 확충된 것을 사덕(四德)이라 하고, 사덕을 인(仁)·의(義)·예(禮)·지(知)로 구별했다. 지극한 덕으로서의 중용은 사고와 처신의 완급과 정도의 기준을 말한 것이고, 인·의·예·지 등은 내용으로서의 덕을 말하는 것이다. 인(仁)이란 무엇일까? 공자의 제자 번지(樊遲)가 인(仁)이 궁금했다.

> 번지가 인(仁)에 대해 묻자 공자가 말했다. "거처에서 공손하고[居處恭], 일을 집행할 때 경건하며[執事敬], 사람들에게 충심으로 대하는 것[與人忠]은 비록 이적(夷狄: 오랑캐)에 가더라도 버릴 수가 없을 것이다."[376]
>
> [居: 머물 거, 處: 머무를 처, 恭: 공손할 공, 執: 잡을 집, 事: 일 사, 敬: 삼가할 경, 與: 더불 여, 忠: 충성 충, 夷: 동방오랑캐 이, 狄: 북방오랑캐 적]

번지가 인(仁)에 대해 질문을 하자 공자는 아예 상황에 따른 인(仁)의 모습을 말했다. 즉, '거처공(居處恭: 거처에서 공손)', '집사경(執事敬: 일을 집행할 때 경건)', '여인충(与人忠: 사람에게 충심)'이다. 공손은 주로 용모에 나타나고, 경건은 일 처리 하는 모습에서 우러난다. 충심은 내 마음의 올바른 것을 말한다. 이번에는 번지가 지(知)와 인(仁)의 차이가 궁금했는지, 지(知)와 인

---

376) 『論語』, 子路第十三. "樊遲問仁. 子曰. 居處恭, 執事敬, 與人忠. 雖之夷狄, 不可棄也."

(仁)에 대해 차례로 물었다.

번지가 지(知: 지혜)에 대해 묻자 공자가 말했다. "사람의 올바른 것에 힘쓰고, 귀신은 공경하되 멀리한다면[敬鬼神而遠之] 지(知)라고 말할 수 있다." 번지가 인(仁)에 대해 묻자 공자가 말했다. "인(仁)이란 것은 선난후획(先難後獲)하면 인(仁)이라 말할 수 있다."377)

[敬: 공경할 경, 鬼: 귀신 귀, 神: 신령 신, 遠: 멀 원, 之: 그것 지, 先: 먼저 선, 難: 어려울 난, 後: 뒤로할 후, 獲: 얻을 획]

지(知)는 존재를 확증할 수 없는 것에 힘쓰는 것이 아니라 현실적으로 내 주변에 있는 사람들에게 마땅히 해야 할 일에 힘쓰는 것이다. 그래서 존재를 확증할 수 없는 귀신은 일단 공경은 하되 너무 자주 찾고 의지하려 하면 안 된다. 인(仁)은 '선난후획(先難後獲)', 즉 사람들이 어려워하는 일을 자신이 먼저 하고, 대가로 얻어지는 것을 뒤로하는 것을 말한다. 번지는 인(仁)과 지(知)의 개념이 선뜻 가슴에 와 닿지 않자 다시 공자에게 그 개념을 물었다.

번지가 인(仁)에 대해 묻자 공자가 말했다. "애인(愛人: 사람을 사랑하는 것)이다." 번지가 지(知)에 대해 묻자 공자가 말했다. "지인(知人: 사람을 아는 것)이다." 번지가 이해하지 못하자 공자가 말했다. "올곧은 자를 기용하여 굽은 자 위에 그를 두면[擧直錯諸枉], 굽은 자들이 올곧게 된다."378)

377) 『論語』, 雍也第六, "樊遲問知, 子曰, 務民之義, 敬鬼神而遠之, 可謂知矣. 問仁. 曰, 仁者先難而後獲, 可謂仁矣."
378) 『論語』, 顔淵第十二, "樊遲問仁, 子曰, 愛人. 問知, 子曰, 知人. 樊遲未達. 子曰, 擧直錯諸枉, 能使枉者直."

[愛: 사랑 애, 知: 알 지, 擧: 들 거, 直: 곧을 직, 錯: 섞일 착, 둘 조(措와 같다), 諸: 어조사 제. '諸'는 '之於', '之乎'와 같은데, 여기서는 '之於'로 쓰였다. '擧直錯諸枉'은 '擧直錯之於枉'으로 바꿀 수 있다. '之'는 대명사이다.]

공자는 단순명쾌하게 '애인(愛人)', 즉 사람을 사랑하는 것이 인(仁)이고, '지인(知人)', 즉 사람을 아는 것이 지(知)라고 했다. 그래도 번지가 이해를 못 하자 공자는 통치자가 인재 등용하는 예를 들어 설명했다. '거직조저왕(擧直錯諸枉)', 즉 올곧은 자를 기용하여 굽은 자 위에 그를 두면, 굽은 자들이 올곧게 된다고 했다. 여기서 올곧은 자와 굽은 자를 알아보는 것은 지(知)고, 이럼으로써 굽은 자를 올곧게 만드는 것은 인(仁)이다.

공자가 사람을 사랑하는 것을 보여준 일화가 있다. 공자가 로나라에서 벼슬할 때 공자의 집 마구간에서 불이 났다.

> 마구간이 불타버렸다. 공자가 조정에서 퇴근하여 말했다. "사람이 상했느냐?" 말에 대해서는 묻지 않았다.379)

공자가 말을 아끼지 않는 것이 아니었지만 일단 사람의 안전 여부가 우선이었다. 물론 말도 생명이 있는 존재로서 평소 보호되어야 하나 여기서는 말을 재물로 본 것이다. 이처럼 인(仁)은 재물보다 사람을 우선하여 사랑하는 것이다.

인은 소극적으로 행위의 절제에만 머무는 것이 아니다. 공자의 제자 중 원헌(原憲)이 있다. 원헌은 공자보다 서른여섯 살 아래이다. 원헌은 집이 가난했지만, 공자의 제자 안회처럼 도를 즐기고 청빈한 생활을 했다. 원헌이 인의 실천에 대해 묻자 공자가 대답했다.

---

379) 『論語』. 鄕黨第十. "廐焚. 子退朝. 曰, 傷人乎? 不問馬."

"(원헌이 물었다) 자랑과 원망과 욕심을 행하지 않으면 인(仁)을 행한다고 할 수 있습니까?" 공자가 말했다. "어려운 일이지만 인(仁)한 것인지는 난 모르겠다."380)

본래 원헌은 사람됨이 자랑하지 않고, 원망하지 않고, 욕심내지 않았다. 그는 자신이 평소 행한 바를 말했으나 공자는 인(仁)을 행한 것인지에 대하여는 수긍하지 않았다. 그것은 인(仁)의 실천이 소극적으로 행위의 절제에만 머무는 것이 아니라 선난후획이나 애인처럼 외부에 대한 적극적인 사랑의 실천이기 때문이다.

인(仁)은 성품에 관계없이 누구나 성취할 수 있을까? 성품에 관계가 있다면 무엇일까?

공자가 말했다. "강의목눌(剛毅木訥)이 인(仁)에 가깝다."381)
[剛: 강직할 강, 毅: 굳셀 의, 木: 질박할 목, 訥: 말더듬을 눌]

'강의목눌(剛毅木訥)'은 강직하고 굳세며 질박하고 어눌하다는 의미이다. 강직하고 굳세어야 물욕에 휘둘리지 않고 질박하고 어눌해야 외적인 것으로 내달리지 않는다. 공자는 이런 재질적 특성이 있어야 더 인(仁)에 근접할 수 있다고 보았다.

공자는 인(仁)을 사람을 사랑하는 것이라고 말했는데 그 사랑은 무조건적 사랑이 아니라 분별적 사랑이다. 어느 날 재여가 공자에게 인의 본질이 궁금하여 질문했다.

---

380) 『論語』, 憲問第十四, "克伐怨欲不行焉, 可以爲仁矣? 子曰, 可以爲難矣, 仁則吾不知也."
381) 『論語』,子路第十三, "子曰, 剛毅木訥, 近仁."

"인(仁)이란 것은, 만약 예를 들어, 사람이 물에 빠졌다고 했을 때 따라 들어가야 하는 겁니까?" 공자가 말했다. "어찌 그렇게 할 수 있겠는가? 군자는 우물까지 뛰어갈 수는 있지만 들어갈 수는 없을 것이다."382)

인(仁)은 무조건적 희생이 아닌 어떠한 상황에서 결과까지 가능할 수 있는 최적의 사랑을 의미한다. 다시 말해 인간이 주체적 판단으로 베푸는 '분별적 사랑'을 의미한다. 사람이 물에 빠졌을 때 구하기 위해 무조건 뛰어들어가서 둘 다 죽는 것은 인이 아니다. 뛰어들어가면 구할 가능성이 있다고 판단될 때 들어가는 것이 인이다.

## 인(仁)은 인간이 갖추어야 할 기본 덕목이다

공자는 인(仁)을 여타의 덕과 구별하여 본다. 공자의 인은 다른 덕목과 어떤 점에서 차이가 있는가?

공자에게 있어서 인(仁), 즉 어짊은 인간이 갖추어야 할 기본 덕목이다. 로나라 삼가 중 계씨는 천자가 있는 주 왕실에서만 사용하는 '팔일무(八佾舞)'라는 무용을 집안에서 추게 하고, 또 삼가 모두 천자가 종묘 제사를 마칠 때 사용하는 '옹(雍)'이란 음악을 사용했다. 삼가는 제후국인 로나라의 대부 신분이었기에 이것은 예법을 능멸하는 행위였다. 이에 공자는 말했다.

"사람이 불인[不仁: 어질지 못함]하면, 예(禮)를 어찌할 것이며 사람이

---

382) 『論語』, 雍也第六, "宰我問曰, 仁者, 雖告之曰, 井有仁焉. 其從之也? 子曰, 何爲其然也? 君子可逝也, 不可陷也."

불인하면 음악을 어찌하겠는가?"383)

공자는 근본적으로 삼가에 인(仁)이 없어서 예와 악의 법도에 맞는 쓰임도 불가능하다고 보고 있다. 다시 말하면, 사람에게 인이 없다면 다른 것은 기대할 수 없다는 말이다. 인간의 지혜도 인이 없으면 기대하기 힘들다.

공자가 말했다. "이인(里仁: 마을에 仁이 있음)은 아름답다. 거처를 택할 때 인(仁)에 거처하지 않으면 어찌 지혜를 얻겠는가?"384)

한마을의 사람들이 어질다면 서로 측은히 여기는 마음으로 아껴주기 때문에 아름다운 마을이 된다. 거처를 택할 때 바로 거주하는 사람의 모습을 보는 것이 지혜로운 것이고, 또 그런 곳에 거처할 때 시비지심(是非之心: 옳고 그름을 가리는 마음)이 얻어질 수 있다.

가장 기본이며 핵심 덕목인 인(仁)은 자신의 목숨을 버리면서도 성취할 가치가 있는 덕이다.

공자가 말했다. "지사(志士: 절의가 있는 선비)와 인인(仁人: 어진 사람)은 인(仁)을 해치면서 살기를 구하지 않으며, 자신의 몸을 죽게 함이 있으면서 인(仁)을 성취한다[有殺身以成仁]."385)

[有: 있을 유, 殺: 죽일 살, 身: 몸 신, 以: 써 이, 成: 이룰 성]

위의 문장에서 '살신성인(殺身成仁)'이 유래했다. '살신성인(殺身成仁)'은 직

---

383) 『論語』, 八佾第三, "人而不仁, 如礼何? 人而不仁, 如樂何?"
384) 『論語』, 里仁第四, "子曰, 里仁為美. 択不処仁, 焉得知?"
385) 『論語』, 衛靈公第十五, "子曰, 志士仁人, 無求生以害仁. 有殺身以成仁."

역하면 몸을 희생하여 인을 성취한다는 뜻이다. 여기서 인(仁)은 지사(志士)와 인인(仁人)이 첫머리에 쓰인 것으로 보아 인의(仁義)의 축약으로 보아야 할 듯하다. 사람은 선한 본성을 갖고 태어났기 때문에 본래 인의를 성취할 때 편안함을 느낀다. 그렇지만 자신의 위치나 목숨이 위태로울 수 있는 상황일 경우면 보통 사람들은 의무나 도리를 회피하거나 결과적인 책임을 남에게 전가하거나 거짓말을 할 수도 있다. 지사(志士)와 인인(仁人)에게도 목숨은 소중한 것이다. 그러나 그들은 살아서 마음이 편치 않기보다는 인(仁)을 위해 차라리 몸을 희생하는 것을 택한다.

인(仁)은 물과 불처럼 우리에게 필요하고 중요하다. 그러나 물과 불은 인간에게 해를 끼칠 수 있지만, 인(仁)은 늘 유익한 존재이다.

> 공자가 말했다. "백성이 인(仁)에 있어서는 물과 불보다 더한 것이 있다. 물과 불은 밟아서 죽는 것을 보았지만, 인(仁)을 밟아서 죽은 것을 본 적은 없다."386)

물과 불은 인간이 살아가는데 하루라도 없어서는 안 될 존재이다. 인(仁)도 인간을 인간답게 만드는 기본적 덕목이다. 물과 불이 없으면 인간의 몸을 상하게 하고, 인(仁)이 없으면 인간의 마음을 잃게 한다. 그러나 성난 물과 불은 인간이 밟으면 인간을 해칠 수 있지만, 인(仁)은 아무리 밟아도 사람을 다치게 하지 않는다. 이런 면에서 인은 물과 불보다도 인간에게 더 유익한 존재일 수도 있다.

또 인(仁)은 재물과 달리 아무리 가져도 줄어들지 않아서 싸움이 일어나지 않는다.

---

386) 『論語』, 衛靈公第十五. "子曰, 民之於仁也, 甚於水火. 水火, 吾見蹈而死者矣. 未見蹈仁而死者也."

공자가 말했다. "인(仁)에 당면하여 스승에게도 양보하지 않는다."387)

인(仁)은 사람 밖에 있는 것이 아니라 각 사람에게 있으므로 양보할 필요도 없고, 서로 행하려 해도 줄어들지 않는다. 행하면 행할수록 예와 음악을 흥성하게 하고, 지혜를 빛나게 한다. 따라서 인(仁)은 스승에게도 양보하지 않는다.

이처럼 인은 인간이 갖추어야 할 덕목으로서 기본이며 크나큰 것이어서 불인하면 예와 음악, 지혜도 기대할 수 없다. 그래서 인을 한마디로 정의하기가 어려워 공자는 인을 자주 언급하지 않았다고 제자들은 회상했다.

"선생님은 이로움과 천명과 인(仁)을 드물게 말하였다."388)

공자에게 이로움[利]은 의(義)를 해치고, 천명은 미묘함이 있고, 인(仁)의 도는 지대하므로 쉽게 말할 수 없는 것들이었다.

그렇다면 인(仁)이란 덕은 어떻게 우리에게 형성되는가? 인(仁)은 그냥 얻어지는 것이 아니라 그 덕을 형성하기 위한 꾸준한 노력이 필요하다.

공자가 말했다. "인(仁)은 멀리 있는가? 내가 인(仁)을 욕구하면 이에 인(仁)이 이를 것이다."389)

가만히 있으면 인(仁)이 우리 마음속에 얻어지는 것이 아니다. 우리가 인이라는 덕을 얻고자 노력할 때 얻어질 수 있다. 더 구체적으로 말하면 인

---

387) 『論語』, 衛靈公第十五. "子曰. 當仁不讓於師."
388) 『論語』, 子罕第九. "子罕言利與命與仁."
389) 『論語』, 述而第七. "子曰. 仁遠乎哉? 我欲仁. 斯仁至矣."

은 욕구의 절제와 타인에 대한 배려라는 마음이 조화를 이루어야 얻어질 수 있다. 이와 관련하여 공자와 안회의 대화문이 있다. 어느 날 안회가 인에 관해 물었다.

공자가 말했다. "극기복례(克己復禮: 자신을 극복하여 예로 돌아감) 하면 인(仁)을 이룬다. 하루라도 극기복례 하면 천하가 인(仁)으로 돌아온다. 인(仁)을 실천하는 것은 자기로부터 비롯되는 것[爲仁由己]이지 다른 사람으로부터 비롯되겠는가?"390)

[克: 이길 극, 己: 몸 기, 復: 돌아갈 복, 爲: 할 위, 由: 말미암을 유]

'극기복례(克己復礼)'는 자신의 욕구를 절제하여 남을 배려하는 예를 갖춘다는 의미이다. 이렇게 '극기복례' 하면 인을 이룰 수 있으며, 천하가 인자(仁者)에게 모인다고 보고 있다. 따라서 '위인유기(爲仁由己)', 즉 인을 행하는 것은 자기로부터 비롯되는 것이다. 안회는 그래도 이해가 되지 않았다.

안연[안회의 성(性)과 자(字)를 결합한 것]이 말했다. "구체적인 세목(細目)을 청합니다." 공자가 말했다. "예가 아니면 보지를 말고[非禮勿視], 예가 아니면 듣지 말며[非禮勿聽], 예가 아니면 말하지 말며[非禮勿言], 예가 아니면 행하지 말라[非禮勿動]!" 안연이 말했다. "제가 비록 불민하나 청컨대 이 말을 받들겠습니다."391)

[非: 아닐 비, 禮: 예 례, 勿: 말(~하지 마라) 물, 視: 볼 시, 聽: 들을 청, 動: 움직일 동]

---

390) 『論語』, 顔淵第十二, "子曰, 克己復禮爲仁. 一日克己復禮, 天下歸仁焉. 爲仁由己, 而由人乎哉?"
391) 『論語』, 顔淵第十二, "顔淵曰, 請問其目. 子曰, 非禮勿視, 非禮勿聽, 非禮勿言, 非禮勿動. 顔淵曰, 回雖不敏, 請事斯語矣."

안회가 더 구체적인 설명을 청하자 공자는 일상생활에서 '비례물시(非礼勿視)', 즉 예가 아니면 보지를 말고, '비례물청(非礼勿聽)', 즉 예가 아니면 듣지 말며, '비례물언(非礼勿言)', 즉 예가 아니면 말하지 말며, '비례물동(非礼勿動)', 즉 예가 아니면 행하지 말라고 했다. 북송(北宋)의 정이(程頤)는 이를 시잠(視箴), 청잠(聽箴), 언잠(言箴), 동잠(動箴)이라고 하여 사물잠(四勿箴: 네 개의 하지 말아야 할 잠언)이라 명칭 했다. 공자는 바로 일상생활에서 예(禮)에 부합하는 행위가 바로 인(仁)을 구현하는 요체임을 말했다.

인을 구현하는 방법을 영역별로 본다면 가정에서는 어찌해야 할까? 공자의 제자 중에 유약(有若)이 있다. 앞에서 말한 바와 같이 『논어』는 유약, 증삼의 문인(門人)들에게서 완성되었다. 따라서 『논어』에서 유약과 증삼을 지칭할 때 공자의 다른 제자들과는 달리 존칭어인 '子(자)'를 붙여서 유자, 증자라고 표기된다. 유약은 효제야말로 공자가 중요시한 인(仁)의 근본이 된다고 했다.

"효제(孝弟)라는 것은 그 인을 행하는 근본이다."[392]

효(孝)는 부모를 잘 받드는 것이고, 제(弟)는 형이나 나이 많은 사람을 잘 받든다는 의미이다. 다음 3절에서 살펴보겠지만, 유약은 효제라는 가정의 질서가 사회 질서의 바탕이 된다고 보았다. 마찬가지로 효제는 또한 인(仁)을 행하는 근본이 된다고 하고 있다. 즉, 인의 출발은 효제에서 비롯된다.

가정에서 "효제를 통하여 인을 행할 수 있다면, 일반적인 사회에서 어떻게 인을 행할 수 있는가?" 공자는 말한다.

---

392) 『論語』, 學而第一, "孝弟也者, 其爲仁之本與!"

"무릇 인자(仁者)는 자기가 서고 싶으면 남도 세워주고, 자기가 통달하고 싶으면 남도 통달하게 해준다. '능근취비(能近取譬: 가까이하여 비유하는 것)'가 인의 방법이다."393)

[能: 능할 능, 近: 가까울 근, 取: 취할 취, 譬: 비유할 비]

사람은 타인보다 우뚝 서고 싶고, 타인보다 통달했다는 말을 듣고 싶어 한다. 그런데 자신의 이런 욕구가 타인에게도 있다. 이것을 알고 깨달음을 얻는 것이 '능근취비(能近取譬)'이다. 즉, 내가 욕구하면 타인도 나와 같은 욕구를 가질 것이라고 인식하여 나의 욕구뿐만 아니라 남의 욕구도 배려하는 것을 말한다.

'능근취비(能近取譬)'의 논리를 풀어쓴 것이 '기소불욕물시어인(己所不欲勿施於人)'이다. 안회처럼 덕행으로 공자의 인정을 받은 염옹(冉雍)이 '인(仁)'에 대해 묻자 공자가 말했다.

"문을 나설 때는 큰 손님을 뵌 듯이 하고, 백성에게 일을 시킬 때는 큰 제사를 모신 듯이 하라. 기소불욕물시어인(己所不欲勿施於人: 자기가 원치 않는 것을 다른 사람에게 시행하지 않음) 해야 나라에서 원망이 없고, 가정에서 원망이 없느니라."394)

[己: 몸 기, 所: 바 소, 欲: 하고자할 욕, 勿: 말 물, 施: 베풀 시, 於: 어조사 어]

공자는 바깥의 사람들을 극진한 예로 대할 것이며, 관리로서 백성을 부릴 때는 제사를 모시는 경건한 마음으로 백성을 대하라고 주문한다. 이러한 '인'의 형성은 '기소불욕물시어인(己所不欲勿施於人)', 즉 자기가 원하지

393) 『論語』, 雍也第六, "夫仁者, 己欲立而立人, 己欲達而達人. 能近取譬, 可謂仁之方也已."
394) 『論語』, 顔淵第十二, "出門如見大賓, 使民如承大祭. 己所不欲, 勿施於人. 在邦無怨, 在家無怨."

않는 것은 다른 사람에게 시행하지 않을 때 가능하다. 가정의 구성원들과 나라의 관리나 통치자가 이런 마음가짐을 가질 때 가정과 나라가 원망이 없고 화목해진다.

공자는 인을 구현하기 위해서는 인적 환경도 필요하다고 본다.

> 자공이 인(仁)을 행하는 것에 묻자 공자가 말했다. "공인(工人)들이 그 일을 잘하려고 한다면 반드시 그 도구를 예리하게 한다. 어느 나라에 머물면 대부 중 현자를 섬기고, 선비 중에서 어진 자를 벗해야 한다."395)

공자는 제자 자공이 인을 형성하는 방법을 묻자 인적 환경의 중요성을 말했다. 마치 공인들이 일을 제대로 하기 위해서 먼저 도구를 예리하게 다듬듯이, 인을 갖추기 위해서는 먼저 주변의 사람 중에서 위로는 현자를 섬기고, 아래로는 어진 자를 벗해야 한다는 것이다. 그렇지만 현실에서 진정 인(仁)을 좋아하고 불인(不仁)을 싫어하는 사람은 얼마나 될까? 공자는 이러한 것을 우려했다.

> 공자가 말했다. "나는 인(仁)을 좋아하는 자와 불인(不仁)을 싫어하는 자를 본 적이 없다. 인(仁)을 좋아하는 자는 그 위에 더할 것이 없고, 불인(不仁)을 싫어하는 자는 인을 행할 때 불인한 것을 그 위에 더하지 않는다. 하루라도 인에 그 힘을 쏟아부었는가? 나는 힘이 부족한 자를 본 적이 없다. 대개 그런 자가 있을 듯하건만 나는 본 적이 없다."396)

---

395) 『論語』, 衛靈公第十五, "子貢問爲仁. 子曰. 工欲善其事, 必先利其器. 居是邦也, 事其大夫之賢者, 友其士之仁者."
396) 『論語』, 里仁第四, "子曰. 我未見好仁者, 惡不仁者. 好仁者, 無以尙之. 惡不仁者, 其爲仁矣, 不使不仁者加乎. 有能一日用其力於仁矣乎? 我未見力不足者. 蓋有之矣, 我未之見也."

보통 사람들은 이미 인(仁)을 갖춘 인자(仁者)까지는 아니 되더라도 인을 좋아하거나 불인을 싫어할 수가 있다. 이것은 누구나 할 수 있는 영역이다. 그러나 실제 생활에서는 진정으로 인을 행하려 하거나 불인한 처신을 없애려는 사람이 적다는 것을 공자는 한탄했다.

그런데 인이나 불인을 행하는 것은 획일적인 잣대로 평가될 수 없다. 예컨대 부자가 경제적으로 궁핍한 자에게 베푸는 인과 넉넉하지 않은 자가 궁핍한 자에게 베푸는 인이 똑같은 무게가 아니다.

공자가 말했다. "사람의 과실은 그 부류에 따라 제각각이니 과실을 보면 이에 인(仁)을 알 수 있다."397)

부귀한 자는 넉넉한 재물로 남에게 베풀 수 있는 여유가 있지만 궁핍한 소인은 생존에 필요한 재물 자체가 부족한 상황이다. 따라서 결과적으로 똑같이 행한 인이 똑같은 가치를 가질 수 있는 것은 아니다. 인과 불인은 그 사람이 처한 상황을 연계하여 종합하여 볼 때 합당한 평가가 나올 수 있다.

---

397) 『論語』, 里仁第四, "子曰, 人之過也, 各於其黨. 觀過, 斯知仁矣."

## 교언영색(巧言令色)에 인(仁)은 드물다

인(仁)은 인간의 가장 기본적이고 중요한 덕목으로서 실천을 통해 인간의 내면으로부터 진정성 있게 형성되어야 한다. 그래서 공자는 마음에서 우러나오지 않는 언어나 표정과 같은 외형적 가식을 배격한다. 공자는 말한다.

"교언영색(巧言令色: 번지르한 말과 알랑거리는 낯빛)에 인(仁)은 드물다."398)

"교언영색(巧言令色)과 지나친 공손을 좌구명(左丘明)이 부끄럽게 여겼고 나도 역시 부끄럽게 여긴다. 원한을 감추고 그 사람을 벗하는 것을 좌구명이 부끄럽게 여겼고 나도 역시 부끄럽게 여긴다."399)
[巧: 공교할 교, 令: 아름답게보일 령, 色: 낯 색]

진정 마음에서 비롯되지 않는 교언영색(巧言令色)을 하는 자는 진정성이 없는 가식일 뿐 인(仁)을 가진 자가 아니다. 예도 마찬가지이다. 대상과 상황에 맞는 적절한 예를 넘어선 지나친 공손은 역시 진정성이 없는 가식일 가능성이 크다. 원한이 있는데도 그 마음을 숨기고 출세나 이익을 위해 벗으로 삼는 것은 자신의 심성을 사특(邪慝)하게 만드는 행위이기에 역시 부끄러운 일이다. 다만 여기 등장하는 좌구명(左丘明)이 『춘추좌씨전』을 지은 인물과 같은 인물인가는 명확하지 않다.

특히 교언(巧言)은 시비(是非: 옳고 그름)에 관한 판단을 흐리게 한다.

---

398) 『論語』, 學而第一, "巧言令色, 鮮矣仁."
399) 『論語』, 公冶長第五, "巧言令色, 足恭, 左丘明恥之, 丘亦恥之. 匿怨而友其人, 左丘明恥之, 丘亦恥之."

공자가 말했다. "교언은 덕을 어지럽히고, 작은 것을 참지 못하면 큰 계획을 어지럽힌다."400)

교언은 겉으로 보기엔 그럴듯하여 사람들의 판단을 흐리게 한다. 마치 작은 사탕발림에 넘어가 큰 계획을 어지럽히는 것과 같은 이치이다.

교언뿐만 아니라 말이 많은 것도 인의 구현을 방해한다. 공자의 제자 사마우(司馬牛)가 인(仁)에 관해 물었다. 사마우는 송나라의 실권자 사마환퇴의 동생이다. 공자가 송나라에 있었을 때 환퇴는 특별한 이유 없이 공자를 죽이려고 했다. 다행히 공자 일행은 큰 화를 입지 않고 빠져나온 적이 있었다. 사마우는 말이 많았고 성격이 조급했다.

공자가 말했다. "인자(仁者)는 그 말을 적게 한다." 사마우가 말했다. "그 말을 적게 하면 이를 인(仁)이라 일컬을 수 있습니까?" 공자가 말했다. "그것을 하기가 어렵겠지만 말을 적게 할 할 수 없겠느냐?"401)

공자는 사마우가 고쳐야 할 성격을 고려하여 말을 적게 하는 것이 인자(仁者)의 특성 중 하나라고 했다. 그만큼 사마우에게 절실한 것을 인자의 특성에 넣어서 말한 것인데, 사마우는 공자의 의중을 헤아리지 못하고 말을 적게 하는 것이 바로 인(仁)인지를 물었다. 공자는 사마우의 질문에 답하지 않고 성격상 어려울 것이나 말을 가급적 적게 할 것을 주문했다.

말은 교언(巧言)과 다언(多言)보다는 상대방에게 진의가 전달되는 것이 중요하다.

400) 『論語』, 衛靈公第十五, "子曰, 巧言亂德, 小不忍則亂大謀."
401) 『論語』, 顔淵第十二, "子曰, 仁者其言也訒. 曰, 其言也訒, 斯謂之仁已乎? 子曰, 爲之難, 言之得無訒乎?"

공자가 말했다. "말은 (상대방에게) 전달만 하면 된다."402)

말은 서로의 생각이나 감정, 상황을 있는 그대로 전달하는 것이다. 그래서 여기에 충실하면 말이 어눌하더라도 그것은 허물이 될 수 없다. 여기서 벗어난 것이 거짓말이나 교언, 다언이 되고 이것은 인(仁)의 해악이 된다.

공자는 "향원은 덕의 적이다."403)라고 했다. 즉, 향원은 덕을 해치는 자라는 말이다. 향원은 마을에서 더러움에 야합하기를 좋아하고 사람들과 잘 어울리는 사람을 뜻하는 것으로 자칫하면 사람 좋다는 칭송을 들을 수 있는 사람이다. 공자는 이 향원이 바로 인(仁)을 가장(假裝)한 존재로 보고 단호히 배척하고 있다. 공자는 인(仁)을 가장한 향원을 싫어하듯이 사이비(似而非: 비슷하지만 아님)한 것을 싫어했다.

공자가 말했다. "(나는) 자색이 붉은색을 빼앗는 것을 싫어하며, 정성(鄭聲)이 아악(雅樂)을 어지럽히는 것을 싫어하며, 예리한 입이 나라와 가정을 뒤엎는 것을 싫어한다."404)

앞에서 나왔듯이 자색은 간색(間色)이고, 붉은색은 정색(正色)이다. 정성(鄭声)은 정나라 음악으로 음란한 내용이 많고, 아악은 달리 정악(正樂)이라고도 하며, 조정에서 연주된 곡이다. 예리한 입은 진실에 기초하지 않지만, 논리도 그럴듯하게 날카롭게 하는 말이어서 시비(是非)를 헷갈리게 하고, 자칫하면 나라와 가정을 전복시킬 수 있는 것을 말한다. 공자는 참된 것을 가장한 거짓과 가짜를 싫어했다.

---

402) 『論語』, 衛靈公第十五, "子曰, 辞達而已矣."
403) 『論語』, 陽貨第十七, "鄕原, 德之賊也."
404) 『論語』, 陽貨第十七, "子曰, 惡紫之奪朱也. 惡鄭声之亂雅樂也. 惡利口之覆邦家者."

## 인자(仁者), 지자(知者)

공자는 인자(仁者: 어진 자)라는 표현을 함부로 사용하는 것을 경계했다. 초(楚)의 성왕(成王, 재위: 기원전 671년~기원전 626년) 때 영윤자문(令尹子文)이란 자가 있었다. 영윤(令尹)은 최고위 관직 명칭이다. 자문의 성(姓)은 투(鬪)이고, 이름은 곡오도(穀於菟)이며, 자문은 그의 자(字)다. 영윤자문은 초성왕(楚成王)과 함께 부국강병책을 추진하여 초를 크게 부흥시킨 인물이다. 공자의 제자 자장(子張)이 그에 대해 물었다.

자장이 물었다. "영윤자문이 세 번 벼슬하여 영윤이 되었으나 기뻐하는 기색이 없었고, 세 번 그만두었으나 화내는 기색이 없었으며, 자신이 맡은 지난 영윤의 정사를 새 영윤에게 알려주었다고 하니 어떠합니까?" 공자가 말했다. "충(忠)이니라." 자장이 말했다. "인(仁)하다고 할 수 있습니까?" 공자가 말했다. "알지 못하겠다. 어찌 인(仁)을 얻겠는가?"405)

영윤자문이 초를 강성하게 만들고, 세 번 영윤의 자리에 오르고 세 번 그 자리를 그만두었어도 희비의 기색을 띠지 않은 것은 그가 자리를 탐내지 않은 사람이기 때문이다. 또 자리를 떠날 때 신임 영윤에게 과거 자신이 맡은 영윤의 소임을 일일이 알려준 것은 개인의 감정을 떠나 영윤의 책무를 중요시했기 때문이다. 그래서 공자는 진실한 마음을 의미하는 '충(忠)'이란 단어로 평가했다. 그러나 '인(仁)' 하다는 평가는 보류했다.

공자는 비록 인자(仁者)에는 미치지 못하더라도 지혜롭고 우직한 자를 칭송했다. 초성왕 재위 때 위(衛)나라에는 녕무자(甯武子)가 있었다. 녕무자

---

405) 『論語』, 公冶長第五, "子張問曰, 令尹子文三仕爲令尹, 無喜色, 三已之, 無慍色. 舊令尹之政, 必以告新令尹, 何如? 子曰, 忠矣. 曰, 仁矣乎? 曰, 未知, 焉得仁?"

는 위문공(衛文公, 재위: 기원전 659년~기원전 635년)과 위성공(衛成公, 재위: 기원전 634년~기원전 632년, 복위: 기원전 630년~기원전 600년) 때 대부였다.

기원전 632년에 진문공이 침입하자 위성공은 초(楚)에 도움을 요청하려 했으나 국인들이 반대했다. 대내외적으로 기반이 상실된 위성공은 초(楚)로 도망갔는데, 이때 성명이 녕유(甯兪)인 대부 녕무자(甯武子)가 그를 따라왔다. 그해 초(楚)가 진(晉)을 선제공격했다. 양군은 성복(城濮)에서 맞붙었는데, 이것이 춘추시대 중기 패자(霸者)를 결정한 성복 전투였다. 성복 전투에서 승리한 진(晉)나라가 제후들을 천토(践土)에 불러 모으자 위성공은 대부 원훤(元咺)에게 동생 숙무(叔武)을 데리고 가 맹약을 받게 했다. 그런데 어떤 자가 원훤이 숙무를 제후로 세우려 한다고 모함하자 위성공은 원훤의 아들을 죽여버렸다. 그리고 위성공이 귀국할 때 그를 따르는 자들이 숙무마저 죽였다. 원훤은 숙무가 죽자 진(晉)나라로 건너가 그 억울함을 호소했다. 드디어 진문공의 주재로 위성공과 원훤 간에 재판이 열렸다. 이른바 오늘날 국제사법재판과 같은 것이었다. 다만 다른 것이 있다면 오늘날 국제 사법 재판소는 강제력이 담보되지 않으나 춘추시대 당시는 강제력이 뒷받침되어 소송에서 진 자는 목숨까지 잃기도 했다는 점이다. 위성공 편에서는 녕무자가 보좌했다. 이 재판에서 위성공이 패했다. 진문공은 위성공을 체포하여 경사(京師: 수도를 지칭)로 보내어 깊은 골방에 가두었다. 녕무자는 위성공을 따라가 옥바라지를 하였고, 소송에 이긴 원훤은 위(衛)나라로 돌아가 공자 하(瑕)를 군주로 세웠다.

후에 감옥에 있던 위성공은 주나라 왕과 진문공에게 옥(玉)을 바치고 마침내 석방되어 원훤을 죽이고 하(瑕)를 내쫓아 기원전 630년에 복위했다. 공자는 녕무자를 이렇게 평했다.

공자가 말했다. "녕무자는 나라에 도가 있으면 지혜로웠고, 나라에 도가 없으면 우직했나니, 그 지혜는 가히 미칠 수 있으나 그 우직함은 미칠 수 없도다."[406]

위(衛)나라에서 성공(成公) 직전의 제후는 문공(文公)이다. 위문공(衛文公)은 검소한 생활을 하고, 농업을 비롯한 산업의 진흥에 힘쓰고 백성의 부담이 되는 조세를 줄였다. 나라에 도가 있다는 것은 위문공 때를 지칭하는 것으로 보이나 녕무자와 관련된 일화는 찾기 힘들다. 나라에 도가 없다는 것은 군신(君臣) 간의 의리가 붕괴한 위성공 때를 지칭한다. 녕무자는 위성공이 국인들에게 추방되었을 때 그를 따라가 보좌했다. 그리고 진문공이 주재한 재판은 위성공의 패배가 예상되는 것이었으나 자신이 받드는 위성공 편에 섰다. 패배하면 목숨을 잃을 수도 있는 상황에서 녕무자는 군주를 보좌했다. 그리고 위성공이 재판에서 패하여 감옥에 갇혀 있을 때는 희망이 보이지 않는 상황에서도 군주의 옥바라지를 했다. 이런 녕무자를 공자는 사람들이 따라 할 수 없는 우직함이 있다고 칭찬했다.

위성공이 죽은 지 50여 년 후에 제(齊)나라 장공(莊公, 재위: 기원전 553년~기원전 548년)이 즉위했다. 제장공(齊莊公)은 태자 시절에 아버지 제령공(齊靈公)이 그를 폐위하고 총애한 그의 이복동생을 태자로 세웠던 적이 있었다. 그러나 그는 대부 최저(崔杼)의 도움으로 보위에 올랐다. 그런데 제장공이 최저의 후처와 간통을 하다가 최저에게 들통났다. 화가 머리끝까지 치달은 최저는 칭병(稱病: 병이 있다고 핑계함)하고 두문불출하였다가 병문안을 온 제장공을 시해했다. 당시 대부 진문자(陳文子)가 이런 국내 상황을 한탄하여 다른 나라로 가버렸다. 자장이 이번에는 진문자에 대해 물었다.

---

406) 『論語』, 公冶長第五, 子曰, 甯武子邦有道則知, 邦無道則愚. 其知可及也, 其愚不可及也."

"최자(崔子: 최저의 존칭)가 제(齊)의 군주를 시해하자 진문자가 말이 십승(十乘)이 있었는데 버리고 떠났습니다. 다른 나라에 가서는 곧 '우리 대부 최자와 같구나!'라고 하며 떠났습니다. 또 다른 나라에 가서는 역시 '우리 대부 최자와 같구나!'라고 하며 떠났습니다. 어떠합니까?" 공자가 말했다. "청빈하구나!" 자장이 물었다. "인(仁)하다고 할 수 있습니까?" 공자가 말했다. "알지 못하겠다. 어찌 인(仁)을 얻겠는가?"407)

승(乘)은 수레를 뜻하는데 네 마리의 말이 끈다. 그러므로 십승(十乘)은 말 40마리를 의미한다. 진문자는 제장공이 비록 부덕하지만, 신하가 개인적 감정으로 군주를 시해한 것은 잘못이라고 생각했던 것 같다. 그래서 직위와 재산을 버리고 다른 나라로 건너갔다. 그런데 다른 나라도 최저와 같은 인물이 있으며, 그는 최저와 같다고 한탄하며 제후국을 떠돌았다. 진문자는 공자는 그런 진문자를 청빈하다고 칭송하지만 '인(仁)하다'는 평가를 허락하지 않았다. 최저가 제장공을 시해할 당시 현신(賢臣)인 대부 안영(晏嬰)은 30세였다. 최저의 기세가 험악했지만, 청년 안영은 한치의 동요도 없이 제장공을 조문했다. 결국, 최저도 측근 경봉(慶封)에게 피살당하고 제장공의 뒤를 이어 이복동생 제경공(齊景公)이 즉위한다. 진문자는 귀국하여 신하들과 합세하여 경봉을 몰아내고 제경공을 보필했고, 안영은 제경공 때 재상이 되어 제나라를 중흥시켰다.

공자의 제자 중에 염옹(冉雍)이란 자가 있는데, 자(字)는 중궁(仲弓)이다. 염옹은 공자가 안회, 민자건, 염백우와 더불어 덕행으로 손꼽은 제자이다. 공자는 염옹을 이렇게 표현했다.

---

407) 『論語』, 公冶長第五, "崔子弑齊君, 陳文子有馬十乘, 棄而違之. 至於他邦, 則曰, 猶吾大夫崔子也. 違之. 之一邦則又曰, 猶吾大夫崔子也. 違之. 何如? 子曰. 清矣. 曰. 仁矣乎? 曰. 未知. 焉得仁?"

"염옹은 남면(南面)하게 할 만하다."408)

'남면(南面)'은 남쪽을 바라본다는 의미로서 군주가 신하들의 말을 경청할 때 남면하여 자리를 잡았다. 공자는 염옹이 그 덕으로 보았을 때 군주의 재목이 된다고 생각했다. 이런 염옹에 대해 어떤 자가 사람 됨됨이를 공자에게 말했다.

"염옹은 인(仁)하지만 말재주가 없습니다." 공자가 말했다. "말재주를 어디에 쓰겠는가? 말로써 사람을 막는 것은 다른 사람들에게 증오만 쌓게 하는 것이다. 그가 인(仁)한지는 모르겠고, 말재주는 어디에 쓰겠는가?"409)

공자는 일단 말재주가 없는 것은 사람됨을 평가할 때 그 평가 척도가 되지 않음을 말했다. 그러나 염옹이 인자(仁者)인가에 대해서는 말을 아끼고 있다. 비록 공자가 덕행으로 손꼽은 제자 중의 하나이고 남면을 할 수 있는 제자라고 칭찬을 했지만, 인(仁)한지에 대하여는 평가를 보류했다. 공자의 수제자 안회(안연)에 대해서는 어떻게 평가했을까?

"안회는 그 마음이 삼 개월이나 인을 어기지 않았다. 나머지 제자들은 하루나 한 달에 인(仁)에 도달할 뿐이다."410)

안회는 누추한 환경에서 한 그릇의 밥과 한 바가지의 물을 먹으면서도

---

408) 『論語』, 雍也第六, "子曰, 雍也, 可使南面."
409) 『論語』, 公冶長第五, "雍也仁而不佞. 子曰, 焉用佞? 禦人以口給, 屢憎於人. 不知其仁, 焉用佞."
410) 『論語』, 雍也第六, "子曰, 回也, 其心三月不違仁. 其餘則日月至焉而已."

도를 추구하는 즐거움을 바꾸지 않았다. 이런 안회를 공자는 "현명하도다, 안회여!"라고 칭찬했다. 그렇지만 안회가 인자인가에 대하여 공자는 '삼 개월이나 인(仁)을 어기지 않았다'고 했다. 이것은 염옹이 인을 갖추고 있는가에 대하여 공자가 모르겠다고 한 것보다 한 단계 높여 말한 것이고, 여타의 다른 제자에 비해 인을 행하는 상당한 경지에 오른 제자로 보았다. 하지만 역시 인자(仁者)라고까지 평하지는 않았다.

도덕적 인간을 지칭하는 가장 보편적 개념이 군자(君子)이다. 군자는 인자(仁者)일까?

> 공자가 말했다. "군자이면서 인자(仁者)가 아닌 자는 있지만, 소인이면서 인자(仁者)는 없다."411)

군자라고 하여 모두 인자(仁者)는 아니다. 그러나 소인이면서 인자는 없다. 그만큼 인자(仁者)가 되기 어렵다.

지자(知者)는 상황과 대상을 제대로 판별하는 사람이다. 공자가 말했다.

> "더불어 말할 수 있는데도 그와 더불어 말하지 않으면 사람을 잃고, 더불어 말할 수 없는데도 그와 더불어 말한다면 실언이니, 지자(知者)는 사람을 잃지 않고, 실언도 하지 않는다."412)

지자(知者)는 상황에 따라 더불어 말할 수 있는 사람인지, 아닌지를 판별할 수 있다. 그래서 사람을 잃지 않고 실언도 하지 않는다.

---

411) 『論語』, 憲問第十四, "子曰, 君子而不仁者有矣夫. 未有小人而仁者也."
412) 『論語』, 衛靈公第十五, "子曰, 可與言而不與之言, 失人. 不可與言而與之言, 失言. 知者不失人, 亦不失言."

인자(仁者)와 지자(知者)는 어떤 점에서 차이가 날까? 공자는 인자를 지자와 비교하여 말했다.

"지자(知者)는 물을 좋아하고[知者樂水], 인자(仁者)는 산을 좋아한다[仁者樂山]. 지자는 동적이고, 인자는 정적이다. 지자는 낙천적이고, 인자는 지속력이 있다."413)

[知: 알/슬기 지, 者: 놈/것 자, 樂: 풍류 악, 즐거울 락, 좋아할 요]

'지자요수(知者樂水), 인자요산(仁者樂山)', 즉 지자는 물을 좋아하고, 인자는 산을 좋아한다. 주희의 해석에 따르면, 지자는 사리에 통달하기 때문에 두루 통하고 막힘이 없는 것이 물과 유사하여 물을 좋아한다. 인자는 의리를 편안하게 행할 수 있고 중후하고 자신의 노한 감정을 다른 사람에게 화풀이하지 않음이 산과 유사하여 산을 좋아한다. 지자는 또 동적이고 얽매임이 없어서 낙천적이고, 인자는 정적이고 안정감이 있어서 오래 간다. 공자는 인자와 지자의 차이를 이렇게 말하기도 했다.

공자가 말했다. "불인자(不仁者)는 곤궁한 것에 오래 거처하지 못하고, 즐거움에 길게 거처하지 못한다. 인자(仁者)는 인(仁)을 편안히 여기고[仁者安仁], 지자(知者)는 인(仁)을 이롭게 여긴다[知者利仁]."414)

[者: 놈/것 자, 安: 편안할 안, 知: 알/슬기 지, 利: 이로울 리]

불인자(不仁者)는 곤궁한 곳에 오래 거처하지 못하고, 곤궁하면서 도를 추구하는 즐거움을 오래 갖질 못한다. '인자안인(仁者安仁)', 즉 인자(仁者)

---

413) 『論語』, 雍也第六, "子曰, 知者樂水, 仁者樂山, 知者動, 仁者靜, 知者樂, 仁者壽."
414) 『論語』, 里仁第四, "子曰, 不仁者不可以久處約, 不可以長處樂, 仁者安仁, 知者利仁."

는 평소 남을 사랑하는 것이 생활화되었기 때문에 인을 편안히 여긴다. '지자이인(知者利仁)', 즉 지자(知者)는 인(仁)이 궁극적으로 자신에게도 이로움을 준다고 아는 자이다. 따라서 인자는 안인(安仁)의 경지, 즉 인을 억지로 힘써 행하지 않고 편하게 행하는 경지에 오른 자라야 들을 수 있는 호칭이다.

자공이 말했다. "저는 사람들이 저에게 가해하기를 바라지 않습니다만 저 역시 다른 사람에게 가해함이 없기를 바랍니다." 공자가 말했다. "사(賜: 자공의 이름)야! 네가 미칠 바가 아니다."415)

사람이 살면서 서로 도움을 주거나 피해를 주기도 한다. 다만 정도의 차이가 있을 뿐이다. 그런데 자공은 아예 타인에게 그런 일이 없기를 바랐다. 자연스럽게 그런 경지에 있다면 이것은 인자(仁者)의 경지이다. 그러나 자공은 인에 도달하기 위해 열심히 노력하는 단계이기 때문에 공자는 아직은 그런 경지가 아니라고 보았다.

인(仁)을 편하게 행하는 소위 안인(安仁)의 모습은 어떠할까? 이와 관련하여 인을 행하는 유형은 몇 가지로 구분될 수 있다. 어느 날 안회와 자로가 공자 옆에서 시중을 들고 있었는데, 공자가 두 사람에게 하고자 하는 것이 있는지를 말해보라고 했다.

자로가 말했다. "수레와 말과 가벼운 갖옷(짐승 가죽으로 만든 옷)을 친구와 함께 쓰다가 해지더라도 유감이 없습니다." 안연[안회의 성(性)과 자(字)를 결합한 것]이 말했다. "잘하는 것을 과시하지 않으며, 공로를 과

---

415) 『論語』, 公冶長第五, "子貢曰, 我不欲人之加諸我也, 吾亦欲無加諸人. 子曰, 賜也, 非爾所及也."

장하지 않고자 합니다." 자로가 공자의 속마음이 무엇인지를 듣고 싶다고 하자 공자가 말했다. "노인을 편안하게 하며, 친구를 믿음으로 대하며, 어린아이를 감싸주고자 한다."416)

의리의 사나이 자로는 친구와 함께 주고받으며 멋있는 삶을 살면 그것으로 된다고 거침없이 말했고, 안회는 자신을 낮추어 드러내지 않겠다는 겸손한 말을 했다. 자로는 공자가 하고자 하는 바가 무엇인지 궁금했다. 기대하며 물었는데 공자의 대답은 지극히 평범했다. 우리 주위에 있는 사람에게 당연히 해야 할 것을 할 뿐이라는 것이다. 자로와 안회 둘 다 인위적인 느낌이 있으나 공자는 자연스럽고 사물에 따라 들어맞는 천지자연의 기상을 느낄 수 있다. 정자(程子)는 세 사람의 모습을 보고 평하길, "선생님은 인을 편안하게 행한 것이고, 안회는 인을 어기지 않은 것이고, 자로는 인을 구한 것이다[夫子安仁 顔淵不違仁 子路求仁]."라고 했다. 부연한다면, 공자는 인을 행하는 것이 생활이 되어 자연스럽고 편안하게 표출되었으며, 안회는 평소 인을 어기지 않고 실천하려고 노력했으며, 자로는 인이 부족하긴 하나 노력하여 구하려 했다는 의미이다. 이처럼 인자(仁者)는 인을 편안히 여기는 사람이며, 인을 실천하기를 편안히 여기는 사람이 바로 공자이다. 인을 편안히 실천하는 것은 일용지간(日用之間)의 행위에서 자연스럽게 표현된다.

"공자는 (물고기를 잡을 때) 낚시로 하고 어망을 사용하지 않았으며, 주살로 잠자는 새를 쏘지 않으셨다."417)

---

416) 『論語』, 公冶長第五, "子路曰, 願車馬 衣輕裘, 與朋友共. 敝之而無憾. 顔淵曰. 願無伐善, 無施勞. 子路曰. 願聞子之志. 子曰. 老者安之. 朋友信之, 少者懷之."
417) 『論語』, 述而第七, "子釣而不綱, 弋不射宿."

공자는 세 살 때 아버지가 돌아가셨기 때문에 어릴 때부터 생계를 위해 일을 해야 했다. 또, 제사에 쓸 제물을 손수 마련해야만 했다. 그래서 부득이 물고기나 새를 잡지 않을 수가 없었다. 이럴 때 공자는 가급적 필요한 양만을 잡으려 했고, 곤히 잠자는 새를 주살(줄을 매어 쏘는 화살)로 잡는 잔인한 행위를 행하지 않았다. 이처럼 공자는 어릴 때부터 살아 있는 생명을 최소한으로 희생하고자 하는 어진 마음을 평소 자연스럽게 실천했다.

인자의 행동 특성은 무엇일까? 인자(仁者)는 자신이 올바르다고 생각하는 것을 표현할 줄 알고, 용기가 있어야 한다.

"덕이 있는 자는 반드시 할 말을 한다. 그렇다고 할 말을 하는 사람이 반드시 덕이 있는 것은 아니다. 인자(仁者)는 반드시 용기가 필요하다. 그렇지만 용기 있는 자가 반드시 인(仁)이 있는 것은 아니다."[418]

공자는 마음속으로만 인의와 같은 덕성을 가지고 있다는 것을 인정하지 않는다. 덕이 있는 자는 그릇된 것을 보면 할 말을 한다. 특히 인자는 옳은 것을 옳다고 말할 수 있고, 행동으로 옮길 수 있는 용기가 있어야 한다. 이것은 인과 용기를 겸비한 인자의 특징적 모습을 말한 것이기 때문에 할 말을 하고, 용기 있는 자가 인(仁)이라는 덕성을 가졌다는 의미는 아니다.

또한, 인자는 공정하게 남을 평가할 수 있는 사람이다.

"오직 인자(仁者)라야 남을 좋아할 수 있고 남을 미워할 수 있다."[419]

인자(仁者)는 사심(私心)이 없어서 공정하게 남을 좋아하고 미워할 수 있

---

418) 『論語』, 憲問第十四, "有德者必有言, 有言者不必有德. 仁者必有勇, 勇者不必有仁."
419) 『論語』, 里仁第四, "唯仁者能好人, 能惡人."

다. 특히 인자가 미워하는 것은 무엇일까?

　자공이 물었다. "군자도 역시 미워함이 있습니까?" 공자가 말했다. "미워하는 것이 있다. 다른 사람의 단점을 들춰내는 것을 미워하며, 낮은 지위에 있으면서 윗사람을 비방하는 것을 미워하며, 용기가 있으나 무례한 것을 미워하며, 과감하여 사람을 숨 막히게 하는 것을 미워한다."[420]

　군자는 도덕적 인간을 표현하는 보편적 개념이다. 여기서는 인자(仁者)이며 성인인 공자를 지칭한 것이다. 바로 인자는 남의 단점을 들춰내 말하길 좋아하는 사람, 그리고 비방하기 좋아하고, 무례하고, 사람을 숨 막히게 하는 사람을 미워한다.

　공자보다 대략 180여 년 후의 맹자는 인간이 가진 덕을 인(仁)·의(義)·예(礼)·지(知)라는 사덕(四德)으로 유형화했다. 송대(宋代)의 성리학자들은 사덕을 인간이 본래부터 갖고 태어났다고 주장한다. 그러나 조선의 다산은 사덕이란 외부로 실천될 때 얻어지는 것으로 주장한다. 즉, 마음속으로만 갖고 있는 것은 의미가 없다고 보았다. 공자의 말에 따르면 인을 포함한 덕은 외부로 표출되는 것을 의미한다. 덕의 개념에서 다산은 공자의 생각과 다르지 않다.

---

420) 『論語』, 陽貨第十七. "子貢曰, 君子亦有惡乎? 子曰, 有惡. 惡稱人之惡者, 惡居下流而訕上者, 惡勇而無禮者, 惡果敢而窒者."

# 3절 인(仁)의 출발인 효제, 교우

### 효제 하는 자는 분란을 일으키지 않는다

앞에서 살펴본 바와 같이 공자의 제자 유약은 효제가 인을 행하는 근본이 된다고 했다. '위인지본(爲仁之本)'을 "인을 행하는 근본이 된다."라고 해석한 것은 주희의 입장이다. 주희는 인이 우리의 본성에 내재해 있다고 본다. 그렇기 때문에 효제를 인의 한 가지 일로서 보아야지 그 자체가 인의 근본이 아니라고 본다. 주희와 다르게 조선의 다산(茶山)은 "효제가 인의 근본이 된다."라고 해석한다. 다산은 인(仁)이 이미 형성되어 있는 것이 아니라 효제 등을 통해 비로소 형성된다고 보았다. 여기서는 일단 주희의 주해를 기본으로 하여 유약의 말을 더 자세히 살펴보자.

"그 사람됨이 효제(孝弟)가 있으면서 윗사람을 침범하는 자 드물다. 윗사람 침범하기를 좋아하지 않으면서 분란을 일으키는 자 있지 아니하다. 군자는 근본에 힘써야 한다. 근본이 바로 서야 도가 생겨난다. 효제(孝弟)라는 것은 그 인을 행하는 근본이다."[421]

유약은 효제가 군자를 포함해 인간의 근본 되는 행위로 보고 있다. 유약은 가족이나 친족 간에 효제를 하는 사람이면 사회에서 윗사람을 침범하지 않고 나아가 큰 분란을 일으키지 않는다고 말하고 있다. 효제는 이런 선량한 행동의 근본이기 때문에 인을 행하는 근본이 된다.

---

421) 『論語』, 學而第一, "其爲人也孝弟, 而好犯上者, 鮮矣. 不好犯上, 而好作亂者, 未之有也. 君子務本, 本立而道生. 孝弟也者, 其爲仁之本與!"

제자인 유약은 효제를 인을 행하는 근본으로 보았는데, 공자는 효제가 인간의 가장 기본 되는 행위임을 말했다. 내용은 제5장 3절 '학문하는 자세'에서 나온 바 있다.

"제자들은 집에 들어와서는 효도하고[入則孝], 집 밖을 나서면 (어른을) 공경하고[出則弟], 행동을 삼가고 믿음이 있어야 한다[謹而信]. 널리 민중을 사랑하고[汎愛衆], 인(仁)을 친해야 한다[親仁]."422)
[則: 곧 즉, 弟: 공경할 제, 謹: 삼갈 근, 而: 말이을 이, 汎: 넓을 범, 愛: 사랑 애, 衆: 무리 중]

공자는 제자들이 집 안팎에서 행히어야 할 몇 가지 덕행들에 관하여 말하고 있는데, 그중 집에서는 효(孝), 집 밖에서는 제(弟: 공경)가 있다. 이처럼 효제는 인간의 기본이 되는 행위의 하나로서 중요시되었다. 특히 효는 공자의 문하에서 더욱 강조된 덕행이다. 이것을 단원을 달리해 더 상세히 논의하고자 한다.

---

422) 『論語』, 學而第一, "弟子入則孝, 出則弟, 謹而信, 汎愛衆, 而親仁."

## 봉양만 하는 것은 개나 말을 기르는 것과 같다

위에서 살펴본 바와 같이 효제는 인을 행하는 근본이 되는 행위이다. 특히 가정에서 효를 행하는 사람은 사회에서 어른을 공경하며[弟], 널리 민중에게 인을 행할 수 있는 품성을 갖춘 자이다.

공자는 사람들과 대화할 때 상대방의 상황과 연계하여 말한 적이 많다. 효도 마찬가지이다. 로나라 대부 중에 맹손(孟孫) 집안의 8대 종주(宗主)인 맹리자(孟釐子)423)가 있었으며, 맹리자의 아들로는 맹도(孟縚)와 맹의자(孟懿子)가 있었다. 앞에서 나왔듯이 맹도는 달리 남용(南容) 혹은 남궁경숙(南宮敬叔)으로 불린다. 맹리자는 일찍이 공자의 인품과 학식을 알아본 사람이다. 공자 나이 17세 무렵에 맹리자가 병이 나서 맹의자에게 공자를 스승으로 모시고 공부할 것을 유언으로 남겼다. 그러자 맹의자는 형 맹도와 더불어 공자를 스승으로 모시게 된다. 그렇지만 실질적으로 공자의 제자가 된 것은 맹도였다. 손위인 맹도는 어릴 적에 생모의 품을 떠나 생모의 친구에게서 양육되었기 때문에 삼가 중의 하나인 맹손씨의 가문을 물려받은 자는 맹의자이다. 공자는 로나라에서 벼슬을 하면서 평소 삼가의 위세를 누르려고 했던 장본인이다. 그러므로 공자와 맹의자는 정치적으로는 늘 갈등 관계였다. 공자가 로나라로 돌아오고 나서 어느 날 맹의자를 방문했다. 이때 맹의자가 효에 관해 물었다.

맹의자가 효에 대해 묻자, 공자가 말했다. "어기지 않는 것입니다[無違]."424)

[無: 없을 무, 違: 어길 위]

---

423) 『좌전』은 맹희자(孟僖子)로 표기되어 있다.
424) 『論語』, 爲政第二, "孟懿子問孝. 子曰, 無違."

맹의자는 형 맹도와 공자가 젊었을 때 제자로 들어왔지만 로나라 대부로서 어디까지나 정치인이었다. 더구나 로나라를 좌지우지하는 맹손, 숙손, 계손을 말하는 삼환(三桓: 삼가라고도 함) 중의 하나였다. 맹의자가 효에 대해 묻자 공자는 '무위(無違)', 즉 어기지 않아야 한다고 대답한 것은 당시의 정치 상황과 연계한 것이다. 군주와 신하 간에 그 역할을 넘보는 것과 같은 어기지 말아야 할 것이 있는 것처럼 자식도 거스르지 말아야 할 것이 있다는 말이다.

공자가 맹의자와 대화를 마치고 돌아올 때 염구와 함께 제나라와의 전쟁에 참가했던 제자 번지(樊遲)가 마차를 몰았다. 공자는 번지에게 맹손(孟孫)이 효에 대해 묻사 어기지 않는 것이라고 대답했다고 말해주었다. 그러자 번지가 이해가 안 되었던 모양이다.

번지가 말했다. "무슨 말씀이십니까?" 공자가 말했다. "살아서는[生] 예로써 (부모를) 모시며[事之以禮], 죽어서는[死] 예로써 장례를 모시고[葬之以禮], 예로써 제사를 지내는 것이다[祭之以禮]."[425]

[生: 살 생, 事: 섬길 사, 之: 그것(부모를 가리킴) 지, 以: 써 이, 死: 죽을 사, 葬: 장사지낼 장, 祭: 제사지낼 제]

공자는 효가 바로 살아서나 죽어서나 예로써 섬기는 것이라고 말하고 있다. 공자는 맹손을 포함하여 삼가가 신하의 신분을 망각하고 예를 참람(僭濫: 분수에 넘침)하게 했으므로 이처럼 효와 예를 연계하여 말했다.

맹의자(孟懿子)의 아들이 맹무백(孟武伯)이다. 애공 11년, 공자 나이 68세 때 제(齊)가 로(魯)를 공격했을 때 염구와 함께 출전했던 맹유자설(孟孺

---

425) 『論語』, 爲政第二, "樊遲曰, 何謂也? 子曰, 生, 事之以禮, 死, 葬之以禮, 祭之以禮."

子洩)이 바로 맹무백의 다른 호칭이다. 맹무백도 아버지와 똑같은 질문을 던진다.

맹무백이 효에 대해 물었다. 공자가 말했다. "부모는 오직 그 질병을 걱정합니다."426)

공자와 애증이 얽힌 맹의자는 공자보다 2년 일찍 세상을 떴다. 맹무백이 이런 질문을 던진 시기가 언제인지는 알 수가 없으나 맹무백의 부모를 거론한 것으로 보아 맹의자가 살아 있을 때 한 말인 듯하다. 공자가 걱정스레 말한 어투에서 아버지 맹의자보다는 공자에게 편안한 상대였지만, 건강은 그리 좋은 상태가 아니었음을 추측할 수가 있다.

그렇지만 맹무백은 로나라 군주인 애공에게는 자신을 위협하는 삼환 중의 하나였다. 애공은 큰 아버지인 소공이 그랬던 것처럼, 삼환에 대해 많이 우려했고, 삼환 역시 이런 애공을 경계하고 있었다. 공자가 세상을 뜬 후 11년 후인 애공 27년에 애공이 능판이란 곳에 놀러 갔다가 도중에 맹무백을 만났다. 이때 애공이 맹무백에게 "내가 죽을 수도 있겠지요?"라고 뼈 있는 농담을 했다. 그러자 맹무백은 "알 수 없습니다."라고 했다. 그 해에 애공은 월나라를 이용해 삼환을 정벌하려다 오히려 삼환에 쫓겨 위나라를 거쳐 월나라로 도망가서 귀국하지 못하고 죽었다. 큰아버지 소공도 삼환에 쫓겨 제나라로 도망가서 귀국하지 못하고 죽은 것처럼 애공 또한 그렇게 죽었다.

공자는 위와 같이 효에서도 대화하는 자의 처한 상황에 적합한 대답을 했다. 그렇다면 부모가 잘못된 행위를 하고 있을 때 자식은 어떻게 해야

---

426) 『論語』. 爲政第二. "孟武伯問孝. 子曰. 父母唯其疾之憂."

할까? 여기에 대해 공자가 말했다.

> 공자가 말했다. "부모를 섬기되[事父母], 은미하게 잘못을 간해야 한다[幾諫]. 자기 생각을 따라오지 않음이 보일지라도 또 공경하여, 섬기는 마음에 어긋남이 없어야 한다. 비록 수고롭더라도 원망하지 말아야 한다[勞而不怨]."427)

[父: 아비 부, 母: 어미 모, 幾: 기미 기, 諫: 간할 간, 幾諫: 은미하게 간함, 勞: 수고할 로, 而: 말이을 이, 怨: 원망할 원]

부모가 잘못된 행위를 하고 있을 때 그 행위를 잘했다고 두둔해서도 안 되고 못 본척해서도 안 된다. 그것은 사회 정의에 합당하지 않다. 다만 너무 대놓고 나무라도 안 되고 가르치듯이 해서도 안 된다. '기간(幾諫)', 즉 은미하게 간해야 한다. 그래도 부모가 고치지 않으면 반복하여 말씀드리되, '노이불원(勞而不怨)', 즉 수고롭더라도 부모를 원망해서는 안 된다. 공자는 효를 강조하지만 집단 이기주의적인 효는 바람직하지 않다고 본 것이다. 부모의 잘못된 행위에 대해 자식은 부모에게 간(諫)하되, 인내심을 갖고 공경스런 자세로 반복하여 말씀드릴 것을 권하고 있다.

다음으로 일상에서의 바람직한 효란 무엇일까? 공자의 말을 정리하면 이러하다.

> "부모가 살아계실 때는 멀리 놀러 다니지 말고, 놀러 가더라도 반드시 방향을 알려야 한다[遊必有方]."428)

[遊: 놀 유, 必: 반드시 필, 方: 방위 방]

---

427) 『論語』, 里仁第四, "事父母幾諫, 見志不從, 又敬不違, 勞而不怨."
428) 『論語』, 里仁第四, "父母在, 不遠遊, 遊必有方."

부모는 살아계실 때 늘 자식의 안위를 걱정한다. 그러므로 자식은 자신의 몸을 상하게 해서는 안 되며, 멀리 외유하는 것을 삼간다. 또한 '유필유방(遊必有方)', 즉 놀러 갈 때 행방을 알려드려야 한다.

부모가 옆에 계시면 자식으로서는 언제나 든든한 후원자가 있는 것이다. 그러나 부모는 늙어가고 계시다. 자식 된 자 어떤 생각을 하고 있는가?

> "부모의 나이를 몰라서는 아니 된다. 한편으로는 기쁘지만, 한편으로는 두렵다."429)

부모가 나이를 들어간다는 것은 장수하고 있다는 것이므로 한편으로는 기쁨이 되지만, 점차 돌아가실 날이 가까이 오고 있으므로 두려운 마음이 든다. 자식 된 자가 이런 마음가짐을 갖고 있다면 훗날 어찌 막심한 후회가 되겠는가? 평소 우리는 부모가 늘 우리 주변에 있을 것으로 생각한다. 그러나 내 주위에 있어야 할 부모는 어느 순간에 계시지 않는다.

우리는 부모를 섬기는 효에 관해 서로 다른 생각을 하고 있다. 크게는 물질적인 봉양과 정신적인 공경 중 무엇이 더 중요한 것인지에 대한 문제이기도 하다. 공자의 생각은 어떠한가? 공자의 제자 중에서 문학으로 이름이 난 자유와 자하가 효에 대해 질문을 했다. 먼저 자유와 공자의 대화는 이렇다.

> 자유가 효에 대해 물었다. 공자가 말했다. "오늘날의 효는 먹고 살게 하는 것을 일컫고 있으나, 개나 말에게도 모두 먹고살게 할 수 있다. 공경이 없으면 어찌 구별될 수 있겠는가?"430)

---

429) 『論語』, 里仁第四, "父母之年, 不可不知也. 一則以喜, 一則以懼."
430) 『論語』, 爲政第二, "子游問孝. 子曰, 今之孝者, 是謂能養. 至於犬馬, 皆能有養. 不敬, 何以別乎?"

**제6장 · 공자의 덕론, 극기복례가 인(仁)을 이룬다**

자유가 부모에게 어떠한 효를 했는지에 대하여는 알려진 바가 없다. 공자의 시대나 지금이나 부모에게 물질적인 봉양을 하면 효를 제대로 하고 있다고 생각하는 사람이 있다. 그러나 부모를 공경하는 마음이 없으면 개나 말을 양육하는 것과 다름이 없다. 자하는 공자와 이런 대화를 했다.

자하가 효에 대해 물었다. 공자가 말했다. "색난(色難: 얼굴색 온화하게 하기가 어려움)이니라. 일이 있을 때는 동생과 자식들이 그 노고를 대신하며, 술과 음식을 먹을 때는 부모와 형이 먼저 들게 하는 것이 효라 하지 않겠는가?"431)

[色: 낯변할 색, 難: 어려울 난]

자식이 부모를 대할 때 얼굴색을 온화하게 해야 하지만 사실 이것이 제대로 안 된다. 그리고 일상에서 동생과 자식들이 형과 부모 대신 힘든 일을 먼저 하고, 맛있는 술과 음식을 먹을 때는 부모와 형이 먼저 들게 해야 한다. 하지만 대개 부모는 자식을 먼저 생각한다.

송대(宋代)의 정자(程子)는 공자의 표현으로 추측하여 말하길, 자유는 부모를 잘 봉양하나 간혹 공경심이 없으며, 자하는 곧고 의로우나 간혹 온화하고 부드러운 기색이 없어서 그리 말씀하신 것이라고 했다.

사실 세상의 자식 된 자들이 부모가 되고 나면 그 자식을 향해 쏟는 사랑이 부모를 향한 것보다 더 지극하게 된다. 이때 이르러서야 부모의 마음을 알게 되나 안타깝게도 부모는 대부분 옆에 계시지 아니한다. 공자가 돌아가시고 나서 문학으로 뛰어난 재능을 가진 자하는 서하(西河)에서 학생들을 가르쳤고, 위(魏)나라 군주 문후(文侯)의 스승이 되었다. 그런데 자하

---

431) 『論語』, 爲政第二, "子夏問孝. 子曰. 色難. 有事弟子服其勞. 有酒食先生饌. 曾是以爲孝乎?"

의 자식이 죽었다. 이에 자하는 자식의 죽음을 너무 슬퍼하여 울다가 그만 눈이 멀고 만다. 부모에게는 얼굴색 온화하게 하는 것이 어려웠던 자하가 아들의 죽음 앞에서는 몸을 망치면서까지 슬퍼한 것이다.

부모가 살아계실 때는 부모를 공경하고 얼굴색을 온화하게 하는 것 등이 효도이다. 부모가 돌아가셨을 때 어찌해야 할까?

> 공자가 말했다. "부모가 살아계실 때는 그의 뜻을 관찰하고, 부모가 돌아가시면 그 행적을 관찰하며, 삼 년을 부모의 도를 고치지 말아야 효라 할 수 있다."432)

부모가 돌아가시면 그 행적을 추억하며 부모를 애도하는 마음을 가져야 하고, 부모가 생전에 보존하거나 지키고자 한 것을 함부로 고쳐서는 안 될 것이다. 공자의 제자 증삼은 공자에게서 들은 말을 회상하여 그런 사람 중의 하나가 맹장자(孟莊子)라고 말했다.

> "내가 선생님에게서 들었는데, 맹장자(孟莊子)의 효는 그 나머지를 다 따라 할 수 있는 것이었으나 그 아버지의 신하와 정치를 바꾸지 않은 것은 따라 하기 어려운 일이다."433)

맹장자(孟莊子)는 로나라 양공(襄公) 때 대부이다. 그는 맹손(孟孫) 가문의 6대 종주로서 앞에 나온 맹리자의 조부(祖父)에 해당한다.434) 그의 아버지

---

432) 『論語』, 學而第一. "子曰, 父在, 觀其志. 父沒, 觀其行. 三年無改於父之道, 可謂孝矣."
433) 『論語』, 子張第十九. "曾子曰, 吾聞諸夫子, 孟莊子之孝也, 其他可能也. 其不改父之臣與父之政, 是難能也."
434) 맹씨 가계는 맹헌자(孟獻子)-맹장자(孟莊子)-맹효백(孟孝伯)-맹리자(孟釐子, 혹은 孟僖子)-맹의자(孟懿子)-맹무백(孟武伯)-맹경자(孟敬子)로 이어진다.

는 맹헌자(孟献子)인데, 맹헌자가 죽자 맹장자는 아버지가 부린 신하를 내치지 않았고, 아버지가 지키고자 했던 정치체제나 방법을 바꾸지 않았다.

공자 당시 부모가 돌아가시면 상례 기간은 삼년상(三年喪)이 권장되었다. 삼년상은 어떻게 유래된 것일까? 공자 제자인 재여(宰予)가 삼년상이 불합리하다고 느꼈던 모양이다.

재아[宰我, 재여의 자(字)]가 물었다. "삼년상의 기간이 너무 깁니다. 군자가 삼 년 동안 예(禮)를 행하지 아니하면 예(禮)가 반드시 무너지고, 삼 년 동안 곡을 연주하지 아니하면 음악도 반드시 황폐하게 될 것입니다. 묵은 곡식이 떨어지면 새 곡식이 싹터 오르고, 나무를 뚫고 마찰하여 불을 일으켜 사시에 맞춰 바뀌는 것이 일 년입니다." 공자가 말했다. "쌀밥을 먹으며 비단옷을 입는 것이 네 마음에 편하겠느냐?" 재아가 냉큼 대답한다. "편합니다." 공자가 말했다. "네가 편하다면 그렇게 해라! 대체로 군자가 상(喪)을 당했을 때는 맛있는 음식을 먹어도 달지 않고, 음악을 들어도 즐겁지 않으며, 거처함에 편안하지 않기 때문에 하지 않는 것이다. 이제 네가 편하다면 그렇게 하거라!" 재아가 나가버렸다. 그러자 공자가 한탄했다. "재여의 어질지 못함이 저렇구나! 자식은 태어난 지 삼 년 후에야 부모의 품에서 벗어나는 것이므로, 무릇 삼년상은 천하의 통용되는 상례이다."[435]

재여는 예악이 붕괴할 것을 우려하여 삼년상을 단축해야 한다는 구실을 내세웠으나 사실은 내적으로 추모하는 마음 자체가 없었기 때문에 그

---

435) 『論語』, 陽貨第十七. "宰我問 三年之喪, 期已久矣. 君子三年不爲禮, 禮必壞. 三年不爲樂, 樂必崩. 舊穀旣沒, 新穀旣升, 鑽燧改火, 期可已矣. 子曰, 食夫稻, 衣夫錦, 於女安乎? 曰, 安. 女安則爲之! 夫君子之居喪, 食旨不甘, 聞樂不樂, 居處不安, 故不爲也. 今女安, 則爲之! 宰我出. 子曰, 予之不仁也! 子生三年, 然後免於父母之懷. 夫三年之喪, 天下之通喪也."

런 주장을 했다는 것이 공자의 판단이었다. 공자는 재여와의 대화에서 삼년상의 유래를 말하고 있다. 즉, 우리가 제대로 걸을 수 있기까지 부모의 품에 있는 기간이 보통 삼 년이므로 부모의 절대적 도움을 받았던 삼 년을 부모에게 갚는다는 의미라는 것이다.

천자가 죽었을 경우는 어떻게 했을까? 자장(子張)이 이에 대해 궁금했다.

> 자장이 물었다. "『서경』에는 '고종(高宗)이 양암(諒陰) 삼 년을 말을 하지 않았다.'라고 하는데 무슨 말인지요?" 공자가 말했다. "어찌 고종만 그리했겠느냐? 옛사람들은 모두 그리했다. 군주가 죽으면 백관이 모두 모여 삼 년을 총재에게 들었다."[436]
> 
> [諒: 참 량, 陰: 어둠 음, 여막 암(=闇), 諒陰=諒闇: 천자나 제후의 상중]

'양암(諒陰/諒闇)'은 천자나 제후의 상중(喪中)을 지칭하는 말이다. 고종은 상(商)의 22대 왕 무정(武丁)을 말한다. 주(周) 왕실의 직제로는 천자 밑에 삼공(三公)이 있는데, 태사(太師)·태부(太傅)·태보(太保)가 그들이다. 그 밑에 육경과 삼소(三少)가 있다. 육경은 집행기관으로 총재(冢宰)·사도(司徒)·종백(宗伯)·사마(司馬)·사구(司寇)·사공(司空)이 있으며 이 중 총재가 육경을 총괄한다. 삼소(三少)는 자문기구에 해당하는데 육경(六卿)과 삼소(三少)를 합하여 광의로 구경(九卿)이라고도 한다. 총재는 태재(大宰)에 해당하는 벼슬인데, 상(商)나라에도 있었다. 바로 탕왕을 모신 이윤(伊尹)이 총재로 있었다. 삼년상은 민가에만 있는 것이 아니라 천자에게도 있었으며, 그 기간 중 천자와 제신(諸臣)은 총재를 통해 지시를 주고받았다.

공자의 제자 중에 효행으로 이름이 높았던 인물 중에 민자건(閔子騫)과

---

436) 『論語』, 憲問第十四, "子張曰, 書云, 高宗諒陰, 三年不言. 何謂也? 子曰, 何必高宗, 古之人皆然. 君薨, 百官總己以聽於冢宰三年."

증삼(曾參)이 있다. 민자건은 본명이 민손(閔損)이고, 자(字)가 자건이다. 공자보다 열다섯 살 적었다. 『한시외전(韓詩外傳)』437)에 따르면 민자건은 어릴 적에 어머니가 돌아가셨다. 아버지는 재혼하여 다시 아들 둘을 낳았다. 어느 추운 날 계모는 자건에게 갈대의 이삭에 붙은 털을 넣어 만든 옷을 입혔다. 보온이 안 되는 얇은 옷이었다. 자건의 아버지가 그 사실을 알고 계모와 두 아들을 내쫓으려 했다. 그러자 어린 자건이 말했다.

"어머니가 계시면 한 자식이 추우면 그만이지만, 어머니가 안 계시면 세 명의 자식이 혼자 된 아버지나 어머니의 자식이 됩니다[母在一子寒, 母去三子單]."

[在: 있을 재, 寒: 찰 한, 去: 갈 거, 單: 홀 단]

자건의 아버지는 자건의 말을 듣고 생각을 바꾸게 된다. 후에 계모가 그 말을 전해 듣고는 자신의 행실을 뉘우치고 세 자식을 공평하게 대했다고 한다. 후에 계모는 자애로운 어머니가 되었고 세 형제는 우애가 깊어서, 서로를 측은히 생각하고 온화한 말을 하는 가정이 되었다. 공자는 민자건을 이렇게 평했다.

"효자로구나, 민자건이여! 사람들이 그 부모와 형제의 말 사이에 트집을 잡을 수가 없구나."438)

민자건이 어린 나이에 계모에게 한 언행으로 인하여 그 후 민자건의 집안이 화목해져서 서로 측은히 여기는 말을 주고받는 모습을 말한 것이다.

437) 중국 전한(前漢)의 학자 한영(韓嬰)이 쓴 『시경(詩經)』 해설서
438) 『論語』, 先進第十一, "孝哉閔子騫! 人不間於其父母昆弟之言."

아주 진솔하게 화목한 말을 서로 사용하므로 사람들이 서로의 말을 신뢰하지 않을 수가 없었던 모양이다.

공자의 제자 중 유약(有若)과 경쟁적으로 공자의 학문을 후대에 전승하고자 했던 인물이 증삼(曾參)이다. 증삼은 공자 나이 만년(晩年)에 공자의 제자로 들어왔다. 증삼도 효의 중요성을 주장했고, 몸소 효행을 실천한 인물이기도 했다. 특히 증삼은 돌아가신 분에게 드리는 효행인 상례와 제례를 극진히 해야 할 것을 말했다.

증자(증삼의 존칭)가 말했다. "신종추원(慎終追遠: 임종을 신중하게 하고 멀리 가신 분을 추모함) 하면 백성의 덕이 두텁게 될 것이다."439)

[愼: 삼갈 신, 終: 끝날 종, 追: 쫓을 추, 遠: 멀 원]

증삼은 지도자가 가족이나 주변의 상을 당했을 때 '신종추원(慎終追遠)' 하라고 말한다. 이 말은 상례를 극진히 하고, 제례에서는 돌아가신 분의 생전의 모습을 추모하라는 의미이다. 그리하면 백성도 감화를 받아서 덕을 실천하는 생활을 할 것이라고 말하고 있다. 증삼은 상례와 제례를 극진히 모시는 것이 백성의 교화 방법이 됨을 주장하고 있다.

증삼이 병이 나서 위중한 상태에 이르렀다. 증삼은 제자들을 모아놓고 말했다.

"내 손을 펴 보아라. 내 발을 펴 보아라. 『시경』에 '전전긍긍(戰戰兢兢)하며 깊은 물가에 서있듯, 살얼음판을 걸어가는 듯하다.'고 하였는데 이제야 벗어난 것을 알았구나."440) [戰: 싸움 전, 두려워할 전, 兢: 조심할 긍]

---

439) 『論語』, 學而第一. "曾子曰. 愼終追遠. 民德歸厚矣."
440) 『論語』, 泰伯第八. "啓予足! 啓予手! 詩云, 戰戰兢兢, 如臨深淵, 如履薄氷. 而今而後, 吾知免夫!"

증삼은 평소 부모에게서 받은 몸을 다치지 않는 것이 효의 시작임을 실천한 인물이다. 그런 그가 병이 들어 죽음이 임박하자 자신의 몸을 보전하기 위해 전전긍긍(戰戰兢兢: 두려워하고 조심함)했다는 술회를 하고는 이제야 몸을 보전하는 의무에서 벗어남을 감상적으로 말하고 있다. 어느 날 삼가(三家) 중 하나인 맹손씨의 대부 맹경자가 병문안을 왔다. 맹경자는 공자에게 효에 대해 질문한 맹무백의 아들이다. 증삼이 그를 보고 말했다.

"새가 장차 죽을 때는 그 우는 소리가 애처롭고, 사람이 장차 죽을 때는 그 말이 선해집니다."[441]

새도 죽을 때는 이승의 인연과 죽음에 대한 두려움으로 그 목소리가 슬픈 법이다. 하물며 인간이야 오죽하겠는가? 본래 성품이 선하고 악한가를 불문하고 인간은 살아가면서 신체적 혹은 환경적인 요인으로 많은 욕심을 부리게 된다. 그러나 그 욕심의 끈은 결국 죽음에 이르러서야 놓게 된다. 증삼의 말은 인간이라면 언젠가는 죽음을 맞게 되므로 평소 언행에서 선을 행할 것을 당부한 것이다.

중국 고전에서 효에 관하여 집중적으로 논의한 책이 『효경(孝経)』이다. 『효경』의 저자에 대해서는 몇 가지 다른 주장이 있다. 공자가 지었다는 설, 공자의 제자인 증삼이 지었다는 설, 공자의 제자들이 남긴 작품이라는 설, 증삼의 문인들이 집록(輯錄: 편집하여 기록함)했다는 설 등이 있다. 『효경』 본문에 공자와 증삼의 이야기가 많이 나온다는 점과 효를 중시한 학통(学統)으로 보아 증삼의 문인들이 이 책을 썼을 것이라고 보는 견해가 타당하다.

---

441) 『論語』, 泰伯第八, "鳥之將死, 其鳴也哀. 人之將死, 其言也善."

## 무우불여기

공자의 교우 관계는 자세히 전해지는 것이 별로 없다. 『논어』와 『공자가어』에는 간단히 원양(原壤)과의 짤막한 일화가 전해진다. 원양은 공자의 어릴 적 벗이었다. 원양의 어머니가 돌아가시자 공자는 옛 벗과의 우정을 생각하여 외관(椁: 바깥쪽 관)을 부조했다. 그러자 원양은 그 관을 올라타고는 노래를 불렀다. 공자가 조문하러 가자 원양은 무릎을 세우고 웅크리고 앉아 상주의 예를 행하지 않았다. 이에 공자가 말했다.

"어려서는 형제들에게 불손하더니, 어른이 되어서는 뭐라 말할 수가 없구나. 늙어도 죽지 않고 있으니 여러 사람에게 해를 끼치고 있구나!" 이러면서 공자는 지팡이로 원양의 정강이를 툭툭 두드렸다.442)

윗글에 나타난 원양의 모습은 생사에 크게 얽매이지 않는 노자(老子) 등의 사상에 심취한 인물인 것 같다. 그런 원양을 공자는 농담 반 진담 반 책망을 하면서 지팡이로 툭툭 두드리고 있다. 공자가 지팡이를 사용하고 있고, 옛 고향의 벗을 늙어서 만난 것으로 보아 위 상황은 공자가 천하를 주유하고 노나라로 귀국한 이후의 일일 것이다. 공자는 가는 길이 서로 다른 원양에게 이처럼 책망하듯이 말했지만, 지극히 개인적 친분에서 나온 것임을 알 수 있다.

공자의 벗 중 한 명이 죽었다. 그런데 그 벗은 가족이 없어서 장례를 주관할 사람이 없었다.

---

442) 『論語』, 憲問第十四, "幼而不孫弟, 長而無述焉, 老而不死, 是爲賊! 以杖叩其脛."

벗이 죽어서 돌아갈 곳이 없었다. 공자가 말했다. "우리 집에 빈소(殯所)를 차리지요."443)

빈소(殯所)란 발인(発靷: 상여가 집에서 떠남)할 때까지 관을 놓아두는 방을 말한다. 가족이 없이 죽은 벗은 당장 관을 둘 곳도 없었다. 공자는 자신의 집에다 벗의 빈소를 마련했다.

그렇다면 공자의 일반적 교우관은 어떠할까? 벗 사이는 평소 예물이나 선물을 주고받을 수 있다. 이때 어떠한 예절이 필요할까?

벗이 보낸 것은 비록 거마(車馬)라도 제육(祭肉: 제사에 쓰인 고기)이 아니면 절하지 않았다.444)

벗은 재산, 직위를 떠나 평소 재화를 주고받을 수 있는 대등한 사이다. 그러므로 거마를 주었다고 하여 몸을 굽히면서 자신을 낮추지 않는다. 다만 제육은 벗의 조상을 나의 조상과 같이 공경한다는 의미로 절을 하고 받는다.

자공이 벗에 대해 묻자 공자가 말했다. "충고하여 잘 인도하되 불가하면 그쳐야 스스로 굴욕 되지 않는다."445)

벗끼리는 서로 충고하여 올바른 길로 가게 함이 옳다. 그러나 몇 번 충고해도 벗이 듣지 않으면 충고를 그쳐야 벗도 잃지 않고 자신도 굴욕감을 느

443) 『論語』, 鄕黨第十. "朋友死, 無所歸. 曰, 於我殯."
444) 『論語』, 鄕黨第十. "朋友之饋, 雖車馬, 非祭肉, 不拜."
445) 『論語』, 顔淵第十二. "子貢問友. 子曰, 忠告而善道之, 不可則止. 無自辱焉."

끼지 않는다. 증삼도 벗에 대해 한마디 했다.

> 증자(曾子: 증삼의 존칭)가 말했다. "군자는 학문으로 벗을 만나고, 벗으로서 인(仁)을 보완한다."446)

벗은 고향에서 같이 자란 친구도 있고 학당에서 만나기도 한다. 벗은 서로 충고하여 바른길로 인도하기 때문에 어진 성품을 형성하는 데 도움을 줄 수 있다.

친구의 유형은 직업이나 출신 지역에 따라 다양하다. 또 손익의 관점에서 볼 수도 있다.

> 공자가 말했다. "도움이 되는 세 가지 벗이 있고[益者三友], 손해 되는 세 가지 벗이 있다[損者三友]. 벗이 정직하고[友直], 벗이 믿음이 있으며[友諒], 벗이 많이 알면[友多聞] 도움이 된다. 벗이 알랑거리고 [友便辟], 벗이 유순한 듯하고[友善柔], 벗이 말만 잘하면[友便佞] 손해가 된다."447)
>
> [益: 더할 익, 者: 놈/것 자, 友: 벗 우, 損: 덜 손, 直: 곧을 직, 諒: 믿을 량, 多: 많을 다, 聞: 들을 문, 便: 편할/아첨 편, 辟: 편벽될 벽, 便辟: 비위를 맞춰 알랑거림, 善: 착할 선, 잘할 선, 柔: 부드러울 유]

공자는 정직하고, 믿음이 있고, 많이 아는 벗을 사귀라고 한다. 그리고 손해인 세 가지 벗의 유형을 말했다. 그런데 『논어』「계씨」 편에 나오는 이 표현은 공자의 말이 아닐 가능성이 크다. 그 이유는 『논어』에 기술된 공자의 다

---

446) 『論語』, 顏淵第十二. "曾子曰, 君子以文會友, 以友輔仁."
447) 『論語』, 季氏第十六. "孔子曰, 益者三友, 損者三友. 友直, 友諒, 友多聞, 益矣. 友便辟, 友善柔, 友便佞, 損矣."

른 표현과 격조의 차이가 있다. 공자는 자신을 성찰하는 삶을 강조했다. 『논어』「위령공」편에는 "군자는 자기에게서 구한다[君子求諸己]."란 표현이 있다. 이 말의 의미는 일상의 정치, 사업, 교우 관계에서 그 결과를 초래한 원인이 자기에게서 비롯된다는 말이다. 그러므로 평소 자신을 성찰하는 삶이 필요함을 은연중 암시하고 있다. 이처럼 공자의 말은 표현이 간결하고 유연하며 함축적이다. 이것보다 조금 나아간 것은 다음과 같은 정도이다. 「위령공」편에는 사마우가 역시 군자에 대해서 묻는 장면이 나온다.

사마우가 군자에 대해 묻자 공자가 말했다. "군자는 근심도 두려움도 없는 법이다." 사마우가 말했다. "근심도 두려움도 없다면, 이것이 군자의 모습입니까?" 공자가 말했다. "내 안을 성찰하여 꺼림칙함이 없다면 무엇을 근심하며 두려워하겠는가?"448)

공자는 군자의 자세 중의 하나로서 내 안을 성찰하여 거리낌이 없어야 함을 말했다. 그렇게 하면 근심과 두려움이 있을 수 없다고 했다. 군자의 모습에 대한 표현을 위에서는 "자기에게서 구한다."라고 했고, 여기서는 "내 안을 성찰한다."라고 했다. 이처럼 간결하고 유연하며 함축적인 것이 공자의 표현 방식이다. 공자의 어법과 제자 증삼과 비교해보자.

『논어』「학이」편에는 수신의 방법으로써 증삼이 "나는 하루에 세 번 나 자신을 성찰(반성)한다[吾日三省吾身]."라고 말하는 대목이 있다. 또 「태백」편에는 역시 증삼이 "군자가 귀하게 여기는 도가 세 가지 있다. 몸을 움직일 때는 포악함과 게으름을 멀리하며, 안색을 바르게 하여 믿음이 있게 하며,

---

448) 『論語』, 顔淵第十二, "司馬牛問君子. 子曰. 君子不憂不懼. 曰. 不憂不懼, 斯謂之君子已乎? 子曰. 內省不疚, 夫何憂何懼?"

말을 할 때는 비루하고 천한 말을 멀리해야 한다."449)라고 말한 대목이 있다. 공자는 평소 증삼을 평하기를 둔하다고 했다. 증삼은 다른 제자들에 비하여 총명함이 다소 떨어졌으나 성실과 돈독함으로 공자의 학문을 배우고 후세에 전했다. 따라서 증삼의 표현은 횟수 등을 제시하여 엄격하고 확실한 것이 특징이다. 따라서 위의 '도움이 되는 세 가지 벗'과 '손해 되는 세 가지 벗'은 공자의 어법보다는 증삼의 어법에 어울린다. 아마도 이것은 증삼의 생각을 공자의 이름에 가탁(仮託: 사람이나 사물에 기대어 자기 생각을 반영함)하여 증삼의 제자들이 덧붙인 문장일 가능성이 크다. 특히 『논어』, 「계씨」 편에는 위와 비슷한 유형의 문장이 많은데, 상당수가 후세에 덧붙여진 것으로 보인다. 따라서 이 책에서는 「계씨」 편의 이런 유형의 문장은 일맥상통하게 공자의 사상을 명료하게 밝히는 부분만을 부분적으로 채택하여 논의했음을 밝힌다. 그렇다면 교우 관계에서 공자의 진짜 표현은 무엇일까?

> "군자는 중후하지 않으면 위엄이 없고, 학문은 고루하지 않아야 한다. 충(忠: 마음속에서 우러나오는 것)과 믿음을 주로 하며, 자기보다 못한 것에 친하지 말며[無友不如己者], 과실이 있으면 고치기를 꺼리지 말아야 한다." 450)
>
> [無: 없을 무, 말(~하지 마라) 무, 友: 벗 우, 如: 같을 여]

공자는 군자의 여러 처신 중의 하나로서 교우 관계를 언급했다. 바로 '무우불여기자(無友不如己者)'라고 했다. 이것에 대한 해석을 놓고 다소 논란이 있다. 주희를 비롯하여 많은 학자는 '자기만 못한 자를 친구로 사귀지 마라'라고 해석한다. 그러나 이것은 유학의 핵심 덕목인 인(仁)과 상충한다.

---

449) 『論語』, 泰伯第八. "君子所貴乎道者三. 動容貌. 斯遠暴慢矣. 正顏色. 斯近信矣. 出辭氣. 斯遠鄙倍矣."
450) 『論語』, 學而第一. "君子不重則不威, 學則不固. 主忠信. 無友不如己者. 過則勿憚改."

'무우불여기자'에서 '친구로 사귀다[友]'의 대상은 사람 자체를 말한 것이 아니라 배움의 대상이 되는 덕목이나 가치를 말한 것이다. 공자는 "세 사람이 가면 반드시 나의 스승이 있다. 그 선한 것을 가리어 따르겠다."451)라고 말한 바 있다. 여기서 세 사람이란 자신을 포함하여 말한 것이므로 동행하는 다른 두 사람에게 내가 본받을 점이 있다는 말이다. 이 말은 그 사람 자체가 나의 스승이라는 말이 아니라 그 선한 행위나 가치를 선별하여 본받자는 말이다. 마찬가지로 위에서 말한 친구도 사람 자체를 말하는 것이 아니라 그 사람이 가지고 있는 덕목이나 가치를 말한 것으로 보아야 한다. 이러면 '무우불여기자'의 해석은 '자기(자신의 덕)보다 못한 것[者: 덕 혹은 가치]에 친하지 말아야 한다'가 된다. 이렇게 해야 공자의 인(仁)과 평등을 지향하는 공자의 일관된 사상과 상합을 이루게 된다.

---

451) 『論語』, 述而第七, "三人行, 必有我師焉. 擇其善者而從之."

# 4절 나의 도는 하나로 통한다

## 충서

인(仁)이 공자 사상의 내용적 가치라 한다면 공자 사상에서 인을 비롯한 다양한 덕목들을 구현하는 방법론은 무엇일까? 앞에서 논의한 바와 같이 공자의 제자 중에 증삼(증자)은 효행이 돈독한 제자였다. 증삼의 아버지는 증점(曾点)으로 공자의 초기 제자이며, 증삼은 후반기의 제자이다. 어느 날 공자가 제자들이 모인 가운데서 증삼을 지목하여 말했다.

"증삼아! 나의 도는 일이관지(一以貫之: 하나로써 관철함)한다." 그러자 증삼이 말했다. "네, 그렇습니다." 공자가 나가자 문인들이 증삼에게 물었다. "무슨 말입니까?" 그러자 증삼은 말한다. "선생님의 도는 충서(忠恕)일 뿐입니다."[452]

[以: 써 이, 貫: 꿸 관, 之: 그것 지, 忠: 정성스러울 충, 恕: 용서할 서]

여기에서 도(道)는 추상적 관념이 아닌 현실적이며, 실천적인 인륜을 의미한다. '一以貫之(일이관지)'의 '之'는 대명사로 만사(万事) 혹은 만리(万理)를 가리킨다. 공자는 인륜을 '일이관지(一以貫之)', 즉 하나로써 (만사를) 관철하는 것이 있다고 했는데, 증삼은 공자의 설명을 더 듣지도 않고 공자가 말하려는 것을 추측하여 '예[唯]'라고 대답했다. 그러자 이를 깨닫지 못한 다른 제자들이 증삼에게 그것이 무엇이냐고 묻자 증삼은 그것은 바로 충서

---

452) 『論語』, 里仁第四, "参乎! 吾道一以貫之. 曾子曰, 唯. 子出, 門人問曰, 何謂也? 曾子曰, 夫子之道, 忠恕而已矣."

(忠恕)라고 말하는 장면이다.

 공자와 증삼의 이러한 모습은 영산(靈山)에서의 석가와 그의 제자 가섭의 모습과 서로 비슷하다. 어느 날 석가가 영산에서 설법할 때 꽃을 들어 대중에게 보이니, 아무도 그 뜻을 몰랐으나 가섭만이 미소를 지었다. 비록 석가가 꽃을 든 의미를 말하지 않았으나 제자 가섭은 그 뜻을 알아차리고 미소를 머금은 것이다. 여기에서 '염화미소(拈華微笑)'란 말이 비롯되었다. '염화미소'란 꽃을 집어 들자 미소를 지었다는 의미이다. 증삼은 공자가 자신의 도를 관철하는 것이 무엇인지를 말하지 않았으나 가섭이 석가의 행동 의미를 알고 미소를 지었듯이 증삼도 '예'하고 대답했다.

 '일이관지(一以貫之)'는 공자가 자공과의 대화에서도 사용했다. 자공은 많이 알고 언변이 좋은 제자다.

> 공자가 말했다. "사(賜: 자공의 이름)야! 너는 내가 많이 배우고 알고 있다고 생각하느냐?" 자공이 말했다. "그렇습니다. 아닙니까?" 공자가 말했다. "아니다. 나는 일이관지(一以貫之)했느니라."453)

 공자가 증삼에게 말한 '일이관지(一以貫之)'는 도(道), 즉 인륜의 실천에 관한 것이었고, 자공에게 말한 '일이관지'는 지식에 관한 것이었다. 앞에서 증삼은 일이관지가 충서를 의미하는지를 바로 깨달았으나 자공은 지식에서 '일이관지'가 무엇인지를 알았는지 몰랐는지 확인하는 말이 없고, 또 더 이상의 질문을 하지 않았다. 공자는 자공이 잡다한 지식 얻기를 좋아하는 것을 경계하여 그 일관된 요체를 잡을 것을 말한 것이다. 다만 더 이상의 대화가 기록되지 않아서 여기서 공자의 '일이관지'가 무엇인지 알 수는 없다.

---

453) 『論語』, 衛靈公第十五, "子曰, 賜也, 女以予爲多學而識之者與? 曰, 非也. 予一以貫之."

## 남의 마음이 내 마음이다

충서를 각각 독립된 글자로 풀이하는 견해가 있고 '서'를 중심으로 풀이하는 견해가 있다. 주희는 자신을 다하는 것이 '충'이고 자신으로 미루어 보는 것을 '서'라 하여 각각 독립된 글자로 본다. 정자(程子)는 '충'은 천도(天道)이고 '서'는 인도(人道)이며, '충'은 망령됨이 없고 '서'는 충에서 행하여지는 것이라 하여 충서를 체용(体用: 본체와 작용)의 관계로 파악한다. 그러나 다산(茶山)은 하나로써 관철된다는 말과 일치하려면 두 개의 독립된 의미로 볼 수 없다고 주장한다. 그리하여 다산은 『논어』 「위령공」편에서 그 해결의 단서를 찾는다.

자공이 물었다. "한마디로서 종신토록 행할 만한 것이 있습니까?" 공자가 말했다. "서(恕)이니라. 기소불욕물시어인(己所不欲勿施於人: 자기가 원치 않는 것을 다른 사람에게 시행하지 않음) 하라."454)

[所: 바 소, 欲: 하고자할 욕, 勿: 말 물, 施: 베풀 시, 於: 어조사 어]

여기서 공자는 종신토록 행할 만한 것을 한마디로 '서(恕)'라 하고, 그 의미는 '기소불욕불시어인(己所不欲勿施於人)', 즉 자기가 원치 않는 것을 다른 사람에게 시행하지 않는 것으로 보았다. 다산은 앞의 문장과 이 문장이 의미상 서로 상합을 이룬다고 보아 충서에서 중심어는 '서'로 규정한다. 또 『중용』 13장에는 "충서는 도와 거리가 멀지 않으니 자기 몸에 베풀어 보아 원하지 않는 것을 남에게 베풀지 마라."455)라는 표현이 있다. 다산은

---

454) 『論語』, 衛靈公第十五. "子貢問曰, 有一言而可以終身行之者乎? 子曰. 其恕乎! 己所不欲, 勿施於人."
455) 『中庸』, 13장. "忠恕違道不遠, 施諸己而不願, 亦勿施於人."

『중용』에서 충서의 의미가 『논어』에서 공자가 '서'를 풀이한 것과 같음을 논거로 하여 충서의 중심어를 '서'로 본다. 다산의 견해에 따른다면 충서의 의미는 마음 가운데에서 우러나오는 것으로써 남의 마음을 내 마음처럼 헤아리는 것이 된다.456)

'서'는 공자에게 있어서 인간 주변의 사물과 사람을 인식하고 대우하는 대표적 처세론이자 방법론이기 때문에 '인'을 구현하는 방법론이기도 하다. 앞에서 나왔듯이 안회처럼 덕행으로 공자의 인정을 받은 염옹이 '인(仁)'에 대해 묻자, 공자는 '인(仁)'의 실행이 '기소불욕물시어인(己所不欲勿施於人)' 할 때 가능하다고 보았다. 이처럼 공자는 '인'과 '서'를 같은 의미로서 정의를 내리기도 했다. 공자가 '인'과 '서'를 같은 의미로서 정의를 내린 것은 '인'을 실천하는 사유 방식으로 '서'를 지목한 것이라고 판단된다.

앞의 2절에서 살펴본 바와 같이 '인'을 실천하는 사유 방식인 '서'의 사고 체계를 표현한 말은 '능근취비(能近取譬)'이다. '서'의 사고 체계를 정자는 '추기급물(推己及物)'로 표현한다. 추기급물은 직역하면, 나를 미루어 다른 사물에 미치게 한다는 뜻이다. 바로 자신이 원하는 것을 다른 사람도 원한다는 생각, 자신이 원치 않으면 다른 사람도 원치 않는다고 생각하는 '서'의 사유 방식을 표현한 것이다.457) 이처럼 공자는 '능근취비(能近取譬)', 정자는 '추기급물(推己及物)'로 인을 실천하는 서의 사고 체계를 표현했다.

이것으로 보면 '서'는 공자의 도를 깨닫는 방법론적 사유 방식으로서 학문과 생활과 정치를 일관하는 삶의 도덕적 지혜이다. 그래서 '인'을 포함한

---

456) 『與猶堂全書』, 論語古今注 卷二, 里仁 第四, "行恕以忠, 故孔子單言恕而曾子連言忠恕也. 周禮疏云中心爲忠女心爲恕, 盖中心事人謂之忠, 忖他心如我心謂之恕也."
457) 정자(程子)는 『논어』의 인(仁)을 이기급물(以己及物), 서(恕)를 추기급물(推己及物)로 나누어 이해한다. 그러나 맹자(孟子)의 집해에서 정자는 인(仁)을 추기급인(推己及人)으로 쓰기도 했다. 일반적으로 추기급물은 공자 이래로 유학의 대표적 사유 방식으로 전승되어 왔다.

인간의 도덕을 실천할 때 '서'는 또한 그 사유 방식으로 작용하는 것으로 보아야 한다.

## 원수를 덕으로 갚을 수는 없을 것이다

우리는 살다 보면 사람과의 관계에서 도움과 사랑을 받기도 하지만 피해나 억울한 일을 당하기도 한다. 이런 사태를 방지하기 위하여 어떻게 대비해야 할까? 공자가 말했다.

"남이 나를 사기 칠 거라고 미리 단정하지 말고, 남이 나를 믿지 못한다고 미리 생각하지 말라. 그러나 역시 선각자(先覺者: 먼저 깨닫는 자)는 현명하다."458)

[先: 먼저 선, 覺: 깨달을 각, 者: 놈/것 자]

사람과 교제하면서 '상대방이 나를 사기 치지 않을까?' 아니면 '내가 그런 모습을 보여 나를 믿지 않으면 어쩌나?' 하고 걱정하면 일상이 화목하지 못하고 편안하지 않다. 그러나 미리 적절한 대비를 하지 않으면 소인들의 기만 대상이 된다. 공자는 선각자(先覺者)가 될 것을 주문한다. 선각의 의미를 주희는 '나의 명석함으로 족히 그런 것을 알아내는 것[吾之明足以知之]'이라고 풀이한다. 내가 명석해지려면 나 자신이 먼저 성실하고, 사물의 이치를 궁구해야 한다. 이럼으로써 상대를 헤아리고 이치에 따른 판단

---

458) 『論語』, 憲問第十四. "子曰, 不逆詐. 不億不信. 抑亦先覺者, 是賢乎!"

이 가능하다.

그 어떤 일에서 피해와 억울함이 크면 상대방을 원수로 생각한다. 공자는 원수를 어떻게 보고 있는가? 여기에 대하여는 노자와 서로 비교된다. 노자『도덕경』에는 "크고 작고, 많고 적은 것으로 만들어진 원한을 덕으로 갚아라[大小多少, 報怨以德]!"라는 말이 있다. 노자의 말은 여러 가지로 해석될 수 있다. 마음을 비우면 원수가 못된 생각에 휘말린 불쌍한 인간으로 보일 수 있거나, 원수를 원수로 갚으면 악순환을 가져온다는 것일 수도 있다. 공자는 이렇게 생각한다.

"어떤 사람이 '덕으로써 원한을 갚는다.'라고 했습니다. 어떻게 생각합니까?" 공자가 말했다. "무엇으로써 (덕을 베푼 자에게) 덕을 갚을 것인가? 정직하게 원한을 갚고[以直報怨], 덕을 베푼 사람에게는 덕으로써 보답하라[以德報德]."[459]

[以: 써 이, 直: 곧을 직, 報: 갚을 보, 怨: 원망할 원]

공자에게 먼저 말을 꺼낸 자가 누구인지는 알 수 없다. 여기서 '어떤 사람[或]'은 노자를 지칭한다. 공자는 원수를 용서하라는 말을 하지 않는다. 원한을 덕으로 갚는다면, 덕을 베푼 자에게 당연히 덕으로 갚아야 하는데, 이것과 서로 구별되지 않는다는 것이다. '이직보원(以直報怨)', 즉 정직하게 원수를 갚으면 된다. 여기서 '정직[直]'의 의미를 주희는 애증의 감정에서 한결같이 공평하고 사사로움이 없는 것이라고 주해(註解: 본문의 내용을 풀이함)했다. 주희의 주해를 근거로 하여 해석하면, 덕을 베푼 사람이나 원한을 준 사람에게 모두 덕으로써 갚는 것은 공평하지 않다. 그리고 객관적

---

459) 『論語』, 憲問第十四, "或曰, 以德報怨, 何如? 子曰, 何以報德? 以直報怨, 以德報德."

으로 보면 원수가 아닌 것을 자신의 사적인 문제와 연루시켜 원수로 여겨서도 안 되며, 사소한 것을 자신이 확대하여 원수로 여겨서도 아니 된다. 그렇지만 내 마음의 공평무사한 감정에서 우러나와 원수를 갚는 것은 가능하다 할 것이다.

## 5절 도덕을 갖춘 인간의 모습

### 선인(善人), 선비[士]

『논어』나 『맹자』에는 도덕적인 인간들에 대한 명칭이 다양하게 나온다. 즉, 선인(善人), 선비[士], 군자(君子), 현자(賢者), 인자(仁者), 성인(成人), 대인(大人), 성인(聖人) 등인데, 모두 인간의 도덕적 품성에 관한 내용을 담고 있는 용어들이다. 공자가 도덕적 인간을 표현할 때 일반적으로 사용한 용어는 선인(善人), 선비[士], 군자이며 대인(大人)과 성인(聖人)은 군자의 상위 개념으로 사용했다. 이 중 선인의 개념은 이러하다.

자장(子張)이 선인(善人)의 도리를 묻자 공자가 말했다. "옛날 행적을 밟지 않아서 역시 실내에 들어오지 못한 것이다."460)

주희는 선인(善人)을 바탕이 고우나 학문을 하지 않은 자[質美而未学者]로 정의한다. 바로 선인은 성품이 착하나 성인의 지혜와 덕성을 학문으로 깨우치고 실천하지 못했기 때문에 성인의 경지에 이르지 못한 사람을 호칭하는 개념이다.

교육은 지혜와 덕이 더 완성된 사람이 해야 한다. 선인(善人)이 교육을 하면 어떨까?

공자가 말했다. "선인이 백성을 7년 교육하면 역시 군사(軍士)가 될 수

---

460) 『論語』, 先進第十一, "子張問善人之道. 子曰, 不踐跡, 亦不入於室."

있다."461)

교육은 효제충신(孝弟忠信) 등의 도덕성 교육이나 농업이나 무예에 관한 실용적인 교육 등 다양하다. 선인에게 어느 정도의 시간을 주어 도덕과 실용성 교육을 하게 하면 백성은 부친을 친애하고, 윗사람을 위해 죽을 수도 있는 그런 군사로 자랄 수도 있을 것이다.

선인의 정치에 대해 예부터 전해오는 말을 공자가 이렇게 소개했다.

공자가 말했다. "선인(善人)이 나라를 100년 동안 다스리면 역시 잔혹한 자를 이기고, (형벌로) 죽게 하는 자를 없게 할 수 있다고 하니, 진실하구나. 이 말이여!"462)

제2장 4절에서 논의한 바와 같이 공자는 자신을 써주는 자가 있다면 1년이면 괜찮아질 것이고 3년이면 성취가 있을 것이다고 했다. 공자가 1년, 3년을 말한 것은 법도 기강이 바로 서서 점차 백성이 어진 성품을 갖게 된다는 의미이지, 백성이 완전히 도덕적 순화되었음을 말하는 것이 아니었다. 성인인 공자도 백성을 짧은 기간 내에 도덕적으로 완전히 교화시키는 것이 쉬운 일이 아님을 말했다. 선인은 성인의 경지에 이르지 못한 사람이다. 그래서 선인이 정치한다면 일반 사람보다 백성을 더 도덕적으로 교화시킬 수 있다. 다만 거기에는 상당한 시간이 걸린다.

선비[士]는 여러 의미가 있다. 하나는 봉건제의 위계적 신분 관계인 '제후(諸侯)-경(卿)-대부(大夫)-사(士)'에 속하는 단순한 하급 관리로서의 사(士)를 지칭하기도 하고, 벼슬은 없으나 학식과 인품을 갖춘 자를 지칭하

---

461) 『論語』, 子路第十三, "子曰, 善人敎民七年, 亦可以卽戎矣."
462) 『論語』, 子路第十三, "子曰, 善人爲邦百年, 亦可以勝殘去殺矣. 誠哉是言也!"

기도 한다. 후자의 경우를 우리는 선비라고 부른다. 공자는 "사(士)이면서 좋은 거처를 생각한다면 사(士)라고 할 수 없을 것이다."[463)]라고 말했는데, 여기서 사(士)가 바로 선비를 의미한다. 공자의 제자 중 언변이 좋은 자공이 선비[士]의 자격이 궁금했다.

자공이 물었다. "어떠해야 선비[士]라고 부를 수 있습니까?" 공자가 말했다. "몸소 실천함에 있어서 부끄러워함이 있고, 사방으로 사신을 갈 경우 군주의 명을 욕되게 하지 않으면 선비라고 부를 수 있다." 자공이 말했다. "감히 그다음을 묻습니다." 공자가 말했다. "종족이 효행을 칭찬하고, 향당(鄕黨)에서는 공손하다고 칭찬을 들어야 한다." 자공이 말했다. "감히 그다음을 묻습니다." 공자가 말했다. "말에 믿음이 있고, 행동에 과단성이 있으면서 주변머리 없는 소인이지만 그래도 그다음은 될 것이다."[464)]

[黨: 마을 당, 500가(家). 鄕: 마을 향, 12,500가(家)]

공자는 선비가 염치가 있어야 하고, 사신을 갈 때 제대로 군주의 명을 품위 있게 수행해야 한다고 했다. 공자가 사신을 예로 든 것은 자공의 언변이 뛰어나기 때문에 사신의 역할을 설정하여 말한 것이다. 선비의 자격으로 그다음은 공경하는 자세이고, 그다음은 비록 융통성 없는 소인일지라도 말에 믿음이 있고 행동에 과단성이 있으면 가능하다고 공자는 보았다. 선비에 대해 점차 낮은 부류에 대해 질문하던 자공이 당시 정치인에 대해 물었다.

---

463) 『論語』, 憲問第十四, "子曰, 士而懷居, 不足以爲士矣."
464) 『論語』, 子路第十三, "子貢問曰, 何如斯可謂之士矣? 子曰, 行己有恥, 使於四方, 不辱君命, 可謂士矣. 曰, 敢問其次. 曰, 宗族稱孝焉, 鄕黨稱弟焉. 曰, 敢問其次. 曰, 言必信, 行必果, 硜硜然小人哉! 抑亦可以爲次矣."

자공이 말했다. "지금 정치에 종사하는 자들은 어떠합니까?" 공자가 말했다. "오호라! 두소지인(斗筲之人)을 어찌 계산할 수가 있는가?"465)

두(斗: 한 말)는 열 되[升]이고, 소(筲)는 한 말 두 되[升]인 죽기(竹器)이다. 두소지인(斗筲之人)은 한 말이나 한 말 두 되의 용량을 가진 도량이 좁은 사람을 지칭한다. 공자는 당시 정치를 하는 자들은 품이 넉넉하지를 못해 선비의 어느 부류에도 놓을 수 없다고 했다. 또 자공의 질문이 점차 심원하고 위로 향하는 것이 아니라, 낮은 등급을 파고드는 것을 경계하기 위하여 두소지인(斗筲之人)이란 표현을 함으로써 생각할 수 있는 여지를 남겼다.

이번에는 성품이 곧고 용맹한 자로가 선비의 자격이 궁금했다. 자로가 공자에게 물었다.

"어떠해야 선비[士]라고 부를 수 있습니까?" 공자가 말했다. "절절시시(切切偲偲)하고, 화합하면 선비라고 말할 수 있다. 친구는 절절시시하고, 형제는 화합해야 한다."466)

[切: 간절할 절, 偲: 책선할 시]

'偲(시)'는 책선(責善: 선을 권면함)한다는 뜻이니 '절절시시(切切偲偲)'는 간절하게 선을 권면한다는 의미이다. 공자는 용맹한 자로가 자칫하면 그 우직한 성품 때문에 대인 간 갈등을 일으키기 쉽다고 본 듯하다. 공자는 선비의 자격으로 자로에게는 친구와 형제 사이의 대인관계에서 조심해야 할 것을 말했다. 바로 친구에게는 우격다짐이 아닌 절절한 호소, 형제 사이는

---

465) 『論語』, 子路第十三, "曰, 今之從政者何如? 子曰, 噫! 斗筲之人, 何足算也."
466) 『論語』, 子路第十三, "子路問曰, 何如斯可謂之士矣? 子曰, 切切偲偲, 怡怡如也, 可謂士矣. 朋友切切偲偲, 兄弟怡怡."

고집보다는 화합이 우선이라고 했다.

공자의 제자 중 효행이 돈독한 증삼이 선비의 자세에 대해 한 마디 말했다.

> 증자가 말했다. "선비는 넓고 굳세지 않으면 안 된다. 책임이 막중하고 가야 할 길이 멀기 때문이다. 인(仁)으로써 자신의 책임으로 삼았으니 역시 막중하지 않은가? 죽은 후에야 그치는 것이니 또한 멀지 않은가?"467)

증삼은 선비가 넓은 마음을 가져야 인(仁)을 행할 수 있고, 굳센 의지가 있어야 오래도록 인간의 도리를 추구할 수 있다고 본다. 성품이 노둔(魯鈍: 미련하고 둔함)하다고 평가받는 증삼다운 말이다.

## 군자(君子)

중국에서 군자는 귀족을 지칭하는 명칭이었으나 공자 이후에는 인격을 갖춘 위정자 혹은 그런 자격이 있는 사람을 지칭하게 되었다. 군자는 도덕적 인간을 지칭하는 가장 보편적 개념이다. 공자가 생각한 군자의 모습을 살펴보면 다음과 같다.

첫째, 군자는 인을 비롯한 덕을 마음에 품고 실천하려고 노력하는 인물이다. 공자는 말했다.

---

467) 『論語』, 泰伯第八, "曾子曰, 士不可以不弘毅, 任重而道遠. 仁以爲己任, 不亦重乎? 死而後已, 不亦遠乎?"

"군자는 덕을 마음에 품고[君子懷德], 소인은 땅을 마음에 품는다[小人懷土]. 군자는 법을 마음에 품고, 소인은 특혜를 마음에 품는다."468)

[懷: 품을 회, 德: 덕 덕, 土: 땅 토]

"군자의 도가 세 가지 있지만 나는 할 수 있는 게 없다. 인(仁)이란 것은 근심하지 않는 것이고, 지(知)란 것은 미혹되지 않는 것이고, 용(勇)이란 것은 두려워하지 않는 것이다."469)

'군자회덕(君子懷德)', 즉 군자는 덕을 마음에 품고, '소인회토(小人懷土)', 즉 소인은 땅을 마음에 품는다. 군자는 평소 덕을 보존하고 실천하기를 생각하는 사람이며 따라야 할 법령을 지킨다. 그러나 소인은 자신의 이익에 관계되는 땅이나 특혜에 욕심내는 사람이다. 공자는 군자의 도를 세 가지로 지목하면서 자신은 할 수 없다고 했는데, 이것은 자신은 낮추면서 타인을 권면하는 성인의 지혜와 부드러움이 묻어나는 대목이다. 공자가 군자의 도를 인(仁), 지(知), 용(勇)으로 대별한 것은 예시한 것일 뿐이며, 특히 제자를 비롯한 세인에게 군자의 도를 쉽게 이해하고 함양할 수 있도록 한 것이다. 그런 맥락에서 공자는 군자가 소홀히 여길 수 없는 것으로는 또한 의(義)를 말한다.

"군자는 의(義)에 밝고[君子喩於義], 소인은 이익에 밝다[小人喩於利]."470)

---

468) 『論語』, 里仁第四, "君子懷德, 小人懷土. 君子懷刑, 小人懷惠."
469) 『論語』, 憲問第十四, "子曰, 君子道者三, 我無能焉. 仁者不憂, 知者不惑, 勇者不懼."
470) 『論語』, 里仁第四, "君子喩於義, 小人喩於利."

"군자는 천하에서 꼭 좇는 것도 없고, 하지 않는 것도 없지만 의(義)를 따를 뿐이다."471)

[喩: 깨우칠 유, 於: 어조사(~에) 어, 義: 의로울 의, 利: 이로울 리]

군자는 비록 다른 명분은 추구하지 않더라도 '의(義: 의로움)'의 추구는 필수 불가결한 것이라 보고 있다. '의'는 '이(利: 이로움)'와 서로 비교되어 논의될 때 그 개념이 더욱 명료해지며, 여기서 군자와 소인이 서로 크게 다르다. '군자유어의(君子喩於義)', 즉 군자는 의(義)에 밝고, '소인유어리(小人喩於利)', 즉 소인은 이(利)에 밝다. 만일 '의'를 행하지 않고 '이'를 좇는다면 어떠한가? 여기에 대해 공자는 "이(利)에 방종하여 행동하면 많은 원망이 생긴다."472)라고 하여 자신의 이익을 마구 추구하면 남에게 피해를 주어 많은 원망이 생긴다고 보았다. '의'를 추구하면 개인의 이익을 멀리해야 하고 심지어 목숨을 내놓아야 하는 상황도 있을 수 있으나 '의'를 추구하는 것은 바른 역사를 세우고 다수의 선량한 백성을 위한 길이다. 그러나 '이'를 추구하는 것은 개인이나 같은 패거리들을 위한 것이어서 많은 사람에게 원망을 사게 마련이다.

이상에서 알 수 있듯이 군자가 추구해야 할 덕은 특정하여 한정할 수 없다. 그렇지만 그중에서도 공자가 여러 덕 중의 기본이며 바탕이라고 생각한 인(仁)은 군자에게도 가장 기본 되는 덕성이 된다.

"군자가 인(仁)을 버리면 어찌 군자라는 이름을 이루겠는가?. 군자는 식사를 마치는 사이에도 인을 거스르지 않으니 급히 나아가거나 머물 때[造次]에도 이것에 기필(期必: 꼭 이루어지도록 기약함)하며, 엎어질 때[顚

---

471) 『論語』, 里仁第四, "君子之於天下也, 無適也, 無莫也, 義之與比."
472) 『論語』, 里仁第四, "放於利而行, 多怨."

沛도 이것에 기필한다."473)

군자가 인을 버리면 여타의 덕이 있더라도 군자라는 명칭을 쓸 수 없다. 그래서 공자는 인(仁)이라는 덕을 평소 일용지간에 보존하려는 마음이 있어야 한다고 본다. 덕 중에서 역시 인(仁)은 군자다움을 표상하는 가장 으뜸 되는 덕이라 할 것이다.

둘째, 군자는 '문질빈빈(文質彬彬)', 즉 학문과 사람 됨됨이가 서로 조화를 이루어 빛나는 자이다. 어느 한쪽만이 지나치면 균형 있는 감각을 지니기 어렵다.

"질박함이 문채(文彩: 문장을 아름답게 꾸며 쓴 멋)를 이기면 야인(野人)이고, 문채가 질박함을 이기면 사관(史官)이니 문질빈빈(文質彬彬: 문채와 질박함이 조화를 이루어 빛남) 연후에야 군자이다."474)

[文: 문채 문, 彩: 무늬 채, 野: 들 야, 史: 사관 사, 官: 벼슬 관, 質: 바탕 질, 彬: 빛날 빈]

사관(史官)은 문서를 관장하는 관리이다. 그들은 평소 많이 듣고 배워서 글쓰기나 일에 능숙하나 간혹 질박함과 같은 순수함이 부족한 관리이기도 하다. 군자는 '문질빈빈(文質彬彬)', 즉 질박한 인성적 자질과 학문이 조화를 이루어야 한다. 이것은 마치 백지에 채색하는 것과 같아서 지나친 채색은 근본 바탕인 백색을 아예 묻어버릴 수가 있다. 공자는 그 외에 "군자는 두텁지 않으면 위엄이 없다. 학문은 고루하지 않아야 하며 충과 신에 주력하라."475)라고 말했다. 군자는 성품이 온후하며 학문에는 유연하고

---

473) 『論語』, 里仁第四, "君子去仁, 惡乎成名? 君子無終食之間違仁, 造次必於是, 顚沛必於是."
474) 『論語』, 雍也第六, "質勝文則野, 文勝質則史. 文質彬彬, 然後君子."
475) 『論語』, 學而第一, "君子不重則不威, 學則不固. 主忠信."

충과 신과 같은 덕을 실천하는 사람이라는 말이다.

셋째, 군자는 문제가 생기면 그 원인을 자기에게서 찾는 사람이다. 군자는 이것은 군자와 소인을 가르는 기준이 되기도 한다. 본래 군자는 덕을 마음에 품기 때문에 다른 사람의 좋은 점을 드러나게 하고, 재물에 연연하지 않는다.

> 공자가 말했다. "군자는 타인의 아름다움을 완성하게 하고, 타인의 악(惡)을 형성하지 않게 한다. 소인은 이것과 반대로 한다."476)

군자는 자신보다는 타인을 고무하여 장점을 드러나게 하고 악에 빠지지 않도록 도움을 준다. 그래서 군자는 문제가 발생하면 그 원인을 다른 사람에게서 찾는 것이 아니라 자기에게서 구한다.

> "군자는 구제기(求諸己: 자기에게서 구함)하고, 소인은 구제인(求諸人: 다른 사람에게서 구함) 한다."477)
>
> [求: 구할 구, 諸: 어조사로 쓰여 '之於'의 역할을 한다. 여기서 '之'는 대명사로 앞의 명사를 지칭하기도 하고, 특정하지 않기도 한다. 음(音)은 '제'와 '저'가 함께 쓰인다.
> 己: 몸 기, 人: 타인 인]

군자는 문제의 원인이 자신의 능력이나 덕의 문제에 있다고 보고 다른 사람 탓을 하지 않는다. 그러나 소인은 남의 장점을 은폐하고, 실패의 원인을 다른 사람에게서 구한다. 이런 '구제기(求諸己)'의 자세는 타인과의 관계에서 원망을 줄일 수 방법이 되기도 한다.

---

476) 『論語』, 顏淵第十二. "子曰. 君子成人之美, 不成人之惡. 小人反是."
477) 『論語』, 衛靈公第十五. "君子求諸己, 小人求諸人."

공자가 말했다. "몸소 스스로 책임을 두터이 하고, 다른 사람에게 책임을 얇게 물으면 원망이 멀어진다."478)

'구제기'하는 사람은 그 원인을 자기에게서 찾기 때문에 책임을 다른 사람이 아닌 자신에게 돌린다. 이럼으로써 다른 사람으로부터 원망을 적게 들을 수 있다.

넷째, 군자는 유연한 사고와 넓은 안목을 가진 사람이다. 다시 말해 편협하거나 종지 같은 작은 도량을 가진 사람은 군자가 될 수 없다.

공자가 말했다. "군자불기(君子不器) 하니라."479)

"군자는 주이불비(周而不比: 보편적이고 무리를 따라가지 않음)하고, 소인은 비이부주(比而不周: 무리를 따라가고 보편적이지 않음) 한다."480)

[器: 그릇 기, 周: 두루 주, 而: 말이을 이, 比: 무리 비]

'군자불기(君子不器)', 직역하면 군자는 그릇이 아니라는 의미이다. 그릇은 크기가 일정하여 각기 그 용량이 정해져 있다. 군자는 두루두루 통하고 유연한 사고를 하여 상황에 따른 적절한 처신을 할 수가 있다. 그리고 군자는 넓은 안목을 가지고 있어서 평화, 상생, 공존, 인권, 평등, 자연 사랑과 같은 인류의 보편적 가치를 추구하는 사람이지만 소인은 사적인 이해관계에 연연하여 학연, 지연, 종교에 따라 뭉치고, 자기들끼리 다 해 먹으려는 사람이다. 그래서 군자는 이런 모습을 한다.

---

478) 『論語』, 衛靈公第十五, "子曰, 躬自厚而薄責於人, 則遠怨矣."
479) 『論語』, 為政第二, "子曰, 君子不器."
480) 『論語』, 為政第二, "君子周而不比, 小人比而不周."

공자가 말했다. "군자는 화이부동(和而不同: 화합하나 작게 뭉치지 않음)하고, 소인은 동이불화(同而不和: 작게 뭉치고 화합하지 않음)한다."481)

"군자는 군이부당(群而不黨: 무리와 어울려도 편당하지 않음) 한다."482)
[和: 화합할 화, 同: 모일 동, 群: 무리 군, 黨: 기울 당]

군자는 보편적 가치를 지향하기 때문에 크게 화합한다. 크게 화합하여 여러 무리와 어울려도 이익을 위해 편을 가르지 않는다. 그러나 소인은 사적 이해관계를 지향하기 때문에 작게 끼리끼리 뭉친다. 소인이 통치자가 된 나라는 위험에 빠질 수 있다.

공자가 말했다. "군자는 궁지에 몰려도 흔들리지 않지만, 소인은 궁지에 몰리면 함부로 날뛴다."483)

소인인 통치자가 불리하거나 난감한 상황에 빠질 경우, 소인은 그 상황을 반전시키기 위하여 여러 위험한 계획을 도모한다. 그 와중에 힘없는 민중들은 부모나 자식을 잃고 소인은 권력을 움켜쥔다.

다섯째, 군자는 말보다 행동이 앞서거나 한 말에 대한 실천이 따르는 자이다. 공자는 평소 말에 대한 실천을 강조했다.

공자가 말했다. "그 말이 (실천되지 않음을) 부끄럽지 여기지 않으면 그

---

481) 『論語』, 子路第十三, "子曰, 君子和而不同, 小人同而不和."
482) 『論語』, 衛靈公第十五, "君子, 群而不党."
483) 『論語』, 衛靈公第十五, "子曰, 君子固窮, 小人窮斯濫矣."

말을 실천하기가 어렵다."484)

군자는 그 말을 (실천되지 않음을) 부끄럽게 여기고 그 행동을 과하게 한다.485)

큰소리치고는 실천하지 않는 것을 부끄럽게 여기지 않는 자는 본래 그 실행 의지가 없는 자이다. 말은 조심하게 내뱉되 일단 뱉은 말에 책임을 질 줄 알아야 하며 그 행동에서 오히려 말의 실천이 과할 정도가 되어야 한다. 군자의 처신을 자공이 공자에게 묻자 공자가 말했다.

"먼저 그 말보다 앞서서 행한 후 말이 따라가야 한다."486).

더욱 앞서서 행한다는 것은 말과 행동을 꼭 시간의 선후로 말한 것이 아닌 말에 대한 실천을 강조한 말이다. 이것이 군자와 소인의 차이점이기도 하다. 공자의 제자 자하(子夏)는 "여러 공인(工人)들은 공장에서 그 작업을 완성하며, 군자는 배움으로써 그 도를 실천한다."487)라고 말했다. 군자는 평소 학문에 힘쓰고 군자의 도를 행동으로 옮기는 사람이다.

여섯째, 군자는 수기(修己)와 치인(治人)을 병행하는 사람이다. 수기는 개인적 차원이며 치인은 사회적 차원이다. 치인이란 남을 교육하는 말과 정치적으로 치화(治化: 백성을 잘 다스려 교화함)한다는 말을 통틀어서 하는 말이다. 공자는 "배우면서 싫증을 내지 않고, 남을 가르침에 게을리하지 않

---

484) 『論語』, 憲問第十四. "子曰. 其言之不怍, 則爲之也難."
485) 『論語』, 憲問第十四. "君子恥其言而過其行."
486) 『論語』, 爲政第二. "子貢問君子, 子曰, 先行其言而後從之."
487) 『論語』, 子張第十九. "百工居肆以成其事, 君子學以致其道."

는다."488)라고 했는데, 바로 수기와 치인을 병행하는 군자의 모습이다. 공자와 자로의 다음 대화에서 이 점이 더 분명히 드러난다. 어느 날 자로가 군자의 모습에 대해 묻자 공자는 말했다.

"자신을 수양하여 다른 사람을 편안하게 해야 한다."489)

공자는 분명 군자의 모습을 수기로써 자신의 덕성을 온전히 하여 다른 사람과 백성을 다스리는 사람으로 보고 있다. 즉, 군자는 자신의 수양에 당연히 힘써야 하지만 기회가 오면 공직에 나아가 그 온전한 덕성으로써 다른 사람을 편안하게 하는 정치를 한다면 매우 이상적인 모습이라는 말이다.

조선의 율곡은 "성현의 학문은 수기치인에 불과하다(聖賢之学, 不過修己治人而已矣)."라고 했고, 다산은 "공자의 도는 수기치인일 뿐이다(孔子之道 修己治人而已)."라고 했다. 율곡과 다산 모두 유학의 특징을 수신과 현실정치에 참여하는 것을 본질로 보았다. 이런 맥락에서 볼 때 유학의 본질적 특징을 구현하고 있는 "자신을 수양하여 다른 사람을 편안하게 한다."라는 말은 유가에서 이상적 인간상으로 설정한 군자의 모습을 가장 적절하게 정의한 것이라 할 수 있다.

선인(善人), 선비[士], 군자 외에 성인(成人)도 도덕적 인간에 대한 표현이다. 성인(成人)은 달리 전인(全人)으로 표현되며 도덕적 인간의 특정 부류를 국한하여 호칭한 것이 아니라 성인(聖人) 이전의 도덕적 인간에 대한 총칭으로 보면 될 듯하다.

---

488) 『論語』, 述而第七, "學而不厭, 誨人不倦."
489) 『論語』, 憲問第十四, "修己以安人."

자로가 성인(成人)에 대해 묻자 공자가 말했다. "장무중(臧武仲)의 지혜와 맹공작(孟公綽)의 불욕(不欲)과 변장자(卞莊子)의 용맹과 염구(冉求)의 재주, 거기에 예악(禮樂)으로 치장하면 역시 성인(成人)이 될 수 있다.490)

장무중(臧武仲)은 제7장 2절에 등장하는 대부 장문중(臧文仲)의 손자이다.491) 장문중은 16대 노장공(魯莊公)부터 20대 노문공(魯文公)을 보필하였는데, 장문중은 정치적 도의도 있었으며 인정도 있는 인물이었다.

장무중은 지혜롭다고 칭송되었다. 양공(襄公) 21년, 그가 사구(司寇)라는 직책에 있을 때 주(邾)의 서기(庶其)라는 자가 자기 봉토를 로나라에 바치며 귀순했다. 그러자 대부 계무자가 양공의 고모를 그의 처로 삼게 하고 따라온 자들에게 많은 재물을 내렸다. 마침 그때 로나라에 도적이 들끓었다. 그러자 계무자가 장무중에게 도적을 왜 막지 못하는가를 묻자 장무중이 말했다.

"그대가 바깥 도적을 불러 큰 예를 베풀었는데 어찌 안의 도적을 맡을 수 있겠습니까? 그대가 정경(正卿)이 되어 바깥 도적을 오게 하고는 저 보고 물리치라 하니, 어찌 가능할 수 있습니까?"492)

'정경(正卿)'은 상대부 중에서 경(卿)으로 선발된 사람을 말한다. 장무중은 노나라에 도적이 갑자기 불어난 것을 빌미로 하여, 계무자가 주(邾)나

---

490) 『論語』, 憲問第十四. "子路問成人. 子曰, 若臧武仲之知, 公綽之不欲, 卞莊子之勇, 冉求之藝, 文之以禮樂, 亦可以爲成人矣."
491) 장무중의 아들이 장선숙(臧宣叔)이다. 장선숙이 아내인 주국(鑄國)의 여인 사이에서 장가(臧賈)와 장위(臧爲)를 낳았는데, 아내가 죽자 그녀의 질녀(姪女)를 들여 장무중을 낳았다. 장무중의 성명은 장흘(臧紇)이고, 무중(武仲)은 시호이다.
492) 『左傳』, 襄公21. "子召外盜而大禮焉, 何以止吾盜? 子爲正卿, 而來外盜; 使紇去之, 將何以能?"

라의 서기가 영지와 백성을 도둑질하여 귀순한 것을 환영하고 후례를 베푼 것을 이렇게 비판했다.

그러나 지혜롭다는 장무중이 계씨 집안의 후사를 정하는 문제에 개입했다가 화를 입었다. 『좌전』 양공(襄公) 23년, 대부 계무자가 적자(嫡子)가 없자, 그는 서자 중 제일 맏인 공미(公彌) 대신 도자(悼子)를 후계자로 세우려 했다. 장무중은 계무자를 도와 도자를 계무자의 후계자로 세운다. 후에 공미가 맹손씨와 결탁을 하여 장무중을 해치려 하자 장무중은 주(邾)로 달아났다. 장무중은 후에 자신의 식읍(食邑)이었던 방(防) 땅에 군사를 이끌고 들어갔다. 그는 로나라 조정에 자신은 남을 해할 능력도 없고 지혜도 부족한 자라고 자신을 바짝 낮추어 말하면서, 자신의 의붓형제인 장가(臧賈)나 장위(臧爲)가 대부의 직을 계승하여 조상의 제사를 모실 수 있도록 해달라고 간청했다. 로나라는 이를 받아들여 장위를 후사(後嗣: 뒤를 이음)로 세웠다.

맹공작은 제7장 3절에서 논의하겠지만 로(魯)나라 대부로서 청렴하고, 조용하고, 욕심이 적었다.

변장자(卞莊子)는 로나라 변읍(卞邑)의 대부이다. 유향(劉向)이 지은 『신서(新序)』에 따르면, 변장자가 어머니를 모시고 있을 때는 전쟁에 나가 세 번이나 도망쳤다. 어머니가 돌아가시고 나서 제(齊)가 로(魯)를 침공했다. 변장자는 세 번이나 적병의 수급을 바치며 전에 세 번 도망간 것을 상쇄한다고 했다. 마침내 다시 제나라군으로 돌진하여 열 명을 죽이고 전사했다.

염구는 평소 공자가 재주 있음을 인정한 제자이다. 성인(成人)은 네 사람의 지혜, 불욕, 용맹, 재주를 두루 갖추고 거기에 예악까지 섭렵한 사람이다. 이쯤 되면 성인(聖人)의 경지로 생각될 수 있으나, 성인(聖人)은 위와 같은 것들이 지극한 경지에 이르러 자연스럽게 발현되는 경지에 도달한 사람을 말한다. 그러나 성인(成人)은 아직 지극한 경지에 이르지 못한 사람이다.

위의 장무중에 대해서 공자는 이렇게 말했다.

"장무중이 방(防) 땅에서 후사를 요구하면서 비록 군주에게 강요한 것이 아니라고 하나, 나는 믿지 않는다."[493]

본래 대부로 있다가 죄를 지어 외국으로 도망가면 그 대부의 후사를 정하는 것은 군주의 소관이다. 그런데 장무중은 무장한 군사를 이끌고 방(防) 땅에서 자신의 의붓형제를 지목하여 로나라 조정에 장씨 집안의 후사를 요구했다. 장무중이 자신을 낮추면서 지혜로운 듯 행동했지만, 그것은 공부를 제대로 한 자의 행위라 할 수 없고, 공자는 또한 장무중의 행위가 단순한 요청이 아닌 강요한 것으로 판단했다.

이상에서 살펴본 바와 같이 사실 선인, 선비, 군자, 성인(成人)의 자격이나 처신을 명확하게 구분할 수 있는 것은 아니다. 그러므로 군자나 선비란 용어가 쓰였다고 하여 그것을 곧 각각의 정의와 한계로 규정하는 것은 옳지 않다. 다만 당시의 상황에 따라 유의적으로 선택되어 사용한 것으로 봄이 타당하다 할 것이다.

---

493) 『論語』, 憲問第十四. "臧武仲以防求爲後於魯, 雖曰不要君, 吾不信也."

## 성인(聖人)

군자가 일반적인 도덕적 인간을 지칭했다면 대인과 성인은 군자의 상위 개념으로 사용된 용어이다. 『논어』 「계씨」편에는 "군자가 두려워할 것이 세 가지가 있으니 천명을 두려워하고, 대인을 두려워하고 성인의 말씀을 두려워한다."494)라는 표현이 있다. 이처럼 공자는 분명 군자의 상위 개념으로 대인과 성인을 말하고 있으나 대인에 관하여는 그 외에 별다른 언급이 없어서 그 성격이 모호하다.

성인은 어떠한 인물이어야 하는가? 『논어』에는 성인의 일반적 기준으로 볼 수 있는 대목이 있다. 공자는 인간의 재능에 따라 인간을 네 개의 등급으로 보았는데, 이중 맨 위의 상급은 '생이지지(生而知之)', 즉 태어나면서 아는 자이다. 일반적으로 성인은 이 부류에 들어간다. 그러면서 공자는 자신을 태어나면서부터 아는 자가 아니라고 낮추어 말했다. 그렇지만 송대(宋代)의 정자(程子)는 공자를 태어나면서 아는 자[生而知之]의 반열에 포함했으며, 공자의 제자를 포함하여 후세의 사람들은 공자를 성인으로 호칭하고 있다.

공자는 자신 이전 성인의 범주에 들어가는 인물로 요(堯), 순(舜), 우(禹)만 맥락 관계에서 지목했다. 그 외의 인물에 대해서는 매우 삼가는 자세를 보인다. 요순에 관한 대목이다.

> 자공이 공자에게 물었다. "널리 백성에게 베풀어서[博施於民] 민중을 구제할 수 있다면[能濟衆] 인(仁)이라 일컬을 수 있습니까?" 공자가 말했다. "어찌 인(仁)이라고만 할 수 있으리오. 반드시 성인의 일인 것을! 요

---

494) 『論語』, 季氏第十六, "君子有三畏. 畏天命. 畏大人. 畏聖人之言."

순(堯舜)도 그리하지 못함을 병으로 여겼느니라."495)

[博: 넓을 박, 施: 베풀 시, 於: 어조사 어, 能: 능할 능, 濟: 건질 제, 衆: 무리 중]

'박시어민(博施於民)'과 '능제중(能濟衆)'을 축약하여 '박시제중(博施濟衆)' 이라는 성어가 유래되었다. '박시제중(博施濟衆)'은 '널리 베풀어 민중을 구제한다'라는 의미이다. 박시제중이 '인을 어기지 않거나[不違仁]' 혹은 '인을 구하는[求仁]' 단계가 아닌 성인의 영역이고, 요순도 그리하기가 어려웠다는 말이다. 여기서 공자는 요와 순을 성인으로 적시한 것은 아니지만, 맥락상 요와 순을 성인으로 지목하고 있다. 성인으로서의 요와 순은 어떠한 인물인가? 공자는 자신이 성인으로 지목한 요임금을 다음과 같이 찬미했다.

"위대하도다! 요의 군주 됨이여! 높고 높구나! 오직 하늘이 위대하거늘, 요만이 그것을 따라 하셨으니, (그 공덕이) 넓고 넓어 백성이 무어라 형용할 수 없었구나! 496)

요는 하늘의 운행을 파악하고 자연의 순리를 따랐다. 정치적인 면에서 요는 일 처리가 공정하며 백성을 잘 이해했으므로 요의 치세에는 가족들이 화합하고 백관의 직분이 공명정대하여 모든 제후국이 화목했다. 이러므로 요의 치세 기간은 배를 두드리고 땅을 차며 노는 모습인 '고복격양(鼓腹擊壤)'이라는 말로 표현되는 태평성대의 시기였다. 요는 자기 아들 단주에게 임금의 자리를 물려주지 않고 순에게 선양한다. 공자는 순(舜)을

---

495) 『論語』, 雍也第六, "子貢曰, 如有博施於民而能濟衆, 何如? 可謂仁乎? 子曰, 何事於仁, 必也聖乎! 堯舜其猶病諸."
496) 『論語』, 泰伯第八, "大哉堯之爲君也! 巍巍乎! 唯天爲大, 唯堯則之. 蕩蕩乎, 民無能名焉."

어떻게 보는가?

공자가 말했다. "인위적으로 하지 않으면서 다스린 자는 그 순(舜)이 시구나! 무릇 무엇을 하셨는가? 자신을 공손히 하고 남면(南面)할 뿐이 셨다."497)

순(舜)은 천자가 되었어도 아버지 고수를 온화하면서도 공순하게 대했다. 순은 신하들의 업무를 전문적으로 조직화하여 거기에 맞는 인재를 등용했다. 우(禹)는 물과 흙을 다스리는 일을 맡는 사공(司空)에 임명했다. 후직(后稷)은 농업을 관장했으며, 설(契)은 교육을 관장했다. 고요(皐陶)는 법률을 관장했고, 백익(伯益)은 산과 들의 조수(鳥獸)를 관장했다. 이것은 신하들의 업무를 조직화, 전문화하여 백성을 깨우치고 백성의 삶을 개선하는 조치였다. 그래서 공자는 "순은 다섯 사람을 신하로 삼고 천하를 다스렸다."498)라고 평가했다. 그리고 순은 3년마다 신하들의 공과를 평가하니 모두 사심 없이 열심히 정사를 보게 되었고 천하가 태평했다. 순이 인재를 적재적소에 등용하니 나라가 물 흐르듯 다스려졌다. 마치 굳이 자신이 무엇을 인위적으로 하지 않고 남면하고만 있어도 나라가 다스려지는 듯했다.

요와 순을 맥락상 성인으로 지목한 공자는 순(舜)과 우(禹)를 같은 반열로 이렇게 평가했다.

공자가 말했다. "높고 높구나! 순(舜)과 우(禹)는 천하를 가졌으나 (이것

---

497) 『論語』, 衛靈公第十五, "子曰, 無爲而治者其舜也與? 夫何爲哉? 恭己正南面而已矣."
498) 『論語』, 泰伯第八, "舜有臣五人而天下治."

으로) 관여하지 않으셨다."499)

'관여하지 않았다'는 것은 사람과의 관계에서 천자의 직위로 사람에게 내세우고 자랑하지 않았다는 의미이다. 우(禹)는 어진 덕이 있어서 사람들과 친밀하게 지냈고 그 말에는 믿음이 있었다. 목소리는 음률을 타는 듯했고, 행동에는 법도가 있어서 상황에 적절한 처신을 했다. 죄지은 사람을 보면 자신이 덕이 부족하여 백성이 죄를 짓게 된 것이라고 여겨 자신을 꾸짖었다. 더구나 우는 사람들에게 선한 말을 들으면 절을 했다. 그는 제후들에게 토지와 성씨를 하사하면서 천자의 덕치를 우선 베풀 것을 당부했다. 그는 한번 식사를 하는 동안에도 열 번이나 일어나서 백성의 어려움을 풀어주려고 했다. 공자는 앞에서 요순을 맥락상 성인으로 지목했고, 여기서는 순과 우를 같은 반열로 칭송했다. 이처럼 공자는 요, 순, 우를 성인으로 지목했다.

이처럼 공자는 성인의 전형으로서 요, 순, 우를 제시했다. 바로 이들은 백성에게 널리 베풀고 백성을 구제하려고 노력했던 인물들이었다.

도덕적 인간을 표현하는 말이 선인(善人), 선비[士], 군자(君子), 성인(聖人) 등이지만, 인간이 도덕적인지 아닌지는 일시적으로 겉으로 드러난 것만으로 판단하기 어렵고 판단해서도 안 된다.

 공자가 말했다. "독실(篤實: 아주 성실함)하게 말하고 그런 모습이라면 군자일까? 안색이 엄정한 자일까?"500)

말과 표정이 독실하다고 하여 쉽게 그 사람을 도덕적 인간으로 판단할

499) 『論語』, 泰伯第八, "子曰, 巍巍乎! 舜禹之有天下也而不与焉."
500) 『論語』, 先進第十一, "子曰, 論篤是與, 君子者乎? 色莊者乎?"

수 없다. 행동은 그렇지 않고 말과 안색이 엄정한 자일 수도 있다. 도덕적인가의 여부는 장기간 그 행동거지를 보고 신중하게 판단해야 한다.

공자가 말했다. "길에서 듣고 길에서 말해 버리면 덕을 버리는 것이다."501)

누구로부터 사람을 판단하는 말을 듣거나 어떤 사안에 대해 들은 바가 있으면 나름대로 생각하고 정리하는 시간이 필요하다. 그렇지 않으면 성찰하는 과정이 없어서 내면화되지 않거나 정작 덕성이 있는 자를 버리는 결과가 올 수도 있다.

---

501) 『論語』, 陽貨第十七. "子曰, 道聽而塗說, 德之棄也."

## 성인(聖人)으로서의 공자

후학들에 의하여 성인으로 추앙받는 공자는 어떠한 모습일까? 앞의 제 6장 2절에서 살펴본 바와 같이 어느 날 공자의 제자 안회와 자로가 공자 옆에서 시중을 들고 있었는데, 공자가 그들에게 하고자 하는 것이 있는지를 말해보라고 했다. 그러자 자로는 "수레와 말과 가벼운 갖옷(짐승 가죽으로 만든 옷)을 친구와 함께 쓰다가 해지더라도 유감이 없습니다."라고 했고, 안회는 "잘하는 것을 과시하지 않으며, 공로를 과장하지 않고자 합니다."라고 했다. 자로가 공자는 하고자 하는 것이 무엇인지 궁금하여 묻자, 공자는 이렇게 말했다.

"노인을 편안하게 하며, 친구를 믿음으로 대하며, 어린아이를 감싸주고자 한다."[502]

정자(程子)는 세 사람의 모습을 보고 평하길, "선생님은 인을 편안하게 행한 것이고[安仁], 안회는 인을 어기지 않은 것이고[不違仁], 자로는 인을 구한 것이다[求仁]."라고 했다. 앞에서 군자의 조건 중의 하나가 인을 버리지 않는 것이었다. 안회는 평소 인을 어기지 않고 실천하려고 노력했으며, 자로는 인이 부족하긴 하나 노력하여 구하려 했다는 말인데, 둘 다 인을 버리지 않는 점에서 공통되므로 안회와 자로는 분명 군자의 반열이다. 두 사람에 비해 공자는 인이 생활이 되어 자연스럽게 표출된다는 말이다. 바로 인을 어기지 않고[不違仁], 인을 구하는[求仁] 단계는 군자이며, 안인 (安仁: 인을 편안하게 행함)의 단계는 성인이다. 앞에서 논의한 바와 같이 공자

---

[502] 『論語』, 公冶長第五. "子曰. 老者安之. 朋友信之. 少者懷之."

는 인자(仁者)라는 호칭을 함부로 사용하지 않았다. 그는 안인(安仁)의 단계에 이르렀을 때 인자란 표현을 썼다. 이것으로 보면 인자는 덕으로써 성인을 호칭할 때 쓰는 표현임을 알 수 있다. 안인은 바로 성인이나 행할 수 있는 경지이다.

성인은 곡식(재화)의 사용을 원칙에 따르되 상황에 따라 적절하게 한다. 공자는 가끔 제자들을 다른 지역으로 심부름 보낸 적이 있었다.

자화(子華)가 제나라로 심부름 갔다[使於齊]. 염구가 그 모친에게 곡식 주기를 요청하자 공자가 말했다. "부(釜)를 드려라!" 조금 더 주자고 청하자 공자가 말했다. "유(庾)를 드려라!" 그러나 염구는 병(秉)을 드렸다. 공자가 말했다. "나는 듣기를, 군자는 궁박한 사람에게 부족한 것을 주어야지, 부유한 자를 계속 부유하도록 얹혀주면 안 된다고 했다."503)

[使: 심부름꾼 사, 於: 어조사 어, 齊: 나라 제]

자화(子華)는 제자 공서적(公西赤)의 자(字)이다. 대부는 사적으로 외국과 교류할 수 없다. 따라서 여기사 '使(사)'는 '사신으로 가다'가 아닌 '심부름 가다'로 읽어야 한다. 공자가 공서적을 심부름 보낸 것은 로나라 대부가 되기 전의 일인 듯하다. 부(釜)는 여섯 말[斗] 넉 되[升]이고, 유(庾)는 열여섯 말이고, 곡(斛)은 열 말이고, 병(秉)은 열여섯 곡(斛)이니 백예순 말이다. 공자가 제자 공서적을 외국으로 보낸 것은 사적인 사제 간의 의리로써 한 것이므로 공식적인 녹봉을 준 것은 아니었다. 다만 사적인 관계이지만 심부름 한 자의 경제적 상황을 보고 적절한 답례는 필요하다고 보았다. 공자는 경제적으로 여유 있는 공서적에게 약간의 답례를 하려 했으나 염구의 요

---

503) 『論語』, 雍也第六, "子華使於齊, 冉子爲其母請粟. 子曰, 與之釜. 請益. 曰, 與之庾. 冉子與之粟五秉. 子曰, 赤之適齊也, 乘肥馬, 衣輕裘. 吾聞之也, 君子周急不繼富."

청을 각박하게 거절할 수 없어서 조금 더 주라고 했다. 그러나 염구는 공자의 말을 흘려버리고 공서적에게 과도한 답례를 했다. 공자는 곡식이나 재물이 궁박한 자를 돕는 데에 쓰여야지 부유한 자를 더 부유하게 하는 데 쓰여서는 안 된다고 생각한다. 이런 점에서 공자는 염구의 처사를 질타했다.

공자의 제자 중 원헌(原憲)이 있다. 원헌은 공자의 제자 안회처럼 도를 즐기고 청빈한 생활을 했다. 원헌이 공자가 대사구로 있을 때 공자의 채읍(采邑)을 다스리는 읍재가 되었다. 채읍(采邑)은 식읍(食邑)을 달리 표현한 말로 그 땅의 조세를 받아 녹봉으로 충당하는 곳을 말한다.

원사(原思)가 공자의 읍재가 되었을 때 그에게 곡식 구백을 주었으나 사양했다. 공자가 말했다. "그리하지 마라! 너의 이웃과 마을과 향당(鄕黨)에 주면 된다."504)

원헌(原憲)은 성명이고, 그의 자(字)는 자사(子思)이다. 공자의 손자인 공급(孔伋)과 자(字)가 같다. 원사(原思)는 성(姓)과 자(字)를 혼용한 것이다. 이웃[鄰]은 5가(家), 마을[里]은 25가(家), 당(党)은 500가(家), 향(鄕)은 12,500가(家)이다. 원헌이 받는 녹봉은 정해진 것이었으나 그가 생각했던 것보다 많았다. 그러자 그는 녹봉을 사양했다. 공자는 직책에 따른 정해진 녹봉은 일단 받아야 한다는 생각이다. 그래서 원헌에게 일단 받고 그것을 주변의 궁핍한 사람들에게 나눠주라고 말했다. 이처럼 성인은 재화의 사용을 원칙은 지키되 상대방의 경제적 상황 등을 고려하여 적절하게 베풀었다.

504) 『論語』, 雍也第六, "原思爲之宰, 與之粟九百, 辭. 子曰, 毋! 以與爾鄰里鄕黨乎!"

성인은 학문과 덕성이 온전하지만 겸손한 언행이 특징이다. 공자가 스스로 말했다.

"문장은 내가 다른 사람과 같지 않을까? 몸소 군자의 도리를 실천하는 것은 내가 있지 않다."505)

문맥으로 미루어 보면 당시에 공자를 성인(聖人)이나 인자(仁者)로 호칭하는 사람들이 있었던 모양이다. 그러자 공자는 성(聖: 성인의 품성과 능력)과 인(仁: 어짊)이 자신에게는 없다고 했다. 다만 자신에게 있다면 성과 인을 행하려는 노력과 사람을 가르칠 때 열심히 하는 것, 그리고 다른 사람과 비슷한 문장 정도가 있다고 했다.

성인은 평소 성정(性情)이 상황에 적절하게 표현되고 인간의 도리를 자연스럽게 실천한다. 먼저, 편안한 일상에서는 그 모습이 우아하고 온화하며, 슬픈 일이 있을 때는 거기에 적합한 행동이나 표정이 마음속으로부터 자연스럽게 나온다. 제자들이 말한 공자의 모습이다.

"선생님께서는 한가하신 때는 몸을 쭉 편 듯하시고 온화한 표정을 하셨다."506)

"선생님께서는 상(喪)을 당한 사람의 옆에서 배불리 먹지 않으셨다. 곡(哭)을 한 그 날에는 노래를 부르지 않으셨다."507)

---

505) 『論語』, 述而第七. "子曰. 文莫吾猶人也. 躬行君子則吾未之有得."
506) 『論語』, 述而第七. "子之燕居. 申申如也. 夭夭如也."
507) 『論語』, 述而第七. "子食於有喪者之側. 未嘗飽也. 子於是日哭. 則不歌."

일반 사람들은 일이 없고 한가한 때는 자칫하면 게으르고 나태한 모습을 보이기 쉽다. 아니면 가르치는 자들은 너무 엄숙한 모습을 보일 수도 있다. 그러나 공자는 한가한 때는 몸을 쭉 풀어놓으면서도 온화하고, 상례와 같은 슬픈 일을 보면 슬퍼하는 마음과 거기에 합당한 예절이 자연스럽게 표현되기도 했다. 정자(程子)는 이것을 성인만이 갖는 중화(中和)의 기상이라고 표현했다. 중화란 내부의 감정이 외부로 올바르고 적절하게 표현된 것을 말한다. 또, 공자는 인간의 도리를 자연스럽게 생활에서 실천한다. 한번은 악사(樂師)인 면(冕)이 공자를 찾아왔다. 그는 장님이었다. 옛날에는 악사를 장님으로 활용했다. 이것은 신체적 장애로 청각에 예민한 것을 주목한 면도 있지만 장님들을 버려두지 않고 일자리를 챙겨주는 조치이기도 했다.

사면(師冕: 악사인 면)이 들어서서 계단에 이르자 공자가 말했다. "계단입니다." 자리에 이르자 공자가 말했다. "좌석입니다." 모두 자리에 앉자 공자가 그에게 말했다. "누구는 여기 있고, 누구는 여기 있소이다." 사면이 나가자 자장이 물었다. "악사와 더불어 말한 것이 도입니까?" 공자가 말했다. "그렇다. 진실로 (눈먼) 악사를 돕는 도이니라."508)

공자는 사면이 이르는 장소마다 소재한 물건을 말해주었고, 사면과 제자들이 모두 자리에 앉자, 사면에게 주위에 있는 제자들을 소개했다. 공자는 신체적 장애가 있는 자를 극진히 보살피고, 예를 다했다. 바로 그것이 도(道)라고 했다. 공자는 여기서 유학의 도가 추상적 개념이 아니라 인간이 주위 사람에게 자연스럽게 실천해야 할 도리를 뜻하는 것임을 말했

---

508) 『論語』, 衛靈公第十五, "師冕見. 及階. 子曰, 「階也. 及席. 子曰. 席也. 皆坐. 子告之曰, 某在斯. 某在斯. 師冕出. 子張問曰. 與師言之道與? 子曰. 然. 固相師之道也."

다. 공자는 이처럼 도를 생활에서 자연스럽게 실천했다.

성인으로서의 공자는 괴이한 행동을 하는 것도 아니고, 신묘한 능력을 갖춘 것도 아닌 아주 절제된 자연스러움을 갖춘 인물이다. 이러한 성인으로서의 공자의 모습을 제자들이 총체적으로 표현한 말이 있다. 내용은 이러하다.

"선생님께서는 온화하면서 엄격하고[子溫而厲], 위엄이 있으면서도 사납지 않고[威而不猛], 공손하면서 편안하셨다[恭而安]."509)

"선생님께서는 네 가지가 없으셨나. 사의가 없고[毋意], 기필(期必: 꼭 이루어지기를 기약함)이 없고[毋必], 고루(固陋: 완고하고 식견이 좁음)함이 없고[毋固], 나만의 것을 생각함이 없으셨다[毋我]."510)

[子: 님 자, 溫: 따뜻할 온, 而: 말 이을 이, 厲: 엄할 려, 威: 위엄 위, 猛: 사나울 맹, 恭: 공손할 공, 安: 편안할 안, 毋: 없을/말 무, 意: 뜻 의, 必: 반드시 필, 固: 굳을 고, 陋: 좁을 루, 我: 나 아]

공자는 덕성이 온전하고 기질이 치우치지 않아서 중화의 기운이 용모에 발현되어 온화하고 엄격하고 위엄이 있으면서 일이나 사람과의 관계에서 편안한 모습을 보였다. 그리고 사리에 맞지 않은 독단적 의견이 없었기에 자신의 의견만을 옳다고 여겨 기필함이 없었다. 그러므로 고루하지 않고 자신의 이익을 생각하지 않았다.

공자는 지난 과오를 뉘우친 자에게는 과거를 크게 문제 삼지 않았다. 호향(互鄕)이라는 동네가 있었다. 그 동네 사람은 선하지 못하여 사람들이 가급적 말을 섞지 않으려 했다. 그런데 공자 주변에 호향 출신의 동자(童

---

509) 『論語』, 述而第七. "子溫而厲, 威而不猛, 恭而安."
510) 『論語』, 子罕第九. "子絶四, 毋意, 毋必, 毋固, 毋我."

子)가 있었다. 사람들이 우려하자 공자가 말했다.

"사람이 몸을 닦아서 나아갈 때 그 닦으려는 것을 허여하되, 그 지나간 것을 싸안고 가서는 안 된다[不保其往也]."[511]
　[保: 지킬 보, 其: 그 기, 往: 갈 왕, 也: 어조사(문장 말미에 쓰임) 야]

공자는 호향의 동자가 동네의 문화적 환경으로 부정적 성향이 형성되었을 수도 있으나 현재는 수신하려는 아이이고, 또 그것이 중요하다고 말하고 있다.

공자는 자신을 낮추어 요순과 같은 성인이 출현하여 민생이 풍족하고 덕이 통용되기를 바랐다. 그러나 그런 바람은 무산되고 세상은 혼탁했다.

공자가 말했다. "성인(聖人)은 내 볼 수 없을지언정 군자(君子)라도 볼 수 있으면 그 정도도 좋겠다. 선인(善人)을 내볼 수 없을지언정 유항자(有恒者: 항상이 있는 자)를 볼 수 있으면 그 정도도 좋겠다. 없으면서 있는 척 하며, 비었는데도 가득 찬 척하며, 약소한데도 통 큰 척하면 항상이 있는 것에 이르기 어렵다."[512]

성인과 군자는 학문과 덕으로 말한 것이고, 선인(善人)과 항자(恒者)는 재질로 말한 것이다. 성인을 볼 수 없을지라도 군자가 두루 존재하는 사회는 도가 행하여지는 사회이다. 선인을 볼 수 없을지라도 유항자가 존재하는 사회는 진솔하고 경박함이 없는 사회이다. 굳이 성인은 아닐지라도 공

---

511) 『論語』, 述而第七, "人潔己以進, 與其潔也, 不保其往也."
512) 『論語』, 述而第七, "聖人, 吾不得而見之矣. 得見君子者, 斯可矣. 善人, 不得而見之矣, 見有恒者, 斯可矣. 亡而爲有, 虛而爲盈, 約而爲泰, 難乎有恒矣."

자는 현실적으로 당시에 군자나 유항자만 있어도 무난한 사회가 되리라고 생각했다.

그런데 이미 당시에 공자를 성인으로 생각하는 사람들이 있었고, 제자들도 그리 생각했다.

> 태재(太宰: 총리)가 자공에게 말했다. "선생님은 성자(聖者)이십니까? 어찌 그리 다능(多能)합니까?" 자공이 말했다. "하늘이 선생님께 큰 성스러움[將聖]과 다능(多能)을 주셨소이다."513)
>
> [聖: 성스러울 성, 將: 클 장, 能: 능할 능]

태재(太宰)는 오(吳)와 송(宋)에 있었던 오늘날 총리에 해당하는 벼슬이다. 여기에서 태재는 어느 나라의 누구인지 알려지지 않았다. 공자 시대에 '크다'는 의미인 '태(太)'는 사용되지 않고, '大'의 음인 '대'와 '태'가 혼용되었다. 이후 전국시대에 이르러 '대(大)'의 '태' 음은 '태(太)'로 표기하기 시작했다. 태재가 공자 시대에는 '大宰(태재)'로 표기하고, 이후에는 '太宰(태재)'로 표기되었다.

태재는 다능한 것을 성인의 조건으로 인식하여 자공에게 묻자, 자공은 성스러움과 다능을 함께 갖춘 것으로 공자를 묘사했다. 공자가 태재의 말을 전해 듣고 말했다.

> "태재가 나를 아는구나! 나는 어렸을 때 작은 급료를 받고 누추한 일에 다능했지만 군자는 다능해야 하는가? 다능하지 않아도 된다."514)

---

513) 『論語』, 子罕第九. "大宰問於子貢曰. 夫子聖者與? 何其多能也? 子貢曰. 固天縱之將聖. 又多能也."
514) 『論語』, 子罕第九. "大宰知我乎! 吾少也賤. 故多能鄙事. 君子多乎哉? 不多也."

공자는 자신을 성인이라고 치켜세운 자공의 말에 황송하여 아예 언급하지 않고 태재가 말한 다능만을 화제로 했다. 그렇지만 자신이 다능한 것도 어렸을 때 여러 누추한 일을 많이 해서 그런 곳에 다능한 것이지 아주 전문적인 능력은 그리 없다고 했다. 그리고 또한 군자는 덕성이 중요한 것이지 다능까지 필요하지는 않다고 했다.

성인과 유사한 개념으로 왕자(王者)가 있다. 『논어』 「자로」 편에는 "만약 왕자(王者)가 있더라도 반드시 1세(30년) 이후에야 백성이 인(仁)해질 것이다."515)란 표현이 있다. 여기서 왕자를 주희는 성인이 천명을 받아 일어난 것으로 풀이했다. 주희의 해석으로 보면 성인으로서 왕이 된 자라는 의미이므로 왕자는 성왕(聖王)의 다른 표현인 듯하다. 왕자가 등장하여도 1세 이후에야 인(仁)해질 수 있다는 말은 그만큼 백성을 도덕적으로 교화하기 어렵다는 말이다. 공자가 한번 사용한 왕자의 명칭을 개념화하여 이상 정치의 모델로 삼은 자가 순자이다. 순자에 따르면 왕자는 백성의 마음을 얻는 사람으로서 어짊[仁], 의로움[義], 위세[威], 이 세 가지 요건을 모두 갖추고 있는 사람을 말한다.

---

515) 『論語』, 子路第十三, "子曰, 如有王者, 必世而後仁."

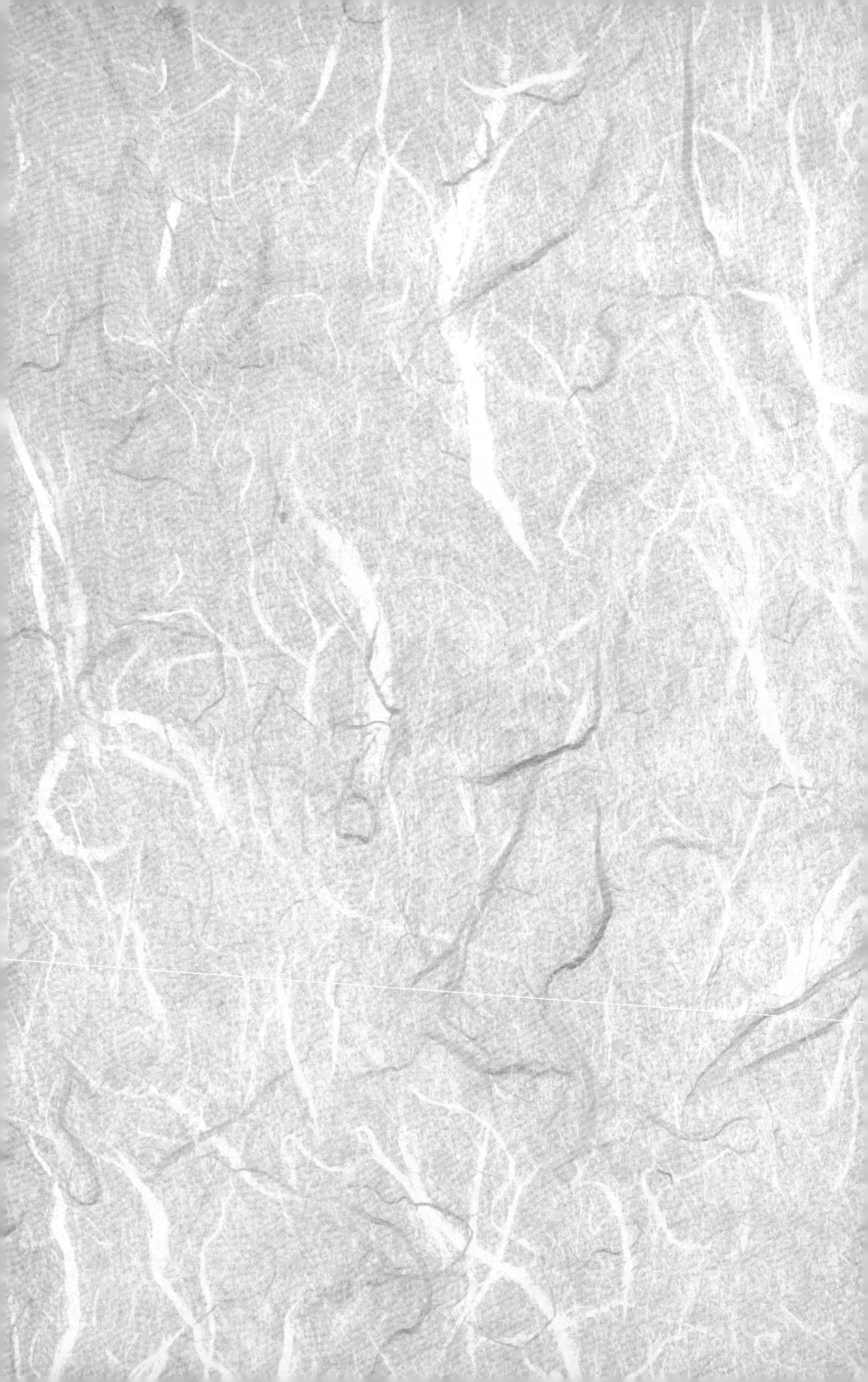

# 제 7 장

# 공자의 정치관, 백성을 편안하게 하라!

**1절** 벼슬을 원하는가? 과우(寡尤), 과회(寡悔) 하라!
**2절** 정치 지도자의 모습, 수기이안백성(修己以安百姓)
**3절** 정치는 그 방법이 있다
**4절** 최고의 경지는 즐기는 것이다

# 1절 벼슬을 원하는가? 과우(寡尤), 과회(寡悔) 하라!

### 견문을 넓히고 언행에 신중하라!

공자의 제자 중 가장 나이 어린 자가 자장(子張)이다. 자장은 공자보다 마흔여덟 살 적었는데 자장은 내적인 수양보다는 자신을 과시하기를 좋아했다. 나이 어린 자장이 벼슬을 하고 싶었던 모양이다. 어느 날 자장이 공자에게 빨리 벼슬하는 방법을 배우길 원했다.

자장이 봉록 구하는 방법을 배우길 원하자 공자가 말했다. "많이 들어서 의심을 없게 하고, 자신이 여유 있는 것을 신중하게 말하면 과우(寡尤: 허물이 적음)할 것이며, 많이 보아 위태함을 없게 하고, 자신이 여유 있는 것을 신중하게 행하면 과회(寡悔: 후회함이 적음) 할 것이다. 말에서 허물이 적고, 행동에 후회가 적으면 봉록이 그 안에 있을 것이다."[516]

[寡: 적을 과, 尤: 허물 우, 悔: 뉘우칠 회]

봉록이 그 안에 있을 수 있다는 말은 '과우(寡尤)', 즉 말에서 허물이 적고, '과회(寡悔)', 즉 행동에서 후회함이 적으면 벼슬할 가능성이 크다는 말이다. 그리하기 위해서는 많이 듣고 신중하게 말하며, 많이 보고 신중하게 행하여야 한다. 물론 오늘날은 공무원으로 진출하려면 대부분 시험 등과 같은 일정한 전형을 거쳐야 가능하기에 공자가 자장에게 말한 내용을 실천한다고 하여 공무원이 되는 것은 아니다. 그러나 공자가 말한 것은 당시

---

516) 『論語』, 爲政第二, "子張學干祿. 子曰, 多聞闕疑, 愼言其餘則寡尤. 多見闕殆, 愼行其餘則寡悔. 言寡尤, 行寡悔, 祿在其中矣."

관리가 되려는 자들에게 기본적으로 필요한 지식, 역량, 품행 등을 일깨운 것이기도 하므로 이것은 오늘날 공무원이 되려는 자에게 요청되는 사항이기도 하다.

공자가 말했다. "벼슬자리 없음을 근심하지 말고, 벼슬자리에 오를 수 있는 자격을 근심하라. 나를 알아주지 않음을 근심하지 말고, 알려질 수 있는 것을 구하라!"517)

"군자는 무능함을 병으로 여겨야지 사람들이 나를 알아주지 않음을 병으로 여겨서는 안 된다."518)

벼슬은 단지 자신의 생업을 위한 자리만이 아니라 백성의 삶과 안전을 책임져야 하는 자리이기도 하다. 그래서 역량과 품성 면에서 어느 정도 갖춰진 인재들이 진출해야 한다. 따라서 벼슬을 원하는 자들은 먼저 그 자리에 적합한 역량과 품성 등의 자격을 갖추는 것이 우선이며, 그러면 언젠가는 자신을 드러낼 수 있는 시간이 올 것이다. 만약 벼슬자리에 필요한 역량과 품성이 갖춰지지 못한 경우라면 어찌해야 할까? 공자와 제자 칠조개(漆雕開)가 나눈 대화이다.

공자가 칠조개에게 벼슬을 시키려 했다. 칠조개가 공자에게 말했다. "저는 벼슬에 아직 자신이 없습니다." 그러자 공자가 기뻐했다.519)

---

517) 『論語』, 里仁第四. "子曰, 不患無位, 患所以立. 不患莫己知, 求爲可知也."
518) 『論語』, 衛靈公第十五. "君子病無能焉. 不病人之不己知也."
519) 『論語』, 公冶長第五. "子使漆雕開仕. 對曰, 吾斯之未能信. 子說."

공자는 칠조개가 재질이 벼슬할 만하다고 생각하여 그에게 벼슬을 권했다. 그러나 칠조개는 자신은 아직 더 다듬어야 한다고 생각하여 사양하자 공자가 그의 겸손과 돈독한 심지를 보고 기뻐했다. 이처럼 칠조개는 아직은 적합하지 않다고 판단하여 스스로 벼슬자리에 나아가기를 자제했다.

## 천하에 도가 행해지는 세상을 꿈꾸다

공자는 주유천하 중 진(陣)나라를 한 번은 가려다 도중에 돌아왔고 두 번은 방문했다. 공자가 마지막으로 진나라를 방문한 후 채(蔡)나라를 거쳐 섭 땅으로 갔을 때의 일이다. 섭 땅은 본시 채나라의 땅이었는데, 초나라가 빼앗아 대부인 섭공(葉公)에게 다스리게 하고 있던 고장이었다. 섭공은 성이 심(沈)이고, 이름이 제량(諸梁)인데, 그는 이 무렵 초나라의 후원을 업고 채나라 전체까지도 지배하고 있었던 새로운 권력자였다. 본래 '공(公)'은 제후 중에서 제일 상위 등급인 공작의 신분을 가진 자에게 붙일 수 있는 칭호이다. 그러므로 제후가 아닌 대부는 '공'의 칭호를 붙여서는 안 된다. 그런데 초나라는 기원전 704년에 초무왕(楚武王)이 스스로 천자에게만 붙이는 왕이란 호칭을 제후의 신분으로 사용했고, 그 이후 초나라 제후들은 스스로 모두 왕이라 칭했다. 그러자 대부인 심제량이 자신도 격을 높여 제후의 호칭인 '공'을 사용하니, 세간에서는 그를 섭공이라 부르게 되었다.

공자는 섭공과 정치에 관해 문답하게 된다. 섭공(葉公)이 정치에 관해서 묻자 공자가 말했다.

"정치란 가까이 있는 자는 기뻐하게 하며[近者說], 먼 곳에 있는 자는 오게 하는 것입니다[遠者來]."520)

[近: 가까울 근, 者: 놈/것 자, 說: 말씀 설, 기뻐할 열, 遠: 멀 원, 來: 올 래]

위정자가 어진 정치로 가까이 있는 자를 기쁘게 하면 그 먼 곳의 사람들도 풍문을 듣고 그에게 귀의한다는 말이다. 이 말은 바람직한 외교 정책을 의미하기도 한다. 근방의 주변국들과 화합하여 상생을 추구하고, 원방의 나라들과 우호적으로 교류하는 것이 바람직하다는 것이다.

섭 땅에서 머물던 공자 일행은 얼마 후 다시 채나라로 돌아가는데, 도중에 나루터를 찾게 되었다. 마침 근처에 장저(長沮)와 걸익(桀溺)이 나란히 밭을 갈고 있었다. 자로가 장저에게 나루터를 묻자 그는 알려주지 않는다. 다시 걸익에게 묻자 오히려 걸익이 자로에게 다음과 같이 묻는다.

"그대는 누구인가?" 자로가 말했다. "중유(仲由: 자로의 성명)입니다." 걸익이 말한다. "바로 공자의 무리 아닌가?" 자로가 대답했다. "그렇습니다." 그러자 걸익은 말한다. "도도히 흐르는 것, 천하가 모두 이런 것이다. 누가 그것을 바꾸려 하는가? 당신은 사람을 피해 다니는 사람을 따르느니 세상을 피해 사는 사람을 따르는 것이 어떠한가?" 이 말을 하고는 그들은 씨앗을 덮으며 그치질 않았다. 자로가 이 상황을 공자에게 가서 말했다. 그러자 공자는 낙심하여 말했다. "새와 짐승과는 같이 무리 지어 살 수는 없지만 나는 이 사람들의 무리와 더불어 살아야지 누구와 살겠는가? 천하에 도가 있다면 내가 바꾸려 나서지 않았을 것이다."521)

520) 『論語』, 子路第十三, "近者說, 遠者來."
521) 『論語』, 微子第十八, "桀溺曰, 子爲誰? 曰, 爲仲由. 曰, 是魯孔丘之徒與? 對曰, 然. 曰, 滔滔者天下皆是也, 而誰以易之? 且而與其辟人之士也, 豈若從辟世之士哉? 耰而不輟. 子路行以告. 夫子憮然曰, 鳥獸不可與同群, 吾非斯人之徒與而誰與? 天下有道, 丘不與易也."

걸익은 당시 혼란한 세상을 도도히 흐르는 강과 같아서 바꿀 수 없다고 생각하여, 도를 전파해 세상을 변화시키려는 공자를 비웃고 있다. 그러나 공자는 천하에 도가 없지만, 사람이 사람답게 살기 위해서는 도가 필요하고, 또 자신은 천하에 그 도를 전파하기 위해 나섰다고 비장하게 말하고 있다. 성인(聖人)인 공자는 천하에 도가 통용되지 않자, 그 천하를 바꾸려고 나섰으나 이것은 공자 스스로 말한 아래의 일반 세인의 처세와는 다른 것임을 유의해야 한다.

공자가 말했다. "믿음을 돈독하게 하고 호학(好學)하여 죽어서라도 선도(善道)를 지킨다. 위태로운 나라에는 들어가지 않고[危邦不入], 혼란한 나라에는 거주하지 않는다[亂邦不居]. 천하(天下)에 도가 있으면 나타나고[有道則見]522), 도가 없으면 은거한다[無道則隱]."523)

[危: 위태할 위, 邦: 나라 방, 亂: 어지러울 란, 居: 살 거, 則: 곧 즉, 見: 볼 견, 나타날 현, 隱: 숨을 은]

성인의 학문을 굳센 믿음을 갖고 공부하면 인간의 올바른 도리를 죽음을 감수하면서도 지킬 수 있다. 벼슬하는 자는 나라가 위태로울 경우 목숨을 바칠 수 있어야 한다. 그것이 벼슬하는 자의 책무이다. 그러나 외지인은 '위방불입(危邦不入)', 즉 위태로운 나라에 들어가지 않아도 되고, '난방불거(亂邦不居)', 즉 (형정이) 혼란한 나라에는 거주하지 않아야 한다. 또 천하에 '유도즉현(有道則見)', 즉 도가 있으면 나서서 뜻을 펼칠 수 있지만, '무도즉은(無道則隱)', 즉 도가 통용되지 않을 때는 그 힘으로 어찌할 수 없기에 은거함이 좋다. 공자 자신은 천하에 도가 통용되지 않자 세상을 바꾸

---

522) '見'은 음훈이 '볼 견', '보일 현' 등인데, 여기서는 '현'으로 읽는다.
523) 『論語』, 泰伯第八, "子曰, 篤信好學, 守死善道. 危邦不入, 亂邦不居. 天下有道則見, 無道則隱."

려고 나서서 고행을 자초했으나 세인은 그럴 필요까지 없다는 말이다.

도가 통용되는 사회는 각자의 덕성과 역량에 따라 부귀가 같이 갈 수 있으나 도가 통용되지 않는 사회는 그리하지 않는다.

"나라에 도가 있으면 가난과 천함이 부끄러울 수 있지만 나라에 도가 없으면 부귀가 부끄러움이 된다."[524]

나라에 도가 있다는 것은 부역을 줄여 백성이 자신의 생업에 전념할 수 있게 하고 인재를 등용하는 길이 열려 있는 나라를 말한다. 이런 나라에서 가난과 천함은 자신의 노력과 역량, 덕성 등을 따라 나타난 것이므로 부끄러울 수 있다. 그러나 도가 없는 나라는 권모술수가 사람의 부귀를 좌우하므로, 이런 나라에서 부귀는 부끄러움이 된다.

공자의 제자 중 원헌(原憲)은 집이 가난했지만, 도를 즐기고 청빈한 생활을 했다. 원헌이 부끄러움[恥]에 대해 공자와 문답을 했다.

원헌이 부끄러움[恥]에 관해 묻자 공자가 말했다. "나라에 도가 있으면 봉록을 받고, 나라에 도가 없는데도 봉록을 받는 것은 부끄러움이다."[525]

나라에 도가 있으면 인재들이 등용되어 자신의 할 일을 하기 때문에 봉록을 받는 것이 마땅하다. 그런데 도가 없는 나라에서 자신마저 올바르게 처신하지 못하고 봉록을 받는 것은 부끄러운 일이라 할 것이다.

도가 통용되는 사회를 만들기 위한 공자의 애절한 심정을 잘 나타내주

---

524) 『論語』, 泰伯第八, "邦有道, 貧且賤焉, 恥也. 邦無道, 富且貴焉, 恥也."
525) 『論語』, 憲問第十四, "憲問恥. 子曰, 邦有道, 穀, 邦無道, 穀, 恥也."

는 말이 있다. 공자는 "아침에 도를 들으면 저녁에 죽어도 좋다."[526]라고 했다. 공자는 이 세상에 도가 행하여지는 그 날이 오면 바로 죽어도 여한이 없다고 한 것이다. 당시에 공자가 얼마나 도가 행하여지는 사회를 원하였는가를 뒷받침해주는 대목이다. 그렇지만 공자를 등용하여 도를 세상에 전파하고자 하는 군주는 없었다.

공자는 제자들에게 "사람들이 자기를 알아주지 않음을 근심하지 말고, 자신이 다른 사람을 알지 못함을 근심하라."[527]라고 했다. 어찌 보면 이 말은 공자 자신을 위로하는 말일 수도 있겠다.

### 군자가 벼슬하는 것은 의를 행하기 위함이다

장저와 걸익을 만난 후 자로는 공자 일행과 떨어졌다. 자로는 계속 공자 일행의 행방을 수소문하며 뒤를 따라갔다. 얼마쯤 가다가 자로는 지팡이에 삼태기를 꿰어서 메고 가는 노인을 만났다. 이 노인을 후대에 흔히 '하조장인(荷蓧丈人)'으로 지칭한다. '하조장인(荷蓧丈人)'은 삼태기를 멘 노인이라는 뜻이다. 자로는 그에게 공자의 행방을 묻는다.

"노인장, 혹시 우리 스승님을 못 보셨습니까?" 노인이 말했다. "사지를 움직여 부지런히 일하지도 않고, 오곡도 분별하지 못하는데 누가 스승님인가?" 노인은 더는 말을 하지 않고는 지팡이를 땅에 꽂고 김을 매었다. 자로가 두 손을 맞잡고 서있자, 자로를 머물게 해 닭을 잡고 기장밥

---

[526] 『論語』, 里仁第四, "朝聞道, 夕死可矣."
[527] 『論語』, 學而第一, "子曰, 不患人之不己知, 患不知人也."

을 해 먹이고, 자기의 두 아들을 만나게 했다. 다음 날 자로가 공자에게 가서 말씀드리자 공자가 말했다. "은자로구나." 공자는 자로를 돌아가 만나게 했는데, 가보니 떠나고 없었다. 이때 자로가 공자를 대신하여 공자의 심중을 이야기한다. "벼슬을 하지 않는 것은 의(義)가 없는 것이다. 장유(長幼)의 예절을 폐(廢)할 수 없거늘 군신(君臣)의 의(義)를 어찌 폐할 수 있으리오? 자기 한 몸만 깨끗이 하려 하는데, 대륜(大倫: 군신의 의)을 어지럽히는 짓이다. 군자가 벼슬을 하려 하는 것은 그 의(義)를 행할 따름이다. 도(道)가 행해지지 않는 것은 이미 알고 계시다."[528]

비록 공자의 행방은 알려주지 않았지만, 자로가 은자에게 예를 갖추고, 또 은자가 자로를 집으로 데려가 숙식을 제공하고 두 아들을 소개한 것은 장유(長幼: 어른과 어린이)의 예절을 서로 갖추었다고 볼 수 있다. 그러나 공자가 천하를 주유하며 벼슬을 구하려 하는 것에 대한 은자의 반감에 대하여 자로는 공자의 심정을 대변하여 변호한다. 즉, 오직 의(義)를 행하기 위할 뿐이라는 것이다. 은자는 인륜의 도(道)가 훼손된 세상에서 멀리 떨어져 자신의 몸을 더럽히지 않는 쪽이라면, 공자는 그 도가 훼손되었음을 알고 있지만 의를 행하여 그 인간의 도를 회복시켜보려는 간절한 소망을 가진 입장이었다. 결국, 공자가 벼슬하려 한 것은 세속적 욕망을 충족하기 위함이 아니라 의를 행하기 위해서였다. 다음의 말에서 이러한 입장이 더욱 분명하게 나타난다.

---

[528] 『論語』, 微子第十八, "子路問曰, 子見夫子乎? 丈人曰, 四體不勤, 五穀不分, 孰爲夫子? 植其杖而芸. 子路拱而立. 止子路宿, 殺雞爲黍而食之, 見其二子焉. 明日, 子路行以告. 子曰, 隱者也. 使子路反見之. 至則行矣. 子路曰, 不仕無義. 長幼之節, 不可廢也, 君臣之義, 如之何其廢之? 欲潔, 而亂大倫. 君子之仕也, 行其義也. 道之不行, 已知之矣."

"불의이면서 부와 귀는 나에게 있어 뜬구름과 같다."[529]

불의(不義)한 부귀(富貴)는 공자에게 부질없는 뜬구름과 같다. 공자는 나아가 의가 모든 인간에게 보편적으로 요청되는 가치임을 강조했다. 공자는 말하길 "온종일 모여 앉아서도 화제가 의로움에 이르지 않고 조그마한 지혜나 구사하기를 좋아한다면 참으로 난감한 일이다."[530]라고 했는데, 이 말은 공자가 의에 대한 지향을 인간의 극히 기본적인 요건으로 이해하고 있었음을 알 수 있다. 의와 불의는 군자와 소인을 가르는 기준이 되기도 한다. 공자는 "군자는 의에 밝고 소인은 이익에 밝다."[531]라고 하여 군자의 덕은 의로움[義]을 지향하고 있음을 말했다.

---

529) 『論語』, 述而第七, "不義而富且貴, 於我如浮雲."
530) 『論語』, 衛靈公第十五, "群居終日 言不及義 好行小慧難矣哉."
531) 『論語』, 里仁第四, "子曰, 君子喻於義, 小人喻於利."

## 2절 정치 지도자의 모습, 수기이안백성(修己以安百姓)

### 덕이 없으면 큰 그릇이 되지 못한다

공자보다 170여 년 전 제나라에 관중(管仲)이란 자가 있었다. 그는 어렸을 적부터 포숙아(鮑叔牙)의 친구였다. 관중과 포숙아는 같이 장사를 하였는데, 관중은 집안이 가난하여 포숙아보다 늘 더 많은 이익을 챙겼다. 그러나 포숙아는 관중의 빈곤을 알았기 때문에 관중을 탐욕스럽다고 여기지 않았다. 둘은 장성하여 제양공(齊襄公) 때 포숙아는 공자(公子: 제후의 아들을 지칭하는 말) 소백(小白)을 섬겼고, 관중은 공자(公子) 규(糾)를 섬겼다. 양공과 소백 그리고 규의 관계는 명확치 않으나, 소백과 규가 양공의 이복동생이거나 가까운 친척인 것으로 추정된다. 양공은 부덕하였기 때문에 국내 정치가 어지러웠다. 이에 포숙아는 장차 내란이 일어날 것을 우려하여 소백과 함께 거(莒)나라로 달아났다. 결국, 양공은 가까운 친척이었던 공손무지(公孫無知)에게 죽임을 당한다. 그러자 관중과 신하 소홀은 규와 함께 로나라로 도망갔다. 얼마 후 공손무지가 제나라 대부에게 살해된다. 규는 로나라 사람의 도움을 받아 제나라로 입국하여 군주의 자리에 오르려 했으나 뜻을 이루지 못했다. 이에 소백이 입국하여 군주의 자리에 오르니 이가 곧 제환공(齊桓公, 재위: 기원전 685년~기원전 643년)이다. 환공은 후환을 없애고자 로나라 사람을 시켜 규를 죽이고는 관중과 소홀을 잡아들이려 했다. 그러자 소홀은 자살하고 관중만 잡혀 왔다. 이때 포숙아는 환공에게 관중을 등용할 것을 주청했다. 결국, 관중은 포숙아의 도움으로 죽음을 면하고 재상이 되었고 포숙아는 관중의 아랫사람이 되었다. 관중은 환공을 도와 제후들을 규합하여 천하를 평정하고 춘추시대 전기에 제나라가 천하의 패자가 되게 하는데 지대한 공헌을 했다. 후에 관중은 포숙아를 평하여, "나를 낳아 준 사람은 부모이고, 나를 알아주는 사람은 포숙아였다."라고 했다. 관중과 포숙아의 우정을 표현한 말이 '관포지교(管鮑之交)'이다.

춘추시대에 이르러 천자의 나라인 주왕실은 쇠약해지고 있었으며 제후들은 슬슬 오만해지고 있었다. 이에 관중을 등용한 환공은 '존왕양이(尊王攘夷: 주나라 왕을 받들고 오랑캐를 물리침)'를 호소하여 제후를 인솔하고 주왕실이나 제후를 위협하고 있던 초나라를 공격했다. 환공은 연나라를 도와 산융을 정벌하는 등 오랫동안 오랑캐의 중원(中原: 중국의 중심부) 침략을 막았다. 존왕양이를 표방한 환공의 전략은 명분도 합당하기 때문에 여러 제후의 지지를 받았다. 이처럼 환공은 여러 차례 제후들 간의 동맹을 체결하여 맹주로서의 위신을 세워 춘추시대의 패자가 되기에 이른다.

춘추오패 중 진정한 패자(霸者)로 제환공과 진문공이 거론된다. 제환공이 세상을 뜬 후 7년 후에 진문공이 즉위했다. 공자는 제환공을 긍정적으로 평가하지만, 진문공에 대해서는 부정적 평가를 했다.

> 공자가 말했다. "진문공은 속임수를 쓰고 바르지 않지만, 제환공은 공정하고 속임수를 쓰지 않았다."532)

제환공과 진문공 모두 존왕양이(尊王攘夷)를 주창했는데, 공자가 진문공을 상대적으로 낮게 평가한 이유는 무엇일까? 기원전 632년에 벌어진 진(晉)과 초(楚)의 성복전투(城濮戰鬪)에서 진(晉)은 진문공이 직접 참전했

---

532) 『論語』, 憲問第十四, "子曰, 晉文公譎而不正, 齊桓公正而不譎."

고, 초(楚)는 성득신(成得臣)533)이 지휘했다. 진문공(晉文公)은 장군 란지(欒枝)가 수레에 땔나무를 잔뜩 매달고 도망가는 척하는 속임수를 써서 초군을 섬멸하게 했다. 아마도 공자는 진문공의 이런 행위를 마땅치 않게 여겼던 것으로 추정된다. 즉, 공자는 속임수보다는 정도(正道)로써 승부를 내는 자가 진정한 패자라고 생각했다.

공자는 관중을 어떻게 평가하는가? 자로가 관중이 어진 사람인가에 관해 묻는 장면이다.

자로가 말했다. "환공이 공자 규를 죽였는데, 소홀은 따라 죽었지만 관중은 죽지 않았습니다. 어진 사람은 아니겠지요?" 공자가 말했다. "환공이 제후들을 규합한 것은 병거(兵車: 병졸과 마차, 즉 무력)를 쓴 것이 아니라 관중의 힘이었다. 그 어진 것과 같다! 그 어진 것과 같다!"534)

그러자 이번에는 자공이 물었다. 질문의 요지는 자로와 마찬가지로 관중은 어진 사람인가에 대한 것이었다. 공자는 이렇게 말한다.

"관중은 환공을 도와 제후들의 패자가 되었고, 천하를 바로잡았다. 백성이 지금에 이르기까지 그 혜택을 받았다. 관중이 없었다면 나는 머리를 풀고 오른쪽 섶을 왼쪽 섶 위에 여미는 옷을 입었을 것이다."535)

'머리를 풀고 오른쪽 섶을 왼쪽 섶 위에 여미는 옷'은 오랑캐의 복장이

---

533) 벼슬이 영윤(令尹)이고, 자(字)는 자옥(子玉)이어서 영윤자옥(令尹子玉)으로도 불린다.
534) 『論語』, 憲問第十四. "子路曰. 桓公殺公子糾, 召忽死之, 管仲不死. 曰. 未仁乎? 子曰. 桓公九合諸侯, 不以兵車, 管仲之力也. 如其仁! 如其仁!"
535) 『論語』, 憲問第十四. "子曰. 管仲相桓公, 霸諸侯, 一匡天下, 民到于今, 受其賜. 微管仲, 吾其被髮左衽矣."

다. 공자는 개인적 의리의 차원을 넘어 국가와 천하에 끼친 관중의 업적을 높이 평가했다. 공자가 관중의 업적 중 높이 평가한 것은 주왕실을 존중하면서 천하의 질서를 평화적인 방법으로 바로 잡았으며, 천하를 안정시켜 중원을 이민족의 침입으로부터 막아냈다는 데 있다. 따라서 관중을 어진 사람이라고 직접 지칭할 수는 없지만 어진 사람의 공덕에 견줄 수 있다고 힘주어 말한다.

그러나 업적은 업적이고 사람됨은 사람됨이다. 공자는 관중의 사람됨을 어떻게 평가하는가?

공자가 말했다. "관중의 그릇이 작도다." 어떤 자가 말했다. "관중은 검소합니까?" 공자가 말했다. "관씨는 삼귀를 두었으며, 관의 사무를 부하들에게 겸임시키는 일이 없었으니 어찌 검소했다고 말할 수 있겠는가?", "그렇다면 관중은 예를 압니까?" 공자가 말했다. "나라의 군주이어야 색문(塞門)을 세우거늘, 관씨 또한 색문을 세웠으며, 두 군주가 교제함에 반점(反坫)을 두거늘, 관씨 또한 반점을 두었으니, 관씨가 예를 안다고 하면 누가 예를 알지 못하리오?"[536]

[塞: 변방 새, 막을 색, 門: 문 문, 反: 되돌릴 반, 坫: 잔대 점]

공자는 관중의 그릇이 작다고 평가한다. 천하를 평정한 관중에게는 좀 섭섭한 말일 것이다. 그러자 어떤 자가 그릇이 작다는 말을 관중이 엄격하게 정사를 펼친 것으로 해석하여, 오히려 "관중이 검소해서 그런 것이 아닙니까?"하고 공자에게 물었다. 이에 공자는 삼귀(三歸)를 있게 하고 관청

---

536) 『論語』, 八佾第三. "子曰, 管仲之器小哉! 或曰, 管仲儉乎? 曰, 管氏有三歸, 官事不攝, 焉得儉? 然則管仲知禮乎? 曰, 邦君樹塞門, 管氏亦樹塞門. 邦君爲兩君之好, 有反坫, 管氏亦有反坫. 管氏而知禮, 孰不知禮?"

의 사무를 부하들에게 겸임하지 않게 하여 재정을 방만하게 운영하였으므로 검소한 사람이 아니라고 답했다. 삼귀(三帰)는 의미가 불분명하다. 한나라 유향(劉向)이 지은 『설원(説苑)』에는 "관중이 삼귀의 대(台)를 지어 스스로 백성을 다치게 하였다(管仲 故築三帰之台 以自傷於民)."라는 말이 나온다. 이것으로 보면 삼귀가 놀고 즐기는 일종의 정자로 추정된다.

공자가 관중이 검소하지 않다고 하자, 어떤 자는 예를 형식에 맞게 행하기 위해 그리했을 수도 있다고 생각하여, 관중은 예를 아는 사람인지를 묻는다. 그러자 공자는 색문(塞門)을 세우고, 반점(反坫)을 둔 것을 거론하여 예를 아는 사람이 아니라고 했다. 색문이란 문에 나무를 심어 집 안과 밖을 가리게 한 것이며, 반점이란 술잔을 주고받은 다음에 술잔을 놓아두는 자리를 말한다. 이 두 가지는 모두 제후들이 행한 예법이었는데 관중이 참절(僭窃: 분수에 넘치는 행위를 함)한 것이었다. 결국, 관중은 검소하지도 않고 예법을 아는 사람도 아니라는 말이다. 이것은 관중의 업적을 평가할 때와 아주 다른 평가이다. 이처럼 공자는 업적과 인성을 분리하여 본다. 공자는 관중이 천하를 바로잡고 외적의 침입으로부터 중원의 역사, 문화를 수호한 점을 높이 산다. 그러나 이것은 환공이 인정(仁政)을 펴도록 하기 위함이 아니라 천하의 패권을 차지하기 위한 전략적인 측면에서 그러한 것이었다. 공자가 보기에 관중은 품성 면에서 성현의 학문을 배우지 않고, 검소하지 않고, 예법도 모르기 때문에 천하에 어진 정치를 펼 수 있는 인물이 아니었다. 송대의 주희는 이 부분을 풀이하기를, "자신을 닦고 가정을 바르게 하여, 이로써 국가에 이르게 하면, 그 근본이 심원하여 그 파급되는 것이 원대할 것이니, 이것이 큰 그릇이다[大器]."라고 했다. 리더(Leader)는 권모술수에 능하고, 능력이 출중한 것으로만 평가되는 것이 아니라 자신의 품성부터 올바르게 해야 더욱더 심원하게 영향을 미치는 천하의 큰 그릇이 될 수 있다. 결국, 관중이 죽고 2년 후 환공이 죽자 천하는 제나라를 더는 따르지 않게 되었다.

앞서 나왔듯이 번지가 인(仁)과 지(知)에 관하여 묻자 인(仁)은 사람을 사랑하는 것이고, 지(知)는 사람을 아는 것이라고 말했다. 번지가 이해를 못하자 공자가 다시 말했다.

"올곧은 자를 기용하여 굽은 자 위에 그를 두면 굽은 자도 올곧게 된다."537)

올곧은 자와 굽은 자를 알아보는 것이 지(知)고, 이럼으로써 굽은 자를 올곧게 만드는 것이 인(仁)이란 말이다. 그렇지만 번지는 끝내 이해하지 못하고 공자가 대답한 말의 의미를 자하에게 물었다.

번지가 말했다. "아까 내가 선생님을 뵙고 지(知)에 관해 묻자 선생님은 '올곧은 자를 기용하여 굽은 자 위에 그를 두면 굽은 자도 올곧게 된다.'라고 말씀하셨습니다. 무슨 말인지요?" 자하가 말했다. "풍부한 말씀이구나! 순이 천하를 가졌을 때 여러 사람 중에서 고요를 기용하자 불인(不仁)한 자들이 사라졌다. 탕(湯)이 천하를 가졌을 때 여러 사람 중에서 이윤을 기용하자 불인(不仁)한 자들이 사라졌다."538)

자하는 순임금과 탕왕의 사례를 들어 설명했다. 자하에 따르면 순임금은 공평한 일 처리를 한 고요와 같은 인물을 알아보고 기용했고, 탕왕은

---

537) 『論語』, 顔淵第十二, "擧直錯諸枉, 能使枉者直."
538) 『論語』, 顔淵第十二, "鄕也吾見於夫子而問知, 子曰, 擧直錯諸枉, 能使枉者直, 何謂也? 子夏曰, 富哉言乎! 舜有天下, 選於衆, 擧皐陶, 不仁者遠矣. 湯有天下, 選於衆, 擧伊尹, 不仁者遠矣."

인의(仁義)의 품성을 갖춘 이윤과 같은 인물을 알아보고 기용하자 불인한 자들이 멀리 사라졌다. 이처럼 성품이 올곧은 자들이 우대받아 등용되는 공직 풍토가 조성되면 불인한 자들에게도 권모술수보다는 덕성을 중시하는 태도가 형성되지 않을 수 없을 것이다. 인(仁)과 지(知)는 상호 보완적인 덕성이다. 통치자와 같은 리더가 올곧은 사람을 알아보고 등용하는 것은 지혜이다. 그리고 이런 풍토가 조성되어 성품이 굽은 자들도 올곧게 되는 것은 결국 애인(愛人), 즉 여러 사람을 사랑하는 결과가 되므로 리더의 품성에서 인(仁)의 영역이다. 그러므로 리더는 사람을 알아보는 지혜가 있어야 하며, 올곧은 자를 등용하여 정의로운 공직 풍토를 조성하는 덕성인 인(仁)을 갖추어야 한다.

그렇지만 통상 리더가 인(仁)과 지(知)를 백성에게 현실적으로 적용할 때는 엄정함과 예로 사람을 움직여야 한다.

> 공자가 말했다. "지(知)가 미치더라도 인(仁)이 지킬 수 없다면, 비록 지(知)를 얻어도 반드시 잃게 된다. 지(知)가 미치고, 인(仁)이 지킬 수 있어도, 엄정하게[莊] 백성에게 임하지 않으면 백성이 공경하지 않는다. 지(知)가 미치고, 인(仁)이 지킬 수 있으며, 엄정하게 백성에게 임하더라도, 예(禮)로 하지 않으면 잘한 일이 아니다."539)

인(仁)과 지(知)는 상호 보완적인 덕성이므로 어느 하나가 결핍되면 온전한 덕성을 갖출 수 없다. 인(仁)과 지(知)를 갖춘 리더가 정치에서 덕성과 관련된 정책을 실행할 때는 외부적 수식도 필요하다. 바로 엄정함[莊]과 예(礼)이다. 엄정함과 예는 강유(剛柔)의 조합이다. 바로 리더는 인(仁)과 지

---

539) 『論語』, 衛靈公第十五. "子曰. 知及之. 仁不能守之. 雖得之. 必失之. 知及之. 仁能守之. 不莊以涖之. 則民不敬. 知及之. 仁能守之. 莊以涖之. 動之不以禮. 未善也."

(知), 엄정[莊]과 예(礼)를 적절히 구사할 수 있어야 한다.

리더가 경계해야 할 것들도 있다. 바로 교만과 인색함이다. 공자가 말했다.

"설령 주공의 재능과 같은 아름다운 것을 갖추고 있더라도 교만하고 인색하면 그 나머지는 볼 필요조차 없다."540)

주공은 무왕을 도와 주(周)의 천하 통일에 이바지했으며, 주(周)의 문물제도를 완비한 인물이다. 리더에게 필요한 것은 겸손과 어진 성품에 기초한 통 큰 베풂이다. 그런데 본인이 잘났다고 착각하여 교만하고, 자신만의 이익을 생각한다면 주공과 같은 재능이 있더라도 천하나 일국을 다스리는 통치자로서 자격이 없다 할 것이다.

### 멀리 생각하라!

제나라 환공이 제후들의 맹주로 군림할 때 로나라 군주는 16대 장공(莊公)이었다. 로나라는 장공 이후부터 24대 양공(襄公)까지 실권을 쥔 대부가 3명 있었으니, 바로 장문중(臧文仲)과 동문양중(東門襄仲), 계문자(季文子)가 그들이다.

장문중은 16대 노장공(魯莊公)부터 20대 노문공(魯文公)을 보필했다. 당시 천하는 제환공을 보필하고 있는 관중의 손아귀에 있었기 때문에 장문

---

540) 『論語』, 泰伯第八, "如有周公之才之美, 使驕且吝, 其餘不足觀也已."

중은 다른 나라와 우호 관계를 유지하며 로나라를 보존하려고 힘쓴 인물이다. 장문중이 19대 노희공(魯僖公)을 모시고 있을 때 제환공이 죽었다. 그러자 제환공의 사후를 틈타 송양공(宋襄公)이 천하의 제후를 규합하여 패자가 되려고 했다. 이에 장문중은 "남의 욕망을 따른다면 가능하겠지만 다른 사람을 자신의 욕구에 따르게 한다면 일을 이루기 어렵다."라고 비판했다. 장문중은 송양공이 천하의 제후를 규합하려고 하는 것은 사사로운 욕심에서 기인한 것이라고 보았다. 또, 당시 로나라에 비를 기원하는 무녀(巫女), '왕(尫)'이 있었다. 어느 여름에 큰 가뭄이 들었는데, 노희공은 왕(尫)을 죽이면 비가 오리라 생각하여 그녀를 태워 죽이려 했다. 이때 장문중이 나서서 말했다.

"가뭄에 대비하지 못한 것이 원인입니다. 성곽을 보수하고, 먹는 것을 아끼고, 씀씀이를 줄이며, 농사에 힘쓰고, 자신의 직분을 다하도록 권장해야 합니다. 무녀 왕(尫)이 무엇을 할 수 있겠습니까?"[541]

[尫: 절름발이 왕]

노희공은 장문중의 의견을 따라 무녀를 죽이지 않았다. 이로 미루어 보아 장문중은 정치적 도의도 있었으며 인정도 있는 인물인 듯하다. 그러나 공자는 장문중을 지혜롭지 못한 자라고 폄하(貶下: 낮게 평가함)했다.

공자가 말했다. "장문중이 큰 거북을 보관할 때 두공[節]에는 산 모양을 그렸고 동자기둥[梲]에는 수초(水草)를 그렸으니 어찌 지혜롭다 하겠는가?"[542] [節: 두공 절, 梲: 동자기둥 절]

541) 『左傳』, 僖公21. "非旱備也. 脩城郭, 貶食, 省用, 務穡, 勸分, 此其務也. 巫尫何爲?"
542) 『論語』, 公冶長第五. "子曰, 臧文仲, 居蔡, 山節藻梲, 何如其知也."

'두공[節]'은 기둥 위에 댄 사각형 나무를 말한다. '동자기둥[梲]'은 대들보 위 짧은 기둥을 말한다. 장문중은 거북 껍질을 보관할 때 산 모양과 수초 장식을 넣은 호화로운 장소에 보관했다. 이에 공자는 대부로서 인간의 도리에 힘써야 하거늘 귀신에게 아첨한 것은 지혜롭지 못한 처사임을 지적했다. 또 공자는 장문중을 이렇게 평가했다.

"장문중은 직위에 어울리지 않는 자로다! 류하혜가 현인임을 알고 있었으나 조정에서 그와 더불어 서지 않았다."543)

조정에서 더불어 서지 않았다는 것은 높은 직책을 부여하지 않았다는 말이다. 류하혜544)는 로나라에서 형옥(刑獄)의 일을 관장하는 사사(士師) 벼슬을 살았다. 그는 덕행이 있고 바른말을 하는 반듯한 사람이었다. 그가 벼슬에 있는 동안 정직한 성품 때문에 세 번이나 벼슬에서 쫓겨났다. 어떤 사람이 그에게 어찌 이런 나라를 떠나지 않는가 하고 묻자, 그는 말했다.

"도를 곧게 하여 사람을 섬기면 어디를 간들 내침을 당하지 않겠으며, 도를 굽혀 사람을 섬긴다면 어찌 굳이 부모의 나라를 떠나겠는가?"545)

당시와 같은 난세에 정도를 행한다면 어디 가서도 내침을 받기 때문

---

543) 『論語』, 衛靈公第十五. "臧文仲其竊位者與! 知柳下惠之賢, 而不與立."
544) 성(姓)은 전(展)이며 이름은 획(獲), 자(字)는 금(禽) 혹은 계(季)이다. 식읍(食邑)이 류하(柳下)이고 시호(諡號)가 혜(惠)다. 로나라에서 형옥(刑獄)의 일을 관장하는 사사(士師) 벼슬을 살았다. 로나라의 현자(賢者)로 통한다. 춘추시대 악인(惡人)의 대명사로 쓰이는 도척(盜跖)은 그의 동생이다.
545) 『論語』, 微子第十八. "直道而事人 焉往而不三黜 枉道而事人 何必去父母之邦."

에 로나라나 다른 나라에 있든 별 차이가 없다는 것이고, 만약 올바른 도를 실현하려는 자기 뜻을 굽힌다면 굳이 로나라에서도 내침을 당하지 않으니 떠날 필요가 없다는 말이다. 물론 류하혜는 전자의 의중을 말한 것이다.

공자는 이런 류하혜를 정국을 좌우하는 장문중이 중용하여 쓰지 않았음을 비판했다. 비록 장문중이 어느 정도 대의를 지키려 하고 백성의 생명을 아끼는 마음은 있지만, 인간의 도리를 실천하기보다는 미혹한 것을 신봉하고, 현인을 등용하지 않은 점을 거론하여 공자는 그가 지혜롭지 못하고, 벼슬에 어울리는 자가 아니라고 했다.

동문양중은 19대 노희공부터 22대 노선공(魯宣公)까지 활동했다. 노희공 때 제효공(齊孝公)이 로나라를 침공했다. 이때 양중은 원로 대부 장문중과 함께 초나라로 가서 구원을 요청하여 로나라를 위기에서 벗어나게 했다. 또 양중은 20대 노문공(魯文公) 때는 진(晉)과 제(齊)와 맹약을 체결하기도 하고, 여러 나라에 사신으로 가기도 했다.

문공의 첫째 부인은 제나라에서 온 강씨(姜氏)였고, 둘째 부인은 경영(敬嬴)이라는 여인이었다. 경영은 아들 퇴(俀)를 낳을 때부터 양중에게 사랑하는 감정을 품고 은밀히 양중을 섬기고 있었다. 퇴는 장성하면서 양중에게 모든 것을 털어놓는 사이가 되었다. 당시 태자는 강씨의 아들 자악(子惡)이었는데, 양중은 태자 자악 대신 자기를 따르는 퇴를 군주로 옹립하고자 했다. 원로 대부 장문중이 이미 당시 죽고 없었다. 따라서 로나라의 조정은 사실상 양중에게 거의 장악되었다. 문공이 죽자 자악이 로(魯)의 21대 군주가 되었다. 그러자 양중은 제나라로 가서 제혜공(齊惠公)에게 퇴의 옹립을 허락받으려 했다. 양중이 제나라 군주에게 로나라 군주의 교체를 허락받으려 한 것은 당시 이웃 동맹국에서 군주를 시해하는 등의 정변이

나면 이웃 나라가 토벌군을 내는 것이 제후들 간의 의리였기 때문이다. 따라서 당연히 태자로서 군주가 된 자악을 폐하고 서자인 퇴를 옹립하는 것은 정변에 해당하기 때문에 미리 제나라의 허락을 구하려 했다. 당시 제혜공은 즉위한 지 얼마 되지 않았고, 지지 기반도 취약한 상태였기 때문에 자신도 로나라와 친하게 지내야 하는 전략적 필요성이 있었다. 결국, 양중은 제나라의 허락을 받아낸다. 양중은 귀국하여 자악과 자악의 외삼촌 시(視)를 죽이고 퇴를 옹립했다. 이가 곧 22대 노선공(魯宣公)이다.

양중에게 자식과 동생을 잃은 첫째 부인 강씨는 로나라를 떠나 제나라로 귀국했다. 그리고 돌아오는 길에 저잣거리를 지나면서, "하늘이시여! 양중이 도리에 어긋나게 적자를 죽이고 서자를 옹립하였습니다!" 하고 울부짖으니, 거리의 사람들이 모두 따라 울었다. 이때부터 로나라 사람들은 그녀를 '애강(哀姜: 슬픈 강씨)'이라고 불렀다. 양중이 제혜공의 허락을 받아 아버지의 뒤를 이은 자악을 죽이고 서자인 퇴를 제후가 되게 한 이 사건을 계기로, 로나라 공실은 쇠퇴해지고 노선공의 고조부 노환공의 아들에서 갈려 나온 삼환이 강성해졌다. 공자가 로나라에서 대부의 직책을 수행할 때 로나라 정국을 좌우하던 삼환이 득세하게 된 원인이 동문양중이 저지른 '살적입서(殺嫡立庶)', 즉 적자를 죽이고 서자를 옹립하게 된 사건에서 비롯되었다.

계문자는 20대 노문공부터 24대 노양공까지 활동했다. 계문자는 젊은 시절에는 상당 기간을 동문양중과 활동을 같이 했으나 동문양중의 위세에 밀려 동문양중의 생존 시에는 자세를 낮추고 살았다. 계문자는 앞일을 미리 대비하는 사람이었다. 노문공 때에 계문자는 진(晉)나라를 예방하려 했다. 출발하기 전 계문자는 상을 당했을 때의 예법을 미리 숙지했다. 그것은 진양공(晉襄公)이 병중이라는 소문을 전해 듣고 미리 대비하기 위함이었다. 정말 얼마 안 되어 진양공이 죽었다. 이뿐만이 아니라 계문자는 매사를 깊이 생각하여 행하는 사람이었다. 공자 역시 멀리 그리고 깊게 생각할 것을 권한다.

공자가 말했다. "사람이 멀리 생각하지 않으면[人無遠慮] 반드시 가까운 곳에서 근심이 있다[必有近憂]."<sup>546)</sup>

[遠: 멀 원, 慮: 생각할 려, 近: 가까울 근, 憂: 근심할 우]

"'어떻게 할까? 어떻게 할까?'를 하지 않는 자는 나도 어떻게 할 수 없다."<sup>547)</sup>

멀리 생각하면 앞으로 닥쳐올 여러 환난을 막을 수 있으나 눈앞의 일만 생각하면 뒤이어 일어나는 환난에 대처할 수가 없다. 또 어떤 일을 결단할 때는 어떻게 해야 할지를 심사숙고하여 선택해야 하며 경거망동해서는 안 된다.

그런데 지나친 사색은 오히려 판단을 흐리게 하고, 심지를 위축하게 한다. 계문자가 그런 유형이었다.

계문자는 세 번 생각을 한 후 행했다. 공자가 이 말을 전해 듣고 말했다. "두 번 하면 괜찮다."<sup>548)</sup>

공자는 평소 멀리 그리고 깊게 생각할 것을 권했다. 그러나 위에서 공자

---

546) 『論語』, 衛靈公第十五, "子曰, 人無遠慮, 必有近憂."
547) 『論語』, 衛靈公第十五, "不曰, 如之何如之何者, 吾末如之何也已矣."
548) 『論語』, 公冶長第五, "季文子三思而後行. 子聞之, 曰. 再斯可矣."

는 생각을 두 번 하고 행하면 괜찮다고 말했다. 이 말을 한 이유는 생각이 너무 지나치면 판단을 흐리게 하고 행동에 과단성이 결여되기 때문이다. 송대(宋代)의 정자는 세 번 생각하는 것과 같이 너무 생각이 깊으면 사사로운 의식이 생겨서 오히려 의혹이 생긴다고 했다.

사실 계문자는 동문양중과 노선공이 태자 자악을 죽였는데도 주저하다가 결국 토벌하지 못했다. 그뿐이 아니었다. 계문자는 노선공을 위해 제 혜공을 만나 뇌물을 바치고 서로 회맹 날짜를 잡았다. 이에 노선공은 제 혜공을 제나라 땅 평주에서 만나 군주의 자리를 인정받게 되었다. 계문자는 너무 지나치게 생각만 하다가 결국 권력에 타협하는 사사로운 의식이 생겨 행동으로 의로움을 떨칠 골든 타임(Golden time)을 놓쳐버린 것이다. 계문자는 동문양중이 선공이 즉위한 후 8년 만에 죽자 그 이후 30여 년을 더 살았다.

장문중과 동문양중 그리고 계문자는 나름 로나라의 정치인으로서 시대를 풍미했다. 그중 동문양중은 명분 없이 군주를 시해했으므로 리더가 지녀야 할 자질을 말할 여지가 사실상 없으나, 장문중과 계문자의 경우 보는 관점에 따라 리더의 자격도 인정될 수 있을 것이다. 그러나 공자는 장문중이 인간의 도리를 실천하기보다는 미혹한 것을 신봉하고 현인을 등용하지 않은 점을 거론하여, 지혜롭지 못하고 벼슬에 어울리는 자가 아니라고 했다. 그리고 계문자는 너무 생각에만 집착하여 행동에 과단성이 없음을 경계했다.

바로 장문중과 계문자의 사례를 통하여 인간의 도리에 관한 관심, 현인과 같은 인재의 등용, 적당한 사려와 행동의 과단성을 공자는 리더의 품격으로 보고 있다. 계문자가 죽고 나서 약 17여 년 후에 공자가 태어났다.

## 공경하고 백성을 편안하게 한다

공자 시대에도 그랬겠지만, 우리 주변에는 정치 지망생들이 많다. 작게는 시·도의원에서부터 국회의원, 심지어 대통령까지 목표로 삼는다. 오늘날 정치하려는 자들이 가져야 할 소양은 무엇일까? 민주적 사고, 평화통일에 대한 신념, 정의감 등 여러 가지가 있을 수 있다. 이러한 사회적 가치와 소양이 제대로 갖추어지지 않은 자들이 통치 집단이 되거나 최고 통치자가 되었을 때, 그 국가적 피해는 크고 광범위하다. 공자도 당시 정치를 하려는 사람들이 가져야 할 기본적 소양에 대해 말했다.

"천승지국(千乘之國)의 나라를 이끌려고[道] 한다면, 일을 공경하게 행하고[敬事], 신뢰받는[信] 사람이어야 한다. 씀씀이를 절약하려 하고, 사람들을 사랑하며, 사람을 때맞춰 부리려는 마음가짐이 있어야 한다[使民以時]."[549]

[乘: 수레 승, 之: 어조사(~의) 지, 道: 인도할 도, 使: 부릴 사, 時: 때 시]

천승지국(千乘之国)은 수레 천 대를 가진 나라로서 제후국을 의미한다. 주희는 공자가 '다스린다[治]'는 말 대신에 '인도한다[道]'는 단어를 사용한 것은 실제 정사에 나아가 말한 것이 아니라 정치를 하려는 자들의 마음 자세를 표현한 것이라고 했다. 주희에 따르면 위의 여러 소양 중에서 '일을 공경하게 행하고, 신뢰받는 사람'이 가장 기본이 된다. 공경과 신뢰를 소중히 여기는 사람이 재화를 절약하고, 사람을 사랑하며, 사람을 때맞춰 부릴 줄 안다. 또 공경과 신뢰 중에 근본은 공경이다. 공경할 줄 알아야 신

---

549) 『論語』, 學而第一. "道千乘之國, 敬事而信, 節用而愛人, 使民以時."

뢰를 받는다. 결국, 정치에 뜻을 두는 자들이 일단 가져야 할 가장 기본적 마음 자세는 공경이다.

유교에서 설정한 이상적 인간상 중의 하나가 군자(君子)이다. 군자는 상황에 따라 인격자를 의미하기도 하고, 위정자를 뜻하기도 하며, 둘 다 포함하기도 한다. 가장 보편적으로 사용되는 것은 두 가지를 다 포함하는 개념인 '인품을 갖춘 위정자'이다.

자로가 군자에 관해 묻자 공자가 말했다. "공경으로써 자신을 수양해야 한다[修己以敬]." 그러자 자로가 다시 물었다. "이것뿐입니까?" 공자가 말했다. "자신을 수양하고 다른 사람을 편안히 해야 한다[修己以安人]." 그러자 자로가 재차 물었다. "이것뿐입니까?" 공자가 말했다. "자신을 수양하고 백성을 편안하게 한다[修己以安百姓]. 자신을 수양하고 백성을 편안하게 하는 것은 요임금, 순임금도 (자신이) 부족하다고 생각했다."550)

[修: 닦을 수, 敬: 공경할 경, 姓: 성씨 성]

자로가 군자에 대해 거듭 묻자 공자는 군자가 해야 할 일로 '수기이경(修己以敬)'으로 시작하여 '수기이안백성(修己以安百姓)'으로 마무리했다. '수기이경(修己以敬)', 즉 '공경으로써 자신을 수양해야 한다.'라는 말은 일단 공경이 군자의 가장 기본이 되는 행위로서, 공경하는 마음을 늘 마음에 품고 실천하여 자신의 품성을 도야해야 한다는 의미이다. 이처럼 위정자로서의 군자도 가장 기본적인 출발은 역시 '공경'하는 마음이다. 이것은 앞의 정치를 지망하는 자들이 우선으로 가져야 할 자세인 공경과 서로 일치

---

550) 『論語』, 憲問第十四, "子路問君子. 子曰. 修己以敬. 曰. 如斯而已乎? 曰. 修己以安人. 曰. 如斯而已乎? 曰. 修己以安百姓. 修己以安百姓, 堯舜其猶病諸!"

한다. '수기이안백성(修己以安百姓)', 즉 '자신을 수양하고 백성을 편안하게 한다'는 말은 자신을 수양한 후 거기서 끝나는 것이 아니라 정치를 하여 백성을 편안하게 해야 한다는 의미이다. 이것은 유학에서 이상적 인간상의 하나로 설정된 군자의 특징을 가장 잘 나타내주는 표현이다. 즉, 군자는 자신을 수양하는 선에서 그치는 것이 아니라, 수양된 품성을 바탕으로 현실 정치에 참여하여 먼저 나의 주변 사람[修己以安人], 그리고 더 나아갈 수 있다면 백성을 편안하게 함[修己以安百姓]을 목적으로 삼아야 한다는 말이다. 이런 맥락에서 군자는 제대로 된 리더의 모습을 이념화한 것이기도 하다. 리더에게 공경하는 마음은 사람을 섬길 때나 일 처리에서 곧 자신을 수양하는 방법이 된다. 이것은 정치에서 리더가 되려는 자, 현재 리더로서 활동하는 자들이 가져야 할 기본적 소양이다. 그 이유는 공경이 오늘날 정치를 지망하는 자들이 지녀야 할 소양인 민주적 사고 등을 형성하는 데 또한 바탕이 되기 때문이다.

공자는 매사에 신중했지만, 특히 다음의 세 가지를 조심했다. 특히 전쟁과 질병 같은 것은 국가적 차원으로 보면 나라에 큰 영향을 미칠 수 있는 것들이기에 통치자들이 유념해야 할 것들이다.

"선생님께서 조심하신 것은 재계, 전쟁 그리고 질병이다."[551]

재계(齋戒)는 제사에 임하기 전 몸과 마음을 깨끗이 하는 것이다. 제사는 몇 가지 종류가 있다. 『예기(礼記)』 「예운禮運」에 따르면, 천자가 하늘과 땅에 지내는 제사를 교제(郊祭)라고 하는데, 약칭하여 교(郊)라고도 한다. 그리고 제후들은 사직(社稷)에 제사를 지낸다. 사직은 토지의 신과 곡식의

---

551) 『論語』, 述而第七, "子之所愼, 齊, 戰, 疾."

신을 말한다. 그 외 죽은 사람을 대상으로 하는 제사가 있다. 종묘지례(宗廟之礼)와 조상 제사가 그것이다. 종묘지례는 역대 통치자의 위패(位牌)를 모신 사당인 종묘에서 지내는 제사이다. 조상 제사는 일반인들이 돌아가신 선조를 위한 제사이다. 공자는 인간사를 주재하는 하늘이 존재한다고 믿었으나 귀신의 존재에 대하여는 회의적이었다. 그런데 공자가 제사의 종류를 불문하고 제사에 임할 때 몸과 마음을 깨끗이 한 것은 일단 존재의 유무에 대하여 확신은 서지 않지만 경건하게 정성을 다하는 자체를 중요하다고 생각했던 것으로 판단된다.

전쟁은 민중들의 생사와 국가의 존망이 연계된 중대한 문제이다. 그래서 국가 지도자는 외국과의 갈등을 전쟁으로 해결하려는 무모함보다는 가급적 평화로운 방법으로 해결하려는 노력이 필요하다.

질병 역시 개인과 민중의 삶의 질과 생사에 관련되기 때문에 역시 조심해야 한다. 특히 전염병은 일정한 시기에 광범위하게 전파되기 때문에 백성에게 막대한 피해를 줄 수가 있다. 전염병을 비롯한 국가적 재난에 미리 대비하는 통치자의 예지(叡智: 사물의 도리를 꿰뚫어 보는 뛰어난 지혜)가 역시 필요하다고 할 것이다.

기본적 소양을 갖춘 리더들은 작게는 나의 주변 사람들, 크게는 백성을 편안하게 함을 목적으로 삼아야 한다. 이런 리더들이 있는 기업, 정부 기관은 직원을 존중하는 문화가 형성되고, 직원의 고충에 귀를 기울이게 된다. 군자적 소양을 갖춘 리더가 통치자로 있는 국가는 자신의 고집과 사욕에 집착하는 것이 아니라 백성의 원한과 하소연을 풀어주고 민생을 풍족하게 하여 백성을 편안하게 해줄 것이다.

## 정명(正名)하다

공자 나이 35세 때 로나라 왕 소공(昭公)은 정권을 장악하고 있던 삼환(三桓)을 축출하고자 군대를 동원했다가 도리어 삼환에 쫓겨 제나라로 도망갔다. 공자도 그 뒤를 따라 제나라에 갔다. 공자는 잠시 고소자(高昭子)의 가신(家臣)이 되어 제나라 경공(景公)과 교류를 하게 된다. 이때 경공이 공자에게 정치에 관해 묻자 공자가 말했다.

제경공이 공자에게 정치에 관해 묻자 공자가 대답했다. "군주는 군주답고 신하는 신하답고 부모는 부모답고 자식은 자식답게 되는 것이외다[君君臣臣父父子子]." 제경공이 말했다. "훌륭하오. 참으로 군주가 군주답지 않고, 신하가 신하답지 않으며, 부모가 부모답지 않고, 자식이 자식답지 않으면 비록 곡식이 있더라도 내가 얻어먹을 수 있겠소이까?"[552]

'군군신신부부자자(君君臣臣父父子子)', 즉 군주는 군주답고 신하는 신하답고 부모는 부모답고 자식은 자식다워야 한다는 의미이다. 공자의 이 말은 정명(正名) 사상을 표현하고 있다. 정명이란 말 그대로 명칭을 바로 세운다는 의미로서, 달리 말하면 명칭과 실상(직분)을 일치시킨다는 뜻이다. 즉 임금, 신하, 부모, 자식은 명칭에 부합되게 자신에게 부여된 역할을 제대로 해야 한다는 말이다. 공자의 정명 사상은 사회 성원 각자가 자기의 위치에 해당하는 덕을 실현할 때 예의 바르고 올바른 질서가 이루어지는 그러한 사회가 된다는 것을 말하고 있다.

---

552) 『論語』, 顔淵第十二, "齊景公問政於孔子. 孔子對曰. 君君. 臣臣. 父父. 子子. 公曰. 善哉! 信如君不君. 臣不臣. 父不父. 子不子. 雖有粟. 吾得而食諸?"

"고(觚)가 모나지 않으면 그것을 고(觚)라고 할 수 있겠는가? 고(觚)라고 할 수 있겠는가?"553)

본래 '고(觚)'란 짐승의 뿔로 만든 네모난 술잔을 의미한다. 그 '고'가 실제로 네모나지 않으면 '고'라는 명칭을 써서는 안 된다는 의미이다. 역시 명칭과 실상이 일치되어야 한다는 말이다.

공자가 말했다. "그 직위에 있지 않으면 그 정사를 도모하지 말라."554)

제후(諸侯), 경(卿), 대부(大夫), 사(士)는 각자의 직분이 있다. 사(士)가 대부, 경, 제후의 일을 도모해서는 안 되고, 큰 그림을 그려야 할 제후가 경, 대부, 사의 일을 해서도 안 된다. 공자의 생각은 『주역』의 사상과 일맥상통한다. 『주역』의 간괘(艮卦) '상사(象辭)'는 "군자는 생각이 그 자리를 벗어나지 않는다[君子以思不出其位]."이다. 『주역』도 각자의 직분에 맞는 사고를 하여야 한다고 말하고 있다.

공자가 정명 사상을 갖게 된 까닭은 공자의 모국인 로나라의 정치 상황과 무관치 않다. 군주가 군주 노릇을 하지 못하고 신하가 군주 노릇을 하게 되면서 로나라의 국정이 파행되는 것을 공자는 주목하고 그의 정명 사상을 정립하게 되었다. 공자는 나이 42세가 되어 로나라로 돌아온다. 그러나 로나라의 실권은 여전히 삼환에 있었으며 특히 삼환 중에서 계씨 집안의 계환자에게 집중되었다. 또 심지어는 계씨 가문의 가신 양호(陽虎)마저 난(亂)을 일으켜 정사를 농단했다. 이런 혼란의 와중에서 공자는 시(詩)·서(書)·예(禮)·악(樂)을 편수(編修)하고 각지에서 몰려든 제자들의 교육에

---

553) 『論語』, 雍也第六. "觚不觚, 觚哉! 觚哉!"
554) 『論語』, 泰伯第八. "子曰, 不在其位, 不謀其政."

전념했다. 그러다 공자는 51세에 중도 고을의 수장이 되어 관리로 진출했다. 그리고 52세에 사공(司空)이 되더니 이어서 대사구(大司寇)가 되었다. 그렇지만 국정의 실권이 대부 가문인 계씨를 비롯한 삼환에 있는 상황에서 공자의 국정 운영은 많은 장애가 있었다. 이런 상황에서 공자는 다음과 같은 말을 남긴다.

"천하에 도가 있으면 예악(禮樂)과 정벌(征伐)이 천자로부터 나오고, 천하에 도가 없으면 예악과 정벌이 제후에게서 나온다. 제후에게서 나오면 대개 10세대에 무너지지 않는 경우가 드물고, 대부로부터 나오면 5세대에 무너지지 않는 경우가 드물며, 배신(대부의 가신)이 국명(國命: 나라의 명령권)을 잡으면 3세에 무너지지 않는 경우가 드물다. 천하에 도가 있으면 정치가 대부에게 있지 않고, 천하에 도가 있으면 서인들이 사사로이 의논하지 않는다."555)

공자가 살던 시대는 춘추시대에서 전국시대로 넘어가는 과도기였다. 이 시대는 천자의 나라인 주나라가 점차 힘이 약해지면서 각 제후국이 서로의 세력을 확대해 나가려는 시기였다. 또 각 제후국에서는 노나라의 경우처럼 대부들이 정권을 잡고 농단하는 경우가 있었는데, 이것을 공자는 정명을 그르친 사례로 인식하고 있으며 국가 멸망의 원인으로 보고 있다.

앞에서 나왔듯이 공자가 주유천하 중 마지막 들른 나라는 위나라였다. 당시 위나라는 11년 전에 위령공의 세자 괴외가 계모인 남자(南子)를 살해하려다 실패하여 국외로 달아난 일이 있었다. 위령공이 죽자 괴외의 아들

---

555) 『論語』, "季氏第十六, "天下有道, 則禮樂征伐自天子出, 天下無道, 則禮樂征伐自諸侯出. 自諸侯出, 蓋十世希不失矣, 自大夫出, 五世希不失矣, 陪臣執國命, 三世希不失矣. 天下有道, 則政不在大夫.天下有道, 則庶人不議."

첩(輒)이 제후의 자리에 올랐으나 아들인 첩은 자신의 자리를 보전하기 위해 아버지인 괴외의 입국을 막고 있었다. 이때 제자 자로가 공자에게 위나라에서 정치를 맡기면 먼저 무엇을 할 것인가를 묻자 공자가 말했다.

"반드시 정명(正名) 하겠다[必也正名乎]."

[必: 반드시 필, 也: 어조사(어세를 강하게 함) 야, 正: 바르게 할 정, 名: 이름 명, 乎: 어조사(단정을 표현) 호]

공자는 괴외가 계모인 남자(南子)를 죽이려 한 것도, 첩(輒)이 아버지인 괴외의 입국을 막는 것도 모두 명분이 없다고 보았다. 그래서 구차하게 설명하는 말들도 이치에 맞지 않고, 이에 따라 나랏일이 제대로 이루어지지 않고 있다는 것이다. 따라서 위나라에서 가장 시급한 것은 정명이었다. 정명이 있으려면 조정이나 오늘날 공직 사회에서 각자가 자신의 위치에서 당연히 해야 할 말을 하고, 그 말을 실천할 수 있어야 한다.

"군자는 (자리에) 명칭이 붙으면 반드시 할 말을 할 수 있어야 하며, 말을 하면 반드시 행동할 수 있어야 하는 것이어서, 군자는 그 말에 구차함이 없어야 한다."[556]

정명은 모양만 단정히 하고 그 직위에 있는 것이 아니라 해야 할 말을 하고, 그 말에 행동이 따르는 것을 말한다. 해야 할 말은 정의나 보편적 양식에 부합되는 말이다. 이럴 때 그 말은 구차하지 않고 떳떳할 수가 있다. 떳떳한 말을 행동으로 옮기기 때문에 사람들이 믿고 따른다.

---

556) 『論語』, 子路第十三, "君子名之必可言也, 言之必可行也. 君子於其言, 無所苟而已矣."

공자가 말했다. "그 몸이 바르면 명령하지 않아도 행해지고, 그 몸이 바르지 않으면 비록 명령해도 따르지 않는다."557)

몸[身]은 말과 행동을 포괄한 것이다. 군자(위정자)가 그 말과 행동이 정의나 보편적 양식에 부합되면 백성은 명령하지 않아도 따라온다. 통치자의 말과 행동이 서로 다르거나 정의나 보편적 양식에 부합되지 않을 때 모범의 대상이 아니라 조롱의 대상이 될 수 있다. 통치자뿐만 아니라 신하를 포함하여 모든 정치인도 마찬가지다.

공자가 말했다. "진실로 그 몸을 바르게 하면 정치에 종사하는 것에 어떤 어려움이 있으며, 그 몸을 바르게 하지 못하면 다른 사람을 바로잡는 것을 어찌할 수 있겠는가?"558)

정치는 어렵다. 그런데 어려운 정치를 지혜롭게 풀어내는 방법은 있다. 바로 통치자뿐만 아니라 정치에 종사하는 사람들이 그 몸을 바로 하는 것이다.

진정한 군자라면 그 이름에 걸맞게 처신해야 한다. 군자가 괴로워할 것은 남들보다 뒤떨어진 부귀가 아니라 그 이름에 걸맞은 일을 하지 못한 것이다.

"군자는 세상을 마칠 때 그 이름에 걸맞지 않았던 것을 괴로워한다."559)

---

557) 『論語』, 子路第十三, 子曰, "其身正, 不令而行. 其不正, 雖令不從."
558) 『論語』, 子路第十三, "子曰, 苟正其身矣, 於從政乎何有? 不能正其身, 如正人何?"
559) 『論語』, 衛靈公第十五, "君子疾沒世而名不稱焉."

보통의 사람은 부귀 등과 같이 사욕이 있을 수 있다. 더구나 위정자는 권력에 도취하여 비합리적 판단이나 행태를 종종 보이기도 한다. 그러나 군자는 사람들이 자신의 말을 따르지 않는 것을 노여워하는 것이 아니라, 자신이 얼마나 지나온 자리에 맞는 역할을 했는가를 성찰하고 자신을 탓한다.

공자는 말년에 사관이 기록한 기록을 근거로 『춘추(春秋)』를 저술했다. 『춘추』는 천자의 나라 주나라가 수도를 호경에서 낙읍으로 옮긴 얼마 후 제후국인 로나라 은공(隱公)부터 공자가 죽기 직전인 애공(哀公)까지 12제후가 다스렸던 시기의 주요 사건들을 정리한 서적이다. 『춘추』는 객관적인 사건의 서술이 아니라 도덕적 관점에서 사건을 비평했기 때문에 역사서가 아니라 비평 서적으로 보아야 한다. 맹자에 따르면 공자기 『춘추』를 완성하니 난신(亂臣: 나라를 어지럽히는 신하)과 적자(賊子: 어버이를 해치는 자식)들이 두려워하게 되었다고 한다. 난신과 적자들은 다름 아닌 정명을 해친 자들이다.

## 군주 되기도 어렵고 신하 되기도 쉽지 않다

공자는 로(魯)의 대사구로 있을 때 정명을 해치고 있는 삼환의 위세를 누르고 군주의 권위를 회복하기 위하여 정공에게 신하들의 무기를 거두고 대부들의 성곽 해체를 건의했다. 공자의 계획에 따라 결국 숙손씨가 먼저 후읍(后邑)의 성벽을 헐었다. 그리고 계손씨는 이어서 비읍(費邑)의 성벽을 헐었다. 그렇지만 맹손씨들은 끝내 자신의 성벽을 허물지 않았다. 정공이 군대를 동원하여 맹손씨의 성을 포위하여 공격했지만 맹손씨의 성은 끝내 함락되지 않았다. 이런 공자의 노력을 고맙게 생각한 정공은 공자를 신뢰하여 정치에서 많은 자문을 구했다. 한번은 정공이 한마디 말로써 나라를 흥하게 할 수 있는 것이 있는지를 물었다. 이에 공자가 말했다.

"사람들이 말하기를, '군주가 되기도 어렵고, 신하가 되기도 쉽지 않다.'라고 합니다. 만약 군주가 되기 어렵다는 것을 안다면, 한마디 말로 나라를 흥하게 하는 것은 분명하지 않겠습니까?"[560]

군주는 자리만 지켜서는 안 된다. 자신의 결정이 백성에게 어떤 이익을 줄 수도 있고 큰 피해를 줄 수도 있으므로 정사를 깊은 개울을 건너듯, 얇은 얼음을 건너듯 신중하게 하여 소홀함이 없어야 한다. 또 자신의 위치는 백성이 본받는 자리이므로 수신을 하고 언행도 조심해야 한다. 그러므로 제대로 된 군주가 되기가 어렵다. 군주가 이 말을 잠언(箴言: 훈계가 되는 짧은 말)으로 삼는다면 그 나라는 흥하게 될 것이 분명하다.

공자의 말을 듣고 정공이 이번에는 한마디 말로써 나라를 잃을 수 있는가를 물었다. 공자가 말했다.

"사람들이 말하길, '나는 군주가 된 것이 즐거움이 없고, 오직 말을 할 때 나의 뜻을 어기지 않는 것이 즐거움이다.'라고 합니다. 만약 군주가 선하고 (신하가) 어기지 않으면 선이 왜 아니겠습니까? 그러나 만약 군주가 불선(不善)인데도 (군주의 말을) 어기지 않는다면 한마디 말로써 나라를 잃는 것이 분명하지 않겠습니까?"[561]

---

560) 『論語』, 子路第十三. "人之言曰, 爲君難, 爲臣不易. 知如爲君之難也, 不幾乎一言而興邦乎?"
561) 『論語』, 子路第十三. "人之言曰, 予無樂乎爲君, 唯其言而莫予違也. 如其善而莫之違也, 不亦善乎? 如不善而莫之違也, 不幾乎一言而喪邦乎?"

군주 된 자가 자신의 귀에 거슬리는 충언은 듣지 않으려 하고, 날로 늘 교만하며 신하가 아첨하는 말 듣기를 좋아한다면, 그런 나라는 얼마 못 가 반드시 나라를 잃게 된다. 참으로 옛날이나 지금이나 통치자들이 새겨 들어야 할 가르침이 아닐 수 없다. 제대로 된 신하가 되기도 어렵다. 제대로 된 신하, 즉 충신은 군주가 불선(不善)일 경우 자신에게 닥칠 위해를 감수하고 직언을 해야 하기 때문이다. 잘못된 군주의 말을 어기지 못하는 신하들로 채워진 나라는 오래 가지 못한다.

신하는 군주에게 충언하고 군주가 실정을 하면 간곡히 간할 수 있어야 한다.

공자가 말했다. "사랑한다면 수고로움이 없겠는가? 충성한다면 가르침이 없겠는가?"562)

공자는 자식을 직접 가르치지 않았다. 여기서 자식을 직접 가르치지 않은 것은 일련의 교육과정에서의 교육을 대상으로 한 것이다. 부모는 자식을 양육하면서 올바른 가치관 교육이나 예절 교육을 한다. 어떤 경우에는 교육 환경을 바꾸어 주어야 하고 부모 자신이 모범을 보여야 한다. 자식을 사랑한다면 수고로움이 따르지 않을 수 없다. 신하도 마찬가지이다. 정말로 군주에게 충성하는 마음이 있다면 군주가 실정을 하는 경우 군주가 올바른 길을 가도록 깨우쳐 주어야 한다. '충(忠)'은 치우치지 않은 올바른 마음이라는 의미이다. 통치자나 상관의 잘못된 정책과 명령을 따르는 것은 충(忠)이 아니라 맹종(盲從)일 뿐이다.

군주에게 깨우침을 주는 간쟁(諫爭: 간하여 다툼)은 속임수를 써서는 안

---

562) 『論語』, 憲問第十四, "子曰, 愛之, 能勿勞乎? 忠焉, 能勿誨乎?"

된다. 자로가 군주를 섬기는 것에 묻자 공자가 말했다.

"속이지 말고, (안색을) 거슬러 한다[犯之]."563)

[犯: 범할 범, 之: 그것(안색) 지]

아무리 선의라도 신하는 군주에게 은폐하는 것이 없어야 하고, 의로움에 관한 사안일 때는 군주가 싫어하는 안색을 해도 임금의 뜻을 거슬러 직설적으로 말할 수 있어야 한다.

군주를 섬기는 신하는 자신의 직책을 다한 후에 봉록을 구할 생각을 해야 한다.

공자가 말했다. "군주를 섬길 때 그 일을 경건하게 한 후 그 봉록을 취한다."564)

군주를 섬기는 신하는 시설이나 경계를 지키는 직책을 가질 수 있고, 간언하는 직책을 가질 수 있다. 각각의 신하는 맡은 바 책임을 다한 후에 봉록 받기를 원해야 한다.

마음은 의롭지 않아서 간쟁하지 않고, 자신의 직책을 다하지 않으면서 부귀를 탐하는 자를 비부(鄙夫: 마음과 행실이 지저분한 자)라고 한다. 비부(鄙夫)를 신하로 두어서는 안 된다.

공자가 말했다. "비부(鄙夫)와 더불어 군주를 섬길 수 있겠는가? 그는 얻지 못하면 얻기를 걱정하며, 이미 얻으면 잃을지를 걱정한다. 진실로

---

563) 『論語』, 憲問第十四, "勿欺也, 而犯之."
564) 『論語』, 衛靈公第十五, "子曰, 事君, 敬其事而後其食."

잃을지를 걱정하면 이르지 못할 게 없다."565)

비부(鄙夫)의 마음에는 도덕은 없고 사리사욕만 존재한다. 그래서 비부는 늘 부귀를 탐하고, 부귀를 얻으면 그것을 지키기 위해 모든 수단과 방법을 동원한다. 심지어 군주에게 위해를 가하기도 한다.

## 군자는 넓고 큰 모습이다

위정자로서의 군자의 모습은 일단 큰 그릇이어야 한다. 그래야 원대한 계획을 꿈꿀 수 있고 자신과 생각을 달리하는 사람을 품을 수 있다. 공자가 말했다.

"군자는 너그럽고 크고 넓으며[君子坦蕩蕩], 소인은 동동거리는 모습을 길게 한다[小人長戚戚]."566)

[坦: 너그러울 탄, 蕩: 클/넓을 탕, 長: 길 장, 戚: 근심할 척]

'탄탕탕(坦蕩蕩)'은 너그럽고 크고 넓은 모습을 의미한다. '장척척(長戚戚)'은 근심하여 동동거리는 모습을 의미한다. 위정자로서의 군자는 올바른 도리를 따르기 때문에 거리낌이 없어서 너그럽고 크고 넓은 모습을 보이며, 소인은 사욕, 명예욕에 얽혀 있어서 늘 조바심한다.

---

565) 『論語』, 陽貨第十七. "子曰, 鄙夫可與事君也與哉? 其未得之也, 患得之. 旣得之, 患失之. 苟患失之, 無所不至矣."
566) 『論語』, 述而第七. "君子坦蕩蕩, 小人長戚戚."

군자가 위정자인 나라는 소인이 위정자로 있는 나라는 이런 차이가 있다.

    공자가 말했다. "군자는 섬기기는 쉬우나 기쁘게 하기는 어렵다[君子 易事而難說也]. 그를 기쁘게 하는 것이 도(道)로써 하지 않으면 기뻐하지 않는다. 그 사람을 부리는 데 미쳐서는 그 사람의 재질에 맞춘다. 소인은 섬기기는 어려우나 기쁘게 하기는 쉽다[小人難事而易說也]. 그를 기쁘게 하는 것이 비록 도(道)로써 하지 않더라도 기뻐한다. 그 사람을 부리는 데 미쳐서는 갖춘 사람을 구한다."567)

    [易: 쉬울 이, 事: 섬길 사, 難: 어려울 난, 說: 말씀 설, 기뻐할 열, 也: 어조사(종결) 야]

    군자인 위정자는 자신의 사욕에 따라오기를 원치 않아서 그를 섬기기가 쉽다. 그러나 정당한 방법에 따른 것이 아니면 기뻐하지 않아서 그를 기쁘게 하기 어렵다. 소인은 자신의 사욕에 맞추기 원하여서 섬기기가 어렵다. 그러나 올바른 방법이 아니어도 기뻐하기 때문에, 그를 기쁘게 하기는 쉽다. 사람을 부릴 때 군자인 위정자는 정확하면서도 너그럽게 그 사람의 성품과 역량에 맞추어 일을 준다. 소인인 위정자는 그 반대이다. 소인이 원하는 것은 직책에 맞는 품성과 역량이 아니라 자기의 사욕을 충족시켜줄 재주가 있고 복종을 하는 사람인가에 있다.

    위정자로서의 군자는 넓고 큰 모습이기에 추구하는 가치가 보편적이고 높다.

    공자가 말했다. "군자는 상달하고[君子上達], 소인은 하달한다[小人下達]."568)

---

567) 『論語』, 子路第十三, "子曰. 君子易事而難說也. 說之不以道. 不說也. 及其使人也. 器之. 小人難事而易說也. 說之雖不以道. 說也. 及其使人也. 求備焉."
568) 『論語』, 憲問第十四, "子曰. 君子上達. 小人下達."

'군자상달(君子上達)'은 군자는 위로 통달한다는 뜻이다. 넓고 큰 모습인 군자는 통달하고자 하는 가치도 보편적이며 높은 차원인 미래지향적이고 투명하며, 평화, 친환경이다. '소인하달(小人下達)'은 소인은 아래로 통달한다는 뜻이다. 소인은 사욕에 따르기 때문에 몇몇을 위한 저급한 이익에 몰두한다.

## 천명을 두려워한다

공자는 하늘[天]이 인간사를 주재하는 권능을 갖고 있다고 믿었다. 주재자로서의 하늘은 인격적 하늘이고 종교적 하늘이다. 주재자로서의 하늘은 천명(天命)의 형식을 빌려 인간사에 관여하는 형태를 취한다. 주재자로서의 하늘이 내리는 천명은 인간 행위의 평가 기준이 되고 도덕적 정당성을 확보하는 근거가 되기도 한다. 다시 말해 천명을 따른다는 것은 도덕적, 정치적 정당성을 담보하고 있다는 의미이다. 그리고 천명을 어겼다는 것은 비도덕적이거나 포악한 정치를 했다는 의미이다. 유학에서 군자는 수신하여 현실 정치에 참여하는 지도자를 의미한다. 군자가 따라야 할 것이 바로 천명이다.

"군자는 세 가지 두려워해야 할 것이 있다. 천명을 두려워하고, 대인을 두려워하며, 성인의 말을 두려워해야 한다."[569]

---

569) 『論語』, 季氏第十六. "君子有三畏, 畏天命, 畏大人, 畏聖人之言."

군자가 천명에 순응하지 않으면 행동의 명분도 잃고 심지어 벌을 받을 수도 있어서 천명을 두려워해야 한다는 말이다. 유교 경서 중에 『중용(中庸)』이 있다. 『중용』은 공자의 손자인 공급[孔伋: 자(字)는 자사]이 저술했다고 전해지지만, 다르게 주장하는 학자도 많다.

『중용』에는 "하늘이 명한 것을 성(性)이라고 한다."란 말이 있다. 『중용』은 인간사를 주재하고 인간의 운명을 결정하는 하늘이 인간의 본성까지 부여한다고 하고 있다. 이것은 인간 사회에 통용되는 원리가 곧 우리의 본성과 서로 다르지 않음을 말한다. 따라서 천명을 따른다는 표현은 종교적 관점에서의 하늘의 뜻이기도 하며, 그 구체적 발현은 우리 마음속의 양심을 따르는 것이기도 하다. '천명을 따르라'는 말은 잘못된 통치자를 더는 바로 잡을 방법이 없을 때 종종 사용된다. 다시 말하면 그릇된 통치자에게 보내는 최후의 메시지이기도 하다. 하나라의 걸왕을 축출한 탕왕, 상나라의 주왕을 축출한 무왕, 이들은 모두 천명을 따르지 않은 폭군을 처단하는 것을 대의명분으로 삼았다.

## 3절 정치는 그 방법이 있다

### 민생을 챙겨야 한다

유학에서 공자와 자로의 말을 통해 드러난 벼슬을 하려는 자의 기본 품성은 의로움[義]이다. 그리고 제7장 2절에서 살펴본 바와 같이 공자는 군자인 위정자가 가져야 할 덕목으로 인(仁)과 지(知), 그리고 외부적 수식으로 엄정함[莊]과 예(礼)를 제시했다. 이러한 덕목과 외부적 형식으로 위정자가 성취하고자 하는 것은 백성을 편안하게 하는 것이었다. 그런데 백성을 편안하게 하는 것은 위정자의 도덕성과 통치 형태뿐만 아니라 실질적으로 민생을 챙기는 정책이 동반되어야 한다. 바로 인과 지, 엄정과 예가 통치자에게 요구되는 도덕적, 형식적 의미로서의 덕목이라면 민생을 챙기는 것은 경제적, 현실적 차원의 정책을 의미한다. 공자는 정치에서 도덕과 경제력 모두 중요한 요소라고 보고 있다. 공자가 경제력을 중요시한 것은 백성의 도덕적 처신과 직결된다고 보았기 때문이다. 공자는 말한다.

"가난하면서 남을 원망하지 않기는 어려운 일이나, 부유하면서 교만하지 않기는 쉬운 일이다."[570]

가난하면 마음이 비굴해지거나, 마음의 여유가 없어져 남을 탓하는 경우가 많다. 이것은 인성이 본래 그러한 것이 아니라 각자의 경제적 환경으로부터 영향을 받을 수 있다는 말이다. 그래서 백성에게는 일정한 부(富),

---

570) 『論語』, 憲問第十四, "貧而無怨難, 富而無驕易."

재산이 있어야 한다. 공자가 말하는 백성의 부(富)는 국가 전체를 대상으로 하는 양적 의미가 아니다. 공자는 "나라나 가정을 다스리는 자는 부족함을 걱정할 것이 아니라 고르지 못함을 걱정해야 한다."571)라고 했다. 공자는 백성의 부(富)을 중요하게 여기지만 그 부(富)는 신분이나 부적절한 방법에 따른 부의 집중이 아니라 백성에게 골고루 돌아가는 부를 말한 것이다.

그러나 공자가 말하는 고른 분배는 획일적인 균등한 분배를 의미하지는 않는다. 공자는 "나라에 도가 있으면 가난과 천함이 부끄러울 수 있지만 나라에 도가 없으면 부귀가 부끄러움이 된다."572)라고 했다. 도(도덕)가 통용되지 않는 사회는 권력이나 부적절한 방법으로 부귀가 얻어지는 사회이다. 이런 사회를 바꾸려고 공자는 노력했다. 도덕이 통용되는 사회는 권력이나 부적절한 방법이 아닌 본인의 노력에 따라 부유할 수도 있고, 가난과 천함이 존재하는 사회이다. 바로 공자는 골고루 부의 분배가 이루어져야 함을 주장하나 백성의 노력에 따른 차등이 있을 수 있음을 말하고 있다.

다만 노력에 의하여도 기반이 취약하여 마땅한 부를 얻기 힘든 사회적 취약계층이 있다. 공자는 이런 사회적 약자에게는 국가의 부조를 주장한다. 그러한 사회가 제1장 2절의 대동사회이다. 대동사회는 사회적 약자인 홀아비, 과부, 고아, 홀로 사는 사람, 병든 사람을 부양받을 수 있게 하며, 재산이 자기의 이익만을 위하여 사용되지 않는 사회이다.

공자의 주장은 백성 하나하나가 경제적으로 여유가 있어야 도덕적 행위도 가능하다는 말이다. 그래서 통치자들은 민생을 부지런히 챙겨서 경제적 궁핍에 빠진 백성을 구제해야 한다. 공자의 제자 중에 언변에 능했으며

---

571) 『論語』, 季氏第十六, "有國有家者, 不患寡而患不均."
572) 『論語』, 泰伯第八, "邦有道, 貧且賤焉, 恥也. 邦無道, 富且貴焉, 恥也."

재물 증식에 재주가 있었던 자공(子貢)이 공자에게 물었다.

"널리 백성에게 베풀어서[博施於民] 민중을 구제할 수 있다면[能濟衆] 인(仁)이라 일컬을 수 있습니까?" 공자가 말했다. "어찌 인(仁)이라고만 할 수 있으리오. 반드시 성인의 일인 것을! 요순도 그리하지 못함을 병으로 여겼느니라."573)

앞서 나왔듯이 '박시어민(博施於民)'과 '능제중(能濟衆)'을 축약하면 '박시제중(博施濟衆)'으로 표현된다. 공자는 박시제중이 일반 사람들의 덕인 인(仁)을 뛰어넘는 성인(聖人)의 치세라고 대답했다. 바로 공자는 경제적, 물질적으로 민생을 안정시키는 것이 정치에서 매우 중요한 요소임을 말하고 있다. 공자의 이러한 생각을 전국시대의 맹자도 계승했다. 맹자가 생각한 이상 정치는 왕도정치이다. 왕도정치는 인의에 의한 정치를 말한다. 맹자에 따르면 민생에서 가장 중대한 일은 살아 있는 자를 봉양하고 죽은 자를 장례 지내는 일이다. 백성이 봉양과 장례에 여한이 없으면 이것이 왕도의 시작이 된다.574)

국가의 변란은 외적에게서 오는 것만이 아니다. 민생이 궁핍하면 백성은 적으로 변할 수 있다.

공자가 말했다. "용맹을 좋아하고 가난을 싫어한다면 변란이 일어날 수 있다. 사람이면서 불인(不仁)한 것을 싫어함이 너무 심하면 변란이 일

---

573) 『論語』, 雍也第六. "子貢曰, 如有博施於民而能濟衆, 何如? 可謂仁乎? 子曰, 何事於仁, 必也聖乎! 堯舜其猶病諸."
574) 『孟子』, 梁惠王章句上. "是使民養生喪死無憾也. 養生喪死無憾, 王道之始也."

어날 수 있다."575)

용맹한 백성은 제대로 교육받지 못하면 통제하기 어렵다. 더구나 민생이 궁핍할 경우 이들은 변란을 일으킬 수 있다. 물론 민생이 궁핍할 경우만이 아니다. 지도자의 불인한 행동이 지나칠 때도 백성은 변란을 일으킬 수 있다. 요약한다면, 공자는 경제적 문제가 인간의 도덕적 행위에 영향을 주고 심지어 변란을 일으킬 수 있다고 생각했다. 그러므로 통치자들은 널리 베풀어서 백성을 구제하는 것이 무엇보다도 필요하다. 백성의 삶을 풍족하게 하는 것은 농업을 비롯한 산업의 부흥도 있고, 빈민을 대상으로 하는 구휼 정책도 있고, 지나친 세금의 징수를 절세하는 방안도 있다.

공자가 68세에 천하를 주유한 후 로나라로 귀국하자 군주 애공과 공자의 제자 유약(有若)과 이런 대화를 했다.

애공이 유약에게 물었다. "흉년이 들어 쓰임이 부족하니 어떻게 해야 좋겠소?" 유약이 말했다. "왜 '철(徹)'을 행하지 않으십니까?" 애공이 말했다. "2/10도 나는 부족하다고 여기는데 어찌 '철(徹)'을 쓰겠소?" 유약이 말했다. "백성이 풍족하면 군주가 누구와 더불어 부족함을 고민하겠소이까? 백성이 부족하면 군주가 누구와 더불어 풍족함을 누리겠소이까?"576)

'철(徹)'은 '통한다'는 뜻으로, 주나라에서 행한 정전제(井田制)를 말한다.

---

575) 『論語』, 泰伯第八, "子曰, 好勇疾貧, 亂也. 人而不仁, 疾之已甚, 亂也."
576) 『論語』, 顏淵第十二, "哀公問於有若曰, 年饑, 用不足, 如之何? 有若對曰, 盍徹乎? 曰, 二, 吾猶不足, 如之何其徹也? 對曰, 百姓足, 君孰與不足? 百姓不足, 君孰與足?'"

정전은 사방 1리(里)의 900무(畝)577)의 땅을 아홉 개로 각 100무(畝)씩 나누고 중앙 100무(畝)는 공전으로 삼는 것이다. 공전 100무는 80무와 20무로 다시 나뉘는데 80무가 각 부부에게 10무씩 지급된다. 이것은 관리들의 녹봉에 쓰이는 재원, 즉 세금으로 생산물을 납부하는 데 쓰인다. 20무는 8가구가 2.5무씩 나누어 봄부터 가을까지 사용할 여사(廬舍: 농막)를 짓는 데 사용한다. 가구당 사전(私田) 대비 세금 비율은 10무(가구당 공전)/100무(사전)=1/10이다. 주희는 주나라의 정전제는 사전, 공전을 막론하고 전체를 통틀어 경작하되 수확물은 사전의 비율에 따라 균등 분배한 것으로 보았다. 그래서 힘을 서로 통하여 경작한다는 특징에서 '통한다'는 의미인 '철(徹)'이라고 했다는 것이다. 그런데 로니리는 로선공(魯宣公)부터 공전 외에 사전에도 또 1/10되는 세금을 거두어 사전 대비 세금 비율이 2/10이었다. 애공은 2/10의 세율보다 더 걷으려고 유약에게 물은 것인데, 오히려 유약은 철법을 써서 1/10로 해야 한다고 했다.

유약의 말은 국가의 부는 군주의 창고를 기준으로 할 것이 아니라 백성의 삶을 기준으로 해야 한다는 것이며, 백성이 가난하고 군주만 풍족하면 국가가 풍족하다는 말을 쓸 수가 없다는 것이다.

---

577) 1무(畝)는 백보(百步)를 말한다.

## 부유하게 한 후 교육해야 한다

공자는 제자 염구(冉求)를 자로와 더불어 정사에 합당한 인물이라고 평가했다. 자로는 진취적이고 적극적이지만 염구는 소심한 성격이었다. 공자가 로나라를 떠나 천하를 돌아다닐 때 처음으로 간 곳이 위나라였는데, 이때 염구가 마차를 몰았다. 위나라에 처음 와본 공자는 위나라의 규모에 놀라움을 표시했다.

공자가 말했다. "사람이 많기도 하구나!" 염구가 말했다. "이미 사람이 많아졌으면 또 무엇을 더하여야 합니까?" 공자가 말했다. "부유하게 해야 한다." 염구가 말했다. "이미 부유해졌으면 무엇을 더해야 합니까?" 공자가 말했다. "교육해야 한다."[578]

당시 위나라는 위령공이 통치하고 있었는데 나라의 규모가 상당했던 모양이다. 공자는 많은 인구가 있다는 것을 전제로 하여 차례로 필요한 정책이 민생을 부유하게 하는 것과 백성을 교육하는 것을 말했다. 공자는 박시제중(博施濟衆), 즉 널리 베풀어 민중을 구제하는 것은 성인(聖人)의 일이라고 할 정도로 백성의 생업을 중요하게 여겼다. 물론 교육도 중요하다. 그렇지만 민생이 안정되어야 도덕적 교화가 더 가능해질 수 있다. 여기서 유의해야 할 것은 민생이 교육보다 중요하다는 의미가 아니라 교육의 효과가 나타나기 위해서는 민생의 안정이 먼저 이루어져야 한다는 것이다. 공자가 제시한 교육의 내용은 보통 육예를 일컫는다. 육예는 도덕과 관련된 육경(六經)이나 예법·음악·활쏘기·마차 몰기·글쓰기·산수 등의 기예(技

---

[578] 『論語』, 子路第十三, "子曰, 庶矣哉! 冉有曰, 旣庶矣, 又何加焉? 曰, 富之. 曰, 旣富矣, 又何加焉? 曰, 敎之."

芸)를 말한다. 백성은 이러한 교육을 받음으로써 의리와 예를 알고 전쟁에서 남을 살릴 수 있고 자신을 보호할 수 있을 것이다.

공자가 말했다. "백성을 가르치지 않고 전쟁을 하는 것은 백성을 버리는 것이다."[579]

위 내용으로 보면 공자가 말하는 교육은 도덕을 포함하여 활쏘기, 마차 몰기 등의 기예가 당연히 포함되는 것을 알 수 있다. 따라서 백성을 가르치지 않고 전쟁을 하는 것은 백성을 사지(死地)로 내모는 행위이다. 단, 여기서 백성을 교육한다는 것은 단순히 백성을 피교육자로만 보고 일방적으로 교육한다는 의미가 아니다. 뒤에 설명하겠지만, 공자는 통치자가 백성의 본보기가 되는 북극성 같은 존재라고 했다. 통치자가 모범을 보이면 뭇별들이 북극성을 향하듯 그 행동을 본받는다는 의미이다. 따라서 백성에게 통치자는 모범을 보이면서 백성에게 예나 기예 등을 교육해야 할 것이다.

---

579) 『論語』, 子路第十三, "子曰, 以不敎民戰, 是謂棄之."

## 백성을 덕으로 인도하고, 예로 다스린다

통치 사상은 법치(法治)와 덕치(德治)로 구분되기도 하는데, 백성을 법치, 즉 정령이나 형벌로 통치하는 것과 덕으로써 통치하는 것은 어떤 차이가 있는가?

또한 덕치(德治)는 예와 불가분의 관계가 있다. 예가 개인적 차원에서는 행위의 단속과 절제라면 사회적, 국가적 차원에서의 예의 효용은 무엇인가?

공자가 말했다. "백성을 정령으로 인도하고[道之以政], 형벌로 (어긴 자를) 다스리고자 하면[齊之以刑] 백성이 빠져나가려 하고 부끄러움을 못 느낀다. 백성을 덕으로 인도하고[道之以德], 예로 다스리고자 하면 [齊之以禮] 백성이 부끄러움을 느끼고 따라올 것이다[有恥且格]."580)

[道: 인도할 도, 之: 그것(백성) 지, 政: 정사 정, 齊: 가지런할 제, 刑: 형벌 형, 恥: 부끄러울 치, 且: 또 차, 格: 이를 격]

공자는 형벌로 다스리는 법치(法治)보다는 덕으로 모범을 보이면서 예절 규범으로 가르침을 주고 바로잡으려는 덕치(德治)가 보다 백성에게 염치를 알게 하고 궁극적으로는 도덕적으로 교화를 시킬 수 있다고 본다. 순임금은 형벌에 의한 백성의 교화가 아닌 도덕에 의한 감화가 더 이상적이라는 말을 했다. 덕치를 강조하는 공자는 이런 면에서 순임금과 입장을 같이 한다.

'백성을 덕으로 인도하고, 예로 다스린다'는 것은 덕을 바탕으로 하여 예로써 백성을 규제한다는 의미이다. 바로 공자의 덕치는 예라는 외재적 규

---

580) 『論語』, 爲政第二, "子曰, 道之以政, 齊之以刑, 民免而無恥. 道之以德, 齊之以禮, 有恥且格."

범으로 내면의 도덕이 표현되는 형식을 띠고 있다. 즉, 덕치의 외형적 표현은 예치가 된다.

다음의 내용이 이것을 더욱 명료하게 말한다. 공자의 제자 중에 문학으로 이름난 자하가 시 한 수를 읊으며 공자에게 물었다.

> 자하가 물었다. "(시경에) '귀여운 웃음과 아름다운 보조개며 아름다운 눈과 검은 눈동자와 흰자위여!'가 있습니다." (자하가 말했다) "흰색으로 채색을 했나 봅니다(素以爲絢兮)! 무슨 뜻입니까?" 공자가 말했다. "흰 종이 다음(위)에 그림을 그리는 것이니라[繪事後素]." 자하가 말했다. "예가 나중이라는 말입니까?" 공자가 말했다. "나를 일깨우는 것은 복상(卜商: 자하의 본명)이구나! 비로소 더불어 시를 말할 수 있겠구나!"581)
>
> [素: 흴 소, 爲: 할 위, 絢: 무늬 현, 兮: 어조사 혜, '兮'는 어기(語氣)를 올리는 역할, 繪: 그림 회, 會事: 그림 그리는 법이나 일, 後: 뒤로할 후, 卜: 성씨 복, 商: 장사 상]

자하는 시의 내용 중의 '素以爲絢兮(소이위순혜)'란 구절을 잘못 해석하여 흰색으로 채색하는 것이라고 했다. 이것을 공자는 흰자위 바탕에 있는 눈동자를 연계하여 '회사후소(繪事後素)', 즉 흰 종이를 바탕으로 한 다음 그림을 그리는 것이라고 정정했다. 그러자 자하는 예와 덕을 연계하여 공자에게 물었다. 즉, 덕을 바탕으로 하여 예가 나오는 것이냐는 말이다. 공자는 자하가 시의 의미를 내면의 덕과 외면의 예의 관계로 응용하는 것을 보고 자하와 더불어 시를 논할 수 있게 되었다고 기뻐하고 있다. 이처럼 예는 내면에는 인(仁)과 같은 덕성을 바탕으로 하여 외부로 표현되는 것이다. 그러므로 내면에 덕을 바탕으로 하지 않는 진정성이 없는 예는 참다운 예

---

581) 『論語』, 八佾第三, "子夏問曰, 巧笑倩兮, 美目盼兮, 素以爲絢兮. 何謂也? 子曰, 繪事後素. 曰, 禮後乎? 子曰. 起予者商也! 始可與言詩已矣."

가 아닌 것이 된다.

예는 백성뿐만 아니라 군주가 신하를 부리는 데에도 주요한 통치술이 되기도 한다. 공자에게 있어서 예는 통치수단으로서 또한 권장되었다. 공자는 말했다.

"윗사람이 예를 좋아하면 백성을 부리기 쉬워진다."582)

"군주가 신하를 예로써 대하면, 신하는 군주를 충(忠)으로 섬긴다."583)

군주의 예치는 바로 백성과 신하의 마음을 얻는 비결이 된다. 예는 일정한 형식과 자신을 낮추고 사양하는 마음이 조화를 이루어야 한다. 공자는 이를 예양(禮讓)이라고 표현한다.

"예양(禮讓: 예의와 겸양)으로 나라를 다스린다면 어떤 어려움이 있겠는가? 예양으로 나라를 다스릴 수 없으면 예문(禮文)이 있다 한들 어찌할 수 있겠는가?"584)

예양(禮讓)으로 나라를 다스리면 백성은 그런 지도자를 존경하여 따르기 때문에 통치가 수월하다. 그러나 예양 없이 형식적인 예법을 강조하면 그 실질적 효용을 기대하기 어렵다. 따라서 예를 존중하는 정치, 혹은 외재적 규범인 예에 의한 정치, 즉 예치는 내면에 부끄러움과 같은 도덕성을 바탕으로 한다.

---

582) 『論語』, 憲問第十四, "上好禮, 則民易使也."
583) 『論語』, 八佾第三, "君使臣以禮, 臣事君以忠"
584) 『論語』, 里仁第四, "能以禮讓爲國乎, 何有? 不能以禮讓爲國, 如禮何?"

예가 군자의 행동거지를 단속하고, 사회·국가적 효용이 있지만, 실생활에서 작동될 때는 부드럽고 자연스럽게 행해져야 원만한 예치와 일 처리가 될 수 있다. 공자의 제자 유약(有若)의 말이다.

"예의 쓰임에서 온화함이 귀중하다. 선왕의 도는 이것을 아름답게 여겼다. 작고 큰 것이 그것으로부터 유래했다."[585]

선왕은 예법의 목적을 분명히 구현하려 하되 평소 쓰임에서는 온화하게 소통하여 시행되는 것을 미덕으로 여겼다는 말이다. 그러나 온화함을 귀중하게 여기는 것이 예의 형식과 절차를 소홀히 한다는 말은 아니다. 역시 유약의 말이다.

"행하지 말아야 할 것이 있으니, 온화함이 좋은 줄만 알고 예로써 절도 있게 하지 않으면 역시 가히 행할 수 없는 것이다."[586]

온화함을 귀중하게 여긴다는 말은 예법을 제대로 구현하기 위해 서로를 존중하며 부드럽게 진행한다는 말이지 예법의 형식과 절차를 대충한다는 의미가 아니다.

예는 특히 교화 수단으로서의 악(樂)과 결합해 예악(礼樂)이라는 통합 영역을 형성한다. 예악을 교화 수단으로 삼게 된 것은 예와 음악이 서로 침투되고 상호 보완적 역할을 하는 데서 나타나는 현상이다.

---

585) 『論語』, 學而第一, "禮之用, 和爲貴. 先王之道斯爲美, 小大由之."
586) 『論語』, 學而第一, "有所不行. 知和而和, 不以禮節之, 亦不可行也."

## 언로를 막지 마라

『맹자』「공손추」편에는 우임금은 '선한 말[善言]'을 들으면 절을 했다는 대목이 있다. '선한 말'이란 아첨하는 말이 아니라 자신의 과오를 지적해 주거나 자신의 수양에 도움을 주거나 백성을 위해 좋은 정책을 제시하는 말이다. 우임금은 비록 자신이 듣기에 거북한 말일지라도 자신의 수양이나 백성을 위한 말을 기꺼이 수용했다. 공자는 어떠한 입장인가?

> 공자가 말했다. "나라에 도가 있으면 위언(危言: 위태롭고 바른말)과 위행(危行: 위태롭고 바른 행동)을 할 수 있으나, 나라에 도가 없으면 높고 험한 행동은 있으나 말은 공손해진다."[587]

'위언(危言)'은 상대방이 듣기엔 쓴 곧은 말을 말하며, '위행(危行)'은 상대방이 받아들이기 어려운 곧은 행동을 말한다. 나라에 도가 있는 나라는 통치자가 도덕적으로 모범이 되어 도덕과 상식이 통용되는 나라이다. 이런 나라에서는 신하나 백성이 통치자에게 위언(危言), 위행(危行)을 해도 관대하게 수용한다. 그리하여 통치자는 자신의 언행을 더욱 조심하고 국가 정책은 신중하게 검토되어 집행된다. 그러나 통치자나 통치 집단이 품성 면에서 문제가 있는 경우는 그렇지 않다. 자신에게 아첨하는 말을 좋아하며 자신의 과오를 지적하는 쓴소리를 천성적으로 거부하여 그런 사람을 억압하고자 한다. 이런 나라에서는 말은 쉽게 전파되고 눈에 띄기 쉬우므로 화를 우려하여 위언(危言), 즉 위태롭고 바른말이 사라진다. 대신 불만이 누적되어 일정한 상황에 다다르면 위행(危行), 즉 높고 험한 행동으로

---

587) 『論語』, 憲問第十四, "子曰, 邦有道, 危言危行, 邦無道, 危行言孫."

분출할 수 있다.

여기서 공자의 말은 어떤 사회에서 언론이 살아 있지 못하고 국민이 자신의 올바른 말을 자유롭게 표현하지 못한다면 그것은 바로 부도덕한 정부가 있기 때문이라는 반증이 되기도 한다.

### 백성의 신뢰를 얻어야 한다

통치자가 구체적 정책에서 힘써야 할 것은 무엇일까? 먼저 공자는 통치자의 정책 시행에서 현실적 한계를 인정하고 있다. 그런데 공자의 이 말은 자칫하면 공자의 사상을 오해하거나 심지어 공자를 비난하는 근거로 사용될 수도 있는 표현이다. 공자의 말은 이렇다.

공자가 말했다. "백성을 따라오게 할 수는 있지만 (그 원리를 백성이) 알게 할 수는 없을 것이다[不可使知之]."[588]

[可: 가히 가, 使: 하여금 사, 知: 알 지, 之: 그것(백성) 지]

'不可使知之(불가사지지)'를 '백성을 알게 해서는 안 된다'로 해석하면 옳지 않다. 이것은 백성을 무지(無知)하게 하는 것이 통치하기 쉽다는 것으로 오해되기 때문이다. 앞에서 논의한 바와 같이 공자는 백성을 교육하여 무지를 깨우쳐야 한다고 했다. 사실 우리가 살아온 경험에 비추어보면 남을 설득하는 것이 얼마나 어려운 일인지 잘 알고 있다. 특히 정치적 견해가

---

588) 『論語』, 泰伯第八, "子曰, 民可使由之, 不可使知之."

다른 경우 상대방을 설득하여 내 생각에 동조하게 하는 것은 매우 어려운 일이며 사람을 지치게 한다. 마찬가지로 공자도 모든 국민에게 국가 정책의 원리를 설명하고 설득하기가 현실적으로 어렵다는 것을 인정하고 있다. 그나마 오늘날은 매스컴의 발달로 백성에게 정책을 설명하는 것이 그리 어렵지 않다. 비록 정치적 견해가 다양한 사회이지만 국정을 소상히 설명하고 국민의 지지를 받는 것이 이 시대의 바람직한 통치자의 모습이다.

공자는 기본적으로 백성이 악과 선을 판별하여 도를 제대로 할 줄 아는 존재로 보았다.

> 공자가 말했다. "나는 사람에게 있어서 누구를 험담하며, 누구를 칭찬하겠는가? 만약 칭찬하는 자가 있다면 그 시험해본 바가 있을 것이다. 이 백성은 삼대(三代)에 걸쳐 도를 곧게 하여 행동했다."[589]

삼대(三代)는 하(夏)·상(商)·주(周)를 뜻한다. 공자의 말은 두 가지 의미가 있다. 하나는 남에 대한 평가를 여러 정황을 보고 신중히 해야 한다는 것이고, 다른 하나는 그래서 백성이 삼대에 걸쳐 도를 곧게 하여 행동한 존재이기 때문에 사사로이 낮추어 볼 수 없다는 말이다. 이처럼 공자는 삼대에 걸쳐 형성된 백성의 품행에 대해 근본적으로 신뢰하고 있었다. 다만 이런 품행을 가진 백성이 존재함에도 불구하고, 당시 위정자들은 도를 중시하지 않고 권력, 재물, 주색을 쫓았기 때문에 세상이 혼란스러웠다. 그래서 공자는 정치하려고 했다.

그렇다면 나라를 다스리는 데에 무엇이 중요한 것인가? 자공과 공자의 대화이다.

---

[589] 『論語』, 衛靈公第十五, "子曰, 吾之於人也, 誰毀誰譽? 如有所譽者, 其有所試矣. 斯民也, 三代之所以直道而行也."

자공이 정치에 관해 묻자 공자가 말했다. "풍족한 식량, 풍족한 병사 그리고 백성이 신뢰하는 것이다." 자공이 말했다. "부득이 세 개 중에 버린다면 무엇을 먼저 버릴까요?" 공자가 말했다. "병사를 버린다." 자공이 묻기를, "부득이 두 개 중에 버린다면 무엇을 먼저 버릴까요?" 공자가 말했다. "식량을 버린다. 옛날부터 모두 죽음이 있으나 백성이 신뢰하지 않으면 존립할 수가 없다."590)

식량은 국가의 경제력을 빗댄 것이다. 병사는 군사력을 의미한다. 식량과 병사, 백성의 신뢰 모두 국가의 안녕과 질서, 평화를 위해 필요한 것이 아닐 수 없다. 그러나 병사만 있고 식량과 백성의 신뢰가 없다면 병사들은 물질적, 정신적 동기가 없어서 바로 흩어질 것이며, 심지어 적으로 변할 수도 있다. 그러나 식량과 백성의 신뢰가 있다면 적으로 변하는 경우는 없을 것이다. 식량과 백성의 신뢰 중에 식량만 있고 백성의 신뢰가 없으면 백성은 오히려 비방하고 따라오지 않기 때문에 국가가 존립하기 어렵다. 그러나 식량이 없고 백성의 신뢰가 있다면, 누구나 한번은 반드시 오는 죽음이 다소 시기가 앞당겨지는 것으로 여길 것이며, 서로 도와 난국을 헤쳐나갈 수 있어서, 백성의 신뢰는 국가 존립에 가장 필요한 요소이다. 식량은 앞에서 공자가 중요시한 민생을 부유하게 하는 근원적 원천이다. 하지만 백성을 부유하게 하는 식량도 백성의 정부에 대한 신뢰만큼 중요하지 않다. 백성의 신뢰가 없으면 살아 있어도 존립할 수가 없기 때문이다. 예컨대 정부의 무능과 부패 등으로 백성이 정부를 신뢰하지 않는다면 정부가 아무리 여러 수단과 방법으로 백성을 교육하려 한들 백성은 교화되기 어려울 것이다. 다시 말하면 정부에 대한 백성의 신뢰는 모든 정책을 제대로

---

590) 『論語』, 顔淵第十二, "子貢問政, 子曰. 足食. 足兵. 民信之矣. 子貢曰. 必不得已而去. 於斯三者何先? 曰. 去兵. 子貢曰. 必不得已而去. 於斯二者何先? 曰. 去食. 自古皆有死. 民無信不立."

집행하기 위해 가장 절실한 것이라 아니 할 수 없다. 공자는 신뢰가 없으면 정부뿐만 아니라 개인도 할 수 있는 일이 제약된다고 보았다.

"사람이 신뢰가 없으면 그 가능한 일이 있는지를 모르겠다. 큰 수레가 끌채 끝이 없고, 작은 수레가 끌채 끝이 없다면 어떻게 나아갈 수 있는가?"591)

끌채 끝은 수레의 끌채에 멍에를 메는 곳이다. 끌채 끝은 작은 부분으로서 크게 두드러지지는 않지만, 수레가 끌채가 없으면 말을 메어 나아갈 수가 없다. 신뢰도 인간의 여러 모습 중 사소한 듯하지만 정작 신뢰가 없는 사람과는 일을 도모할 수가 없어서 그와 더불어 대소사를 같이 할 수가 없다.

## 현명하고 유능한 자, 곧은 자를 등용한다

공자가 이상 사회로 설정한 대동사회는 요순의 시대를 정점으로 하는 삼황오제의 시대이다. 삼황오제 중 특히 요순의 시대는 임금의 자리가 자식에게 세습되지 않고 현명하고 능력이 있는 신하에게 선양되었다. 즉, 요는 순에게, 순은 우에게 임금의 자리를 물려주었다. 그래서 대동사회의 이런 모습을 단적으로 표현한 말이 '천하위공(天下爲公)'이었다. 천하위공! 천하가 개인의 사유물이 아닌 공물이라는 뜻이다. 그래서 임금의 자리를 사적인 혈통에 따라 세습하여 주는 것이 아니라 백성을 진정으로 위하는 사

---

591) 『論語』, 爲政第二, "子曰, 人而無信, 不知其可也. 大車無輗, 小車無軏, 其何以行之哉?"

람됨을 보고 임금의 자리를 물려주었다. 그렇지만 공자는 당시 주나라의 천자를 선양하는 방식으로 옹립해야 한다는 주장은 하지 않았다. 그 이유는 선양의 방식이 아닌 세습에 의하였으나 성왕의 치세를 편 문왕, 무왕 등이 있었기 때문이다.

대동사회에서 현명하고 능력 있는 지도자상을 말한 공자는 당시 정치체제에서도 인재 등용의 중요성을 간파했다. 공자의 제자 중 염옹(冉雍)의 부친은 신분이 미천했고 행실도 좋지 않았으나, 염옹은 덕행과 역량에서 뛰어났다. 그래서 공자는 "염옹은 남면(南面)하게 할 만하다."592)하여, 염옹이 군주의 자질도 갖추었음을 말했다.

공자는 당시 염옹이 언젠가는 쓰임이 있을 것이라 이렇게 예견했다.

> 공자가 중궁[염옹의 자(字)]에게 말했다. "얼룩소의 새끼라도 털이 붉고 뿔이 곧다면, 사람들이 비록 쓰지 않고자 해도 산천의 신들이 그냥 두겠는가?"593)

얼룩소는 여러 혈통이 섞인 소위 잡종이다. 그렇지만 그 소가 털이 붉고 뿔이 곧은 잘생긴 새끼를 낳았다면, 어딘가에는 반드시 쓰임이 있을 것이다. 사람도 마찬가지다. 공자는 염옹이 비록 신분이 미천한 가정에서 태어났으나 품성이 부모와는 다르게 훌륭하여 언젠가는 쓰임이 있을 인재로 보았다. 그런데 공자의 말대로 염옹이 드디어 당대 실력자 계씨 집안의 봉토를 다스리는 읍재(邑宰)가 되었다. 염옹이 공자에게 어떻게 해야 정치를 잘할 수 있는지 물었다.

---

592) 『論語』, 雍也第六, "子曰, 雍也, 可使南面."
593) 『論語』, 雍也第六, "子謂仲弓曰, 犂牛之子, 騂且角, 雖欲勿用, 山川其舍諸?"

중궁이 계씨의 읍재가 되었다. 정치에 관해 묻자 공자가 말했다. "먼저 유사(有司)에게 맡기고 작은 과실은 용서해 주며, 현명하고 재능 있는 자를 천거하여 등용해야 한다." 염옹이 말했다. "어떻게 현명하고 재능 있음을 알고 천거합니까?" 공자가 말했다. "네가 아는 자를 천거하면 네가 모르는 자를 사람들이 버리겠는가?"[594]

읍재는 고위직은 아니지만 염옹은 제대로 정치를 하고 싶었던 모양이다. 유사는 어떤 조직에서 일정한 업무를 맡는 직책이다. 공자는 일개 고을을 다스리는 읍재이지만 유사에게 업무를 맡기어 그 공과를 살펴보는 것이 우선이라고 했다. 그리고 부하들의 작은 과실은 용서해 주고 현명하고 재능 있는 인재를 등용해야 함을 말했다. 그리고 현명하고 재능 있는 인재의 등용은 특별한 방법이 있는 것이 아니다. 일단 자기가 알고 있는 현명하고 재능 있는 자를 등용하면 다른 사람이 그런 분위기에 따라 역시 덕과 능력이 있는 자를 천거할 것이다. 대동사회에서 제시된 덕과 능력을 존중하는 인재관은 일반 공직에서도 그대로 통용됨을 볼 수 있다. 오늘날은 기업이 사회에 미치는 영향이 지대하므로 공직의 인재상은 일반 기업의 인재상과 크게 다르지 않다.

공직이나 기업에 진출하는 인재는 덕과 능력이 아울러 갖추어져야지 덕성만 있어서는 아니 된다.

공자가 말했다. "맹공작(孟公綽)이 조(趙)와 위(魏) 가문을 위해 노신(老臣)이 된다면 충분하고도 남지만 등(滕)나라, 설(薛)나라의 대부가 되어서

---

594) 『論語』, 子路第十三, "仲弓爲季氏宰, 問政. 子曰, 先有司, 赦小過, 擧賢才. 曰, 焉知賢才而擧之? 曰, 擧爾所知. 爾所不知, 人其舍諸?"

는 아니 된다."595)

맹공작은 로(魯)나라 대부로서 청렴하고, 조용하고, 욕심이 적었으나 재능은 부족했다. 조(趙)와 위(魏)는 진(晉)의 육경(六卿)에 속하는 가문이다. 육경은 진문공(晉文公) 때 설치된 특이한 정치·군사 제도이다. 진(晉)은 삼군(三軍)을 두었고, 삼군(三軍)은 상군(上軍)·중군(中軍)·하군(下軍)으로 나뉘었다. 각 군에는 장(長)과 좌(佐)가 모두 6명이 있었는데, 중군장, 중군좌, 상군장, 상군좌, 하군장, 하군좌 순으로 지위가 높았다. 이들은 모두 경(卿)의 벼슬을 겸직하여 육경(六卿)이라고도 했다. 이것은 소위 출장입상(出將入相: 출정해서는 장군이오, 조정에서는 재상)이라는 득이한 정치, 군사 제도였다. 당시 등(滕)과 설(薛)은 소국(小國)이었다.

공자는 맹공작이 품성은 괜찮았으나 재능은 높은 벼슬을 감당하기에는 적합하지 않다고 보았다. 따라서 윗사람의 뜻을 따르기만 하는 큰 가문의 노신(老臣)으로서는 흡족하지만, 로나라보다 소국인 등(滕)과 설(薛)의 대부로서도 적합하지 않다고 했다.

마찬가지로 재능은 있지만, 품성이 갖추어지지 않은 자는 역시 적합한 인재가 아니다.

공자가 말했다. "준마[驥]라는 것은 그 힘을 칭찬할 것이 아니라 그 덕을 칭찬해야 한다."596)

[驥: 준마 기]

'준마[驥]'는 하루에 천 리를 달린다고 해서 천리마라고도 불린다. 준마

---

595) 『論語』, 憲問第十四, "子曰, 孟公綽爲趙魏老則優, 不可以爲滕薛大夫."
596) 『論語』, 憲問第十四, "子曰, 驥不稱其力, 稱其德也."

가 아무리 천 리를 달리는 능력이 있다 해도, 주인을 발로 차거나 물려고 하면 준마로서의 자격이 없다. 준마의 덕은 말 타는 자와 서로 조화가 잘 되고, 제어할 수가 있고, 순한 것을 말한다. 사람도 재능은 있으나 품성이 어긋나면 직장 내에서 서로 조화가 아닌 갈등을 일으키고, 말이 말 탄 사람을 물려고 하듯이 윗사람에게 위해를 가할 수 있는 인물일 가능성이 크다.

위와 같이 품성과 재능(역량)이 있는 인재가 공직이나 기업의 중요한 직책에 진출해야 한다. 그런데 품성과 재능이 있는 인재의 판별은 말로써 판단할 것이 아니고, 선입관이나 감정으로 그들의 말문을 막아서도 안 된다.

공자가 말했다. "군자는 말로써 사람을 천거해서도 안 되고, 사람을 (선입관으로) 말을 못 하게 해서도 안 된다."597)

사람의 말은 그 사람이 어떤 자인가를 판단하는 주요한 잣대가 되기는 하나 한계는 있다. 따라서 말을 잘한다고 하여 그 사람의 품성과 역량이 다 갖춰졌다고 볼 수 없다. 면밀한 검증이 필요하다. 또 선입관이나 평소의 감정으로 잠재적 인재인 면접 대상자나 직원에게 그들의 존재를 표현할 수 있는, 말할 기회를 박탈해서도 안 된다.

또 대중이 어느 한쪽으로 쏠려 판단해도 휩쓸리지 말고 면밀히 살펴봐야 한다.

공자가 말했다. "대중이 싫어해도 반드시 살펴봐야 하고, 대중이 좋다고 하더라도 반드시 살펴봐야 한다."598)

---

597) 『論語』, 衛靈公第十五. "子曰, 君子不以言擧人, 不以人廢言."
598) 『論語』, 衛靈公第十五. "子曰, 衆惡之, 必察焉. 衆好之, 必察焉."

도덕적으로 성인의 경지인 인자(仁者)는 불편부당(不偏不黨)하기에 남을 좋아할 수 있고 남을 미워할 수 있다.[599] 그러나 대중의 안목은 일시적으로 사적 이해관계나 편견에 가려질 수 있으므로 그들의 견해는 참고로 하되 더욱 면밀한 관찰이 필요하다.

이처럼 인재를 등용할 때는 그들의 덕과 능력을 모두 고려해야 하며, 그 인재가 덕과 능력이 있는지는 신중히 판단해야 한다.

## 각자의 본분에 충실하자

앞에서 염옹이 계씨의 읍재가 되고 나서 공자에게 정치에 관해 묻자, 공자는 먼저 유사에게 맡기라는 말을 했다. 작은 고을의 읍재라도 하는 일이 많아서 너무 자잘한 일까지 참견해서는 안 된다는 말이다. 하물며 국가의 일은 방대하므로 적절한 인력 배치가 필요하며, 각자 자신의 할 일이 무엇인지 숙지하고 실천해야 한다. 제자 번지가 공자와 대화를 했다.

번지가 곡식 심는 것에 대하여 배우기를 청했다. 공자가 말했다. "나는 늙은 농부만큼 못하다." 이번에는 채소밭 만드는 것을 배우기를 청했다. 그러자 공자가 말했다. "나는 늙은 채소밭 농사꾼보다 못하다." 번지가 밖으로 나가자 공자가 말했다. "소인이구나. 번수(樊須: 번지 본명)여! 윗사람이 예(禮)를 좋아하면 백성은 감히 공경하지 않음이 없고, 윗사람이 의(義)를 좋아하면, 백성이 감히 복종하지 않는 자가 없으며, 윗사람이

---

[599] 『論語』, 里仁第四, "唯仁者能好人, 能惡人."

신(信)을 좋아하면, 백성이 감히 실정을 은폐하는 자 없을 것이다. 이와 같이 하면 사방의 백성이 자식을 포대기에 싸서 업고 몰려올 것인데, 어찌 곡식 심기를 배우려는가?"600)

공자가 도덕적 인간을 표현할 때 일반적으로 사용한 용어는 군자이다. 군자는 수신하여 현실 정치에 참여하는 사람을 일컬으며, 결국 공자가 제자들을 가르친 목적은 군자를 기르기 위한 것이라 말할 수 있다. 그래야 도가 행해지는 세상으로 바꿀 수 있다고 생각했다. 그러므로 제자들이 일차적으로 관심 두고 배워야 할 것은 인(仁)·의(義)·예(礼)·지(知)·신(信)과 같은 덕성 공부였다.

물론 조선 시대에는 임금들이 선농단에서 직접 밭을 갈기도 했다. 이것은 통치자가 농업의 소중함을 백성에게 알리기 위한 것이지 농사일을 직접 배우고자 한 것은 아니다. 마찬가지로 공자의 문하에서는 군자의 도를 가르치는 것이지 농사를 가르치는 것이 아니다. 농업의 소중함을 알기 위해 몸소 체험하는 것은 지당하지만 공자 학당에서 일차적으로 배워야 할 것은 유학이지 농업이 아니라는 말이다. 즉 사람은 때와 장소에 따라 먼저 배워야 할 것이 있다는 것이다. 만일 제자들이 농사일을 배우기를 원한다면 경험 많은 농부에게 가서 배워야 한다. 그런데 번지는 덕성 공부는 소홀히 하고 농사일을 공자에게 배우고자 했으니 공자는 번지가 참 한심했던 모양이다. 첫 번째 질문을 할 때 공자가 늙은 농부만큼 못하다는 대답을 했으면 더 질문할 내용이 아님을 깨달아야 하는데, 번지는 또 비슷한 질문을 했다. 번지가 나가자 공자는 번지를 소인(小人)이라고 평했다. 공자

---

600) 『論語』, 子路第十三. "樊遲請學稼. 子曰. 吾不如老農. 請學爲圃. 曰. 吾不如老圃. 樊遲出. 子曰. 小人哉. 樊須也! 上好禮. 則民莫敢不敬. 上好義. 則民莫敢不服. 上好信. 則民莫敢不用情. 夫如是. 則四方之民襁負其子而至矣. 焉用稼?"

의 말이 번지의 귀에 들어가 스스로 깨닫기를 의도한 것이었다.

춘추시대에 정(鄭)나라가 있었다. 앞서 말했듯이 정나라는 20대 정간공(鄭簡公) 때 자산(子産)이 재상이 되면서 중흥기를 맞는다. 자산의 성명은 공손교(公孫僑)이며 자산(子産)은 그의 자(字)이다. 자산은 정나라 6대 귀족 가문 출신이다. 강대국에 둘러싸인 정나라는 외교가 국가의 존망을 결정하는 중요한 현안이었다. 자산은 외교 문서에 많은 공을 들였는데 공자가 당시 자산을 중심으로 한 정나라의 인적구성을 찬미했다.

공자가 말했다. "사명(辭命: 외교 문서)을 말들 때 비심은 초안으로 문장을 만들고, 세숙은 검토했으며, 행인(行人)인 자우는 외교 문서의 형식으로 만들고, 동리(東里)의 자산은 윤색했다."601)

동리(東里)는 자산이 거주한 지명이다. 비심은 기획에 능했다. 그는 시끄러운 읍성에서는 명한 듯했지만 조용한 야외에서는 아이디어가 번뜩였다. 세숙602)은 용모가 수려하고 글을 잘 썼다. 자우603)는 사방 나라가 원하는 것 그리고 대부들의 성(姓)과 파벌과 지위, 귀천, 잘하고 못 함을 잘 알았으며, 사령(辭令: 임명장이나 외교 문서)을 잘 만들어서 행인(行人: 외무를 담당하는 관리)을 맡았다. 강대국에 둘러싸인 정나라는 국가 생존의 관건이 자국의 국력뿐만 아니라 주변 국가와의 외교에도 달려있었다. 그래서 외교 문서 한 장에도 자산을 중심으로 자산이 등용한 여러 인재가 모여 함께 손보았다. 그러한 노력으로 자산이 재상으로 있었던 22년 동안 정나라는

---

601) 『論語』, 憲問第十四, 九章, "子曰, 爲命, 裨諶草創之, 世叔討論之, 行人子羽脩飾之, 東里子産潤色之."
602) 『좌전』에는 자대숙(子大叔)으로 표기된다. 자대숙(子大叔)은 그의 자(字)이다. 성명은 유길(游吉)이고 세숙(世叔)으로도 불린다.
603) 『좌전』에는 공손휘(公孫揮)로도 표기된다. 공손휘(公孫揮)는 그의 성명이고, 자우(子羽)는 자(字)이다.

주변 강대국의 큰 침탈이 없었다. 소국 정나라는 인재를 등용하고, 또 그 인재들은 자신이 해낼 수 있는 일을 위임받아 처리한 후 협업하여 국가의 생존을 이어갈 수 있었다.

군주가 다소 불민하여도 신하들이 서로 각자의 일을 충실히 하고, 협업하면 군주의 부족함을 메울 수 있다. 공자가 주유천하를 할 때 가장 자주 방문한 위(衛)가 그 예이다. 공자가 주유천하를 마치고 로나라로 귀국 후 대부 계강자와 대화했다.

> 공자가 위령공의 무도함을 말하자, 계강자가 말했다. "무릇 그와 같은 데도 어찌 자리를 잃지 않았소이까?" 공자가 말했다. "중숙어는 빈객을 맡고, 축타(祝鮀)는 종묘를 맡고, 왕손가(王孫賈)는 군대를 맡았으니, 이와 같으면 어찌 자리를 잃으리오?"604)

위령공은 성정이 포악한 군주는 아니지만 지혜롭지는 못했다. 자신의 부인인 남자(南子)의 음란한 행동을 제어하지 못했고, 자기 아들 괴외가 계모인 남자를 죽이려 하다가 실패하자 국외로 망명하게 한 인물이다. 중숙어(仲叔圉)는 공문자(孔文子)605)를 말한다. 공문자는 공자로부터 민첩하고 학문을 좋아한다는 평가를 받았다. 축타(祝鮀)의 '축(祝)'은 종묘를 관리하는 관리를 말하고, '타(鮀)'는 인명이다. 그러므로 '축타(祝鮀)'는 '종묘 관리인 타(鮀)'라는 의미가 된다. 축타는 구변이 좋았다. 왕손가(王孫賈)는 당시 권신(權臣)이다. 그는 공자가 위(衛)를 방문했을 때 아랫목 제사의 신(神)에게 잘 보이기보다는 부뚜막 제사의 신에게 차라리 잘 보여야 하지 않겠느

---

604) 『論語』, 憲問第十四. "子言衛靈公之無道也. 康子曰, 夫如是, 奚而不喪? 孔子曰, 仲叔圉治賓客, 祝鮀治宗廟, 王孫賈治軍旅. 夫如是, 奚其喪?"
605) 성명은 공어(孔圉)이고, 시호가 문자(文子)이다. 자(字)는 중숙(仲叔)이다. 중숙어(仲叔圉)는 자(字)와 이름을 혼용한 것이다.

냐고 말한 사람이다.

위령공은 영민한 군주는 아니지만 각자 본분에 충실한 신하들이 있어서 축출되지 않고 수명을 다할 때까지 42년간 재위했다.

간단히 말해서 국가가 제대로 존속되기 위하여는 위정자부터 백성에 이르기까지 자신이 해야 할 일을 하면 된다. 정치 지도자는 자신의 덕성을 함양하고 백성을 편안하게 하는 정책에 관심을 가져야 하고, 관리들은 국가 정책의 각 분야에서 자신이 맡은 분야의 일을 전문성을 발휘하여 주도하고 협업하고, 서민들은 마음 편히 농사일 등의 생업에 힘쓰면 된다. 공자의 이런 생각을 전국시대의 맹자도 이어받아, "대인이 할 일이 따로 있고 소인이 할 일이 따로 있다[有大人之事, 有小人之事]."라고 했다. 맹자도 각자의 본분에 충실한 것이 정치의 근본이라고 보았다.

## 다섯 개의 아름다움과 네 개의 악

공자의 제자 중 자장(子張)은 과감성은 있으나 겉으로 드러나기를 좋아하여 인(仁)과 같은 덕은 부족한 것으로 평가되는 인물이다. 자장이 어떻게 해야 정치에 종사할 수 있는가를 물었다. 그러자 공자는 다섯 개의 아름다움을 존중하고, 네 개의 악을 저지르지 않으면 정치에 종사할 수 있다고 했다. 그러자 자장이 다시 묻는다.

자장이 공자에게 물었다. "다섯 개의 아름다움이란 무엇입니까?" 공자가 말했다. "군자는 베풀지만 낭비하지 않고[惠而不費], (백성에게) 노역을 시켜도 원망을 듣지 않으며[勞而不怨], 하고자 하는 것이 있지만 탐욕스럽지는 않으며[欲而不貪], 태연하면서 교만하지 않으며[泰而不驕], 위엄(권위)은 있으나 사납지 않아야 한다[威而不猛]."606)

[惠: 베풀 혜, 費: 쓸 비, 勞: 일할 로, 怨: 원망할 원, 貪: 탐할 탐, 泰: 클 태, 驕: 교만할 교, 威: 위엄 위, 猛: 사나울 맹]

여기서 나온 몇 가지 표현은 『논어』의 다른 편에서도 사용되었다. '노역을 시켜도 원망을 듣지 않으며[勞而不怨]'는 「이인」 편에 부모를 섬기는 자세로 제시되었고, '태연하면서 교만하지 않으며[泰而不驕]'는 「자로」 편에서 군자의 모습으로 제시된 것이며, '위엄은 있으나 맹렬하지 않아야 한다[威而不猛].'는 「술이」 편에서 공자의 용모를 기술한 말이다. 다만 대상과 상황에 따라 해석에서 약간의 차이는 존재한다.

공자가 다섯 개의 아름다움을 말하자, 그중 자장이 '베풀지만 낭비하지 않는 것'에 대해 이해하지 못했다. 자장이 그 의미를 묻자 공자는 아예 다섯 개의 아름다움을 더 부연하여 설명했다.

공자가 말했다. "백성이 이로워하는 것을 이롭게 하면, 이것이 베풀지만 낭비하지 않은 것이 아니겠는가? 노역을 시킬 수 있는 것만 택하여 노역하게 하면 누가 원망하겠는가? 평소 인자하기를 바라면서 실제로 인자해지면 어찌 탐욕스럽다 하겠는가? 군자는 많거나 적은 것도 없고 작거나 큰 것과 관계없이 감히 교만하지 않으니, 이것이 또한 태연하되 교만하지 않은 것이 아니지 않은가? 군자가 의관을 바로 하고 살펴본 것을 존중하여 의연하면 사람들이 바라보고 두려워하나니, 이것이 위엄은

---

606) 『論語』, 堯曰第二十. "子張曰, 何謂五美? 子曰, 君子惠而不費, 勞而不怨, 欲而不貪, 泰而不驕, 威而不猛."

있되 맹렬하지 않은 것이 아니지 않은가?"607)

다섯 개의 아름다움은 정치 지망생들이 스스로 질문하여 자신의 품성이 과연 그렇게 형성되어 있는지를 점검해야 할 것들이다. 이 중 위엄은 있되 맹렬하게 하지 않는 것은 정치가들에게 쉽지 않은 일이다. 위엄은 일정한 지위와 자격이 있는 자에게는 권위로 표현된다. 지도자 등이 스스로 자신의 힘과 지위를 내세우려 한다면 위엄이 있는 것이 아니라 권위적인 것이 될 뿐이다. 권위는 주변의 사람들이 정치가를 대하는 긍정적 인식의 관점에서 형성된다. 공자에 따르면 권위가 형성되기 위해서는 먼저 의관을 단정히 해야 한다. 이것은 외모에서 요구되는 요소이다. 다른 하나는 내면적 품성이다. 즉 어느 집단의 리더라면 자신의 소속 직원, 만약 통치가라면 백성의 삶을 살펴보아 하나라도 소홀히 하지 않고 제대로 양심과 상식, 올바른 신념으로 의연하게 처리해야 한다. 이러면 백성은 그들의 권위를 존중하지만 사납다고는 생각하지 않을 것이다.

공자가 다섯 개의 아름다움에 대해 부연 설명하자 자장이 이번에는 네 개의 악에 관해 물었다.

공자가 말했다. "가르치지 않고 죽게 하는 것을 잔혹하다고 하며, 지침을 주지 않고 완성된 것을 보려는 것은 포악한 것이고, 늦게 명령을 내리고 기한 내에 맞추게 하려는 것은 백성에게 도적질하는 짓이다. 그리고 다른 사람들에게 주어야 한다는 핑계로 내어주는 것을 인색하게 하면, 이것은 유사들이나 할 일이다."608)

---

607) 『論語』, 堯曰第二十. "子曰, 因民之所利而利之, 斯不亦惠而不費乎? 擇可勞而勞之, 又誰怨? 欲仁而得仁, 又焉貪? 君子無衆寡, 無小大, 無敢慢, 斯不亦泰而不驕乎? 君子正其衣冠, 尊其瞻視, 儼然人望而畏之, 斯不亦威而不猛乎?"
608) 『論語』, 堯曰第二十. "子曰, 不敎而殺謂之虐, 不戒視成謂之暴, 慢令致期謂之賊, 猶之與人也,

공자는 "백성을 가르치지 않고 전쟁을 하는 것은 백성을 버리는 것이다."609)라고 말한 바 있다. 여기서 가르친다는 것은 활쏘기, 마차 몰기 등의 기예가 당연히 포함된다. 따라서 백성을 가르치지 않고 전쟁을 하는 것은 백성을 사지로 내모는 행위이다. 바로 가르치지 않고 죽게 한다는 것은 이런 상황을 말한 것이다. 지침을 주지 않거나 늦게 명령을 내린 자신의 책임은 생각하지 않고, 빠른 기한 내에 행해지기를 바란다면 이것은 백성의 편에 있는 위정자가 아니라 폭도이고 도적일 뿐이다. 또 사회적 취약계층을 국가가 부조할 때 다른 사람에게도 혜택을 주어야 한다는 핑계로 인색하게 한다면, 이것은 정치하는 자의 자세가 아닌 계모임에서의 유사(有司: 계모임의 경우 일시적 업무를 맡아보는 자)가 할 일이라 할 것이다.

여기에서 제시한 다섯 개의 아름다움과 네 개의 악은 정치 지망생들이 공통으로 유념해야 할 일반적 상황에 대한 처신을 말한 것이다. 따라서 옛날이나 오늘날의 정치 지망생들이 깊이 생각해보아야 할 대목이 아닌가 한다.

---

出納之吝, 謂之有司."

609) 『論語』, 子路第十三, "子曰, 以不敎民戰, 是謂棄之."

## 4절 최고의 경지는 즐기는 것이다

### 즐기는 것이 최고의 경지이다

　공자는 자신의 덕성을 갖추기 위해서 앞선 성인의 언행을 열심히 공부했다. 공자는 이런 자신을 스스로 호학(好學: 학문을 좋아함)하는 자라고 표현했다. 즉, 공자는 "열 가구의 마을에서도 나만큼 충성스럽고 믿음직한 사람이야 반드시 있지만, 나만큼 학문을 좋아하는[好學] 사람은 없다."610)라고 하여, 배움에 대한 자신의 열정이 어느 사람보다 뛰어났음을 드러내고 있다. 그렇지만 공자는 '좋아함'보다 상위의 경지는 '즐기는 것'이라고 말한다. 즉, 학문에서든 직업에서든 최고의 경지는 그 자체를 즐기는 것이다.

　　"아는 자는 좋아하는 자만 못하고[知之者不如好之者], 좋아하는 자는 즐기는 자만 못하다[好之者不如樂之者]."611)

　　[知: 알 지, 之: 그것(도덕, 예술 등) 지, 者: 놈/것 자, 如: 같을 여, 好: 좋을 호, 樂: 즐거울 락]

　공자는 단순히 알고 있는 자보다 더 지극한 경지에 오를 수 있는 자는 좋아하는 자이며, 좋아하는 자보다 더 지극한 경지에 오를 수 있는 사람은 즐기는 사람이라고 판단했다. 즐거움의 경지에 오른 사람은 어떤 형태이든지 간에 행동거지에 드러나게 된다.

---

610) 『論語』, 公冶長第五, "十室之邑, 必有忠信如丘者焉, 不如丘之好學也."
611) 『論語』, 雍也第六, "知之者不如好之者, 好之者不如樂之者."

공자가 말했다. "그 하는 바를 보고, 그 말미암은 바를 살펴보고, 그 편안한 바를 세밀히 보면 사람이 어찌 감출 수 있으리오? 어찌 감출 수 있으리오?"612)

사람들이 하는 일이나 행동에서 겉모습과 동기 그리고 편안함과 같은 정서적 느낌을 점점 깊이 관찰해보면 그 내면의 모습이 드러나게 마련이다. 주희는 특히 편안함에는 즐거움이 그 안에 내재한 것으로 파악했다. 주희의 주장에 따를 경우 성인의 경지인 안인(安仁)은 인을 실천하는 것에 즐거움을 느끼는 경지이기도 한 것이다. 즐거움의 경지는 경제적 여건에 구애를 받지 않는다. 공자의 제자 중에 재물 증식에 재주가 있었고 언변이 뛰어난 자공이 공자와 이런 대화를 나눴다.

자공이 말했다. "가난하지만 아첨하지 않고, 부자이지만 교만하지 않은 것은 어떠합니까?" 공자가 말했다. "옳은 일이다. 그러나 가난하면서 즐거움을 찾고, 부자이면서 예를 좋아하는 것보다는 못하다." 자공이 말했다. "시(詩)에 말하길, 자르는 듯하다가 다시 가는 듯하고[如切如磋], 쪼는 듯하다가 다시 가는 듯하다[如琢如磨].'고 했는데, 이것을 일컫는 것입니까?" 공자가 말했다. "자공과 더불어 비로소 시를 말할 수 있겠구나!"613)

[如: 같을 여, 切: 벨 절, 磋: 갈 차, '磋'는 상아, 뼈 등을 감, 琢: 쫄 탁, 磨: 갈 마, '磨'는 옥, 돌 등을 감]

---

612) 『論語』, 爲政第二, "視其所以, 觀其所由, 察其所安. 人焉廋哉? 人焉廋哉?"
613) 『論語』, 學而第一, "子貢曰, 貧而無諂, 富而無驕, 何如? 子曰, 可也. 未若貧而樂, 富而好禮者也. 子貢曰, 詩云, 如切如磋, 如琢如磨, 其斯之謂與? 子曰, 賜也, 始可與言詩已矣."

자공이 공자에게 가난과 부유한 경우 둘 다를 예로 들어 이상적인 삶의 모습을 물은 것이다. 자공은 공자의 제자 중에 재물 증식에 재주가 있어서 가장 부유하게 살았다. 그러므로 자신을 빗대어 부자이면서 교만하지 않은 것을 묻고 싶었으나, 구색을 갖추기 위해서 가난하지만 아첨하지 않은 것을 끼워서 물었다. 이 중 가난의 경우를 본다면, 가난하면서 아첨하지 않는 것은 도덕성 면에서 나무랄 데가 없다. 그러나 이것은 정적(靜的)이며 수세적인 자세이다. 공자는 가난을 개의치 말고 당당하고 의연하게 도(道)나 일을 즐기는 것이 더 바람직하다고 보았다.

공자의 가르침을 듣고 영민한 자공은 『시경』에 나오는 시의 의미와 결부시켰다. 자공이 인용한 시는 뼈와 뿔을 자르고 가는 듯하며[如切如磋], 옥과 보석을 쪼며 가는 듯하듯이[如琢如磨] 가난하거나 부자이거나 간에 각각 아름다운 삶을 살도록 노력해야 한다는 말이다. 그러자 공자는 자공과 더불어 시를 논할 수 있다고 하며 기뻐했다. 여기서 '절차탁마(切磋琢磨)'란 고사성어가 유래되었다. '절차탁마(切磋琢磨)'는 뼈와 뿔을 자르고 갈고, 옥과 보석 쪼고 갈아내듯이 학문과 덕행을 힘써 닦는 것을 의미한다. 『논어』에서 공자가 더불어 시를 말할 수 있다고 꼽은 제자는 자하와 자공이다. 3절에서 살펴본 바와 같이 공자는 자하가 시의 의미를 내면의 덕과 외면의 예의 관계로 응용하는 것을 보고 자하와 더불어 시를 논할 수 있게 되었다고 말한 바 있다.

공자의 제자 중에 가난했으나 자신이 좋아한 바를 즐긴 인물이 있었으니 바로 안회였다. 앞에서 살펴본 바와 같이 안회는 덕행이 돋보이는 제자였지만 집안이 늘 가난해서 누추한 곳에서 살고 있었다. 그러나 안회는 학문 등을 비롯하여 자신이 즐겨 하는 것을 바꾸지 않았다. 그런 안회를 보고 공자는 말했다.

"현명하구나, 안회여! 밥 한 그릇과 물 한 바가지로 누추한 곳에 살고 있구나. 다른 사람들은 그것을 견뎌내지 못할 텐데, 안회는 자기가 즐겨 하는 바를 바꾸지 않는구나!"614)

안회는 누추한 곳에서 살고 있었지만 비굴한 모습을 보이지 않고 편안하고 당당하게 자신이 하고 싶은 일을 하는 것을 즐거움으로 삼고 있었다. 공자는 안회의 이런 모습을 칭찬해주고 있다. 그러나 안회를 인자(仁者)라고 표현할 수는 없을 것이다. 인자는 안인(安仁), 즉 공자가 생각한 최고의 덕인 인을 편안하게 실천하는 사람, 혹은 인을 실천하면서 즐거움을 느끼는 사람이다. 안회는 어려운 경제적 상황에서 자신의 삶을 즐기는 것이기 때문에 안인의 경지까지 이른 것은 아니다.

그렇지만 어려운 환경에서 얻는 즐거움의 경지는 아무나 도달하기 어려우며 무작정 노력한다고 얻어지는 것도 아니다. 북송의 유학자 사량좌(謝良佐)615)는 이러한 경지에 오른 자는 공자의 제자 중에서 안회와 민자건 정도를 들고 있다. 이것은 일정한 품성이 형성되어야 오를 수 있는 경지이다.

공자가 말했다. "불인자(不仁者: 어질지 못한 자)는 오랫동안 곤궁한 것에 머물지 못하며, 오랫동안 즐거움에 머물지 못한다."616)

안회 같은 경우는 '인을 어기지 않는[不違仁]' 경지, 다시 말하면 평소 인을 실천하려고 노력하는 사람이기 때문에 곤궁한 것을 받아들이고 자신

---

614) 『論語』, 雍也第六, "賢哉, 回也! 一簞食, 一瓢飲, 在陋巷. 人不堪其憂. 回也, 不改其樂. 賢哉, 回也!"
615) 중국 북송의 유학자(1050년~1103년). 자(字)는 현도(顯道)이다. 정호(程顥)와 정이(程頤)의 제자이며, 정문(程門)의 네 선생 가운데 한 사람이다.
616) 『論語』, 里仁第四, "不仁者, 不可以久處約, 不可以長處樂."

의 삶을 즐기는 생활을 오랫동안 할 수 있다. 그러나 불인자는 곤궁한 곳에 머무르다 보면 즐거움이 아니라 염치가 없어지고 빈티가 넘쳐난다. 그 이유는 불인자는 남을 사랑하는 마음이 없고 각박하여서 곤궁한 것에 얽매이면 품성이 더욱 망가지기 때문이다.

결론한다면 최고의 경지는 즐기는 것이다. 이 중 어려운 환경에서의 즐거움의 경지는 기본적으로 인을 실천하려고 노력하는 자라야 가능하다. 이런 품성을 바탕으로 할 때 곤궁한 상황에서 오랫동안 진정한 즐거움의 경지를 누릴 것이다. 다만 즐거움의 대상은 여러 유형이 있을 수 있으나, 최고의 즐거움은 인을 실천하며 얻는 즐거움이다.

### 부귀는 나에게 뜬구름과 같다

공자도 물론 즐거움의 경지를 추구했다. 공자가 진(陳)나라, 채(蔡)나라를 거쳐 방문한 지역은 섭(葉) 땅이었다. 이 무렵은 공자가 로나라를 떠난 지 7년 정도 되는 해였다. 섭공은 공자에 대하여 호기심이 많았던 모양이다. 하루는 섭공이 공자의 제자 자로를 만났다.

섭공이 자로에게 공자에 대해 물었지만, 자로가 대답을 못 했다. 그러자 공자가 말했다. "너는 왜 그 사람됨이 분발하면 먹는 것을 잊고, 즐거움으로써 근심을 잊기 때문에 늙어가는 것을 알지 못하는 사람이라고 말하지 않았느냐?"[617]

---

617) 『論語』, 述而第七. "葉公問孔子於子路. 子路不對. 子曰. 女奚不曰. 其爲人也. 發憤忘食. 樂以忘憂. 不知老之將至云爾."

공자가 자신을 학문이나 이치를 깨닫는 것을 즐거워하는 자라고 표현한 것으로 보아 즐기는 경지에 대하여 나름 깊은 성찰을 한 이후의 상황으로 보인다. 그리고 그것이 진정한 자신의 특성임을 자부하고 있다.

그러나 즐거움의 경지는 단순히 정서적 쾌락을 의미하는 것이 아니다. 도덕적으로 정의롭지 못한 즐거움은 그 대상이 아니다.

공자가 말했다. "부(富)를 구할 수 있을 만한 것이라면 채찍을 잡는 마부가 되더라도 나는 역시 그걸 할 것이지만, 구할 만한 것이 아니라면 내가 좋아하는 것을 따르겠다."618)

"거친 밥을 먹고 물을 마시며 팔을 굽어서 베개로 삼더라도 즐거움이 역시 그중에 있다. 불의(不義)이면서 부(富)와 귀(貴)는 나에게 있어 뜬구름과 같다."619)

인간에게 즐거움을 주는 것 중에 가장 강력한 것이 부귀(富貴)일 것이고, 성인도 그것을 바라지 않는 것이 아니다. 부귀를 당연히 얻어야 할 가치와 명분이 있다면 천한 일을 해서라도 얻는 것이 좋다. 그러나 부귀는 구한다고 하여 얻어지는 것도 아니고, 구하는 과정에 대부분 여러 비도덕적 행위가 수반될 수 있다. 그래서 공자는 구할 만한 가치가 없는 부귀보다는 차라리 자신이 좋아하는 것을 따르겠다고 말한다. 더구나 공자에게 의롭지 않은 부귀는 경계의 대상이자 잡을 수 없는 뜬구름에 불과했다. 오히려 먹는 것이 거칠고 주거 환경이 누추하더라도 얼마든지 즐거움을 구가하는 생활을 할 수 있고, 또 그렇게 해야 한다는 말이다.

618) 『論語』, 述而第七. "子曰, 富而可求也, 雖執鞭之士, 吾亦爲之. 如不可求, 從吾所好."
619) 『論語』, 述而第七. "飯疏食飮水, 曲肱而枕之, 樂亦在其中矣. 不義而富且貴, 於我如浮雲."

공자와 거의 같은 시대이거나 약간 윗세대로 추정되는 노자(老子)도 최고의 경지를 말한 바 있다.

"최고의 음악은 잘 들리지 않는다[大音希聲]."
[大: 클 대/태, 音: 소리 음, 希: 드물 희, 聲: 소리 성]

노자가 말한 최고의 음악은 자연의 소리이다. 물소리, 산새 소리, 바람 소리 등은 항상 우리 주위에 있으면서 자연스럽게 들리기 때문에 우리는 그것을 음악이라고 인식을 하며 듣지 않는다. 그러나 그것은 가장 이상적인 최고의 경지인 음악이다. 마찬가지로 인간의 행위나 기교도 익지로 하는 것이 아니라 자연스럽게 표현된다면 이것이 최고의 경지인 것이다.

이처럼 노자는 자연스러움이 최고의 경지라고 보았고, 공자는 즐기는 것을 최고의 경지로 보았다. 노자는 정적(靜的)이고, 공자는 동적(動的)이다. 노자와 공자 둘 다 진정한 프로이면서 자기 삶의 방식을 또한 표현한 것이 아니겠는가?

# 제8장

# 공자와 노자, 묵자 사상 비교

**1절** 노자와 공자가 추구한 도의 모습
**2절** 묵자와 공자의 대동사회
**3절** 유가, 묵가, 도가의 핵심 가치는 어떻게 다른가?

# 1절 노자와 공자가 추구한 도의 모습

## 도의 의미는 다양하다

유가가 지향하는 이상 사회는 대동사회이다. 대동사회는 큰 도가 행하여져서 천하를 사적(私的)인 것으로 여기지 않고 세습이 아닌 덕과 능력에 의하여 지도자가 선출되는 사회를 말한다. 또 가족 이기주의가 극복되고, 재산이 자기의 이익만을 위해 사용되지 않으며, 사회적 약자가 구제를 받는 사회를 말한다.

소강사회는 큰 도가 자취를 감추고 천하를 사적인 것으로 여기는 사회이다. 따라서 소강사회에서는 천자·제후·공경들이 능력 있는 자에게 선양하지 않고 대대로 자식에게 벼슬을 물려준다. 이렇게 네 것 내 것을 구별하다 보니 욕심에서 비롯된 나쁜 꾀가 생겨나고, 무기를 만들어 서로 빼앗고, 그것을 막기 위해 군사가 필요하게 되며, 이로 인해 싸움은 날로 심해지고 사회는 더욱 어지러워진다. 이렇게 세속화되고 혼란한 시대에 성왕들이 등장하여 인(仁)·예(禮)·의(義)·신(信)·양(讓)의 다섯 가지 상도(常道)로써 백성을 규제하고 다스리게 된다.

공자가 살던 시대는 주나라 왕실의 권위가 떨어지면서 제후국들이 우열을 겨루던 시기였다. 그리하여 천하에는 법도가 없어지고 로나라 국내에서는 삼환으로 대표되는 권신들이 정권을 농단하고 있었다. 이처럼 세속화되고 혼란한 사회에서 공자는 도(道)가 행해지는 사회를 꿈꾸었으니 그것이 소강사회의 구현이다. 여기서 언급된 '도'란 무엇을 의미하는가?

도(道)는 크게 세 가지 의미가 있다. 하나는 구체적, 물질적 의미로서의 도이며, 또 하나는 실천적, 규범적 의미로서의 인도(人道)이며, 마지막으로는 만물 생성의 원리로서의 도이다.

『설문해자(說文解字)』620)에서는 '도(道)는 다니는 길이다[行道]'로 풀이한다. 이것은 산길, 들길, 골목길과 같은 '길'을 지칭하는데, 바로 구체적, 물질적 의미로서의 도(道)이다.

『중용(中庸)』에서는 "하늘이 명한 것을 성(性)이라 하고, 성을 따르는 것을 도(道)라 하며 도를 닦는 것을 교(教)라 한다."621)란 표현이 있다. 여기에서 도는 실천적, 규범적 의미로서의 인도(人道), 즉 인간의 도리를 의미한다. 공자의 도는 실천적 규범인 인간의 도리를 의미한다. 공자는 "누가 집(문)을 말미암지 않고 나갈 수 있겠는가? 어찌 이 도를 말미암지 않는가?"622)라고 했는데, 여기에서 도는 인간의 도리를 의미하는 역시 인도의 표현이다.

조선의 다산은 구체적, 물질적 의미로서의 도와 실천적, 규범적 의미로서의 도를 구분하지 않기도 한다. 그 이유는 물질적 의미로서의 길이 사람이 다니는 길이듯이 인간의 도리도 사람이 마땅히 가야 할 길이라고 보고 있기 때문이다.

도를 만물 생성의 원리로 보는 사상가는 노자와 장자이다. 도를 만물 생성의 원리로 보는 견해와 구체적, 실천적 의미로 보는 견해에서의 인간관은 매우 다르게 나타난다. 노자와 장자 중 노자의 도를 살펴보면 다음과 같다.

---

620) 후한(後漢) 때 허신(許慎)이 지은 중국 최초의 문자학 서적. 원본은 전해지지 않으며 현재 송대 서현(徐鉉)이 쓴 교정본이 남아있다.
621) 『中庸』, 一章. "天命之謂性, 率性之謂道, 脩道之謂敎."
622) 『論語』, 雍也第六. "誰能出不由戶? 何莫由斯道也?"

## 노자의 도는 천지에 앞서 존재한다

노자(老子)는 초(楚)나라 출신이며 생존 연대는 정설이 없다. 성은 이씨(李氏)이고 이름은 이(耳), 자는 담(聃)이다. 노자는 본래 그의 저술을 지칭하는 말이었으나 후대에 그의 이이(李耳)란 성명을 대체하게 되었고, 그의 저술인『노자』는 달리『도덕경(道德經)』으로도 부르게 되었다. 노자의 사상은 전국시대의 장자(莊子)[623]에게 계승되었다. 노자와 그의 사상을 추종하는 무리를 도가(道家)라고 부르는데, 도가라는 명칭은 한(漢)나라 시대에 붙여졌다. 한나라 사람들이 노장을 같은 도가로 여긴 것은 노자학과 장자학이 서로 나르기는 하지만 공동으로 당시의 전통적인 사상과 제도에 대해 반대했고 '도(道)'와 '덕(德)'의 근본 관념도 같았기 때문이다.

노자가 태어난 초나라는『논어』에 나오는 은자들의 출신지이기도 하다. 초나라 사람들은 신흥 민족으로서 본래 고급스러운 문화가 없는 사람들이었다. 초나라 사람들은 주(周)나라 문화를 동경할 경우 북으로 유학 가야만 그것을 얻을 수 있었다. 그러나 초나라 사람들이 비록 선진(先進) 주나라 문화의 혜택을 입지는 못했으나 그들에게는 신선한 사상이 많았다. 또, 산림의 풍요한 혜택을 입어 인민들은 먹을 것이 풍족했다.

『도덕경』에서는 도(道)를 천하 만물의 모체로 인식한다. 이것은 도를 만물 생성의 총 원리로 본 것이다.

"혼연히 성립된 어떤 것이 있어, 천지에 앞서 존재했다. 고요하고 형체도 없이 홀로 서서 고침이 없다. 두루 행하여 위태하지 않으므로 천하의 모태[母]로 만들 수 있다. 나는 그 이름을 모르는데, 그것의 자(字)를 도

---

[623] 송(宋)나라 사람이고 이름은 주(周)이며 맹자와 비슷한 시대에 산 것으로 추정된다.

(道)라고 하고 억지로 위대한 것이라 이름 붙인다."624)

노자에게 있어서 도는 천지에 앞서 존재한 우주 만물의 생성 원리이다. 『중용』에는 "하늘이 만물을 낼 때는 반드시 그 재질에 따라 돈독하게 한다[天之生物 必因其材而篤焉]."라는 표현이 있다. 이처럼 유학은 만물 존재의 철학적 근거를 하늘에 두었다. 그러나 노자에게 있어서 하늘은 단순한 자연 현상일 뿐이요, 도라는 것이 우주 만물의 모태라고 보고 있다. 그렇다면 도를 무엇이라고 정의할 수 있는가?

"도라 일컬을 수 있으면 늘 변치 않는 도[常道]가 아니요, 이름을 이름이라 일컬을 수 있으면 늘 변치 않는 이름이 아니다."625)

도는 무엇이라 정의할 수가 없다. 만일 억지로 도가 무엇이라고 정의한다면 이미 그것은 도를 말한 것이 아니라는 말이다. 예를 들어보자. 코끼리를 전혀 본 적이 없는 사람에게 코끼리의 모습을 말하게 하거나, 아니면 코끼리를 갖다 놓고 눈을 감고 코끼리를 만져보고 코끼리의 모습을 말하게 한다면 코끼리 전체의 모습을 말하는 것이 아닌 아예 다른 모습이거나 일부의 모습만을 말하는 것이 될 수 있다. 이 경우 "코끼리가 ~이다"라고 말하는 순간 이미 그것은 코끼리의 온전한 모습을 말한 것이 아니어서 코끼리를 말한 것이 아니다. 마찬가지로 만물 형성의 원리인 도는 그윽하고 오묘하여 전체 모습을 아무리 인간의 말로써 정의를 내린다 해도 그것은 우리 주위에 늘 있는 도를 말한 것이 아니다. 도를 정의할 수 없다면 무엇

---

624) 『道德經』, 25章. "有物混成, 先天地生, 寂兮寥兮, 獨立不改, 周行而不殆, 可以爲天下母, 吾不知其名, 字之曰道, 强爲之名曰大."
625) 『道德經』, 1章. "道可道非常道, 名可名非常名."

으로 도의 모습을 상상할 수 있을까? 노자는 말한다.

"사람은 땅을 본받고, 땅은 하늘을 본받고, 하늘은 도를 본받고, 도는 자연(自然: 스스로 그러함)을 본받는다."[626]

이처럼 사람은 땅과 하늘과 같은 자연 현상을 본받아 살아가는 존재이며 자연 현상은 도의 모습을 본받는다. 그리고 그 도가 본받는 것은 다름 아닌 자연(自然), 즉 스스로 그러함이다. 결국, 도는 인위적인 것이 아닌 스스로 그러함[自然]을 본받기 때문에 도는 자연의 원리 그 자체를 이념화한 것이 된다. 자연은 인간이 일부러 노동을 가하지 않아도 가장 이상적인 모습으로 생성하고 순환을 한다. 또 그것은 도의 모습이기도 하다. 그리하여 노자는 말한다.

"도는 언제나 인위적으로 하지 않으면서 하지 않는 일이 없다."[627]

도는 우리 주위에 늘 있고 억지로 하지 않으면서 우주 만물의 모든 것을 제대로 자연스럽게 움직이게 하는 존재이다. 결국, 인위적인 것이 없으면서[無爲], 스스로 그러함[自然]을 본받는 것이 도의 모습인데, 이 무위자연(無爲自然)은 노자 철학에서 인간과 자연 현상이 또한 본받아야 할 핵심 가치가 된다. 그래서 노자는 유가들이 중요시한 교육과 덕을 인위적인 것이라 하여 배격하게 된다. 노자에게 도는 인간과 자연 현상을 생성하고 순환하게 하는 주체적 존재이며, 인간은 그 안에서 수동적인 존재에 지나지 않는다.

---

626) 『道德經』, 25章, "人法地, 地法天, 天法道, 道法自然."
627) 『道德經』, 37章, "道常無爲而無不爲."

노자는 이상적인 국가의 모습을 작은 나라, 적은 백성이란 의미인 소국과민(小国寡民)으로 표현한다. 노자의 말에 따르면 소국과민의 나라는 전쟁을 반대하는 나라이며, 배와 수레가 있더라도 타지 않고 복잡한 문자 대신에 옛날의 결승문자(結繩文字: 노끈이나 새끼 따위의 매듭을 통해 의미를 전하는 문자)를 쓰는 반문명(反文明)의 사회이다. 여기서 노자가 진정으로 의도한 것은 평화와 소박함을 지향해야 한다는 메시지의 전파이다. 노자의 소국과민은 노자의 도, 이른바 무위자연의 가치가 통용되는 사회의 전형을 보여주고 있다.

## 공자의 도는 실천 규범을 말한다

　도에 관하여 공자의 견해는 노자와 다르다. 공자는 "사람이 도를 넓힐 수 있고, 도가 사람을 넓히는 것이 아니다."[628]라고 했는데, 공자에게 있어서 도는 인간이 만들어나가는 대상이다. 즉, 공자에게 도는 선험적으로 주어진 원리가 아니라 인간 사회에서 형성된 규범이며, 또 시대나 상황에 따라서 변할 수 있는 그런 대상이다. 도와 인간의 관계에서 공자는 인간을 주체적 존재로 설정하고 있지만 일단 올바르게 형성된 규범으로서의 도는 공자에게 있어서 마땅히 실천해야 할 대상이며 행위의 준거(準拠)였다.

　공자가 말했다. "부와 귀는 사람들이 바라는 것이지만 도로써 얻어진 것이 아니면 머무르지 않겠다. 가난과 천한 것은 사람들이 싫어하는 것

---

628) 『論語』, 衛靈公第十五, "人能弘道, 非道弘人."

이지만 그 도로써 (더 좋은 것을) 얻는 것이 아니면 버리지 않겠다."629)

"사(士: 선비)로서 도에 뜻을 두고도 조악한 음식과 옷을 부끄러워하는 자는 족히 더불어 의론할 수 없을 것이다."630)

비록 부귀는 모든 사람이 바라는 것이지만 인륜을 벗어난 방법으로 얻은 부귀는 원치 않는다고 공자는 말한다. 또 가난과 천한 지위에서 벗어나는 것이 인륜을 그르치는 방법으로 얻어진다면 이 역시 공자에게 있어서는 받아들이기 어려운 것이었다. 도를 추구하고 부귀에 집착하지 않으니 때론 의식주가 빈한할 수 있다. 그러나 도를 추구하는 선비는 이런 것을 여유롭게 받아들일 수 있어야 한다.

그러나 공자 당시는 도가 행해지지 않았고 말재주나 외모로 처세하는 자가 많았다.

공자가 말했다. "축타(祝鮀)의 말재주와 송조(宋朝)의 미모가 있지 않으면 금세에 (어려움을) 벗어나기 어렵다."631)

축타는 위(衛)나라 대부로 구변이 좋았다. 송조는 앞서 나온 바와 같이 위령공(衛靈公)의 부인 남자(南子)의 연인으로 아름다운 용모를 가진 송나라 귀공자이다. 공자는 당시 난세에는 도를 추구하는 것보다 차라리 축타의 구변과 송조의 뛰어난 용모가 오히려 세상살이에 도움을 준다고 한탄했다.

---

629) 『論語』, 里仁第四, "子曰, 富與貴是人之所欲也, 不以其道得之, 不處也, 貧與賤是人之所惡也, 不以其道得之, 不去也."
630) 『論語』, 里仁第四, "士志於道, 而恥惡衣惡食者, 未足與議也."
631) 『論語』, 雍也第六, "子曰, 不有祝鮀之佞而有宋朝之美, 難乎免於今之世矣!"

도를 추구하는 것은 학문하는 전제가 되기도 한다.

"도(道) 있는 곳에 나아가서 몸가짐을 바로 하는 것이 가히 학문을 좋아한다고 일컬을 수 있다."632)

학문하는 목적은 새로운 것을 배움으로써 정서적 즐거움을 느끼거나, 자신의 부족한 것을 보충하거나 아니면 벼슬을 얻기 위한 것이거나 여러 가지로 다양할 수 있다. 그러나 인간의 도리로 자신의 몸가짐을 바로 해야 진정한 학문을 할 수 있다고 공자는 보았다. 공자에게 있어서 도는 개인이 일상생활이나 학문에서 마땅히 나아가야 할 길이었다. 또 도는 국가가 제대로 존립할 수 있는 근거로 인식되었다.

"천하에 도가 있으면 예악(禮樂)과 정벌(征伐)이 천자로부터 나오고, 천하에 도가 없으면 예악과 정벌이 제후에게서 나온다. 제후에게서 나오면 대개 10세대에 무너지지 않는 경우가 드물고, 배신(대부의 가신)이 국명을 잡으면 3세대에 무너지지 않는 경우가 드물다."633)

천하에 도가 있으면 국가 기강이 바로 서지만 천하에 도가 없어지면 정명(正名)을 어지럽혀서 국가의 존립을 위태롭게 한다. 이렇듯 도는 개인의 일상과 국가의 존립에 필요한 것이나 당시에는 도가 행하여지지 않는 시대였기에 결국, 공자는 도를 전파하고자 주유천하의 길로 접어들었다.

도는 사람이 마땅히 따라야 할 길이란 의미이다. 그러므로 같은 길, 즉

---

632) 『論語』, 學而第一. "就有道而正焉, 可謂好學也已."
633) 『論語』, 季氏第十六. "天下有道, 則禮樂征伐自天子出, 天下無道, 則禮樂征伐自諸侯出. 自諸侯出, 蓋十世希不失矣, 自大夫出, 五世希不失矣, 陪臣執國命, 三世希不失矣."

같은 도를 추구하는 사람은 서로 어울릴 수 있고 큰일을 도모할 수가 있다. 공자가 말했다.

"도가 같지 않으면 서로 도모하지 말아야 한다."634)

 공자의 말은 지극히 현실적이다. 도는 당연히 사람마다 따라야 할 길이지만, 여러 개의 길 중 하나를 선택하는 것은 역시 각자의 몫이다. 가는 길이 서로 다를 경우, 특히 정치에서 진보와 보수는 서로 어울리기가 어렵다. 그러기에 같은 길을 가는 사람끼리 시민 단체를 만들고 정당을 만드는 것이다.

---

634) 『論語』, 衛靈公第十五, "道不同, 不相爲謀."

## 2절 묵자와 공자의 대동사회

### 묵자 사상의 연원

공자는 이상 사회의 모습으로 대동사회(大同社會)를 제시했다. 그런데 공자가 제시한 대동사회의 모습은 묵자의 사상과 유사한 점이 있다. 이것을 논의하기 위해서는 묵자의 사상이 무엇인지 대략적인 검토가 필요할 것 같다.

묵자의 성은 묵(墨)이요 이름은 적(翟)이다. 묵자의 사상이 담겨 있는 책이 그의 이름을 따서 『묵자(墨子)』이다. 공자는 『묵자』에 등장하며, 묵자는 『맹자』에 등장한다. 따라서 묵자의 생존 연대는 공자와 맹자가 생존한 시대의 중간에 해당한다. 묵자의 인적 사항에 대하여 전해지는 것은 『사기』의 『맹자순경열전』에 나오는 간략한 기록이 전부이다. 『사기』의 기록은 이러하다.

"묵적은 송나라의 대부로서 나라의 방어를 잘했고 절용을 주장했다. 어떤 이는 공자와 같은 때 사람이라 하고 어떤 이는 그 뒤의 사람이라고 한다."[635]

『사기』에는 묵자가 송나라의 대부라고 기록되어 있으나 일반적으로 묵자 연구자들은 묵자와 그의 무리가 발언하고 활동한 배경을 로나라로 추정하여 묵자를 로나라 사람이라고 보고 있다. 그리고 묵적이 실제의 이름

---

635) 『史記』, 孟子荀卿列傳第十四, "蓋墨翟, 宋之大夫, 善守禦, 爲節用. 或曰並孔子時, 或曰在其後."

인지도 불명확하다.

『회남자(淮南子)』<sup>636)</sup>「요략훈(要略訓)」에 따르면, 묵자는 본래 공자의 학술을 공부했으나 유가의 예를 번거롭다고 생각했다. 부연하면 공자는 초기 주나라 때의 전통적인 제도, 예악과 문물을 동경하여 논리적으로 이들을 합리화하려고 힘썼던 반면, 묵자는 그 제도 등의 타당성과 효용성에 회의를 품고 이들을 좀 더 유용한 것으로 대치시키려고 했다. 그리하여 묵자는 유가가 모범으로 삼는 주(周)나라의 도를 버리고 하(夏)나라의 정치를 채용했다.<sup>637)</sup> 이것으로 보면 묵자는 하나라와 하나라의 시조 우임금의 사상을 이어받은 것으로 추정된다.

『회남자』의 내용 이외에도 묵자와 우임금과의 사상적 연계성을 주장하는 학자가 더 있는데,<sup>638)</sup> 이 주장은 어느 정도 일리가 있다. 그 이유는 묵자의 사상과 우임금이 행한 일이 크게 유사하기 때문이다. 예컨대 『묵자』는 「절용」장에서 절약과 검소할 것을 주장했다. 우임금의 미덕으로서도 절약과 검소함이 가장 두드러진 것이었다. 우임금의 이러한 점을 공자도 인정했다.

"우임금에게서 결점을 찾을 수가 없었다. 그는 자신을 위해서는 변변찮은 식사를 하면서도 귀신 제사를 모시는 일에는 정성을 다했다. 자신의 의복은 검소하게 입으면서 의관, 제복은 잘 갖춰 입었다. 궁궐 안은 수수하게 꾸몄으나 경지 사이에 수로를 정리하는 일에 힘을 다하였다.

---

636) 전한(前漢) 회남왕(淮南王) 유안(劉安)이 편찬한 일종의 백과사전으로, 전 21권이다.
637) 『淮南子』, 要略訓. "墨子學儒者之業, 受孔子之術, 以爲其禮煩擾, 而不悅厚葬靡財而貧民, 久服傷生而害事, 故背周道而用夏政. 禹之時 天下大水, 禹身執虆臿, 以爲民先, 故絕絕財薄葬閑服生焉."
638) 『列子』,「양주(楊朱)」편에 묵자의 문인 금활리(禽滑釐)가 양주(楊朱)의 위아설(爲我說)을 평한 뒤에 "나의 말을 가지고 대우(大禹)와 묵적(墨翟)에게 물어보면 내 말이 맞을 것"이라고 했는데, 장잠(長湛)의 주(注)에 "우(禹)와 적(翟)의 가르침은 자기를 잊고 남을 구제하는 것이다."라고 했다. 우(禹)와 적(翟)의 사상이 서로 같음을 말하고 있다.

우임금은 결점을 찾을 틈이 없다."639)

이처럼 공자도 우임금의 절약과 검소한 미덕을 칭송했다. 특히 우임금 때는 홍수가 있었던 뒤라 후장(厚葬: 후한 장례) 따위가 될 리 없었다. 언덕에서 죽은 자는 언덕에, 늪에서 죽은 자는 늪에 장사하며, 따로 관(棺)·곽(槨)640)·의(衣)·식(食)의 아름다움이 있었던 것도 아니고, 삼년상을 하지 않고 석 달로 마쳤다. 이는 묵자의 주요 주장인 절장(節葬: 장례비용을 절약함), 단상(短喪: 상례 기간을 단축함)과 동일하다. 또 묵자는 겸애(兼愛)를 주장하여 자기 몸을 아끼지 않고 세상을 구제함을 도덕의 요체로 보았는데, 우임금도 천하를 위해 부지런히 홍수를 다스릴 때 세 번이나 자기 집 문 앞을 지나면서도 들어가지 않았다 한다. 그 부지런함은 묵가(墨家)의 이상과 부합한다.641)

묵가는 묵자의 사상을 배우고 실천하는 사람들의 집단을 말한다. 묵가들은 규율이 엄한 준(準)군사조직인 것으로 보인다. 주대 봉건체제에서 왕, 제후, 대부들은 각각 자기의 군사적 전문가들을 두고 있었다. 그런데 주나라 말기에 봉건제도의 붕괴와 더불어 이 군사전문가들은 각기 흩어져 사용자에게 봉사함으로써 생계를 유지했다. 이런 부류의 인물들을 사(士), 또는 무사(武士)라고 했다. 묵자와 그 제자들도 무사 출신인 것으로 추정된다. 묵자의 제자들은 벼슬에 나아가거나 물러나는 등의 행동을 할 때 모두 묵자의 지휘를 받았다. 제자들은 벼슬로 인해서 얻은 수입은 나누어 묵학도의 소용으로 제공해야 했으며 스승의 명령에 절대 복종해야 했다.

---

639) 『論語』. 泰伯第八. "禹, 吾無間然矣. 菲飮食而致孝乎鬼神. 惡衣服而致美乎黻冕. 卑宮室而盡力乎溝洫. 禹, 吾無間然矣."
640) 관(棺)의 바깥쪽을 둘러싼 겉널.
641) 가노나오키 저·오이환 옮김, 『중국철학사』(을유문화사, 1988년), 225쪽 참조.

『회남자』에는 "묵자의 심복 180명은 모두 불 속으로 뛰어들 수도 있었고 칼날을 밟을 수도 있었으며, 죽어도 돌아설 줄 몰랐다."라고 기록되어 있다. 묵학도의 수령은 거자(鉅子, 혹은 巨子)라 했는데, 묵자들은 거자를 중심으로 매우 조직적인 행동을 한 것으로 추정된다.

## 묵자의 주요사상

안중근 유묵

묵자와 우임금과의 사상적 연계성을 논의하는 과정에서 이미 묵자의 주요 사상의 대략적인 것이 제시되었다. 이하에서는 더 구체적으로 묵자의 기본철학과 사상을 살펴보고 대동사회와의 관련성을 언급하고자 한다.

묵자의 기본적 철학관은 추상적 정의의 개념보다 이익을 우선으로 한다. 이 점이 유가의 철학관과 근본적으로 서로 다르다. 『논어』에는 자로가 완성된 인간에 대해 묻자 공자가 "이익을 보면 의로운지를 생각하고, 위태로움을 보면 목숨을 바칠 것을 생각해라[見利思義, 見危授命]."642)라는 표현이 있다. 또, 『맹자(孟子)』 첫 부분은 「양혜왕(梁惠王)」장으로부터 시작되는데 바로 맹자가 여러 나라를 전전할 때 첫 번째로 들른 나라의 군주가 대량으로 천도한 이후의 위(魏)나

---

642) 『論語』. 憲問第十四. "今之成人者何必然? 見利思義, 見危授命."

라 양혜왕이었다. 이때 양혜왕은 맹자에게 위나라를 이롭게 할 방법을 물었는데, 맹자는 군주가 이로움을 말할 것이 아니라 인의(仁義)를 말해야 한다고 하면서 양혜왕에게 왕도정치를 펼 것을 역설하게 된다. 이처럼 유가에서 행동의 준거가 되는 것은 의로움[義]이다. 공자는 "의로움을 보고 행하지 않으면 용기가 없는 것이다."[643]라고 하여, 의로움은 마땅히 실천해야 하고 그것이 진정한 용기라고 보았다.

1909년 만주 하얼빈 역에서 안중근 의사가 조선 침략의 원흉 이토 히로부미를 사살했다. 안 의사는 체포되어 여순 감옥에 있으면서 여러 점의 붓글씨를 남겼다. 그중 1910년 3월 처형되기 직전에 쓴 글이 바로 공자가 말한 '見利思義, 見危授命(견리사의, 견위수명)'이었다. 안중근, 그는 유학에서 중요시한 의(義)를 행동의 준거로 삼은 독립투사였다.

그러나 묵가는 오직 이익과 공을 중시한다. 묵자는 "인은 사랑하는 것이고 의로움은 이로운 것이다."[644]라고 했다. 즉, '의로움[義]'이란 것은 '이익'과 함께 간다는 말이다. 또, 묵자는 "효도란 부모를 이롭게 하는 것이다."[645]라고도 한다. 묵자는 효도를 정의할 때 관념적이거나 도덕적 표현을 배제하고 실질적 이익의 관점에서 말하고 있다. 사회를 유지하는 질서의 정당성이 바로 '의(義)'인데, 이 '의'는 '이로움'을 빼놓고는 논할 수 없고 사람들을 이롭게 하지 않으면 의로움이란 존재할 수 없다고 묵자는 주장한다. '의(義)'와 '이(利)'를 대립적으로 보는 유가와 달리 묵자는 이익을 정치사상, 통치 철학의 필요조건으로 보는 것 같다.[646] 그런데 묵자가 말하는 이익은 공유되는 이익, 즉 공익을 말한다. 묵자는 교상리(交相利)를 주

---

643) 『論語』, 爲政第二. "見義不爲, 無勇也."
644) 『墨子』, 經說下第四十三. "仁愛也, 義利也."
645) 『墨子』, 經上第四十. "孝, 利親也."
646) 임건순 지음, 『묵자』(시대의 창, 2013년), 38~39쪽 참조

장하는데, 교상리란 서로 이익을 주고받는 것을 의미한다. 이것으로 볼 때 묵자가 말하는 이익은 어느 특정의 사람에게 치우치는 이익이 아닌 호혜적 관점에서의 공익을 말한다. 공익은 묵자 사상 전반에 흐르는 철학적 관념이 되고 있다.

묵자의 하늘관은 어떠한가? 묵자는 "인의(仁義)의 원천을 근원적으로 고찰하려는 사람이라면 하늘의 뜻을 받들지 않을 수 없다(本察仁義之本天之意不可不慎也)."라고 하여 인간 치덕의 방향을 하늘에 근거하고 있다. 묵자는 공자와 마찬가지로 하늘을 주재지천(主宰之天)으로 상정한다. 묵자는 종교적 제제를 중시하여 하느님[天]이 서로 겸애하는 자는 상을 주고 서로 차별하여 증오하는 자에게는 벌을 준다고 여겼다.[647] 하늘을 주재지천의 관념으로 본 것은 공자와 같다. 그러나 묵자는 공자가 상고시대의 성왕들로부터 받아들인 천명관을 부정한다.

"삼가라! 천명(天命)은 없다. 너희는 사람을 갈라놓고 말을 지어내지 말라. 나의 운명은 하늘에서 내려온 것이 아니라 나 스스로 만들어내는 것이다."[648]

유가들은 하늘의 권능을 인간의 운명을 관장하고 성품을 부여하는 등 몇 가지로 구별하여 인정한다. 그리고 하늘은 인간 사회에 개입할 경우 천명의 형식을 빌리기도 한다. 그러나 묵자는 하늘의 주재성을 인정하나 인간의 운명을 결정하는 존재로는 인정하지 않는다. 묵자는 유가들이 천명을 인간의 운명을 결정하는 개념으로 보고 있다고 생각한다. 이에 따라 묵

---

647) 『墨子』, 天志上第二十六, "順天意者. 兼相愛. 交相利. 必得賞. 反天意者. 別相惡. 交相賊. 必得罰."

648) 『墨子』, 非命中第三十六, "敬哉 無天命. 惟予二人 而無造言. 不自天降, 自我得之."

자는 유가의 천명관을 부정하고 자신의 운명은 자신이 개척하는 것임을 주장하고 있다.

또 묵자의 주요 사상으로는 '겸상애(兼相愛)'가 있다. 겸상애란 더불어 서로 사랑한다는 의미이다. 겸상애는 줄여서 겸애라고 표현되기도 한다. 묵자는 천하의 혼란을 평정하려면 반드시 혼란의 근원을 살펴야 한다고 여겼다. 묵자는 혼란의 원인을 사람들이 서로 사랑할 수 없는 데에 있다고 보았다. 그래서 묵자는 이것의 해소를 위해 겸상애(兼相愛)를 주장하기에 이른다.

묵자의 겸상애 사상을 단적으로 표현하는 말이 '천하무인(天下無人)'이다. 이것은 천하에 다른 사람이 없다는 뜻이다. 따라서 묵자는 평소 부모, 형제, 임금 보기를 자기 몸과 같이 하고, 남의 가문을 자신의 가문처럼 여겨야 한다고 주장한다. 그래서 겸상애가 구현되는 세계는 남의 부모를 자기 부모처럼 섬기는 사회이고 다음과 같이 사회적 약자를 배려하는 사회이다.

"이리하여 처자가 없는 노인도 부양받아 그 수명을 누리고, 부모 없는 어리고 약한 고아도 의지할 데가 있어 장성할 수 있다."[649]

이처럼 겸상애의 도가 구현되는 사회는 외로운 사람, 의지할 곳 없는 사람을 배려하는 사회이다. 묵자는 비록 겸상애의 도가 세상을 구제하는 유일한 법도라고 여겼지만, 인간이 본래부터 사랑할 수 있다고는 여기지 않았다. 다음은 『묵자』「소염」장의 내용이다.

"묵자가 실이 물드는 것을 보고 탄식하여 말했다. 파란 물감에 물들이

---

649) 『墨子』, 兼愛下第十六, "是以老而無妻子者. 有所侍養. 以終其壽. 幼弱孤童之無父母者. 有所放依. 以長."

면 파랗게 되고, 노란 물감에 물들이면 노랗게 된다. 넣는 물감이 변하면 그 색도 변한다. 다섯 가지 물감을 넣으면 다섯 가지 색깔이 된다. 그러므로 물드는 것은 주의하지 않으면 안 된다. 유독 실만 물드는 것이 아니라 나라도 물드는 것이다."650)

묵자는 인성(人性)을 흰 실로 여겨 인성의 선악은 전적으로 무엇에 물들여지느냐에 달려있다고 했다. 개인뿐만 아니라 국가도 그러하다. 물건을 많이 소비하는 것이 고귀하다고 생각하는 것이나, 전쟁으로 많은 사람을 죽이는 것을 의롭다고 생각하는 것, 역시 나라가 그렇게 물들었기 때문이라는 것이다.

그리고 묵자는 겸상애(兼相愛)를 표현할 때 대부분 교상리(交相利)를 덧붙여 이야기한다. 교상리란 서로 이익을 주고받는다는 의미이므로, 결국 더불어 서로 사랑하는 것은 서로 이익을 주고받는 행위에 해당하는 것임을 의미하고 있다.

경제적 측면에서 묵자는 절용(節用)을 주장한다. 묵자는 성인(聖人)의 정치를 예로 들면서 "그것[富]을 배로 늘린다는 것은 밖에서 땅을 빼앗는 것이 아니라 그 나라에서 쓸데없는 소비를 없애서 두 배로 늘리는 것을 말한다."651)라고 했다. 즉, 재화는 한정되어 있어서 재화의 본래 목적을 초과한 과시소비(過示消費)를 버리고 절용해야 한다는 것이다. 여기서 묵자가 말한 부(富)는 궁실의 곳간이 아닌 백성에게 분배되는 몫을 말한다. 묵자는 성인의 정치와 비교하여 당시의 정치를 비교하여 말한 적이 있다.

---

650) 『墨子』, 所染第三, "子墨子見染絲者, 而歎曰, 染於蒼則蒼, 染於黃則黃. 所入者變 其色亦變. 五入必而已則爲五色矣. 故染不可不愼也. 非獨染絲然也, 國亦有染."
651) 『墨子』, 節用上第二十, "其倍之非外取地也. 因其國家去其無用之費. 足以倍之."

"성왕이 정치를 할 때 정령을 발하는 목적은 일을 흥하게 하고 백성으로 하여금 재화를 사용하게 하여 실용에 이루어지지 않는 것이 없게 하고자 한 것이다. 이런 까닭에 재화를 쓰는 것이 낭비되지 않고 백성이 피곤하지 않게 되며 이로운 것이 많아진다. …지금 천하에서 정치하는 자는 인구가 줄어들게 하는 방법을 따르는 자가 많다. 그들은 백성을 수고롭게 하고 세금을 많이 거둬들여 백성의 재물을 부족하게 한다. 이럼으로써 얼어 죽고 굶어 죽는 자가 이루 헤아릴 수 없다."652)

묵자도 유가와 같이 과거 성왕의 정치를 본받는 것을 주장하지만 관점은 다르다. 유가는 성인의 도덕정치를 본받는 것을 말하지만 묵자는 백성에게 적절하게 재화를 사용함으로써 이익을 주는 정치를 본받을 것을 주장한다. 그런데 묵자 당시의 정치는 백성 개개인에게 이익을 주는 것이 아니라 백성을 수고롭게 하고 세금을 많이 거두어들여 국가의 창고를 채우려 한다. 이러다 보니 백성은 얼어 죽고 굶어 죽는 자가 속출하여 백성의 숫자가 적어진다는 것이다. 이처럼 묵자는 성인의 정치와 지금의 정치를 비교할 때 백성의 재화 관점에서 본 것이지 지배층의 재원 관점으로 본 것이 아니었다. 다시 말하면 묵자는 궁실의 부가 아닌 분배적인 관점에서 백성 개개인의 재화를 충족시켜주며 적절하게 사용하게 하는 것이 올바른 정치라고 주장하고 있다.

묵자는 유가의 장례문화를 비판하며 장례비용을 줄이자는 '절장(節葬)'과 삼년상을 단축하자는 '단상(短喪)'을 주장한다. 묵자는 말하길, "후장(厚葬: 후한 장례)은 애써 번 재물을 매장하는 짓이요, 구상(久喪: 장기간의 상

---

652) 『墨子』, 節用上第二十. "聖王爲政. 其發令興事使民用財也. 無不加用而爲者. 是故用財不費. 民德不勞. 其興利多矣 …今天下爲政者. 其所以寡人之道多. 其使民勞. 其籍斂厚. 民財不足. 凍餓死者不可勝數也."

례)은 오래도록 생업에 종사함을 방해하는 짓이다."653)라고 했다. 후장과 구상은 개인적으로는 재화의 낭비이며 국가적으로는 국정의 공백을 초래하고 사람까지도 해치게 된다. 묵자는 왕을 비롯한 지배층이 상을 당했을 경우 정사를 다스릴 수 없고 순장(殉葬)을 당하는 자도 수십 명에 이른다고 말하면서 유가의 후장과 구상을 비판했다.

그 외에 묵자의 사상으로는 '비공(非攻)', '비락(非樂)'이 있다. '비공'이란 다른 나라를 침공하는 것을 비난한다는 의미로서 묵자의 반전(反戰)사상이 표방되고 있다. 묵자는 전쟁과 정벌은 의(義)에 옳지 않고, 이(利)에도 소득이 없어 천하의 커다란 해로움이라 생각했다. 따라서 군자는 천하를 서로 사랑하게 하고 이익을 일으켜야 하므로 비공(非攻)은 묵자의 겸상애 사상이 실천적으로 드러난 주장이다.

'비락'이란 유가의 교육에서 중요시하는 음악을 비판하는 것이다. 묵자는 천하 사람들이 고통을 받고 있는데 음악을 즐긴다는 것이 잘못되었다고 보았다. 따라서 관직에 있는 자는 이런 쓸데없는 일을 해서는 안 된다고 했다.654) 묵자가 음악을 비난한 것은 음악이 일을 전폐하기에 충분하고 천하에 아무 이익이 없다고 깊이 믿었기 때문이었다. 그러므로 묵자의 문화관은 순전히 공리주의 및 실용주의 입장임을 알 수 있다.

국가에서 묵자는 지도자의 중요성을 말한다. 인류 초기에 사람들은 서로 언어로 소통하기가 어려워 서로 갈등을 일으키고 화합하지를 못했다고 묵자는 주장한다. 묵자는 이러한 혼란이 지도자가 없는 데서 생긴 것이라고 했다.

---

653) 『墨子』, 節葬下第二十五, "細計厚葬, 爲多埋賦之財者也. 計久喪. 爲久禁從事者也."
654) 『墨子』, 非樂上第三十二, "民有三患, 飢者不得食, 寒者不得衣, 勞者不得息. 三者民之巨患也. 然卽當爲之撞巨鐘, 擊鳴鼓, 彈琴瑟, 吹笙竽, 而揚干, 民衣食之財將安可得乎?"

"무릇 천하가 혼란스러운 까닭은 정치 수장이 없는 것에서 발생하는 것이 분명하다. 이런 연유로 천하의 어진 자를 선출하여 그를 세워 천자로 삼았다. 천자를 세웠으나 그 힘이 부족하였으므로 또 천하의 어진 자를 선출하여 그를 세워 삼공으로 삼았다…이러므로 나라가 다스려지는 것이다."655)

묵자는 국가의 기원을 말하면서 국가 지도자의 옹립과 관리의 등용 방법을 말하고 있다. 국가 지도자의 옹립은 세습이 아니라 어진 덕을 가진 자를 백성이 선출하는 것이고, 관리 또한 어진 덕을 기준으로 하여 뽑아 써야 한다는 것이다. 묵자에 따르면, 덕성에 의해 선출된 지도자의 권위는 절대적이어야 한다. 만약 지도자가 있는데도 서로 다툼이 있는 것은 사상이 다르기 때문이다. 그러므로 혼란을 평정하고 안정을 추구하려면 반드시 사상을 통일해야 한다.656) 사상을 통일하는 방법은 바로 아랫사람이 윗사람의 생각을 따라가게 하는 것이다.

묵자가 활동한 전국시대에 천자와 제후들은 신분에 따른 세습이 뿌리를 내린 시대였다. 그런데 묵자는 인류 초기 국가의 기원을 말하면서 덕성에 따른 지도자의 선출을 긍정적으로 묘사했다. 이것은 당시의 세습제를 우회적으로 비판하는 것인데, 이와 같은 생각은 묵자가 품고 있는 기본적인 인간관으로부터 도출된 것이었다. 묵자는 하늘 아래에서 인간은 어른이나 어린이, 귀인이나 천인 모두 동등한 존재라고 말한다.

---

655) 『墨子』, 尙同上第十一. "夫明乎天下之所以亂者, 生于無政長. 是故選天下之賢可者, 立以爲天子. 天子立. 以其力爲未足. 又選擇天下之賢可者. 置立之以爲三公…是以國治也."
656) 『墨子』, 尙同下第十三. "今此何爲人上而不能治其下. 爲人下而不能事其上. 則是上下相賊也. 何故以然, 則義不同也."

"하늘 아래 크고 작은 국가가 있는 것이 아니라 모든 나라는 하늘의 땅(도읍)이다. 사람 중에 어린이와 어른, 귀인과 천인이 다르게 대우 되는 것이 아니다. 모든 사람은 하늘의 신하이다."[657]

묵자는 사람 모두가 하늘의 신하이고 하늘의 품에서는 모두가 동등한 존재임을 천명하고 있다. 그러기 때문에 인간 세상에서의 세속적 질서는 타고나는 것이 아니라 덕성에 따라 획득되는 것이며 근원적 존엄성에서는 모두가 동등한 존재이다. 묵자의 이러한 생각은 당시의 신분제 사회에서 위험하면서도 획기적인 발상이었다. 그러나 인간의 근원적 평등을 말하면서 지도자와의 사상적 통일성을 말하고 있는 것은 분명 상호 모순이 된다. 이것은 묵자 사상이 극복하지 못한 논리적 오류라고 생각된다.

한편 지도자의 절대적 권위를 존중하고 사상의 통일을 주장하는 묵가들의 주장은 당시 전국시대의 법가들의 이념과도 비슷하고 국론을 통일하여 부국강병을 지향하던 제후들의 목적과도 부합하는 면이 있었다. 따라서 학자들에 따라서는 묵가들이 진(秦)이 전국시대를 통일하는 과정에 법가들과 함께 깊이 개입하였을 것으로 추정하기도 한다.[658]

이상과 같이 묵자의 사상에 대해 대략 살펴보았다. 그런데 묵자의 사상은 공자의 이상 사회인 대동사회의 특징과 유사한 점이 많다. 대동사회는 공자가 로나라의 상황을 보고 탄식하면서 이상 사회의 모습으로 묘사한 사회를 말한다. 이 내용은 『예기(禮記)』에 전해지고 있다. 『예기』는 전국시대에서 진한(秦漢)시대까지 유가 학자들이 경서인 『의례(儀礼)』를 해석하고 설명한 문장을 모은 것으로 유가의 예(禮)에 관한 사상이 집약된 책이다. 당연히 작가는 한두 명이 아니고 편찬 시기도 일정치 않다. 한대(漢代)

---

657) 『禮記』. 法儀第四, "今天下無大小國. 皆天之邑也. 人無幼長貴賤. 皆天之臣也."
658) 임건순 지음, 『묵자』(시대의 창, 2013년), 235~243쪽 참조

학자들은 성인이 저술한 전적(典籍)을 '경(經)'이라 하고, '경'을 해석하고 풀이한 것을 '전(伝)' 또는 '기(記)'라고 했는데, 『예기』는 여기를 기준으로 하여 이름을 땄다. 『예기』의 대동사회와 묵자 사상과의 관련성은 단원을 달리하여 아래에서 논의한다.

## 대동 사상과 묵자

『예기』에 나오는 대동사회의 모습은 제1장 2절에서 다루어졌으므로 여기서는 전체적 내용의 인용은 생략한다. 대동사회의 모습과 묵자 사상과는 다음과 같은 유사점이 있다.

첫째, 대동사회에서는 현명하고 유능한 인물을 선택하였다고 했는데, 이것은 묵자가 국가의 기원에서 지도자를 어진 자로서 선출했다는 것과 유사하다. 둘 다 신분제를 배척하고 있다.

둘째, 대동사회에서 홀로 자기의 어버이만을 친애하지 않았으며, 홀로 자기의 아들만을 사랑하지는 않았다는 표현은 묵자의 '천하무인(天下無人)', 즉 천하에 남이 없다는 사고를 기반으로 할 때 가능한 행동 특성이다.

셋째, 대동사회에서 홀아비, 과부, 고아, 홀로 사는 사람, 병든 사람이 부양을 받을 수 있다는 표현은 묵자의 주요 사상인 겸상애가 구현될 때 처자 없는 노인과 고아를 돌보는 사회의 모습과 동일하다.

넷째, 재화를 자기에게만 감추어 두지 않았다는 것은 묵자가 중시한 공익의 관념과 유사하다.

이처럼 대동사회의 모습과 묵자의 사상과는 서로 닮은 점이 많다. 그 이유는 무엇일까? 『예기』는 책 편찬이 서한(西漢) 중엽까지 장기간에 걸쳐 이루어졌기 때문에 유가뿐만 아니라 도가나 법가, 음양가 등 당시에 유행했던 여러 학파의 영향에서 벗어나지 못한다. 따라서 『예기』는 '예'의 각도에서 출발하여 각 학파의 사상을 융합한 것이라 볼 수 있다. 예를 들면 천도(天道)에 관한 논술은 도가 사상의 영향을 받았고, 대동의 이상 사회는 묵가가 주장한 겸상애의 영향을 받았을 가능성도 있다. 그래서 대동사회는 공자가 생각한 고유의 이상 사회일 수도 있고, 공자를 비롯한 유가의 유학 사상이 묵가의 영향을 받아 새로이 정립된 이상 사회의 모습일 수도 있을 것이다.

## 3절 유가, 묵가, 도가의 핵심 가치는 어떻게 다른가?

### 유가의 인(仁)은 분별하는 사랑이다

앞에서 살펴보았듯이 공자의 제자 중에 재여라는 제자가 있었다. 재여는 공자의 제자 중 게으르고 불충하여 공자가 그리 탐탁지 않게 여긴 제자였다. 어느 날 재여가 공자에게 인의 본질이 궁금하여 물에 빠진 사람을 구하기 위해 무조건 따라 들어가야 하는가를 물었다. 이때 공자는 말했다.

"어찌 그렇게 할 수 있겠는가? 군자는 우물까지 뛰어갈 수는 있지만 들어갈 수는 없을 것이다."[659]

일반적으로 유가의 윤리관을 분별의 윤리관으로 지칭한다. 분별(分別)이란 말 그대로 나누어 구별한다는 뜻이다. 위에서는 일정한 상황을 분별하여 상황에 적합한 판단을 내린 것을 말한 것인데, 분별은 존비친소(尊卑親疎: 신분의 높고 낮음과 친함과 친하지 않음) 관계에 따라 그 덕목이 서로 구별될 수 있음을 말하기도 한다. 분별하는 윤리관의 대표적 전형은 오륜이다. 순임금은 오교(五教)를 백성의 교육에 활용했으며, 전국시대 맹자가 오교를 오륜(五倫)으로서 개념을 재정립하여 내용을 소개했다.

---

659) 『論語』. 雍也第六. "何爲其然也? 君子可逝也. 不可陷也."

## 묵자의 겸상애(兼相愛)는 무차별적 사랑이다

　유가의 인은 분별적 사랑이라는 점에서 묵자의 겸상애와 다르다. 묵자의 겸상애는 사람과 사람 간의 차별 없는 사랑을 말한다. 앞서 말한 바와 같이 묵자의 겸상애 사상을 단적으로 표현하는 말은 '천하무인(天下無人)'이다. 이는 천하에 다른 사람이 없다는 뜻이다. 나와 남을 하나로 보는 묵자의 겸상애를 제대로 표현한 말이다. 무차별적 사랑을 주장하는 묵자는 유가의 분별적 윤리관을 배격한다.

　"(해악은) 남을 미워하고 남을 못살게 구는 데서 생겼다고 말해야 한다. 분리하여 이름을 붙인다면, 천하에서 남을 미워하고 남을 못살게 구는 사람을 우리는 그들을 겸(兼)이라 불러야 하는가? 아니면 별(別)이라 불러야 하는가? 반드시 별(別)이라고 말해야 한다."660
　[兼: 겸할 겸, 別: 나눌 별]

　묵자는 인간 충돌의 근본 원인을 서로 사랑하지 않는 것에서 구하고 있고, 또 서로 사랑하지 않는 것은 '별(別)', 즉 '분별(分別)'의 사유에서 비롯된다고 보고 있다. 분별의 윤리는 유가(儒家)의 기본 윤리 체계이다. 따라서 묵자는 유가의 근본적 윤리 체계인 분별의 윤리관을 사회에서 야기되는 해악의 원인으로 규정하고 다음과 같이 너와 나의 구별이 없는 겸상애(兼相愛)의 윤리관을 주창하고 있다.

　묵자가 말했다. "다른 나라 보기를 자기 나라처럼 하고, 다른 가

---

660) 『墨子』, 兼愛下第十六, "必曰從惡人賊人生, 分名乎天下, 惡人而賊人者, 兼與別與, 卽必曰別也."

정 보기를 자기 가정처럼 하고, 다른 사람 몸을 보기를 자기 몸처럼 한다."661)

묵자는 자신, 자신의 가정 그리고 자신의 나라와 다른 사람의 그것을 차별하여 취급하지 말고 서로 동등하게 볼 것을 주문한다. 이렇게 함으로써 강한 자가 약한 자를 못살게 굴지 않고 부자가 가난한 자를 업신여기지 않는 사회가 된다고 믿고 있다.

그리하여 묵자는 "천하가 더불어 서로 사랑하면[兼相愛] 곧 다스려지고, 서로 미워하면 곧 어지러워진다."662)라고 하여 태평세계의 근원을 겸상애(兼相愛)에 두고 있다.

특기할 점은 묵자의 겸애는 그 대상이 어디까지나 모든 생명체가 아닌 사람에 대한 무차별적인 사랑을 주창한다는 것이다. 이러한 점에서 사람과 사물과의 차별을 두지 않는 도가와 차이가 있다.

노자는 자연 안에서 모든 존재는 동등하게 취급되어야 함을 기본 사유로 하고 있다. 그리고 장자는 모든 사물이 도를 갖고 있어서 도의 관점에서 볼 때 만물이 동등하다는 사유를 한다.

---

661) 『墨子』, 兼愛中第十五. "子墨子言. 視人之國, 若視其國. 視人之家, 若視其家. 視人之身, 若視."
662) 『墨子』, 兼愛上第十四. "天下兼相愛則治. 交相惡則亂."

## 도가는 사적인 감정을 경계한다

노자와 장자를 세상에서는 일반적으로 도가라고 부른다. 노자와 장자 모두 유가의 인(仁)을 비롯한 도덕을 인위적이고, 사적인 감정으로 이해한다. 노자는 "천지는 어질지 않아서 만물을 풀강아지로 여기며 성인은 어질지 않아서 백성을 풀강아지로 여긴다[天地不仁 以万物為芻狗 聖人不仁 以百姓為芻狗]."라고 했다. 여기서 '천지는 어질지 않아서'는 '천지불인(天地不仁)'을 직역한 것이다. 이것을 노자가 유가의 인을 인위적이고 사사로운 감정으로 여기는 것을 고려하여 풀이하면, '천지는 차별적인 감정이 없어서 만물을 (동등하게) 풀강아지로 여긴다'로 해석이 가능하다. 풀강아지[芻狗]는 중국에서 제사에 쓰던 풀로 만든 강아지를 말한다. 제사가 끝나면 내버리므로 소용이 없을 때 버리는 하찮은 물건을 비유한다. 또 노자는 "대도가 폐하자 인의가 생겼다[大道廢有仁義]."라고 했다. 여기서 대도는 앞에서 말한 바와 같은 무위자연을 모습으로 하는 우주 자연의 생성과 순환 원리이다. 노자는 그러한 도가 없어졌기 때문에 인위적이고 사사로운 감정인 인의가 생겼다고 보고 있다. 그래서 인이 공자에게 최고의 도덕이라면, 노자에게는 인위적이고 차별적 감정일 뿐이다. 노자는 "최고의 선(善)은 물과 같다[上善若水]."라고 했다. 노자는 인위적인 것이 아닌, 자연스럽게 낮은 곳으로 흐르는 물과 같은 처신을 최고의 선(善)으로 본 것이다. 유가의 도덕을 인위적이고 사사로운 감정으로 여기는 것은 장자도 마찬가지다.

장자는 "성인에 이르러 억지로 인(仁)을 행하고 힘들여 의(義)를 행하게 되자 사람들이 비로소 의심하게 되었다[及至聖人, 蹩躠為仁, 踶跂為義, 而天下始疑矣]."라고 했다. 장자 역시 유가의 사적이고 인위적인 인의(仁義) 때문에 사람들이 서로 의심하게 되었다고 보고 있다.

# 제9장

# 철인(哲人)은 시들고 마는가!

**1절** 후세의 공자에 대한 평가
**2절** 로(魯)와 제(齊) 전쟁과 제자들의 활약
**3절** 군자는 바람이다
**4절** 제자와 함께 가다

# 1절 후세의 공자에 대한 평가

## 맹자는 집대성이라 표현한다

　공자에 대해서는 옛날부터 지금까지 그 평가가 극명하게 대립한다. 그 이유는 공자 사상에 대한 오해에서 비롯될 수도 있고 기본적인 가치관의 다름에서 오는 것일 수도 있다. 맹자는 어떻게 평가할까?

　세상에는 학문, 덕행이 있으나 여타의 사정으로 세상에 나서지 않고 숨어지내는 사람들이 있다. 『논어』에서는 그들을 일민(逸民)이라고 부른다. 공자는 일민을 백이(伯夷), 숙제(叔齊), 중옹(仲雍), 이일(夷逸), 주장(朱長), 류하혜(柳下惠), 소련(少連) 등이 해당한다고 본다. 이 중 이일과 주장은 인적사항이 전해지지 않는다. 공자는 이들 일민에 대해 간략한 평가를 했다.

　　일민(逸民)은 백이, 숙제, 우중, 이일, 주장, 류하혜, 소련이다. 공자가 말했다. "그 뜻을 굳히지 않고, 그 몸을 더럽히지 않은 것은 백이, 숙제로다." 공자가 류하혜, 소련에 대해 말하길, "뜻을 굽히고 몸을 더럽혔으나 말이 조리가 있고 행동이 다른 사람들의 생각에 부합했을 뿐이다." 공자가 우중, 이일에 대해 말하길, "은거하며 말을 거리낌 없이 하였으나 몸은 청렴에 부합했고, 황폐함은 권도에 부합했다."663)

　　[逸: 숨을 일]

---

663) 『論語』, 微子第十八, "逸民, 伯夷, 叔齊, 虞仲, 夷逸, 朱張, 柳下惠, 少連. 子曰, 不降其志, 不辱其身, 伯夷, 叔齊與! 謂, 柳下惠, 少連, 降志辱身矣, 言中倫, 行中慮, 其斯而已矣. 謂, 虞仲, 夷逸, 隱居放言, 身中清, 廢中權."

백이와 숙제는 상나라가 망한 뒤에도 상나라에 대한 충성을 버릴 수 없고, 고죽군 영주로 받는 녹봉 역시 받을 수 없다며 수양산으로 들어가 고사리를 캐 먹다가 죽은 인물들이다.

　우중(虞仲)은 중옹의 다른 호칭이다. 주(周)나라의 시조인 고공단보의 아들인 태백과 중옹은 셋째 계력에게 부족장을 양보하고는 장강(長江, 양쯔강) 이남의 땅인 형만(荊蠻)으로 내려간다. 그곳에서 태백은 고을 이름을 오(吳)라 하고는,[664] 1,000여 개의 가옥을 다스리게 된다. 태백은 자식이 없어서 2대 부족장은 동생인 중옹이 된다. 오(吳)의 주민들은 단발(斷髮: 머리를 자름)하고 문신을 하는 풍습이 있었는데 중옹도 그리했고, 벌거벗은 몸에 장식했다.

　류하혜는 로나라에서 형옥(刑獄)의 일을 관장하는 사사(士師) 벼슬을 살았다. 그는 덕행이 있고 바른말을 하는 반듯한 사람이었다. 그가 벼슬에 있는 동안 정직한 성품 때문에 세 번이나 벼슬에서 쫓겨나기를 반복했지만 불평하지 않고, 현명한 군주를 가리어 섬기지 않았다.

　소련은 『예기』에 짧게 상례 때의 행동거지에 대해 나온다.[665] 그는 상례를 당했을 때 삼 일을 게을리하지 않았고, 석 달 동안 옷을 벗지 않았고, 일 년을 슬퍼했고, 삼 년을 근심한 동이족(東夷族)의 자손이었다. 그러나 공자가 소련을 소개한 내용은 달리 근거를 찾을 수 없다.

　앞서 말했듯이 이일과 주장은 전해지는 내력이 없다. 그리고 다른 일민에 대한 공자의 평가도 부분적으로 경전에 자세한 관련 내력이 전해지는 것은 아니다.

　공자는 일민 중 백이와 숙제를 지조와 처신에서 가장 으뜸으로 보았고,

---

664) 구오(句吳)라고도 한다.
665) 『禮記』, 雜記下第二十一. "孔子曰. 少連大連善居喪. 三日不怠. 三月不解. 期悲哀. 三年憂. 東夷之子也."

나머지 일민은 부족한 점과 기릴 점을 열거했다. 이어서 공자는 말했다.

"나는 이들과 다르니, 가당한 것도 없고, 가당치 않은 것도 없느니라."666)

공자가 열거한 일민은 각각 자신이 옳다고 생각한 바에 따른 것이다. 그러나 두루두루 사시 만물에 통한 것이 아니다. 공자는 자신이 어느 하나만을 집착한 것이 아니라고 했다. 이것을 공자보다 약 180여 년 후 전국시대에 살았던 맹자가 부연하여 설명했다.

유가에서 일반적으로 맹자는 공자의 도를 이어받은 사람이라고 인정한다. 맹자는 공자의 행직을 거론하며 이렇게 평가했다.

"공자가 제나라를 떠나실 때는 미처 밥을 지을 틈도 없어서 씻은 쌀을 건져 가지고 갈 정도로 급하게 가셨는데, 로나라를 떠나실 때는 '나의 가는 것이 더디기도 하다'라고 말씀하셨으니, 그것은 부모의 나라를 떠나는 도리인 것이다. 빨리 떠날 때는 빨리 떠나고, 더디 가야 할 때는 더디 가며, 머물러 있어야 할 때는 머물러 있고, 벼슬을 해야 할 때는 벼슬을 하는 것이 공자이시다."667)

공자는 35세에 삼환을 축출하려다 실패한 로나라 소공을 따라 제나라로 갔다. 제나라에 머물던 공자는 42세에 로나라로 돌아오게 되는데, 본문의 전반부는 그때의 상황을 말하고 있다. 공자는 타국에서 고국인 로나라로 올 때는 고국에 대한 그리움과 도를 행하려는 마음에 급하게 서둘렀

---

666) 『論語』, 微子第十八, "我則異於是, 無可無不可."
667) 『孟子』, 萬章章句下, "孔子之去齊, 接淅而行. 去魯 曰, 遲遲吾行也. 去父母國之道也. 可以速而速, 可以久而久, 可以處而處, 可以仕而仕, 孔子也."

다. 그러나 조정이 연일 유흥에 빠지고 정공이 결례를 범하여 로나라를 떠날 때는 아쉽고 참담하여 그 발걸음이 제대로 떨어지지 않았다. 맹자는 공자의 이런 모습을 보고 말했다.

"백이는 성인의 깨끗한 모습이며, 이윤은 성인이 스스로 일을 맡는 모습이며, 류하혜는 성인의 온화한 모습이다. 공자는 성인으로서 때를 알아서 처신하셨으니 공자는 '집대성(集大成)하셨다'라고 말할 수 있다."668)

[集: 모일 집, 成: 이룰 성]

백이와 류하혜는 앞에서 소개했다. 이윤은 상나라의 탕을 보필하여 하나라의 마지막 왕, 걸(桀)을 정벌했다. 탕왕이 서거한 후 탕왕의 아들들이 왕위에 올라 조금씩 있다가 죽었다. 결국, 장자 태정(太丁)의 아들 태갑(太甲)이 왕위에 올랐는데, 그는 어리석고 포악했다. 그러자 이윤은 태갑을 탕왕의 묘소가 바라보이는 동궁(桐宮)에 가두어버리고는 잘못을 뉘우치고 마음을 바로잡게 했다.

맹자는 공자가 떠나고 머물러야 할 때를 알고, 벼슬할 때를 알았기 때문에 때를 알아서 처신한 성인이며, 백이와 이윤, 류하혜의 품성을 모두 갖춘 '집대성(集大成)'된 성인이라고 찬미하고 있다. 서울 성균관에는 공자를 모신 사당이 있는데, 그 이름이 '대성전(大成殿)'이다. '대성전'의 명칭이 바로 공자에 대한 맹자의 평가에서 유래되었다.

---

668) 『孟子』, 萬章章句下, "孟子曰, 伯夷, 聖之淸者也. 伊尹, 聖之任者也. 柳下惠, 聖之和者也. 孔子, 聖之時者也. 孔子之謂集大成."

성균관 대성전

　맹자는 그의 언행이 기록된 『맹자』에서 요·순임금부터 탕왕·문왕·공자로 유가의 도가 전승되었음을 말하고, 공자부터 자신에 이르기까지 성인(聖人)의 도를 이어갈 사람이 없음을 한탄했다. 이것은 결국 맹자 자신이 공자의 도를 이어받겠다는 것을 은연중 표현한 말이다. 이처럼 맹자는 자신에게 한 세대를 뛰어넘어 성인의 도를 넘겨준 스승으로 공자를 지목하고 평가했다.

## 순자는 존경한다

　맹자보다 몇십 년 뒤의 인물인 순자는 공자와 맹자처럼 도덕정치를 지향한 유학자였다. 그렇지만 순자는 인성론에서 성악설을 주창하였기 때문에 맹자의 성선설을 따르는 후세의 유학자들에게 유학의 이단으로 간주되었다. 순자는 맹자를 비난했으나 유학의 종주인 공자는 존경했다. 순자는 말한다.

"공자는 어질고 지혜로우며 막힘이 없었다. 그러므로 학문과 정치와 법술은 족히 선왕이라 할 만하다. 하나의 학파로서 주나라의 도를 얻어서 선양하여 활용한 것은 성취된 공적에서 가려짐이 없이 드러난다. 고로 덕은 주공과 같고 명예는 삼왕(하의 우왕, 은의 탕왕, 주의 문왕과 무왕)과 더불어 나란히 한다."669)

순자는 공자의 덕과 명예를 성왕의 반열에 올려놓았다. 또 순자는 "송곳 꽂을 만큼의 땅도 가지고 있지 않으나 왕이나 귀족들이 그와 이름을 다투지 못하며, 일개 대부의 벼슬에 있다 해도 임금으로서는 홀로 그를 잡아 두지 못하며, 일개 나라로서는 홀로 받아들이기 벅찰 것이다."670)라고 공자를 평가했다. 순자는 공자를 인품과 학문, 정치면에서 모두 온전한 인물의 전형으로 삼고 있으며 역량에서도 한 나라에 차고 넘치는 기품이 있음을 말하고 있다. 순자는 공자를 업적 면에서도 평하기를 "무릇 방법과 책략을 총괄하고 언행이 한결같고 부류를 하나로 통일하고, 천하의 영걸을 모아 대도를 일깨웠다."671)라고 했다.

본래 순자는 자신이 공자의 도를 이어받고 있음을 간접적으로 표방했다. 그는 자신의 저술인 『순자』의 첫 편을 '권학(勸學)'으로 했는데, 이것은 '배우고 때에 맞춰 익히다[学而時習之]'로 시작되는 『논어』의 첫 편과 같이 '학(学)'을 앞에 세웠다. 이처럼 순자는 공자의 사상 따라가기를 책의 편명으로써 표방했다. 맹자와 마찬가지로 순자도 유학의 도통(道統)은 자신에게 전해지고 있다고 믿었으며 공자를 자기 앞의 전달자로 본 것이다.

---

669) 『荀子』, 第二十一解蔽, "孔子仁知且不蔽, 故學亂術足以爲先王者也. 一家得周道, 擧而用之, 不蔽於成積也. 故德與周公齊, 名與三王竝."
670) 『荀子』, 第六非十二子, "無置錐之地, 而王公不能與之爭名. 在一大夫之位, 則一君不能獨畜, 一國不能獨容."
671) 『荀子』, 第六非十二子, "若夫總方略, 齊言行, 壹統類, 而群天下之英傑而告之以大古."

## 한비자는 성토한다

한비자는 순자의 제자이다. 스승인 순자는 유학자이지만 한비자는 법가 사상을 종합하여 체계화했다. 법가가 유가와의 핵심적 차이점은 변법(変法)에 있다. 유가들은 과거 성인의 도를 본받으려 하고 있으나 법가들은 과거를 본받는 것을 바꾸어야 한다는 소위 '변법'을 주장했다. 법가들이 이런 주장을 하는 이유는 당시의 전국시대 상황이 난세의 시대이므로 당시의 상황에 맞는 새로운 이념이 필요하다는 것이었다. 따라서 법가들은 유가들의 도덕정치는 당시의 상황에 맞지 않고 실제적 도움이 되지 않는다고 비판했다. 이런 맥락에서 한비자는 공자를 다음과 같이 성토한다.

"널리 공부하고 논변과 지혜가 공자와 묵자가 같이 한들 공자 묵자는 밭 갈고 김매려 하지 않을 텐데 나라에 무슨 득이 되겠는가?"672)

한비자는 공자와 묵자를 나라에 실제적 도움이 되지 않는 사상을 가진 사람으로 규정하고 있다. 한비자가 공자뿐만 아니라 묵자까지 싸잡아 비판한 것은 묵자가 백성의 삶을 충족하게 하려는 과거 성왕의 정치를 옹호했기 때문이었다.

유가와 묵가는 지향하는 가치가 다르다. 유가는 인의에 의한 정치를, 묵가는 백성의 삶을 이롭게 하는 정치를 이상으로 생각했다. 그러나 인민의 관점에서 출발하여 각자 그 이상적 정치의 전형을 성왕의 정치에서 찾으려 한 것은 공통점이었다. 그래서 한비자는 유가와 묵가 둘 다 당시의 상황에 실제적 도움이 되지 않는다고 비판하는 것이다.

---

672) 『韓非子』, 八說第四十七, "博習辯智如孔墨, 孔墨不耕耨, 則國何得焉?"

## 강유위는 개혁론자로 본다

강유위(康有爲, 캉유웨이, 1858년~1927년)는 청나라 말기 중국의 대표적인 변법 사상가이다. 강유위의 변법 사상은 당시의 시대적 난국을 타개하기 위해 제기되었다. 중국에서 아편전쟁673)과 태평천국의 난674)이후 증국번과 이홍장 등이 주축이 되어 양무(洋務)운동이 추진되었다. 양무운동은 중국의 전통과 체제를 유지하면서 서양의 기술만을 받아들이자는 '중체서용(中体西用)'의 원칙에 따라 서양의 무기와 근대적 설비를 마련하려 했다. 그러나 양무운동은 1894년 청일 전쟁에서 청이 일본에 패배하여 쇠퇴하고 말았다.

강유위는 이와 같은 국내외적 상황을 지켜보면서 중국이 이러한 난국을 극복하기 위해서는 시대에 맞게 체제부터 근본적으로 개혁해야 한다고 생각했다. 바로 시대에 맞게 체제부터 근본적으로 개혁한다는 의미가 변법(変法)이다. 강유위는 공자가 옛것(하, 은, 주)에 가탁(仮託: 사람이나 사물에 기대어 자기 생각을 반영함)하는 형식을 통해 고대 중국의 문명을 새롭게 정립한 개혁사상가라고 생각했다.

모든 지구 상의 교주(教主) 중에서 제도를 개혁하고 법도를 세우지 않은 사람이 없다. 제자백가(諸子百家: 여러 사상가)들도 이미 모두 그러했다. 중국의 의리와 제도는 모두 공자에 의해 세워졌으며, 제자들은 그의 도

---

673) 영국은 중국과의 무역 적자를 타개하기 위해 인도에서 재배한 아편을 중국에 밀수출하여 확보한 은으로 중국의 차를 수입했다. 이에 중국은 영국을 비롯한 외국 상관(商館)을 무력으로 봉쇄하여 아편을 몰수·파기했다. 이를 계기로 아편전쟁(1839년~1842년)이 발발하여 영국의 승리로 끝났다. 중국은 영국과 불평등조약인 난징 조약을 체결하여 홍콩을 영국에 넘겨주고 막대한 배상금을 물었다.
674) 태평천국의 난(1850년~1864년)은 만주족 황실의 청나라 조정과 기독교 구세주 사상을 기반으로 한 종교국가 태평천국과의 내전이다.

를 전수받고 그의 교설을 전함으로써 그것을 천하에 실행하고, 옛 풍속을 바꾸었다.[675]

강유위는 공자의 개혁 사상을 자신의 변법운동과 나란히 일치시켜 공자의 권위를 빌려 자신의 주장에 설득력을 높이려 했다. 강유위는 공자가 지향했던 목표를 태평(太平)의 정치와 대동(大同)의 복지라고 규정한다. 비록 공자를 전면에 내세우기는 했지만, 태평과 대동사회는 바로 강유위 자신이 꿈꾸는 이상 사회이다. 이처럼 공자는 청 말의 강유위에 의해 시대의 개혁가로 추앙되기도 했다.

---

[675] 康有爲 저, 김동민 역주, 『공자개제고孔子改制考―』(세창출판사, 2013년), 21쪽

## 2절 로(魯)와 제(齊)의 전쟁과 제자들의 활약

### 로(魯)와 제(齊)의 전쟁과 자공

공자가 천하를 주유할 때 처음으로 간 나라도 위(衛)나라였고, 마지막으로 머물던 나라도 위나라였다. 공자가 마지막으로 위나라에 머물고 있던 애공 11년(기원전 484년), 공자 나이 68세 때 제나라의 대부 전상(田常)이 로나라를 정벌하기 위해 군사를 일으켰다. 전상은 아예 정권을 잡을 욕심으로 정변을 일으키고자 했으나 아직도 일부 호족 세력의 견제가 있었다. 그러자 전상은 방향을 바꿔 호족들의 병력을 끌어모아 로나라를 공격함으로써 자신에 대한 경계를 완화시키고, 호족들의 세력을 약화하려 했다. 공자는 제자들을 모아놓고 부모의 나라인 로나라가 위태하니 누가 나서서 막을 것인가를 물었다. 그러자 자로와 자장이 나섰으나 공자는 허락하지 않는다. 자공이 가겠다고 하자 공자는 허락한다. 자공의 논리적인 말솜씨를 믿었기 때문이다. 자공은 제나라로 가서 전상을 만나 이렇게 말한다.

"신은 듣기를 '우환이 내부에 있는 사람은 강한 나라를 치고, 우환이 밖에 있는 사람은 약한 나라를 친다.'라고 했습니다. 지금 상공의 우환은 내부에 있습니다. …군(君)께서 로나라를 격파하여 제나라 땅을 넓히는 것은 군주의 마음을 더욱 교만하게 할 뿐이며, 대신들이 존중하게 하는 것일 뿐입니다. 이렇게 되면 군의 공은 인정받지 못할 것이고, 임금과의 거리만 멀어질 것입니다. 위로는 임금의 마음을 교만하게 만들고, 아래로는 뭇 신하들을 방자하게 만드는 것은 군께서 바라는 대사(大事)

를 이룩하기가 어려울 뿐입니다."676)

이렇게 말하고 자공은 로나라보다는 강한 오나라를 치는 것이 더 유익함을 말했다. 오나라를 쳐서 이기지 못하면 대신들의 신하들은 밖에서 싸우다 죽기 때문에 대신들은 안에서 발판을 잃는다는 것이다. 이렇게 되면 위로는 강한 적이 없어지고, 아래로는 백성의 비난을 받지 않으며 군주를 고립시켜 오직 전상만이 제나라를 마음대로 할 수 있다고 했다. 자공의 말에 전상은 훌륭하다고 하면서 로나라로 간 군대를 되돌릴 명분이 필요하다고 했다. 이에 자공은 오나라로 가서 제나라를 공격하게 한다고 하자 전상이 허락했다. 자공은 오나라로 가서 오왕 부차를 만나 말했다.

"신이 듣건대, '왕자(王者)는 다른 나라의 후세를 끊는 일이 없고, 패자(霸者: 제후의 우두머리)는 적국을 강하게 만들지 않는다.'라고 들었습니다. 한편 아주 무거운 것도 아주 작은 무게를 더함으로써 저울눈이 옮겨집니다. 지금 만승(萬乘: 수레 만 대)의 대국 제나라는 은밀히 천승(千乘: 수레 천 대)의 약소국인 로나라를 자기 것으로 만들어 오나라와 세력을 겨루려 합니다. 이 점 왕을 위해 걱정하지 않을 수 없습니다. 그리고 또 오나라로서는 로나라를 구원하는 것이 명분을 드러내는 것이며, 제나라를 친다는 것은 큰 이익입니다. 주위의 제후들을 내 편으로 끌어들여 포악한 제나라를 무찌르고 강한 진(晉)나라를 굴복시킨다면 이보다 더 큰 이익이 없습니다."677)

---

676) 『史記』, 仲尼弟子列傳第七. "臣聞之, 憂在內者攻彊, 憂在外者攻弱. 今君憂在內……今君破魯以廣齊, 戰勝以驕主, 破國以尊臣, 而君之功不與焉, 則交日疏於主. 是君上驕主心, 下恣群臣, 求以成大事, 難矣."

677) 『史記』, 仲尼弟子列傳第七. "臣聞之, 王者不絶世, 霸者無彊敵. 千鈞之重加銖兩而移. 今以萬乘之齊而私千乘之魯, 與吳爭彊, 竊爲王危之. 且夫救魯, 顯名也. 伐齊, 大利也. 以撫泗上諸侯, 誅暴齊以服彊晉, 利莫大焉."

부차의 아버지 합려는 재위 시절에 춘추오패 중의 하나로서 군림했던 인물이다. 그런 합려가 월나라와의 전쟁 중 전사한 후 아들 부차는 아버지의 원수를 잊지 않기 위해 잘 때는 방바닥에 장작을 쌓아놓고 그 위에서 고통스럽게 잠을 잤다. 그 후 2년 후인 기원전 494년, 공자 나이 58세 때 부차는 구천을 회계에서 격파했다. 하지만 오나라의 국력은 예전만 못하여 제(齊)나라, 진(晉)나라와 패자(霸者)의 자리를 놓고 경합을 벌이던 중이었다. 이때 자공이 와서 제나라가 로나라를 취한다면 힘의 균형이 깨질 것이라는 말에 화들짝 놀란 것이다. 자공의 말에 부차 역시 제나라 왕처럼 시세를 통찰하는 훌륭한 말이라고 치하했다. 그러나 부차는 월나라가 걱정되었다. 이에 자공은 자신이 월나라로 가서 월왕 구천에게 군사를 내어 오왕을 따르게 하겠노라고 했다. 그렇게 되면 월나라는 국내에 군사가 없으므로 걱정할 필요가 없다는 말이었다. 부차는 기뻐하며 자공을 월나라로 보냈다.

월왕 구천은 자공이 온다는 소식을 듣고는 도로를 깨끗이 쓸고 교외까지 나와서 자공을 맞이했다. 구천이 자공에게 월나라에 온 연유를 묻자, 자공이 말했다.

"이번에 제가 오왕을 보고 로나라를 도와 제나라를 치자고 권했습니다. 오왕은 그것을 바라지만 월나라가 걱정이 되어 말하기를, '월나라를 정벌하고 나면 그렇게 할 수 있다.'라고 했습니다. 이처럼 오나라가 월나라를 깨뜨릴 것이 필연적입니다. 또 남을 보복할 뜻도 없으면서 상대방을 의심하도록 하는 것은 졸렬한 일입니다. 남을 보복할 뜻을 가졌다 하더라도 다른 사람이 그것을 알아차리게 하는 것은 위험합니다. 그리고 일이 실천에 옮겨지기도 전에 먼저 알려지면 위험합니다. 이 세 가지는 거사를 도모하는 데 커다란 환란입니다."678)

구천은 회계에서 패전하자 부인과 함께 오나라로 붙들려가 부차의 수레를 몰고 말을 기르며 청소를 하는 등 각종 굴욕을 당했다. 3년 후 본국으로 돌아온 구천은 전날의 치욕을 잊지 않고 보복하기 위해 노심초사하고 있었다. 자공의 말에 구천은 머리를 조아리고 두 번 절하고는 자신이 어찌해야 하는지를 물었다. 자공이 말했다.

"지금 왕은 정성스럽게 사졸(士卒)을 징발하여 오왕을 돕고 그 뜻을 따르십시오. 많은 보물로 오왕의 마음을 기쁘게 하십시오. 말을 겸손하게 하고, 오왕에 대한 예를 존중하면 오나라가 제나라를 정벌하는 것은 필연입니다. 오나라가 전쟁에서 이기지 못하면 이것은 왕의 복입니다. 오나라가 전쟁에서 승리하면 반드시 그 병력을 진(晉)나라로 이르게 할 것입니다. 신이 북쪽의 진나라로 가서 진나라와 월나라가 함께 오나라를 공격하도록 하겠습니다. 이렇게 되면 반드시 오나라를 약화시킬 수 있습니다."679)

월왕 구천은 크게 기뻐하며 자공의 제의를 받아들였다. 다음으로 자공은 다시 오나라에 가서 월나라가 오나라를 도울 것이므로 우환이 없음을 확인해 주었다. 그로부터 닷새 뒤에 월나라의 대부가 사신으로 오왕에게 왔다. 사신은 월왕 구천이 몸소 사졸 삼천 명을 이끌고 와서 제나라와

---

678) 『史記』, 仲尼弟子列傳第七, "今者吾說吳王以救魯伐齊, 其志欲之而畏越, 曰待我伐越乃可. 如此, 破越必矣. 且夫無報人之志而令人疑之, 拙也. 有報人之志, 使人知之, 殆也. 事未發而先聞, 危也. 三者, 擧事之大患."
679) 『史記』, 仲尼弟子列傳第七, "今王誠發士卒佐之以徼其志, 重寶以說其心, 卑辭以尊其禮, 其伐齊必也. 彼戰不勝, 王之福矣. 戰勝, 必以兵臨晉, 臣請北見晉君, 令共攻之, 弱吳必矣."

의 전쟁에서 먼저 돌과 화살을 맞는 방패막이 노릇을 하겠다는 말을 전했다. 그리고 사신은 월왕이 보낸 갑옷 스무 벌과 창과 칼을 바쳤다. 오왕 부차는 크게 기뻐하며 자공에게 어찌해야 할지를 물었다. 자공은 한 나라의 군주를 전쟁에 따르게 하는 것은 의롭지 않다며 예물과 군사만 받을 것을 권한다. 오자서는 월나라의 흉계에 속지 말 것을 간청하지만, 태재(太宰: 총리)의 벼슬에 있는 간신 백비(伯嚭)가 월나라로부터 뇌물을 받고 월나라를 두둔하고 오자서를 다른 생각이 있는 자라고 모함했다. 마침내 부차는 충신 오자서를 의심하여 칼을 내려 자결하도록 한다.[680]

마지막으로 자공은 진(晉)나라로 가서 제나라와 오나라가 장차 전쟁하게 될 것이므로 미리 대비해 둘 것을 말해주었다. 결국, 오나라는 제나라를 공격하게 된다. 이에 제나라 군사는 로나라 정벌을 중지하고 오나라와 한바탕 전투를 치르게 되는데, 여기서 오나라가 승리한다. 오나라는 예상대로 여세를 몰아 진나라를 공격하지만, 미리 준비하고 있던 진나라에게 대패(大敗)하고 만다. 월왕 구천은 이 틈을 타 오나라를 공격했다. 오왕 부차는 급히 군대를 이끌고 귀국하여 구천과 붙었지만 세 번 싸워 세 번 다 졌다. 결국, 오왕 부차가 월왕 구천을 격파한 회계산 전투 이후 20여 년 후인 기원전 473년 무렵에 구천은 오나라를 멸망시키고 부차를 죽인다. 구천은 이후 춘추오패 중의 하나로 군림하게 된다.

자공의 활약은 로나라와 제나라의 전쟁이 발발한 애공 11년(기원전 484년)부터 시작하여, 애공 22년(기원전 473년)까지 10여 년에 걸쳐 이루어졌다. 로나라와 제나라의 전쟁이 발발한 그해에 공자가 로나라로 귀국했고, 자공의 외교 활동은 공자가 귀국한 이후에도 계속 진행되었다. 그리고 자공

---

680) 『사기』 「오자서열전」에는 오자서가 자공이 오나라에서 월나라로 갔다가 다시 오나라로 와서 오왕에게 월왕이 도울 것이라고 말을 전한 후에 내분으로 죽임을 당한 것으로 되어있지만, 「중니제자열전」에는 월왕 구천을 만나기 전에 이미 죽임을 당한 것으로 기술되어 있다. 여기서는 전자의 기술에 따랐다.

은 재물 증식에도 능력이 있어서 집에 천금(千金)을 쌓아두었다고 전해진다. 사마천은 『사기』에서 자공의 활약을 이렇게 평했다.

"자공은 한 번 나서서 로나라를 존속하게 하고, 제나라를 교란했으며, 오나라를 무너뜨렸다. 진나라를 강하게 하고, 월나라를 패자(霸者)로 만들었다."681)

자공보다 대략 150여 년 후인 전국시대에 장의와 소진이라는 유세가(游説家: 사방으로 돌아다니며 자신의 의견을 설명하고 채택하여 주기를 바라는 사람)들이 활약했다. 장의와 소진 시대에는 제(齊)·연(燕)·진(秦)·초(楚)·한(韓)·위(魏)·조(趙)의 전국 7웅(七雄)이 서로 각축을 벌였는데, 이 중 진(秦)이 가장 막강했다. 장의는 연횡책(連橫策)을 주도하였으며 소진은 합종책(合縱策)을 주도했다. 연횡책은 합종책에 대항해서 연(燕)·조(趙)·한(韓)·위(魏)·제(齊)·초(楚) 등의 제후국을 설득하여 진(秦)나라를 중심으로 이 나라들을 전부 가로로 연이어지게 하여 동맹 관계를 맺는 계책을 말하며, 합종책이란 연(燕)·조(趙)·한(韓)·위(魏)·제(齊)·초(楚) 6개국이 세로로 합하여 진나라에 대적하자는 계책이다. 장의와 소진은 당시 전국 7웅을 세 치 혀로 능란한 유세를 하여 움직인 인물들이다. 자공은 바로 장의와 소진의 시대를 앞선 사부(師父)에 해당한다고 볼 수 있겠다.

---

681) 『史記』, 仲尼弟子列傳第七, "子貢一出, 存魯, 亂齊, 破吳, 彊晉而霸越."

## 염구의 활약과 공자의 귀국

제나라가 로나라를 공격할 때 로나라는 맹유자설(맹무백)로 하여금 우측의 군사를 지휘하게 했고, 염구는 좌측의 군사를 지휘하게 했다. 이때 염구는 공자의 제자인 번지에게 우익을 맡도록 했다. 염구의 군사와 제나라의 군사가 교외에서 맞붙게 되었다. 제나라군은 직곡(稷曲)이란 지역으로 넘어오고 있는데, 염구의 군사들은 개천을 넘어가려 하지 않았다. 이에 번지가 염구에게 말했다.

"이것은 힘이 부족해서가 아니라 대장을 신뢰하지 않기 때문입니다. 숫자를 세어 세 번째에 대장이 먼저 넘어가십시오."[682]

번지의 말대로 하자 염구가 거느린 군사들은 모두 염구를 따라 개천을 건너 제나라 진영으로 돌진했다. 이때 염구의 군사는 투구를 쓴 군사의 수급(首級: 적군의 머리)을 80개나 얻었고 제나라군은 달아났다. 그러나 맹유자설이 맡은 군사는 패배하여 후퇴하게 된다. 맹유자설의 군사 중에 대부 맹지반(孟之反)도 있었다. 맹지반의 본명은 맹측(孟側)이고 자(字)가 지반(之反)이다. 흔히 맹지반(孟之反)으로 불린다. 맹유자설의 군사들이 앞다투어 먼저 도망가기에 바빴으나 맹지반은 후퇴하는 무리 중의 맨 뒤에서 군대의 후미를 엄호하며 성문으로 들어왔다. 맹지반은 들어오면서 화살을 뽑아 자신이 탄 말을 두드리며 "말이 빨리 가지 않았기 때문이다."라고 했다. 전쟁에서 후퇴할 때는 후미에 서는 것을 공으로 여겼기에, 맹지반은 성문 안에 들어와서 자신이 의도적으로 뒤에 온 것이 아니라 말이 나가지 않

---

682) 『左傳』, 哀公11. "非不能也, 不信子也, 請三刻而踰之."

아서 늦게 들어온 것이라고 하며 자신의 공로를 가린 것이다. 공자가 맹지반의 이야기를 전해 듣고는 한마디 했다.

공자가 말했다. "맹지반은 뽐내지 않는다. 패하여 퇴각할 때 후미를 맡았는데, 성문을 들어갈 때 말을 채찍질하며, '후미를 감당하려 한 것이 아니고, 말이 나아가지 않았기 때문이다.'라고 했다."683)

공자는 위급한 상황에서도 품위와 용기를 잃지 않았을 뿐만 아니라 자신의 공로를 숨기려 한 맹지반을 이렇게 칭찬했다. 로나라를 공격한 제나라 군사는 자공의 외교술로 오나라가 제나라를 공격하자 퇴각한다. 제나라와의 전쟁 초기에 전공을 세운 염구는 실세인 대부 계강자에게 스승인 공자를 로나라로 모실 것을 청했다. 이에 계강자가 수락하여 드디어 공자는 로나라로 돌아오게 되었으니 이때 로나라의 군주는 애공(哀公, 11년)이고 공자 나이 68세였다.

---

683) 『論語』, 雍也第六. "子曰. 孟之反不伐. 奔而殿. 將入門. 策其馬. 曰. 非敢後也. 馬不進也."

# 3절 군자는 바람이다

## 성문사과(聖門四科)

공자가 13년 동안 천하를 주유하는 동안 세상은 더욱 근본정신보다는 겉치레를 중시하고, 인성과 같은 바탕보다는 겉으로 드러나는 문식(文飾)을 우선했다. 세상은 공자가 원하는 방향과는 다르게 변모하고 있었다. 공자는 말했다.

> 선진(先進)이 예악에 야인(野人)이고, 후진(後進)이 예악(禮樂)에 군자라고 하는구나. 만일 예악을 쓴다면 나는 선진을 따르겠다.684)
> 
> [進: 나아갈 진, 後: 뒤 후]

선진과 후진은 선배, 후배와 같은 말이다. 공자는 질박함이 문채(文彩: 문장을 아름답게 꾸며 쓴 멋)를 이기면 야인(野人)이라고 했다.685) 야인은 교외에 거주하는 사람으로 투박하다는 의미이다. 당시 후진들이 예(禮)에서는 검소하면서 정성을 다하는 것보다 겉치레를 중시하고, 악(樂)에서는 성음(声音)의 깊은 내용을 음미하는 것보다는 겉으로 드러나 번잡한 몸동작을 좋아했다. 그러면서 선진을 야인이라 하고 후진을 군자라고 했다. 공자는 문질빈빈(文質彬彬: 문채와 질박함이 조화를 이룸)을 바람직한 것으로 여기지만, 굳이 선택한다면 겉으로 표현된 문채보다는 질박한 바탕을 따르겠다고 했다.

---

684) 『論語』, 先進第十一, "先進於禮 樂, 野人也. 後進於禮樂, 君子也. 如用之, 則吾從先進."
685) 『論語』, 雍也第六, "質勝文則野."

『사기』의 「공자세가」에 따르면 공자의 제자는 3,000명이며, 육예(六藝)에 능통한 자가 72명으로 전해진다. 공자가 천하를 주유할 때 그의 곁에는 제자들이 함께 있었다. 이들이 누구인지는 정확히 알 수가 없다. 『논어』 「선진」편에는 공자가 제자들의 장점을 평가하는 장면이 나온다.

"나를 따라서 진과 채나라에 간 제자들이 모두 (이곳) 문하에 온 것은 아니다. 덕행에는 안연, 민자건, 염백우, 중궁이고 언어에는 재아와 자공이며 정사에는 염유와 계로(자로), 문학에는 자유와 자하이다."686)

공자는 제자들의 품성과 재능에 따라 네 부류로 구분했다. 이것을 두고 후에 세간에서는 성문사과(聖門四科)라고 부른다.

공자성적도-성문사과(聖門四科)

또 사람들은 공자가 사과(四科)로 분류하여 열거한 공자의 제자들을 공문(孔門) 십철(十哲)이라 부르기도 한다. 그런데 위에서 공자가 장점별로 열거한 제자들의 숫자는 열 명이다. 첫 번째 제자인 남용(남궁경숙)도 빠져 있고, 『논어』의 전승에 가교(架橋) 역할을 한 유약과 증삼도 빠져 있다. 그래

686) 『論語』, 先進第十一. "子曰, 從我於陳, 蔡者, 皆不及門也.德行 顏淵, 閔子騫, 冉伯牛, 仲弓. 言語 宰我, 子貢. 政事 冉有, 季路. 文學 子游, 子夏."

서 송대(宋代)의 정이(程頤)는 이들 열 명이 공자가 진과 채나라에서 고생할 때 공자와 고생을 함께한 제자들을 대상으로 말한 것이라고 주장한다. 다시 말하면 공자와 천하를 돌아다닌 제자들이라는 것이다.

공자는 제자들의 장점을 부각했으나 제자들의 과하거나 부족한 것도 간단하게 드러냈다.

> 고시(高柴)는 우매하고, 증삼은 노둔(魯鈍)하고, 전손사(顓孫師: 자장의 성명)는 편벽되고, 중유(仲由: 자로의 성명)는 거칠고, 안회는 자주 곳간이 비었다.687)

위 제자 중 『논어』에 자주 등장하지 않는 인물이 고시(高柴)이다. 고시는 제(齊)나라 사람으로 자(字)는 자고(子羔)이다. 『공자가어』에 따르면 그는 공자를 만난 이후부터 그림자를 밟지 않았고, 땅속에서 갓 나온 벌레를 죽이지 않았으며, 크는 나뭇가지를 꺾지 않았다. 부모의 상(喪)을 당하여는 3년 동안 피눈물을 흘렸고 이[齒]를 드러내 웃지 않았다. 공자가 우매하다고 한 표현이 적절한 듯하다. 고시가 그림자를 밟지 않은 대상이 공자인지, 공자를 포함한 모든 사람인지는 분명하지 않다. 세간에서 흔히 '스승은 그 그림자도 밟지 않는다'라는 표현을 자주 쓴다. 이 말의 유래는 명확하지가 않은데, 고시의 행적에서 유래되었을 가능성이 크다. 여하튼 공자는 이처럼 제자들이 보완해야 할 부분을 간략하게 지적했다. 공자가 제자들의 과하거나 부족한 것을 부각한 것은 제자들에게 더욱 힘써 보완해야 할 부분을 제시하고 공자 또한 도와주기 위해서였다. 『논어』 「술이」 편에 보면 자로가 공자에게 삼군(三軍)을 움직이려면 누구와 함께하겠는지를 묻는 장

---

687) 『論語』, 先進第十一, "柴也愚, 參也魯, 師也辟, 由也喭, 回也其庶乎屢空."

면이 있다. 그러자 공자는 맨손으로 호랑이를 때려잡고, 그냥 황하를 건너
가다 죽더라도 후회가 없는 자와는 함께하지 않는다고 했다. 그리고 이어
서 바로 매사에 임하여 두려워할 줄 알고, 계획을 잘 세워 성사시키는 자
이어야 한다고 했다. 바로 자로의 용맹하고 거친 부분을 염두에 두고 좀
더 침착하고 사려 깊은 처신을 자각하도록 한 것이었다.

계강자가 평소 자로, 자공, 염구에게 관심이 많았던 모양이다. 공자가 로
나라로 귀국하자 공자에게 이런 질문을 했다.

계강자가 물었다. "중유(仲由: 자로의 성명)는 정치에 종사할 만합니까?"
공사가 말했나. "중유는 과단성이 있으니 정치에 종사하는 것에 어떤 어
려움이 있으리오." 계강자가 말했다. "사(賜: 자공의 이름)는 정치에 종사할
만합니까?" 공자가 말했다. "사는 사리에 통달하니 정치에 종사하는 것
에 어떤 어려움이 있으리오." 계강자가 말했다. "염구는 정치에 종사할
만합니까?" 공자가 말했다. "염구는 재주가 있으니 정치에 종사하는 것
에 어떤 어려움이 있으리오."688)

공자는 자로와 염구는 평소 정사에 소질이 있고, 자공은 언어에 소질이
있다고 했다. 정치가인 계강자가 세 사람의 정치적 소양을 묻자 공자는 각
자의 장점을 부각하여 응대했다.

이 중 염구는 애공 3년, 공자가 60세가 되어 진(陳)나라에 있을 때 로나
라로 와서 실권자 계강자의 가신이 되었다. 염구는 애공 11년에 로나라와
제나라가 전쟁하자 로나라의 장수가 되어 전쟁에서 공을 세운다. 이에 염

---

688) 『論語』, 雍也第六, "季康子問, 仲由可使從政也與? 子曰, 由也果, 於從政乎何有? 曰,
賜也, 可使從政也與? 曰, 賜也達, 於從政乎何有? 曰, 求也, 可使從政也與? 曰, 求也藝,
於從政乎何有?"

구는 계강자에게 공자를 로나라로 모실 것을 청하여 허락받는다. 염구는 공자가 로나라로 귀국하는 데에 결정적인 기여를 했지만, 계강자를 바로잡는 능력은 제대로 발휘하지 못한다. 아니 오히려 계씨를 도와 백성으로부터 가렴주구(苛斂誅求) 하는 데 앞장을 서게 된다. 그러자 공자가 염구를 성토했다.

"나의 제자가 아니다. 얘들아! 북을 두드리며 그 녀석을 쳐야만 할 것 같다."689)

비록 공자가 천하를 주유할 때 고락을 함께한 제자이며, 공자가 로나라로 돌아오도록 결정적인 역할을 한 제자였지만 그런 염구를 공자는 제자가 아니라고 호통쳤다.

자로는 한때 위나라 군주 출공 첩(輒) 밑에서 벼슬을 한 것으로 추정되고 있으나 공자가 로나라로 귀국할 때 공자를 모시고 귀국했다. 로나라로 귀국한 후 제자 자로도 대부 계강자 집안에서 가신 역할을 하게 된다. 공자의 제자 중 정사(政事)에 밝은 것으로 평가되는 제자 두 명이 계강자의 신하가 된 것이다.

그런데 로나라 사람인 공백료가 계손씨(季孫氏) 집안에 자로를 비방하는 말을 했다. 이를 알아챈 로나라 대부 자복경백(子服景伯)이 이런 사실을 공자에게 알려주면서 자신이 자로와 계손씨를 이간질하려는 공백료를 처단하여 저잣거리에 내다 버리겠노라고 했다. 그러자 공자는 말한다.

"도가 장차 행하여지는 것도 천명(天命)이며, 도가 장차 폐하여지는 것

---

689) 『論語』, 先進第十一, "非吾徒也. 小子鳴鼓而攻之, 可也."

도 천명일진대, 공백료가 그 천명을 어이하겠는가?"690)

자로가 계강자의 가신이 된 것은 로나라의 실력자인 계손씨가 정권을 농단하는 것을 막고, 군신의 도를 바로 세우려는 목적 때문이었다. 공자는 그러한 대의명분은 천명을 따른 도덕적 정당성이 있는 행동이기 때문에 공백료라는 한 소인배가 어찌할 수 있는 것이 아니라고 말하고 있다.

자로와 염구가 계강자의 신하로 있을 때 계강자가 로나라의 부용국인 전유(顓臾)를 정벌하고자 했다. '부용'은 사방 50리를 넘지 못해 공(公), 후(侯), 백(伯), 자(子)·남(男) 등의 4등급 안의 제후(諸侯)에 들지 못하는 소국의 영주들을 말한다. 부용국은 친자에게 직접 조회(朝会)를 드리지 못하고 4등급에 속한 제후들에게 부속되어 있었다. 따라서 '부속하여 보잘것없는 존재'라는 의미의 부용(附庸)이라고 칭하게 되었다. 당시에 로나라는 명목상으로는 애공(哀公)이 통치하고 있었으나, 전유만 제외하고 나라 전체가 4등분 되어 계씨 집안에서 4분의 2를 차지하고 나머지 4분의 1을 맹씨와 숙씨 집안에서 각각 차지하고 있었다. 그런데도 계강자는 로나라 군주의 부용국인 전유를 정벌하여 자신의 영지로 만들려는 속셈이었다. 염구와 자로가 공자에게 갔다.

염유[염구의 성(姓)과 자(字)를 결합한 호칭]와 계로(季路: 자로의 별칭)가 공자를 뵙고 말했다. "계씨가 장차 전유에 일을 꾸미고 있습니다." 공자가 말했다. "염구야, 여기에 너는 바로 잘못이 없겠느냐?"691)

공자는 이것은 염구의 잘못이라고 했다. 염구와 자로 둘 다 계강자 밑에

690) 『論語』, 憲問第十四, "道之將行也與? 命也. 道之將廢也與? 命也. 公伯寮其如命何!"
691) 『論語』, 季氏第十六, "冉有季路見於孔子曰, 季氏將有事於顓臾. 孔子曰, 求, 乃爾是過與?"

서 신하 노릇을 하고 있지만, 공자가 유독 염구만 나무란 것은 일전에 염구가 계씨 집안을 위해 가렴주구에 앞장선 전력이 있어서 더욱 그 책임을 물은 것이다. 또, 자로는 계강자의 가신이 된 지 얼마 되지 않았기 때문이기도 했다. 그러자 염구가 변명한다.

염구가 말했다. "계강자가 하려고 한 것이지, 저희 둘이 하고자 한 것이 아닙니다."692)

공자가 자신을 꾸짖자 염구는 그 책임을 계강자에게 돌리고, 자신과 자로가 나서서 한 일이 아니라고 말한 것이다. 이에 공자가 말했다.

"염구야, 주임(周任)이 말하기를, '힘을 다해 자리를 차지하되 능력이 모자라면 그만둔다.'라고 했다. 위기에 대처하지 못하고, 뒤집혀도 부축하지 못한다면, 그런 신하를 장차 어디에 쓰겠느냐? 그리고 네 말은 틀렸다. 호랑이나 외뿔소가 우리 밖으로 뛰쳐나오고, (귀한) 거북 껍질과 옥(玉)이 독 안에서 깨졌다면, 그것은 누구의 잘못이겠느냐?"693)

주임은 옛날의 훌륭한 사관(史官)으로 전해진다. 공자는 주임의 말을 빌려 신하가 보좌하는 위정자의 잘못을 바로잡지 못하면 바로 물러나는 것이 옳다고 했다. 우리를 뛰쳐나온 호랑이나 외뿔소로 비유된 위정자의 거친 행동을 바로잡지 못하는 것은 바로 보좌를 하는 신하의 잘못도 크다. 반대로 귀한 거북 껍질이나 옥(玉)과 같은 올바른 위정자를 잘못 보필

---

692) 『論語』, 季氏第十六, "冉有曰, 夫子欲之, 吾二臣者皆不欲也."
693) 『論語』, 季氏第十六, "求! 周任有言曰, 陳力就列, 不能者止. 危而不持, 顚而不扶, 則將焉用彼相矣? 且爾言過矣. 虎兕出於柙, 龜玉毁於櫝中, 是誰之過与?"

하여 그 귀한 가치를 발휘하지 못하는 것, 역시 신하의 잘못이 크다고 아니 할 수 없을 것이다. 공자의 말에 염구의 변명과 그에 대한 공자의 힐책이 이어진다.

염유(염구)가 말했다. "지금 그 전유는 견고하고 비(費) 땅 근처에 있어서 지금 취하지 않으면 후세에 자손들의 우환이 될 것입니다." 공자가 말했다. "염구야, 군자는 하고 싶다고 말하지 않고, 되레 그것을 (감추기) 위해 변명하는 것을 싫어한다."694)

염구는 앞에서 전유를 취하려는 것은 계강자의 욕구일 뿐 자신은 아무 관계가 없다고 말하였으나, 여기서는 계강자 입장에서 후세 자손을 위해 전유를 취해야 한다는 명분을 내세웠다. 결국, 염구와 계씨가 서로 작당한 것임이 드러났다. 그러자 공자는 탐욕을 숨기고 명분을 내세우며 변명하는 것은 군자의 자세가 아니라고 염구를 야단쳤다. 이어서 공자는 말했다.

"나는 들었노니, 나라나 가정을 다스리는 자는 과소함을 걱정할 것이 아니라 균등하지 않음을 걱정해야 하며, 적게 가진 것을 걱정하지 말고 불안한 것을 걱정해야 한다. 대개 균등하면 적게 가졌다고 하지 않으며, 화평하면 과소하다고 하지 않으며, 평안하면 (나라가) 엎어지지 않는다."695)

계씨는 나라 전체의 4분의 2를 차지하고 있으면서도 땅과 백성이 과소

---

694) 『論語』, 季氏第十六, "冉有曰, 今夫顓臾, 固而近於費. 今不取, 後世必爲子孫憂. 孔子曰, 求! 君子疾夫舍曰欲之, 而必爲之辭."
695) 『論語』, 季氏第十六, "丘也聞有國有家者, 不患寡而患不均. 不患貧而患不安. 蓋均無貧, 和無寡, 安無傾."

하다고 생각했고, 재물을 적게 가졌다고 생각하여 전유마저 손에 넣으려 했다. 이에 공자는 나라나 가문을 다스리는 자들의 재산보다 백성 각자에게 재물이 골고루 돌아가는 균등한 분배가 되어야 함을 주장하고 있다. 바로 균등하면 적게 가졌다는 불평이 사라지고, 나라가 화평하고 평안해진다는 말이다.

공자의 제자 중 정사(政事)에 특출한 자로와 염구를 가신으로 삼았으니 계씨 집안은 자랑스럽게 여길만했다.

계자연이 물었다. "중유(자로의 성명)와 염구는 대신(大臣: 중임을 맡는 높은 벼슬의 신하)이라고 일컬을 수 있습니까?" 공자가 말했다. "나는 그대가 다른 질문이 있는가 했는데, 중유와 염구에 대한 질문이었군요. 소위 대신(大臣)이란 도(道)로써 군주를 섬기다가 불가능하면 그만둡니다. 지금 중유와 염구는 구신(具臣: 숫자만 채운 신하)일 뿐입니다." 계자연이 말했다. "그렇다면 계씨 집안의 뜻을 따르기만 하면 됩니까?" 공자가 말했다. "부모와 군주를 시해하는 것은 역시 따르지 않을 것이오."⁶⁹⁶⁾

[具: 갖출 구]

계자연은 계씨 집안의 자제이다. 계자연은 계씨 집안이 공자의 수제자 자로와 염구를 가신으로 둔 것을 은연중 드러내면서 그들의 자질을 물은 것이다. 계자연의 질문에 대해 공자가 두 제자를 대신이라고 하면 결국 두 제자가 섬기는 계씨 집안을 띄우는 격이 되고 만다. 더구나 둘은 계강자가 무도하게 전유(顓臾)를 정벌하려는 것에 별 대응을 하지 못했

---

696) 『論語』, 先進第十一. "季子然問, 仲由,冉求可謂大臣與? 子曰, 吾以子爲異之問, 曾由與求之問. 所謂大臣者, 以道事君, 不可則止. 今由與求也, 可謂具臣矣. 曰, 然則從之者與? 子曰, 弑父與君, 亦不從也."

다. 그래서 공자는 구신(具臣)이라고 말했다. 당시 계씨의 권세가 군주를 넘어서고 있었다. 혹여 군주에게 위해를 가할 수도 있는 상황이었다. 그래서 공자는 두 사람이 부모나 군주를 시해하는 일은 따르지 않을 것이라고 하여 두 제자의 체통은 살리면서 계씨 집안에는 경고했다. 어느 날 염구가 늦게 퇴청했다.

공자가 말했다. "어찌 이리 늦었느냐?" 염구가 대답했다. "정사(政事: 정치하는 일)가 있었습니다." 공자가 말했다. "그것은 가사(家事: 집안 살림 일)이니라. 만약 정사가 있다면 비록 내가 지금은 등용되지 않았어도 참여하여 정사를 들었을 것이다."607)

예법에 대부는 물러났어도 참여하여 국정을 들을 수 있다. 그런데 계씨 집안이 정사(政事)를 전횡하여 대부들이 조정에서 동등하게 정사를 듣는 일이 없었다. 모든 정사가 계씨들이 집안에서 가신과 모의하여 행해졌다. 만약 정사라면 공자도 참여하여 들은 바가 있어야 하는데, 그런 것이 없었다. 그리하여 공자는 염구가 하는 일이 정사가 아닌 가사(家事)라고 하여 계씨의 업무를 낮추어 말했다.

계강자의 가신이 된 자로가 고시(高柴)를 추천하여 비읍(費邑)의 읍재(邑宰: 읍의 수령)가 되게 했다. 고시는 성품은 착하나 학문은 깊지 못했다. 일전에 공자는 그를 우매하다고 평가했다. 자로의 처사를 두고 공자와 자로가 논쟁을 벌였다.

공자가 말했다. "남의 자식을 해치려 하는구나." 자로가 말했다. "백성

---

697) 『論語』, 子路第十三. "冉子退朝. 子曰, 何晏也? 對曰, 有政. 子曰. 其事也. 如有政, 雖不吾以, 吾其與聞之."

도 있고 사직도 있는데 왜 꼭 독서 연후에만 배움이 되겠습니까?" 공자가 말했다. "이런 까닭에 말만 그럴듯하게 하는 자를 싫어하노라."[698]

로나라의 실세 집안에서 가신 노릇을 하는 자로가 큰맘 먹고 같은 문도(門徒)인 고시를 취업시킨 것이다. 자로는 혹여 스승에게 칭찬을 들을 수도 있으리라 생각한 모양이다. 그런데 공자는 남의 자식을 해치는 일을 벌였다고 역정을 내자 자로도 속이 틀어졌다. 공자는 고시의 공부가 일정한 경지에 이르지 못해 준비가 덜 되었다고 생각했다. 그러자 자로는 정치에 필요한 것은 백성을 직접 다스리고 사직의 신에게 직접 제사도 드리면서 좌충우돌 배우면 된다고 감정 섞인 주장을 한 것이다. 언뜻 보면 자로의 주장도 일리가 있는 듯하나 공적인 영역과 사적인 영역의 차이를 무시한 주장이다. 사적인 영역에서는 개인의 역량을 키우기 위해 스스로 좌충우돌 경험하면서 성장할 수 있으나, 공적인 영역은 개인의 역량을 키우기 위해 읍민이나 백성이 희생당해야 하는 곳이 아니다. 자로는 준비되지 않은 착한 고시가 정사(政事)에서 받을 상처와 백성들이 입는 피해를 간과한 것이었다.

어느 날 위(衛)나라 대부 거백옥이 사람을 보내 공자의 안부를 물었다. 공자는 주유천하 중 진(陳)에서 위(衛)로 왔을 때 그의 집에서 두 번 머물렀던 적이 있었다.

공자가 그와 함께 앉아 물었다. "대부께서는 무엇을 하고 계시오?" 심부름꾼이 말했다. "대부께서는 과실을 적게 하려고 노력하시나 잘되지 않고 있습니다." 심부름꾼이 나가자 공자가 말했다. "제대로 된 심부름

---

[698] 『論語』, 先進第十一. "子曰, 賊夫人之子. 子路曰, 有民人焉, 社稷焉. 必讀書然後爲學? 子曰, 是故惡夫佞者."

꾼이구나! 제대로 된 심부름꾼이구나!"699)

심부름꾼은 공자의 물음에 거백옥의 근황을 말하되 노력하는 것이 생각한 대로 미치지 못한다고 말했다. 이럼으로써 주인의 근황은 드러나게 하고, 공자 앞에서 주인의 능력을 낮추어 말했다. 공자는 그런 심부름꾼의 자세를 높이 칭찬했다.

한편 자공은 외교술로 로나라를 침공한 제나라를 물러가게 한 후 그 명성이 로나라에 떨쳤다. 어떤 이들은 자공이 공자보다 더 현명하다는 말까지 했다.

숙손무숙이 조정에서 대부들에게 말했다. "자공이 중니[仲尼: 공자의 자(字)]보다 더 현명하다." 자복경백이 이 말을 자공에게 알려주자 자공이 말했다. "궁궐의 담에 비유하자면 나의 담은 어깨높이만 하다. 집 안을 들여다보기에 딱 알맞다. 그러나 선생님의 담 높이는 수십 자가 넘는다. 담장의 문을 통하지 않으면 종묘의 아름다움과 백관(百官)의 많음을 볼 수가 없다. 그 문을 얻어 들어가는 자가 드무니, 대부의 말씀 또한 당연하지 않겠는가?"700)

숙손무숙은 로나라 대부이다. 숙손무숙은 자공이 제나라, 오나라, 월나라, 진나라를 돌면서 제나라의 침략으로부터 로나라를 구한 것을 보고, 자공이 공자보다 더 현명하다고 조정에서 말했다. 이 말을 대부 자복경백

---

699) 『論語』, 憲問第十四, "蘧伯玉使人於孔子. 孔子與之坐而問焉. 曰, 夫子何爲? 對曰, 夫子欲寡其過而未能也. 使者出. 子曰, 使乎! 使乎!"

700) 『論語』, 子張第十九, "叔孫武叔語大夫於朝, 曰, 子貢賢於仲尼. 子服景伯以告子貢. 子貢曰, 譬之宮牆, 賜之牆也及肩, 窺見室家之好. 夫子之牆數仞, 不得其門而入, 不見宗廟之美, 百官之富. 得其門者或寡矣, 夫子之云, 不亦宜乎!"

이 자공에게 전해주었다. 자복경백은 전에 공백료가 계손씨(季孫氏) 집안에 자로를 비방하는 말을 하자 공자에게 이 사실을 알려 준 인물이다. 이번에는 조정의 화제를 자공에게 넌지시 알려준 것이다. 그러자 자공은 궁궐의 담에 비유하여 자기는 낮아서 넘겨보기가 쉽지만, 공자는 높아서 정도(正道)로써 공자의 가르침을 얻지 못하면 공자를 이해할 수 없는 것이 당연하다고 했다. 그러자 숙손무숙이 아예 대놓고 공자를 깎아내렸다.

숙손무숙이 중니[仲尼: 공자의 자(字)]를 헐뜯자, 자공이 말했다. "그러지 말라. 중니는 훼방할 수 없다. 다른 사람의 현명함은 언덕과 같아서 넘을 수 있지만, 중니는 해와 달과 같아서 넘을 수가 없다. 사람들이 스스로 관계를 끊고자 하나, 그것이 어찌 해와 달을 상하게 할 수 있겠는가?"701)

숙손무숙이 어떻게 공자를 헐뜯었는가는 알 수가 없다. 여하튼 자공은 이번에는 공자를 해와 달로 비교하여, 해와 달을 거부한다고 해도 해와 달은 상처를 입지 않듯이, 몇 사람이 공자의 사상을 비난한다고 해도 이미 공자는 비방으로 깎아내릴 수 있는 존재가 아니라고 보았다. 이것으로 보면 자공은 말년에 이르러 처신이 매우 공손하고, 공자의 사상을 적극적으로 옹호하는 제자로 성장했음을 알 수 있다. 자공은 로나라와 위나라의 재상을 지냈다고 『사기』에 기록되어 있으나 자세한 내용은 전해지지 않는다.

이번에는 진항(陳亢)이 자공에게 말했다. 앞에서 말했듯이 진항은 공자 제자라고 전해지나 자공의 제자일 수도 있다.

---

701) 『論語』, 子張第十九, "叔孫武叔毀仲尼. 子貢曰, 無以爲也. 仲尼不可毀也. 他人之賢者, 丘陵也, 猶可踰也. 仲尼, 日月也, 無得而踰焉. 人雖欲自絶, 其何傷於日月乎?"

진자금[陳子禽: 진항의 성과 자(字)를 합한 것]이 자공에게 말했다. "선생님께서 공손해서 그렇지, 중니[仲尼: 공자의 자(字)]가 어찌 선생님보다 현명하겠습니까?" 자공이 말했다. "군자는 한마디로써 지혜로울 수 있고, 한마디로써 지혜롭지 않다고 할 수 있나니, 말이란 가히 신중하지 않을 수 없는 것이다."702)

『논어』에서 공자의 제자들이 공자를 타인에게 소개할 때는 성명인 공구(孔丘)나 자(字)인 중니(仲尼)를 흔히 사용한다.703) 그러나 호칭으로 부를 경우는 자(子)나 부자(夫子)를 사용한다. 따라서 자공을 선생님[子]이라 호칭하고, 공자를 중니라고 부르는 것으로 보아 진항은 자공의 세사일 가능성이 크다. 진항이 자공을 공자보다 현명하다고 치켜세우자 자공은 말 한 마디로써 그 말한 사람이 지혜가 있는지 아닌지를 알 수 있다며 진항을 질책했다. 자공은 이어서 말했다.

"선생님에게 미칠 수 없는 것은 하늘을 계단을 따라 오를 수 없는 것과 같다. 선생님이 나라나 가정을 얻는다고 치자. 이른바 세우고자 하면 이에 서고, 이끌고자 하면 이에 행해지고, 편안하게 하면 이에 사람들이 몰려오고, 고무하고자 하면 이에 화락할 것이다. 그 태어나심이 영광이오[其生也榮], 그 돌아가심이 슬픈 것이니[其死也哀] 어떻게 미칠 수 있겠는가?"704)

[其: 그 기, 也: 어조사(어세를 강하게 함) 야, 榮: 빛 영, 哀: 슬플 애]

---

702) 『論語』, 子張第十九, "陳子禽謂子貢曰, 子爲恭也, 仲尼豈賢於子乎? 子貢曰, 君子一言以爲知, 一言以爲不知, 言不可不愼也."
703) 자로가 장저(長沮)와 걸익(桀溺)에게, 자공이 숙손무숙(叔孫武叔)에게 공자를 각각 공자의 성명과 자(字)로 표현했다.
704) 『論語』, 子張第十九, "夫子之不可及也, 猶天之不可階而升也. 夫子之得邦家者, 所謂立之斯立, 道之斯行, 綏之斯來, 動之斯和. 其生也榮, 其死也哀. 如之何其可及也?"

자공은 공자가 하늘과 같아서 근접할 수 없는 존재로 보고 있다. 공자는 신묘한 조화로움이 있어서 만약 나라나 가정에서 공자가 뜻을 얻어 도를 펼치려 한다면, 천지가 화응하듯이 감응하는 바가 크고 빠를 것이라고 했다. 그래서 공자의 탄생은 백성의 영광이며, 돌아가심은 부모를 잃은 듯 모두 슬퍼하게 된다는 말이다. '그 태어나심이 영광이오[其生也榮], 그 돌아가심이 슬픈 것이니[其死也哀]'에서 '생영사애(生榮死哀)'란 성어가 만들어졌다. '생영사애(生榮死哀)', 살아서 영광, 죽어서 슬픔이란 뜻이니, 자공이 스승인 공자를 이렇게 극찬했다. 필설로 공자를 칭송하는 것이 이것 이상 가는 것이 없을 듯하다.

　공자의 제자들은 대부분 벼슬길에 나갔으나 민자건(閔子騫), 안회(顏回), 증삼(曾參) 등은 그렇지 않았다. 민자건에 관한 이야기이다.

　　계씨(季氏) 집안에서 민자건을 비(費) 땅의 읍재(邑宰)로 삼으려 했다. 민자건이 심부름꾼에게 말했다. "나를 위해 잘 말해주시오. 만일 나를 다시 부른다면 나는 반드시 문수(汶水)에 있을 것이오."705)
　　[邑: 고을 읍, 宰: 우두머리 재, 汶: 물이름 문]

　비(費)는 계씨 집안의 채읍이다. 문수(汶水)는 제나라 남쪽의 강이다. 계강자의 계씨 집안은 로나라의 실세였고 많은 부를 축적했다. 민자건은 그런 계씨 집안에서 신하 노릇 하기를 거부했다. 만일 다시 자기를 부르면 차라리 제나라로 건너갈 것이라고 말한 것이다. 이런 일도 있었다. 로나라에서 창고를 개축하여 큰 창고인 장부(長府)를 만들려고 했다.

---

705) 『論語』, 雍也第六. "季氏使閔子騫爲費宰. 閔子騫曰. 善爲我辭焉. 如有復我者, 則吾必在汶上矣."

민자건이 말했다. "옛것이 어떠하길래 왜 반드시 고쳐 지으려 하는가?" 공자가 말했다. "무릇 이 사람은 말을 하지 않을지언정 일단 말하면 반드시 이치에 맞는 말만 한다."706)

민자건은 옛 창고도 큰 문제가 없는데, 재화를 낭비하고 백성들에게 과중한 노역을 부담시키는 장부를 짓는 것을 비판했다. 공자는 평소에 말이 없지만 일단 말하면 옳은 말만 하는 그런 민자건을 매우 칭찬했다.

로나라로 돌아온 공자를 로나라 조정은 끝내 등용하지 않는다. 공자 역시 벼슬을 구하지 아니하고 시·서·역·예·악(詩書易禮樂)을 정리하며 많은 제자를 가르친다. 공자는 스스로 창작을 하지 않으려 했다.

공자가 말했다. "서술하되 창작하지 않으며[述而不作] 고전을 믿고 좋아하는 것은 로팽(老彭)에 가만히 비유될 수 있다."707)

[述: 진술할 술, 作: 지을 작]

로팽(老彭)은 상(商)나라의 현명한 대부로서 고전을 믿고 전술한 자로 알려져 있다. 『사기』나 『공자가어』에 따르면 공자는 시(詩)를 다듬어 정리했고, 악(樂)을 바로잡으며, 만년에는 『주역』의 『단전』, 『계사전』, 『상전』, 『설괘전』, 『문언전』을 서술했으며, 사관이 기록한 기록을 근거로 『춘추』를 지었다. 이처럼 공자는 '술이부작(述而不作)', 즉 서술은 하되 창작을 하지 않았다. 『논어』도 제자들에 의해서 기록되었다. 공자는 도덕적으로 완성된 성인(聖人)들이 창작하여 그 온전한 생각을 전해야 하는 것으로 인식한 듯하다. 물론 후세에 공자를 역시 성인으로 추앙하고 있으나 공자는 자신을

---

706) 『論語』, 先進第十一, "閔子騫曰, 仍舊貫, 如之何? 何必改作? 子曰, 夫人不言, 言必有中."
707) 『論語』, 述而第七, "子曰, 述而不作, 信而好古, 竊比於我老彭."

낮추어 기술만 하는 자로 표현했다.

공자는 위(衛)나라에서 로(魯)나라로 귀국할 때 주례(周礼)는 로나라에 남아있었으나 시(詩)와 음악은 변질하고 없어진 것이 많았다. 당시는 시(詩)에 음률을 가하면 곧 음악이었다. 공자는 음악을 바로잡았다.

> 공자가 말했다. "내가 위나라에서 로나라로 돌아온 연후에 음악이 바로 잡히고, 아(雅)와 송(頌)이 각각 그 자리를 잡았다."708)

이로부터 궁중 음악인 아(雅)와 제례 음악인 송(頌)이 각각 제 자리를 잡았다. 공자는 예부터 전해오던 시(詩) 3,000여 편을 가다듬어 305편으로 정리했다. 당시 태사(太師: 악관의 우두머리)로 지(摯)가 있었다.

> 공자가 말했다. "태사 지(摯)가 재직했던 초기에는 관저(關雎)의 끝장이 양양(洋洋: 넓고 많은 모양)하게 귀에 찼다."709)

내용으로 보면 공자와 태사 지가 음악을 바로잡고 보급하는데 협업을 한 듯하다. 「관저(関雎)」는 『시경』의 첫 번째 편으로 그 내용은 문왕의 정비인 사씨(姒氏)의 덕을 찬미했다. 공자가 로나라로 돌아온 초기에는 음악도 한때 융성했다. 그러나 태사 지가 관직에서 물러나면서 분위기가 가라앉았다.

공자는 『주역』에 관해 많은 관심을 가졌고 탐독했다. 『사기』 「공자세가」에는 공자가 『주역』을 읽다가 가죽끈이 세 번 끊어졌다는 내용이 있다. 종이는 후한(後漢) 때 채륜(蔡倫)이 발명했다. 종이가 발명되기 전에는 죽간

---

708) 『論語』, 子罕第九. "子曰, 吾自衛反魯, 然後樂正, 雅頌各得其所."
709) 『論語』, 泰伯第八. "子曰, 師摯之始, 關雎之亂, 洋洋乎! 盈耳哉."

(竹簡: 댓조각)을 가죽끈[韋: 가죽끈 위]으로 묶어서 책으로 사용했다. 여기서 '위편삼절(韋編三絶)'이란 고사성어가 유래되었다. '위편삼절(韋編三絶)', 직역하면 가죽끈이 세 번 끊어졌다는 의미로, 책이 헤어질 정도로 열심히 공부함을 의미한다. 공자는 『주역』에 대한 소감을 이렇게 말했다.

>공자가 말했다. "내게 수년을 빌려주어 마침내 『주역』을 공부한다면 큰 과오가 없을 것이다."710)

공자는 『주역』을 더 공부하고 싶으나 몇 년 남지 않은 자신의 일생으로 어이할 수 없음을 한탄하고 있다. 『주역』 이외의 다른 책들에 대한 견해는 어떠할까?

>"선생님은 항상 '『시경』, 『서경』, 『집례』 모두가 아름다운 언어다.'라고 말씀하셨다."711)

공자는 『시경』, 『서경』 등을 탐독하여 아름다운 언어라고 찬미했다. 여기서 『집례』는 당시에 존재한 책명일 수도 있고, 아니면 여러 예를 집수(執守: 잡아 지킴)한다는 의미일 수도 있으나 어느 것인지 불명확하다.

'공자성적도(孔子聖蹟図)' 중 하나가 '행단예악(杏壇禮楽)'이다. '행단예악(杏壇禮楽)'은 공자가 말년에 살구나무(혹은 은행나무) 아래서 예와 악을 가르치는 장면을 묘사한 그림이다.

---

710) 『論語』, 述而第七, "子曰, 加我數年, 五十以學易, 可以無大過矣." 주희에 따르면 '加'는 『사기』의 기록과 비교하면 '假'로 보아야 한다. 공자가 로나라로 돌아와 저술할 당시는 나이가 70여 세 전후이므로 '五十'은 '卒'의 오자(誤字)로 본다.
711) 『論語』, 述而第七, "子所雅言, 詩書執禮."

공자성적도−행단예악(杏壇禮樂)

## 군자의 덕

로나라로 돌아온 공자는 비록 정치 일선에 나서지 않았으나 군주인 애공(哀公)이나 계강자를 비롯한 대부들에게 정치에 관해 조언을 해주고 있었다. 인생 말년의 공자는 정치에서 특히 통치자의 리더십을 강조한다. 사실 한 나라를 이끄는 통치자들은 그 품성이 올바르고 통이 커야 한다. 통치자의 품성이 어떠한가에 따라 그 나라의 품격 역시 달라지는 법이다. 그렇다면 통치자는 어떠한 품성이어야 하는가? 『서경』에 다음과 같은 내용이 나온다.

"통치자가 밝고 신하들이 명석하면 모든 일이 편안해진다. 통치자가 좀스러우면 신하들은 게을러지고, 만 가지 일들이 무너져버린다"[712]

---

712) 『書經』, 益稷10章. "元首明哉, 股肱良哉, 庶事康哉. 元首叢脞哉, 股肱惰哉, 萬事墮哉."

『서경』에서 말하는 정치의 요체는 통치자가 지혜롭고 통도 좀 있어야 한다는 말이다. 공자도 역시 지도자가 백성에게 끼치는 영향력이 크기 때문에 지도자의 품행이 매우 중요하다고 생각했다.

지도자는 남 탓이나 핑계를 대지 말고 바른 모습으로 솔선수범해야 한다. 공자가 로나라의 실세인 대부 계강자와 정치에 관해 의견을 나누었다.

계강자가 공자에게 정치에 관해 묻자 공자가 대답했다. "정치란 올바르게 한다[政者正也].'라는 뜻입니다. 그대가 바른 것으로써 본보기를 보이면 누가 감히 바르지 않겠습니까?"[713]

[政: 정사 정, 者: 것 자, 正: 바를 정, 也: 어조사(종결) 야]

정치[政]란 본래 도덕적으로 '올바른 것[正]'이란 뜻이고, 올바른 일을 행하는 것이 바로 정치이다. 지도자가 올바른 일을 솔선수범하면 백성들은 그를 따르지 않을 수 없다. 백성이 지도자를 따르지 않는 것은 반드시 원인이 있다. 그런데 못된 지도자는 그 원인을 신하나 백성에게서 찾으려 한다. 정치는 지도자의 품성이나 정책이 바르고, 그런 모습을 솔선수범할 때 백성도 감화되어 바르게 된다.

위의 바른 것으로 본보기를 보이라는 것과 같은 맥락의 말을 공자는 자주 했다. 한번은 자로가 공자에게 정치에 관해 물었다.

자로가 정치에 관해 묻자 공자가 말했다. "먼저 하고, 자신을 힘들게 하라!" 자로가 더 듣기를 청하자 공자가 말했다. "게으르지 말아야 한다."[714]

---

713) 『論語』, 顏淵第十二, "季康子問政於孔子. 孔子對曰, 政者正也. 子帥以正, 孰敢不正?"
714) 『論語』, 子路第十三, "子路問政, 子曰, 先之, 勞之. 請益. 曰, 無倦."

지도자는 백성에게 희망하는 모습이 있으면 자신이 먼저 실천하여 모범을 보이고, 힘든 일을 자신이 해결하려 해야 한다. 그리고 탕왕(湯王)이 일일신(日日新: 나날이 새로워짐)하였듯이 게으른 모습을 버리고, 민생을 나아지게 하는 정책을 강구해야 한다.

나라에 도둑이 횡행한다면 이것도 지도자나 관리의 품행에서 기인하는 경우가 많다.

> 계강자가 도둑이 걱정되어 공자에게 묻자 공자가 대답했다. "진실로 그대가 욕심내지 않으면 백성에게 상(賞)을 주더라도 도둑질하지 않을 것이오."715)

나라에 도둑이 많은 것은 백성이 지도자나 관리들이 부정한 방법으로 자리를 탈취하거나 사리사욕을 채우는 것을 보고 배운 데서 기인할 수 있다. 지도자부터 정도(正道)를 걷고, 청빈한 모습을 보여야 관리나 백성들이 따라올 수 있다. 『좌전』 애공 3년에 계환자가 질병에 걸리자 가신 정상(正常)에게 유언했다. 자신의 첩 남유자(南孺子)가 아들을 낳으면 군주와 대부에게 고하여 그를 후계자로 세우고, 딸을 나면 계강자를 세우라는 것이었다. 계환자가 죽자 일단 계강자가 뒤를 이었다. 이윽고 남유자가 아들을 낳았다. 정상은 아이를 안고 로나라 조정에 가서 계환자의 유언을 전했다. 그런데 어느 날 남유자의 아들이 살해되고 만다. 계강자가 사주한 것인지 명확히 알 수는 없으나 의혹은 있었다. 공자는 계강자의 과거 행적이 확실히 드러나지 않았기 때문에 '그대가 도둑질하지 않았으면' 대신 '그대가 욕심내지 않으면'이라는 부드러운 표현을 써서 지도자가 사리사욕 하지 않

---

715) 『論語』, 顏淵第十二, "季康子患盜, 問於孔子.孔子對曰, 苟子之不欲, 雖賞之不竊."

으면 백성도 도둑질하는 습성이 사라질 것이라 했다.

대부 계강자는 정치인이라 역시 정치에 관심이 많았다. 공자는 다시 한 번 계강자와 정치에 관해 토론했다.

계강자가 정치에 관해 물었다. "만약 무도한 자를 죽여서 도가 있는 곳으로 나아가면 어떠합니까?" 공자가 말했다. "대부께서 정치를 함에 어찌 죽인다는 말을 씁니까? 대부께서 선하고자 하면 백성이 선해집니다. 군자의 덕은 바람이고[君子之德風], 소인의 덕은 풀입니다[小人之德草]. 풀 위에 바람이 불면 반드시 엎드립니다."716)

[之: 어조사(~의) 지, 風: 바람 풍, 草: 풀 초]

군자의 덕은 바람이다[君子之德風]. 공자가 사용한 군자는 자신을 수양하여 현실 정치에 참여하는 사람을 의미하므로 오늘날 수양이 된 위정자 혹은 통치자를 지칭하는 말이기도 하다. 통치자로서의 군자는 그 통치 방식대로 백성이 닮아간다는 의미이다. 덕으로써 통치하면 마치 바람이 풀 위로 불 때 풀이 그 방향으로 드러눕듯이 덕의 감화를 받을 것이요, 백성을 엄하게 대하면 백성 역시 성품이 거칠어진다는 의미이다. 지도자의 품행은 백성에게 큰 영향력을 갖고 있음을 시사하는 말이다. 그래서 위정자를 북극성에 비유하기도 한다. 공자는 말한다.

"덕으로써 정치해야 한다[爲政以德]. 북극성에 비유하자면 북극성이 제자리에 머물러 있을 때, 뭇별들이 그에게로 향하는 것과 같다."717)

716) 『論語』, 顏淵第十二, "季康子問政於孔子曰, '如殺無道, 以就有道, 何如?' 孔子對曰, '子爲政, 焉用殺? 子欲善而民善矣. 君子之德風, 小人之德草. 草上之風, 必偃.'"
717) 『論語』, 爲政第二, "爲政以德, 譬如北辰, 居其所而衆星共之."

위정자는 백성의 귀감이 되기 때문에 덕으로써 정치해야 한다. 그렇게 한다면 마치 뭇별들이 북극성을 향하듯이 백성이 통치자를 따를 것이다. 위정자의 덕이 북극성과 비견된다면 그의 과오는 일식과 월식에 비견된다. 자공이 말했다.

"군자의 과오는 일식, 월식과 같다. 일·월식이 진행될 때 사람들이 모두 쳐다보고, 일·월식이 바뀌면 사람들이 모두 우러러본다."718)

여기서 군자는 위정자를 지칭한다. 옛날 사람들은 일식과 월식을 재앙의 징조로 보기도 했다. 그래서 '군자의 과오는 일식, 월식과 같다'라는 말은 두 가지 의미가 있다. 하나는 국가의 재앙이 나타날 조짐으로 볼 수도 있다는 것이고, 다른 하나는 평소 곧바로 보기 힘든 태양도 일식이 되면 쳐다볼 수 있듯이 그만큼 위정자의 과실은 잘 보인다는 말이다. 그러나 일·월식이 지나가면 사람들은 안도하면서 태양을 직접 쳐다볼 수는 없지만 우러러본다. 마찬가지로 위정자도 그 과오를 고치면 백성이 다시 우러러볼 수 있을 것이다.

공자의 말을 종합하면, 통치자는 바람이고 북극성이다. 바람이 부는 방향에 따라 풀이 드러눕듯이 통치자의 사고와 행동은 백성에게 지대한 영향력을 끼친다. 그래서 통치자는 덕으로써 정치해야 하며, 그리할 때 백성은 뭇별이 북극성을 향하듯이 통치자를 바라보며 존경하고 따를 것이다. 그런데 우리의 공직 사회는 어떠한가? 우리의 최고 통치자, 고위 관료는 바람이면서 북극성인가? 아니면 바람이기만 하는가?

백성은 통치자의 품성뿐만 아니라 종합적인 리더십에 따라 그를 존경하

---

718) 『論語』, 子張第十九, "君子之過也, 如日月之食焉. 過也, 人皆見之. 更也, 人皆仰之."

고 따른다. 통치자의 리더십은 외모와 품행과 인사와 교육정책에서 구체적으로 드러난다. 역시 계강자가 묻고 공자가 답했다.

계강자가 물었다. "백성이 공경하고 충성하게 하여 (선을) 권면하게 하려면 어떻게 해야 합니까?" 공자가 말했다. "그들에게 엄정하게 다가가면 공경할 것이고, 효도와 자애를 보이면 충성할 것이고 선한 자를 등용하고, 능력 없는 자를 가르치면 (선이) 권면될 것이오."719)

백성이 지도자를 공경하고 충성을 다하며, 서로 선을 권면하게 하는 것은 지도자가 백성을 어떻게 대하는가에 달려있다. 일상의 외모에서는 지도자가 엄정한 모습을 지니고, 부모에게 효도하고 사람을 자애롭게 대하며, 선한 자를 등용하고 백성을 교육하는 인사와 교육정책을 쓰면 백성이 그를 공경과 충성으로 대할 것이다.

이처럼 지도자는 외형적 모습도 중요하다. 다만 지도자 중에는 엄정한 것이 지나쳐 사나운 얼굴 모습을 하는 자도 있을 수 있다.

공자가 말했다. "얼굴색은 사납지만, 속이 무른 자는 소인에 비유된다."720)

얼굴은 사나운 표정을 하지만 속은 보편적 기준이 없어서 줏대가 없는 자는 지도자가 될 그릇이 되지 못하고 한낱 소인일 뿐이다.
백성이 지도자를 따르게 하는 것은 특히 인사에서 비롯된다.

---

719) 『論語』, 爲政第二, "季康子問, 使民敬忠以勸, 如之何? 子曰, 臨之以莊則敬, 孝慈則忠, 擧善而敎不能則勸."
720) 『論語』, 陽貨第十七, "子曰, 色厲而內荏, 譬諸小人."

어느 날 애공이 물었다. "어떻게 해야 백성이 복종할까요?" 공자가 말했다. "올곧은 자를 기용하여 굽은 자 위에 그를 두어야 합니다[擧直錯諸枉]. 그리하면 백성이 복종할 것입니다. 만약 굽은 자를 기용하고 올곧은 자 위에 그를 두면 백성이 복종하지 않을 것입니다."[721]

'올곧다[直]'는 마음이나 정신 상태 따위가 바르고 곧다는 것을 의미한다. 통치자들은 올곧은 자를 추천받아 등용해야 한다. 올곧은 자를 등용하면 국정이 투명하고 청렴한 공직 풍토가 조성되어 백성이 통치자를 따라오기 때문이다. 그렇지만 굽은 자, 즉 올곧지 않은 자들은 단호하게 내쳐야 한다고 했다. 그러므로 잘못된 정책임을 알고서도 자신의 소신을 말하지 않고 상관의 눈치나 보며 일을 집행하는 관리, 자신의 업무나 직위를 이용하여 부정부패를 저지른 관리, 이런 자들은 길게 생각할 것도 없이 즉각 공직에서 추방해야 한다. 공자에 따르면 오늘날 가끔 볼 수 있는 양심적 내부 고발자들은 결코 내칠 대상이 아니라 중용되어야 할 인재들이다. 이처럼 공자는 현명하고 능력 있는 자, 정직한 자들이 공직에 있어야 한다고 했고, 정직하지 않은 자들은 즉각 내쳐야 한다고 했다.

공자가 로나라로 귀국한 후 1년 후, 공자 나이 69세 때 아들 공리가 50세에 죽었다. 자식을 먼저 보낸 아비의 비통한 심정은 이루 형언할 수 없겠지만, 당시 상황에 대해 전해지는 내용은 없다.

---

721) 『論語』, 爲政第二, "哀公問曰, 何爲則民服? 孔子對曰, 擧直錯諸枉, 則民服, 擧枉錯諸直, 則民不服."

## 춘추로 정명을 말하다

공자가 로나라를 떠나 천하를 주유할 때 송나라에 들렀다가 큰 나무 아래에서 예를 강습하고 있을 때 당시 송경공(宋景公)의 총애를 받던 사마환퇴[司馬桓魋, 본래 성명은 상퇴(向魋)]의 습격을 받은 일이 있었다. 당시 공자는 간신히 위기를 모면했다. 그로부터 11년 후 그러니까 공자가 로나라로 귀국한 지 3년 후(애공 14년)의 일이다. 환퇴(桓魋)는 군주 송경공의 총애를 업고 그 세력이 매우 확대되어 점차 송경공에게 부담되는 존재가 되어버렸다. 그러자 송경공은 자기의 부인이 잔치를 베풀게 하여 환퇴를 초대할 계획을 세웠다. 환퇴가 잔치에 참석하면 죽이려는 심산이었다. 그러나 이것을 미리 알아차린 환퇴는 거꾸로 자신이 잔치를 베풀고는 송경공을 초대했다. 환퇴 역시 잔치에 송경공이 참석하면 제거할 심산이었다. 그러나 송경공도 환퇴의 계략을 알아차리고는 응하지 않았다. 이에 환퇴는 조(曹) 땅에서 반란을 일으켰다. 송경공은 환퇴의 형인 상소(向巢)에게 환퇴를 공격하게 했지만, 상소는 송경공을 배반하고는 환퇴와 합류해버렸다. 상소와 환퇴의 아우가 공자의 제자인 사마우[司馬牛, 성명은 상리(向犁)]였다. 사마우는 반란을 일으킨 형들의 장래를 생각하니 그 두려움을 감출 수가 없었다. 사마우가 공자에게 먼저 물었다.

사마우가 군자에 대해 묻자 공자가 말했다. "군자는 근심하지도 않고, 두려워하지도 않는다[君子不憂不懼]." 사마우가 말했다. "근심도 두려움도 없다면, 이것이 군자의 모습입니까?" 공자가 말했다. "내 안을 성찰하여 꺼림칙함이 없다면 무엇을 근심하며 두려워하겠는가?"[722]

---

722) 『論語』, 顔淵第十二, "司馬牛問君子. 子曰, 君子不憂不懼. 曰, 不憂不懼, 斯謂之君子已乎? 子曰, 內省不疚, 夫何憂何懼?"

[憂: 근심 우, 懼: 두려워할 구]

공자는 사마우가 형제를 걱정하는 마음을 헤아려 '군자불우불구(君子不憂不懼)', 즉 군자는 근심하지도 않고, 두려워하지 않는다고 말했다. 그러나 사마우가 거듭 묻자 그것은 단순히 정서적 무감각을 의미하는 것이 아니라 내 마음속에 떳떳함이 있으면 근심과 두려움을 멀리할 수 있다고 했다. 공자의 말이 사마우에게 위로가 될 리가 없다. 이미 형들의 반란이 떳떳하지 못한 것을 잘 알고 있었기 때문이다. 사마우가 이번에는 공자의 제자 자하(子夏)에게 근심을 털어놓는다.

사마우가 근심하며 말했다. "사람들은 모두 형제가 있는데, 나만 홀로 형제를 잃을 것 같습니다." 자하가 말했다. "제가 선생님에게서 들었습니다만, 살고 죽는 것은 천명에 달려있고 부귀도 하늘에 달려있습니다. 군자가 경건하되 빠뜨림이 없고, 사람에게 공손하되 예의가 있으면 사해(四海) 안이 모두 형제이니 군자는 형제 없는 것을 어찌 걱정하리오."723)

사마우가 형제에게 닥칠 변고를 두려워하며 말하자 자하는 공자의 평소 말을 들려주며 위로하고 있다. 주재자로서의 하늘이 천명을 통해 인간의 운명을 관장하고 거기에 따른 응보를 하는 것이기 때문에 차분히 기다릴 수밖에 없다는 것이다. 그런데 유가의 천명은 인간의 선악을 판별하여 정당하게 행사되는 것이므로 사마우의 형제들이 옳은 일을 했다면 천명 또한 그들을 보호할 것이며, 그렇지 않다면 합당한 벌을 내릴 것이다. 그러

---

723) 『論語』, 顔淵第十二, "司馬牛憂曰, 人皆有兄弟, 我獨亡. 子夏曰, 商聞之矣, 死生有命, 富貴在天."

므로 역시 자하의 말도 반란을 일으킨 형제를 가진 사마우에게는 위로가 될 수 없었을 것이다.

자하의 논리는 매우 담대한 듯하지만, 이것은 본인의 신조에서 우러나온 것이 아니라 단순히 사마우를 위로하기 위한 차원일 뿐이다. 자하는 군자가 공경을 다 하면 사해 안의 사람들이 모두 형제이므로 너무 가족 간의 자잘한 인정에 사로잡혀서는 안 된다고 했다. 그러나 『예기』「단궁」에는 정작 자신은 아들이 죽었을 때 너무 슬퍼하여 실명(失明)까지 했다는 내용이 있다. 누구보다도 가족 간의 정리(情理: 정과 도리)에 약한 자하였다.

백성이 상소와 환퇴를 거부하고, 반기를 들자 상소는 로(魯)나라로 도망갔고, 환퇴는 위(衛)나라를 거쳐 제(齊)나라로 도망갔다. 마침 제나라에 진성자(陳成子)가 있었는데, 진성자는 그에게 정승 다음의 예우를 해주었다. 진성자는 바로 애공 11년, 기원전 484년에 로나라를 정벌했던 제나라 대부 전상을 말한다.[724] 진성자가 환퇴를 받아준 것은 자신과 코드가 같은 부류로 생각되었기 때문으로 보인다. 진성자 역시 제나라의 실권자로서 군주를 경시하고 자신의 임의대로 제나라를 좌지우지하고 있었던 인물이다.

결국, 진성자는 환퇴가 제나라로 온 그해(애공 14년)에 제나라 군주 간공(簡公)을 시해했다. 진성자는 간공의 총애를 받는 감지(闞止)와 권력 다툼을 하다가 신변의 위협을 느끼자 반란을 일으킨 것이다. 진성자가 정변을 일으킬 때 공자 제자인 재여가 제나라의 도읍지인 임치(臨菑)의 대부로 있었다. 재여는 공자에게서 공부할 때 평소 게을러서 많은 꾸지람을 받던 그 제자였다. 그는 진성자를 도와 반란을 일으켰지만 끝내 진성자에게 그 일

---

[724] 전상은 진(陳)나라의 대부로 있다가 정변을 피해 기원전 672년 제나라로 망명해 제나라에 정착한 진경중(陳敬仲)이 6대조였다. 그들은 제나라에 정착하면서 전씨(田氏) 성을 썼는데 통상 출신 국명인 진씨(陳氏)로도 불렸고 전씨(田氏)로도 불렸다. 전상은 시호(諡號)가 '성자(成子)'이어서 진성자(陳成子)로도 불리며, 본명인 '항(恒)'을 따서 '진항(陳恆)'으로도 불린다. 한문제(漢文帝) 유항(劉恒)을 휘(諱: 임금의 이름을 피함)하여 상(常)으로 바꿔 부르기도 한다.

족을 몰살당했다.[725] 공자는 제나라에서 정변이 일어났다는 소식을 듣고는 로나라 군주 애공을 만났다.

> 진성자가 간공을 시해하자 공자가 목욕하고는 조정에 나가서 애공에게 고했다. "진항(陳恆: 진성자의 성명)이 그 군주를 시해했습니다. 토벌할 것을 청하옵니다." 그러자 애공이 말했다. "삼자(三子)에게 물어보시구려."[726]

일반적으로 천자가 하는 전쟁을 토벌(討伐)이라 하고, 제후가 하는 전쟁을 정벌(征伐)이라고 한다. 공자는 여기서 토벌이란 단어를 사용하고 있는데, 이것은 천자의 직무를 대신한다는 의미이다. 이것을 두고 송대(宋代)의 장재(張載)[727]는 주제(周制: 주나라 제도)에 이웃 나라에서 군주를 시해하는 반역이 일어날 경우 제후들이 천자를 대신하여 바로 토벌하는 법도가 있었을 것으로 판단했다. 여하튼 공자가 애공에게 토벌을 청했으나 애공은 삼자(三子)가 두려워서 그들에게 먼저 허락을 받으라는 말을 한다. 여기서 삼자는 로나라 대부 가문인 맹손(孟孫), 숙손(叔孫), 계손(季孫)의 이른바 삼가(三家)를 말한다. 애공은 삼가들이 로나라의 실권을 잡고 있으므로 그들을 두려워하여 군주로서의 권위를 내세우지를 못했다. 공자 말년까지도 이처럼 로나라의 국정은 삼가에 의해 좌우되고 있었다. 결국, 제나라는 전상(진성자) 이후 그의 증손인 전화(田和: 시호는 태공

---

725) 재여가 전상을 도와 반란을 일으켰다가 일족이 몰살을 당한 것은 『사기』의 기록이다. 몰살을 당한 원인은 나와 있지 않다. 『좌전』에는 전상과 권력 다툼을 벌인 감지의 자(字)가 '자아(自我)'인 것으로 되어있다. 그래서 학자에 따라서는 '자아'를 '재아(宰我, 재여의 字)'로 오해하여 『사기』에 기록된 것으로 보기도 한다.

726) 『論語』, 憲問第十四, "陳成子弑簡公. 孔子沐浴而朝, 告於哀公曰, 陳恆弑其君, 請討之. 公曰, 告夫三子."

727) 장재(張載: 1020년~1077년)는 중국 송나라 시대의 사상가이다. 성리학의 기초를 닦았다. 횡거진(橫渠鎭) 출신이었기 때문에 횡거 선생(橫渠先生)이라고 호칭한다.

<公>)가 기원전 376년에 임금이 되니, 이후부터 제나라는 군주가 강씨에서 전씨로 바뀌게 되었다.

이처럼 송나라, 제나라, 로나라를 비롯하여 당시 군주와 신하들이 제 역할을 하지 못하고 있는 시대적 상황은 공자의 정명 사상이 나오게 된 배경이었고, 정명 사상은 공자의 저서인 『춘추』에 그대로 반영되기에 이른다.

공자는 애공(哀公) 14년, 그의 나이 71세에 생애 마지막 저술인 『춘추(春秋)』를 완성함으로써 그의 저술 활동의 대미를 장식했다. 『춘추』는 노(魯)의 은공(隱公) 원년(기원전 722년)부터 공자가 죽기 직전인 애공(哀公) 14년(기원전 481년)까지 12제후가 다스렸던 242년 간의 주요 사건들을 기록했다. 『춘추』는 문장은 간결하지만, 함축성은 광대한 책이다. 그래서 그것을 해석한 책을 매개로 하지 않고는 원뜻을 파악하기가 쉽지 않다. 바로 공자의 『춘추』를 해석한 해설서가 이른바 '춘추삼전(春秋三傳)'으로서 『공양전』·『곡량전』·『좌씨전』이 있다.

거듭 말하지만, 『춘추』는 공자의 정명 사상이 표현되었다. 봉건제에서 주나라 통치자는 왕이나 천자로 호칭하며, 각 제후국은 군(君)으로 호칭한다. 그리고 군(君)에는 공(公)-후(侯)-백(伯)-자(子)·남(男)의 등급이 있다. 공자는 『춘추』에서 주나라 통치자를 천왕(天王)으로 표현했으며, 제후국은 그 자질에 따라 호칭을 달리했다. 공자 당시에 오(吳)·초(楚)의 군주가 스스로 왕이란 호칭을 사용했지만, 『춘추』에서는 가장 제후의 하위 등급인 '자(子: 자작을 의미)'라고 폄(貶: 낮추어 평가함)하여 기록했다. 그리고 제(齊)와 진(晉)은 강국이지만 두 번째 등급인 '후(侯)'라 기록했고, 송(宋)은 약국이지만 첫 번째 등급인 '공(公)'이라 일컬었다. 맹자는 『춘추』에 대해 다음과 같이 평했다.

"옛날에 우임금이 홍수를 막으니 천하가 태평해졌고, 주공이 오랑캐를 아우르고 맹수를 몰아내니 백성이 편안해졌고, 공자가 『춘추』를 완성하니 난신적자(亂臣賊子: 나라를 어지럽히는 신하와 어버이를 해치는 자식)들이 두려워하게 되었다."728)

[亂: 어지러울 란, 臣: 신하 신, 賊: 해칠 적, 子: 새끼 자]

맹자도 공자의 『춘추』를 정명을 해치는 난신적자(亂臣賊子)들을 경계하여 쓴 것이라고 말하고 있다.

일반적으로 성인(聖人)이 남긴 글을 경(経)이라 하고, 경을 해설한 해설서를 전(伝)이라고 한다. 공자는 후학들에 의하여 성인(聖人)으로 추앙받는 인물이다. 문서 상으로 『춘추』가 정식으로 경의 반열에 오른 것은 전국시대의 순자(荀子, 기원전 298?~238?)에 의해 이루어졌다. 다음은 『순자』「권학」의 내용이다.

"『시경』과 『서경』은 넓은 것을, 『춘추』는 미묘한 것을 나타냈다. 이것들은 천지의 사이에 있으며 (모든 것을) 포함한다."729)

순자는 이미 경(経)으로서 인정받은 『시경』과 『서경』을 평론할 때 『춘추』를 동등하게 취급했다. 이것이 순자가 『춘추』를 경(経)으로 인정했다는 논거가 된다. 공자가 지은 『춘추』는 이후 역사나 나이를 지칭하는 말로 쓰이기도 했다.

공자가 마지막 저술인 『춘추』를 마무리할 무렵 공자의 건강도 몹시 쇠약해져 갔다. 아직도 할 일은 많은데 자신의 삶은 끝이 보이기 시작했다.

---

728) 『孟子』 滕文公章句下. "昔者禹抑洪水而天下平. 周公兼夷狄驅猛獸而百姓寧. 孔子成春秋而亂臣賊子懼"
729) 『荀子』 第一 勸學篇. "詩書之博也. 春秋之微也. 在天地之閒者畢矣."

공자가 말했다. "봉황새가 오지 않고, 황하에서 그림이 나오지 않으니 나도 끝이로구나!"730)

봉황은 순임금 때 모습을 드러냈고, 주나라가 흥할 때 기산에서 울었다. 황하에서 나온 그림을 하도(河圖)라고 하는데, 고대 통치자인 복희 때 용마(龍馬: 머리는 용, 몸은 말)가 짊어지고 나왔다고 한다.731) 봉황과 하도는 성왕(聖王)이 등장할 때 나오는 상서로운 조짐이다. 물론 둘 다 전설상의 동물과 그림이다. 공자가 이 둘의 출현을 거론한 것은 성왕의 등장을 비유하여 말한 것이다. 공자는 성왕이 등장하지는 않고, 자신은 인생의 끝자락에 와 있음을 이렇게 한탄했다.

---

730) 『論語』, 子罕第九, "子曰, 鳳鳥不至, 河不出圖, 吾已矣夫!"

731) 순임금 때 봉황이 출현한 내용은 『서경(書經)』과 『사기(史記)』에 나오고, 주나라가 흥할 때 기산에서 봉황이 울었다는 내용은 『국어(國語)』에 나온다. 하도(河圖)의 관련 내용은 남송 때 채침(蔡沉)이 지은 『서집전(書集傳)』에 나온다.

## 4절 제자와 함께 가다

### 하늘이 나를 버렸다

공자를 가까이서 모신 제자 중 민자건과 증삼과 같이 벼슬을 하지 않은 자는 안회이다. 그래서 『좌전』을 비롯한 역사서에서는 안회의 활약을 찾기 힘들다. 『공자가어』에는 안회와 관련된 내용이 나온다. 『공자가어』는 『논어(論語)』에 빠진 공자의 일화를 기록했다는 고서이다. 그 내용의 진위에 대하여 많은 학자가 의구심이 드는 책이지만, 참고로 안회의 내용을 소개하면 이러하다. 어느 날 숙손무숙(叔孫武叔)이 안회를 찾아왔다. 숙손무숙은 로나라 대부로서 공자를 자공보다 못하다고 평하며 헐뜯은 바로 그 자이다.

숙손무숙(叔孫武叔)이 벼슬을 하지 않은 안회를 만나자, 안회가 말했다. "손님의 예로 말하겠습니다." 무숙이 남의 허물을 많이 지적하면서, 자신의 의견으로 평론하자, 안회가 이렇게 말했다. "진실로 그대가 힘들게 나를 찾아왔으니, 마땅히 나에게 얻는 것이 있어야 하겠지요. 내가 선생님께서 하신 말씀을 들어 알고 있는데, '남의 추악한 것을 말한다고 해서 자신이 아름다워지는 것이 아니며, 남의 굽은 점을 말한다고 해서 자신이 곧아지는 것이 아니다.'라고 합니다. 그러므로 군자는 자신의 악함을 공격해야지, 남의 악을 공격해서는 안 됩니다."[732]

---

732) 『孔子家語』, 顔回第十八. "叔孫武叔見未仕於顔回. 回曰. 賓之. 武叔多稱人之過. 而己評論之. 顔回曰. 固子之來辱也. 宜有得于回焉. 吾聞知諸孔子曰. 言人之惡. 非所以美己. 言人之枉. 非所以正己. 故君子攻其惡. 無攻人惡."

숙손무숙은 일전에 조정과 자공 앞에서 공자를 비방한 전례가 있었는데, 안회에게서도 남의 단점을 거론한 것이다. 이것으로 보면 무숙은 일단 인간의 품성 면에서 온전하지는 못한 자로 추측된다. 무숙의 이러한 습성을 안회는 공자의 말로써 바로 잡고자 한 것이었다. 안회는 공자의 제자 중 가장 가까이서 공자를 모시던 수제자였다.

공자가 71세에 『춘추』를 저술할 무렵에 안회가 41세로 세상을 떴다. 공자는 제자의 죽음을 보고 목놓아 통곡했다.

"아! 하늘이 나를 버렸구나! 하늘이 나를 버렸구나!"[733]

공자가 너무 슬피 울자 주위에 있는 사람들이 말했다. "선생님께서 너무 슬퍼하십니다." 그러자 공자는 말했다.

"내가 이 사람을 위해 슬퍼하지 않으면 누굴 위해 슬퍼하겠느냐?"[734]

안회의 아버지는 안로(顏路)이다. 공자보다 여섯 살 적었다. 안로는 아들 안회가 죽자 외관(外棺, 겉널)을 원했다.

안연[안회의 성(性)과 자(字)를 결합한 것]이 죽자 안로가 공자의 마차로 안회를 위한 외관[槨]을 구매할 것을 청했다. 공자가 말했다. "재능이 있건 없건 간에 각자에게는 그 자식이다. 공리가 죽었을 때 관(棺: 속널)은 있었지만 곽(槨: 외관, 겉널)이 없었다. 내가 걷는 한이 있더라도 그를 위해 곽을 마련하지 못한 것은 대부의 뒤를 따라야만 해서 걸어 다닐

---

733) 『論語』, 先進第十一. "噫! 天喪予! 天喪予!"
734) 『論語』, 先進第十一. "非夫人之爲慟而誰爲."

수가 없었다."735)

안로는 안회가 죽자 돈이 궁하였지만 속널과 겉널을 갖추어 자식의 장례를 치르기를 원했다. 안로는 공자에게 그의 마차를 팔아서 겉널을 사달라고 청한 것이다. 그런데 공자가 타고 다닌 마차는 로나라에서 대부로 있을 때 군주인 정공에게서 하사받은 것이었다. 당시 마차는 말 네 마리가 끌었는데 바깥쪽 좌우의 말을 참마(驂馬)라 하고 안쪽의 말을 복마(服馬)라 했다. 『예기(礼記)』「왕제(王制)」에 따르면 명복(命服: 직위에 따라 하사받은 제복)과 명거(命車: 직위에 따라 하사받은 마차)는 팔아서는 안 된다. 말은 교체해도 되었다. 더구나 당시 장례에서 겉널은 쓰지 않아도 되었다. 공자는 아들 공리의 장례에도 겉널을 쓰지 않았던 일과 대부의 벼슬을 사직한 뒤라도 법도를 따라야 함을 말하여 안로의 청을 들어주지 않았다. 『예기(礼記)』「단궁(檀弓)」에 따르면 공자가 위(衛)나라에 갔을 때 알고 지내던 객관의 주인이 죽어서 조문을 했다. 공자는 자공에게 자신의 마차에 매인 참마(驂馬)를 부조하도록 했다. 당장 마차를 끌기에 불편하지만, 상갓집 사정을 고려하여 기꺼이 참마를 내준 것이다. 이처럼 공자는 법도가 허용하는 한 도움이 필요한 사람에게 자신의 불편을 감수하면서 도와주었다. 안회는 안로의 자식이기도 하지만 공자에게는 사랑하는 제자이기도 했다. 그런 제자의 죽음 앞에서 상심한 공자에게 안로의 도를 넘는 부탁은 극히 무례하면서 애도의 마음을 어지럽히는 행위라 아니 할 수 없다.

안로 뿐만이 아니었다. 안회의 제자들도 안회의 장례를 후하게 치르고 싶어 했다. 아마도 안로가 안회의 제자들에게 부탁한 것으로 추측된다. 『예기』「단궁」에는 공자가 장례에 갖추어야 할 물품은 가정의 형편에 맞추

---

735) 『論語』, 先進第十一. "顏淵死, 顏路請子之車以爲之槨. 子曰, 才不才, 亦各言其子也. 鯉也死, 有棺而無槨. 吾不徒行以爲之槨. 以吾從大夫之後, 不可徒行也."

어야 한다고 말한 대목이 있다.736) 공자는 상주(喪主)의 형편을 뛰어넘는 후한 장례를 반대한다. 공자가 안회의 제자들에게 옳지 않다고 했으나 그의 제자들이 후하게 장례를 치렀다.

공자가 말했다. "안회는 나를 부모처럼 보았으나 나는 자식처럼 하지 못했구나. 나는 그리하지 않았다. 제자들이여!"737)

공자도 안회를 자식처럼 생각했기 때문에 공리가 죽었을 때와 같은 정도로 검소하게 장례를 치르길 원했다. 그러나 안회의 제자들이 한 행동은 공자가 자식을 보낼 때의 예식이 아니었기에 후하게 장례를 치른 그들을 책망했다.

공자의 제자 중 안회는 덕행과 호학(好学: 학문하기를 좋아함)으로 이름이 났었다. 그는 쉼 없이 학문에 정진했었다. 공자가 안회를 추억하여 말했다.

"애석하구나! 나는 그 나아가는 것을 보았지 그 그치는 것을 보지 못했다."738)

공자는 학문에 꾸준히 정진한 안회를 이렇게 회고했다. 안회가 죽고 나서 어느 날 애공(哀公)과 공자가 대화를 나누게 된다.

애공이 물었다. "제자 중 누가 호학(好學)합니까?" 공자가 말했다. "안회라는 자가 있었는데 호학하여 노여움을 옮기지 아니하고, 잘못을 반

---

736) 『禮記』, 檀弓上第三, "子游問喪具, 夫子曰, 稱家之有亡."
737) 『論語』, 先進第十一, "子曰, 回也視予猶父也, 予不得視猶子也, 非我也, 夫二三子也."
738) 『論語』, 子罕第九, "惜乎! 吾見其進也, 未見其止也."

복하지 않았습니다. 그러나 불행히도 단명하여 죽고 없습니다. 지금에야 없으니 호학한다는 말을 들을 수가 없습니다."739)

공자의 제자 중에 호학하는 사람이 어찌 없을 수가 있을 것인가? 그런데도 공자가 이 말을 한 것은 그만큼 안회의 호학에 견줄 사람이 없다는 말이기도 하다. 애공이 질문한 비슷한 시기에 대부 계강자도 애공과 똑같은 질문을 했다. 계강자에게는 안회가 호학했지만 불행히도 단명했다고 간단히 말했다. 이것은 군주인 애공에게 예우의 차원에서 설명을 더 곡진하게 한 것이다. 증삼은 안회를 이렇게 추억했다.

증자가 말했다. "능력이 있으면서도 능력 없는 자에게 물어보고, 많이 알고 있으면서도 조금 아는 자에게 물어보고, 가지고 있으면서도 없는 듯이 하고, 꽉 찼으면서도 빈 듯이 하고, 남을 건너보고는 계교(計較: 서로 견주어 살펴봄)하지 않는 것을 옛날에 나의 벗이 이렇게 했다."740)

안회는 유능하고, 많이 알고, 지혜가 있고, 성실했고, 시기하지 않았다. 요약하면 자신을 낮추어 드러내지 않으려 했다. 증삼은 공자의 제자 중 덕행으로 으뜸인 안회를 이렇게 총체적으로 평가했다.

---

739) 『論語』, 雍也第六, "哀公問 弟子孰爲好學? 孔子對曰 有顏回者好學, 不遷怒, 不貳過. 不幸短命死矣! 今也則亡, 未聞好學者也."
740) 『論語』, 泰伯第八, "曾子曰, 以能問於不能, 以多問於寡, 有若無, 實若虛, 犯而不校, 昔者吾友嘗從事於斯矣."

## 문선왕(文宣王), 공자

　춘추를 저술하고, 안회가 죽을 무렵에 소주(小邾)의 대부 역(射)이라는 자가 구역(句繹) 땅을 바치며 로나라로 귀순했다. 이때 소주역은 자신과 로나라 간의 계약을 자로가 해준다면 믿을 수 있다고 했다. 로나라 정부보다 자로 개인을 더 믿고 의지한 것이다. 이처럼 이미 자로는 신의가 있는 인물로 세간에 널리 알려져 있었다. 로나라의 대부 계강자는 자로를 사신으로 임명하여 소주역과 계약을 하려 했으나 자로는 끝내 사양했다. 자로가 사양한 이유는 자신의 나라에 반역하고 온 사람을 받아들이면 이것은 그 반역행위를 의롭게 하는 처사라고 보았기 때문이었다. 그해에 자로는 위나라로 건너가게 되었는데, 아마도 소주역의 문제로 자로와 계강자의 사이가 틀어진 것으로 짐작된다. 본래 자로는 성품이 강직하여 공자는 자로가 제명대로 살지 못할 수도 있음을 우려했다.『논어』「선진」에는 이런 표현이 있다.

　"중유(자로의 본명) 같은 자는 제명대로 살지 못할 것 같다."[741]

　공자의 이 불길한 예감은 맞아떨어졌다. 자로는 로나라를 떠나 위나라로 건너가서 위나라 대부 공회의 읍재(邑宰: 고을의 수령)가 되었다. 그런데 다음 해에 출공(出公) 첩(輒)의 아버지 괴외가 공회와 모의를 하여 아들인 출공에게 반란을 일으켰다. 출공은 결국 로나라로 도망을 치고 괴외가 권력을 장악한다. 이때 자로는 출공의 녹을 받는 신하로서 보고만 있을 수 없었다. 자로는 분개하여 성안으로 들어가서 반란의 공모자인 공회를 죽

---

741)『論語』, 先進第十一. "若由也, 不得其死然."

이려 하다가 그 일당들과 전투가 벌어졌다. 젊은 시절 부락에서 힘깨나 쓰던 자로였지만 이미 나이가 63세였다. 자로는 그들에게 여러 차례 상처를 입고는 쓰러졌다. 그런데 갓이 저쪽에 떨어져 있었다. 자로는 힘겹게 엉금엉금 기어 갓을 집어 머리에 썼다. 자로는 끊어진 갓끈을 잡고는 외쳤다.

"군자는 죽더라도 갓을 벗지 않는다!"[742]

자로는 갓끈을 고쳐 매고 죽었다. 자로는 죽을 때까지 군자의 당당한 모습을 갖고자 했다. 『논어』 마지막 장에 나오는 내용이다.

공자가 말했다. "명(命)을 모르면 군자라고 할 수 없으며, 예(禮)를 모르면 (군자로서) 제대로 설 수가 없으며, 말을 알아듣지 못하면 (군자로서) 사람을 알 수 없다."[743]

명(命)은 하늘이 인간에게 부여한 품성을 뜻하기도 하며 하늘이 부여한 마땅한 길을 의미하기도 한다. 명(命)을 알고 모르는 것은 인간 됨됨이의 차원이다. 예를 모르면 행위의 준거가 없어서 올바른 인격체로 제대로 자립할 수가 없다. 말을 알아듣지 못하면 상대방을 제대로 파악할 수 없다.

자로는 예(礼)를 알고, 사람의 말을 듣고 판단할 수 있었으며, 명(命)을 알고 죽을 줄 알면서도 자신이 가야 할 마땅한 길을 갔다. 즉 그는 섭 땅에서 하조장인(荷蓧丈人)에게 예를 다했으며, 로(魯)의 공산불뉴나 진(晉)의 필힐(仏肸)이 공자를 초대할 때 그들의 말을 듣고 반대할 수가 있었다. 그리고 자신이 섬기던 출공이 부당하게 쫓겨나자 신하로서 사지로 뛰어들

---

742) 『史記』, 仲尼弟子列傳第七. "君子死而冠不免."
743) 『論語』, 堯曰第二十. "不知命, 無以爲君子也, 不知禮, 無以立也, 不知言, 無以知人也."

었다.

자로는 죽는 날까지 군자의 모습을 잃지 않으려 했고, 마지막에도 군자답게 그렇게 죽었다. 공자는 위나라에서 반란이 일어났다는 소문을 듣고는 탄식했다.

"아아, 자로가 죽겠구나!"[744]

그 뒤 얼마 안 되어 정말로 자로가 죽었다. 공자는 자로의 충직한 성품을 알기 때문에 그리 말할 수 있었다. 공자는 죽은 자로를 그리며 말했다.

"내가 자로를 얻은 뒤로 남이 내게 하는 험담을 듣지 않았거늘."[745]

공자의 이 말로 미루어 제자 중에서 자로의 위상을 짐작할 수 있다. 자로는 공자 옆에서 공자를 수호하고 공자를 험담하는 자들을 손봐주는 역할을 한 든든한 제자였다. 공자는 이런 말을 했었다.

"날씨가 추워진 뒤에야 소나무와 잣나무가 뒤늦게 시드는 것을 알 수 있다."[746]

평온한 날씨에서는 소나무와 잣나무의 굳센 기상이 구별되지 않는다. 그러나 날씨가 추워지면 소나무와 잣나무는 다른 나무와 구별되어 그 기상이 돋보이게 된다. 공자와 13년간의 주유천하를 함께 하면서 갖은 고생

---

744) 『史記』, 仲尼弟子列傳第七. "嗟乎, 由死矣!"
745) 『史記』, 仲尼弟子列傳第七. "自吾得由, 惡言不聞於耳."
746) 『論語』, 子罕第九. "歲寒然後, 知松柏之後彫也."

을 했으며, 제자로서 스승에게 성심을 다한 자로는 공자의 문하에서 소나무와 잣나무에 해당하는 제자라고 할 수 있다.

연이은 사랑하는 제자들의 죽음 앞에서 공자는 마음의 상처가 너무 커서 병이 났다. 이때 멀리 나가 있던 자공이 동문들로부터 자로가 죽었다는 비보를 듣고 걱정이 되어 공자를 찾아왔다.

공자가 지팡이를 짚고 문 앞에서 서성대다가 말했다. "사(賜: 자공의 이름)야! 너는 오는 것이 왜 이리 늦었느냐?" 공자가 탄식하며 노래하듯 말한다. "태산이 무너지는가! 대들보가 꺾이고 마는가! 철인(哲人: 철학자)은 이렇게 시들고 마는가!" 이렇게 말하고는 공자는 하염없이 눈물을 흘렸다.747)

[哲: 밝을 철]

자공이 온다는 소식에 공자는 문 앞에서 기다리고 있었다. 보고 싶은 제자를 맞는 스승의 마음이 자식을 맞는 부모의 마음과 다를 바 없음을 보여주는 대목이다. 공자는 자신의 최후가 가까이 오는 것을 알고 있었지만, 이미 주위에 자신이 의지했던 제자들은 하나둘 떠나고, 주위의 상황은 나아질 기미가 없었다. 태산은 무너지고, 대들보가 꺾이는 형상이라 아니 할 수 없다. '철인(哲人: 철학자)은 이렇게 시들고 마는가!', 할 일은 많은 데 철학가인 자신은 이대로 조만간 떠나야만 하는 회한이 물씬 풍기는 말이다. 자공을 맞이하고 나서 공자는 7일 후에 세상을 떠났다. 이때가 애공(哀公) 16년, 공자 나이 73세였다. 자로가 죽은 지 1년 만의 일이다. 이에 제자들

---

747) 『史記』, 孔子世家第十七, "孔子方負杖逍遙於門. 曰, 賜, 汝來何其晚也? 孔子因歎, 歌曰, 太山壞乎! 梁柱摧乎! 哲人萎乎! 因以涕下."

이 모두 심상(心喪)[748] 3년을 마치고 떠났는데, 오직 자공(子貢)만은 공자묘 주변에 여막(廬幕: 무덤을 지키기 위하여 그 옆에 지어놓은 초가)을 짓고 3년을 더 시묘살이(묘소를 돌봄)를 했다.

공자의 자손으로는 아들 리(鯉)가 있다. 리(鯉)는 자(字)가 백어(伯魚)이며, 공자의 제자 안회보다 2년 전에 50세의 나이로 사망했다. 리(鯉)는 아들 급(伋)을 낳았고 급(伋)의 자(字)는 자사(子思)이며 『중용(中庸)』을 저술했다.

공자가 세상을 떠난 후 그의 사상과 언행은 제자인 유자(有子, 이름은 若)와 증자(曾子, 이름은 參)의 문인들에 의해 정리되어 『논어(論語)』로 세상에 나오게 되었다.

그리고 공자 사후(死後) 약 1,200여 년 후 서기 738년에 당(唐) 현종은 공자에게 문선왕(文宣王)이란 시호를 내렸다. 학문을 선양한 왕이라는 뜻이니, 공자가 사후 왕의 반열에 오른 것이다. 그리고 송나라 진종은 지성(至聖: 지극한 성인)을 덧붙여 지성문선왕(至聖文宣王)이란 시호를 내렸다.

---

748) 상복은 입지 않으나 상제와 같은 마음으로 몸가짐이나 행동을 삼가고 조심하는 것

# 참고 문헌

## 1. 原典類

『論語』, 学民文化社, 1990

『大学·中庸』, 学民文化社, 1990

『孟子』, 学民文化社, 1990

『詩伝』, 学民文化社, 1990

『禮記』, 明文堂, 1995

丁若鏞, 『與猶堂全書』, 景仁文化社, 1973

『周易』, 学民文化社, 1990

『春秋左氏伝·頭注』李鍾洛, 学民文化社, 1998

『墨子』

『史記』

『書経』

『荀子』

『小学』

『道徳経』

『荘子』

『説文解字』

『韓非子』

『古本竹書紀年輯證』正文·古本竹書紀年輯證 (淸)朱右曾輯;王國維校補, 黃永年校點

2. 単行本

가노나오키 저·오이환 옮김, 『중국철학사』, 을유문화사, 1988

캉유웨이康有為 저·김동민 역주, 『공자개제고孔子改制考一』, 세창출판사, 2013

기세춘, 『논어강의』, 바이북스, 2010

김동인·지정민 옮김, 이인서원 기획, 『논어집주대전』, 한울, 2011

김용옥, 『논어한글역주』, 통나무, 2008

김용옥, 『맹자 사람의 길』, 통나무, 2019

琴章泰, 『한국실학사상연구』, 한국학술정보, 2008

金敬琢, 『中國哲學槪論』, 汎學社, 1979

김학주 옮김, 『순자』, 명문당, 2021

풍몽룡 지음·김영문 번역, 『동주열국지』, 2015

백양저·김영수 옮김, 『백양 중국사』, 역사의 아침, 2014

성백효 역주, 『논어집주』, 한국인문고전연구소, 2017

쑨테 지음·이화진 옮김, 『중국사 산책』, 일빛, 2011

사마천 지음·김원중 옮김, 『사기본기』, 민음사, 2015

사마천 지음·김원중 옮김, 『사기열전』, 민음사, 2020

송래희 편저·오석원 감수·정성희·함현찬 역주, 『性理論辯』, 심산, 2006

신동준, 『열국지 교양강의』, 인간사랑, 2019

여불위 지음·김근 옮김, 『여씨춘추』, 글항아리, 2012

우치야마도시히코 지음·석하고전연구회 옮김, 『순자교양강의』, 돌베게, 2013

유교문화연구소 옮김, 『서경』, 성균관대학교 출판부, 2011

유문상 저, 『맹자, 칼과 정치는 다름이 없다』, 2024

유향 저·신동준 역주, 『전국책』, 인간사랑, 2014

이을호/다산경학사상연구, 『다산경학사상연구』, 한국학술정보, 2015.

이종휘 저·김영심, 정재훈 역주, 『동사』, 소명출판, 2005

이준영 해역, 『주례』, 자유문고, 2014

임건순 지음, 『묵자』, 시대의 창, 2013

장거정저·임동석 역주, 『제감도설』, 고즈윈, 2011

장기근 강술, 『十八史略』, 명문당, 2006

장승구, 『정약용과 실천의 철학』, 서광사, 2001

조원일, 『선진유가의 사상』, 전남대학교출판부, 2011

중국사학회 엮음·강영매 옮김, 『중국통사』, 범우, 2008

陳來 지음·안재호 옮김, 『송명성리학』, 예문서원, 2011

진순신 지음·박현석 옮김, 『이야기 중국사』, ㈜살림출판사, 2013

풍우란저·박성규 옮김, 『中國哲學史』, 까치글방, 1999

허청웨이 총기획·양산췬, 정자룽 지음·김봉술, 남홍화 옮김, 『중국을 말한다 01』, 신원문화사, 2008

## 논어, 철인은 시들고 마는가

**펴 낸 날** 2025년 6월 30일

**지 은 이** 유문상
**펴 낸 이** 이기성
**기획편집** 이지희, 서해주, 김정훈, 최인용
**표지디자인** 이지희
**책임마케팅** 강보현, 이수영
**펴 낸 곳** 도서출판 생각나눔
**출판등록** 제 2018-000288호
**주　　소** 경기도 고양시 덕양구 청초로 66, 덕은리버워크 B동 1708, 1709호
**전　　화** 02-325-5100
**팩　　스** 02-325-5101
**이 메 일** bookmain@think-book.com

- 책값은 표지 뒷면에 표기되어 있습니다.
  ISBN　　979-11-7048-887-3(03150)

Copyright ⓒ 2025 by 유문상 All rights reserved.
- 이 책은 저작권법에 따라 보호받는 저작물이므로 무단전재와 복제를 금지합니다.
- 잘못된 책은 구입하신 곳에서 바꾸어 드립니다.